SENIOR TREND *2026*

시니어 트렌드 2026

‖ 머리말

우리는 준비되어 있을까요?

26년간 시니어 라이프 비즈니스를 연구하며 교육과 컨설팅 현장에서 수천 명을 만나왔습니다. 강의장에서, 기업 회의실에서, 평범한 가정의 식탁에서까지 가장 많이 받은 질문이 바로 이것입니다. 미국 AARP의 전략 변화, 일본 단카이 세대의 경험, 환경 노년학과 같은 세계 각국의 최신 사례와 데이터를 분석해 베이비붐 세대의 미래 전략을 이 책에 담았습니다. 〈시니어 트렌드〉 시리즈 3년의 현장 축적이 결국 이 책으로 이어졌습니다.

이 질문 앞에서 잠시라도 망설인다면, 우리는 이미 답을 알고 있는 것입니다. 2026년, 대한민국은 초고령사회 진입 이후 본격적인 인구 구조 변화가 가속되는 전환점을 맞습니다. 1961년생 약 94만 명이 65세에 도달하는 해, 초고령사회는 더 이상 미래가 아니라 현재입니다.

위기의 길, 기회의 길

앞으로 10년, 대한민국은 두 가지 시나리오 중 하나를 선택해야 합니다. OECD 최고 수준의 노인빈곤율, 낮은 건강수명, 200만 명을 넘어서는 독거노인이 예상되는 위기의 길. 또는 AI 헬스케어 3배 성장, 연 7%씩 성장하는 시니어 산업, ESG를 접목한 새로운 지속가능경제가 열리는 기회의 길. 어느 미래를 선택할지는 오늘 우리가 무엇을 준비하느냐에 달려 있습니다.

AI 격차가 만드는 양극화

AI를 활용하는 사람과 그렇지 않은 사람의 격차는 이미 벌어지고 있습니다. 저에게 AI 집사는 이제 업무 파트너입니다. 반경 1km 고객 분석, 글로벌 운영 매뉴얼, 혁신적인 박람회 기획, 맞춤 돌봄 서비스까지. 복잡한 업무가 AI와의 대화 몇 마디로 완성되는 시대입니다. 그러나 '방법은 알지만 실행이 어렵다'는 현장의 목소리가 많습니다. 이 책은 챗GPT · 일정 관리 앱 · 웨어러블 기기를 활용해 퇴직 서류 정리와 가계부 작성, 부모님 병원 기록 정리를 자동화하는 등 구체적인 디지털 루틴을 제시합니다.

이 책이 드리는 약속

〈시니어 트렌드 2026〉은 불안을 행동으로 바꾸는 실용서입니다. 한 번 읽고 끝나는 책이 아니라 형광펜으로 밑줄을 긋고 메모하며 계속 펼쳐 보는 워크북입니다.

2장에서는 퇴직 리스크 구간 관리, 생애 현금흐름 전략, 자산의 전략적 소비와 세대별 맞춤 정책을 통해 베이비붐 세대의 미래를 설계합니다. 3장은 돌봄 로봇과 AI 튜터 등 피지컬 AI의 국제 동향과 산업 전망을 분석하고, 챗봇 · 일정 관리 등 생활 속 AI 실천법을 소개합니다. 4장에서는 환경 노년학, 기본소득과 복지 전환, 다세대 공동체 주거와 커뮤니티 케어 등 지속 가능한 초고령 사회 모델을 제시합니다. 부록의 실행 박스에서는 AI를 두 번째 뇌로 활용하는 법, 작지만 꾸준한 N잡 현금흐름을 만드는 법, 75세 이후 자산 소진을 막는 법, 하루 1,440분을 재디자인하는 법 등 9개의 실행 지침을 제시합니다.

이 책은 완벽한 해결책을 드리지는 못합니다. 대신 좋은 질문과 실천 방법을 제시합니다. 작은 실천이 계속되면 불안이 계획이 되고, 계획이 습관이 되며, 습관이 삶의 방향이 됩니다. 이 책은 이론이 아닌 현장, 희망이 아닌 데이터, 감성이 아닌 전략에 집중합니다. 시간 관리는 일상의 루틴으로, 공간은 생활 동선으로, 돈 관리는 수입 · 지출 · 위험으로 구분해 실질적인 변화를 돕습니다.

늦었다고 생각할 때가 가장 빠르다

'아직 이르다'고 미루면 '벌써 늦었다'가 됩니다. 하지만 늦었다는 건 시작도 안 한 사람에게만 해당합니다. 문제를 아는 것과 포기하는 것은 다릅니다. 함께 준비하면 더 나은 미래를 만들 수 있습니다. 초고령사회는 비용이 아닌 투자 기회입니다. 이 책은 AI를 활용해 건강 · 자산 · 시간 관리를 최적화하고, ESG 관점의 비즈니스와 커리어를 설계하는 실용적 전략을 제공합니다.

넥스트 에이징의 세계로 초대합니다. AI가 만드는 새로운 기회와 지속 가능한 삶을 함께 만들어 갑시다. 오늘 첫 장을 넘기는 선택이 내일의 퇴직 리스크를 줄이고 지속 가능한 삶을 설계하는 출발점이 될 것입니다.

큰 변화도 작은 시작에서 옵니다. 지금, 여기서 함께 시작합시다.

2025년 9월

저자 **최학희**

박영란
강남대학교 시니어비즈니스학과 교수

대한민국이 초고령사회로 진입한 역사적 순간에 등장한 〈시니어 트렌드 2026〉은 단순한 트렌드 분석을 넘어 통합적 생존 전략서이자 실천적 미래 설계서로 진화했습니다. 정부의 '저출산·고령사회 기본계획'과 'Age-Tech 기반 실버경제 육성전략' 등 국가 차원의 정책 전환을 반영하며, 개인의 삶에서 사회 생태계 전반까지 아우르는 미래 창조의 설계도로 완성되었습니다.

이번 책의 특징은 다음과 같습니다. 첫째, 정책과 삶의 간극을 메우는 실천 매뉴얼입니다. 정부가 제시한 초고령사회 대응 정책의 틀을 개인 차원의 구체적 실천으로 구현했습니다. 은퇴 후 20~30년의 삶을 '재출발'로 규정하며, 현금흐름 지속, 의미 창출, 자립성 확보를 위한 다양한 시나리오를 제시합니다. '노년기 자산은 자산이 얼마나 있는가가 아닌 얼마나 현명하게 설계되었는가'라는 저자의 철학이 구체적 행동 전략으로 구현되었습니다.

둘째, 에이지테크 시대의 인간 중심 기술 철학을 강조합니다. 기술을 단순한 편의 도구가 아니라 '관계의 언어'이자 '정서적 동반자'로 재정의했습니다. AI 기반 건강관리, 스마트 케어, 디지털 교육 플랫폼 등을 통해 '기술을 통한 삶의 존중'을 실현하는 방법을 제시하며, 데이터 주권과 AI 윤리를 시니어 관점에서 깊이 있게 다룹니다.

셋째, 개별 해결에서 생태계 변화로의 전환을 강조합니다. 고령사회를 '문제의 영역'이 아니라 '설계의 가능성'으로 바라보는 관점을 제시합니다. 세대 공존형 주거 모델, 환경친화적 시니어 커뮤니티, 독거노인을 위한 통합 복지 모델 등을 통해 초고령사회의 사회적 인프라를 새롭게 정의합니다.

이번 책이 전작들과 구별되는 핵심은 복지에서 기술, 자산에서 기후까지 아우르는 통합적 인식틀과 바로 적용 가능한 구체적 실행 전략입니다. 정부 정책의 방향성과 기술 혁신의 가능성, 개인 삶의 현실과 사회 구조의 변화를 하나의 일관된 비전으로 연결했습니다.

〈시니어 트렌드 2026〉은 미래를 예측하는 것이 아니라 미래를 만드는 책입니다. 저자의 지난 1년간의 실증 연구와 현장 경험을 통해 축적한 통찰이 '삶의 서사'로 녹아든 이 책은, 초고령사회라는 문명사적 전환점에서 가장 실용적이면서도 희망적인 나침반 역할을 할 것입니다.

∥ 차례

3. Physical AI 시대 : 인간과 기계의 새로운 공존

"AI, 시니어의 '든든한 동반자'가 되다!"

3-1 글로벌 인사이트

3-2 산업과 비즈니스

3-3 생활 속 전략과 실천

4. 지속 가능한 초고령사회 설계

"속도보다 깊이, 베이비붐 세대와 AI가 함께 살아가는 사회란 무엇인가?"

4-1 글로벌 정책과 개념 확장

SENIOR
TREND *2026*

초고령사회, AI로 넥스트 에이징을 주도하라

1-1
한국 사회의 인구구조 변화

우리가 직면한 현실은 단순한 변화가 아니라 지각변동이다. 2024년 말 한국은 초고령 사회에 진입했다. 이는 숫자의 변화를 넘어 사회 전체의 구조적 전환을 의미한다. 우리가 경험해 보지 못한 새로운 전환점이다. 동시에 기후변화와 인공지능이라는 거대한 물결이 몰려왔다. 이 세 가지 충격은 마치 세 개의 태풍이 한반도에 동시에 상륙하는 것과 같은 역사적 순간을 만들고 있다.

이 모든 변화를 탐지하고 분석하는 것이 지속 가능한 전략 수립의 핵심이다. 특히 베이비붐 세대가 경험하는 '마지막 부양과 첫 번째 고독'이라는 역설적 상황을 이해해야 한다. 세 가지 충격은 시니어의 삶을 전반적으로 재편하고 있다. 지금은 인구 경제 구조와 세대 구분을 새롭게 정의해야 할 시점이다.

1-2
인공지능과 초고령화가 만나는 임계점

AI가 시니어의 하루를 실시간으로 분석한다. 시간 여유, 건강 상태, 경제력을 파악해 매 순간 새로운 사업 기회를 만든다. 고령자는 스마트폰으로 건강관리와 온라인 창업, 콘텐츠 제작을 지원받는다. 이러한 '실버테크'는 단순한 기술 도입을 넘어 새로운 성장 동력이다. 범용 AI와 감정 AI가 발전하면서 기계적 기능에서 인간적 관계 중심으로 패러다임이 바뀌고 있다.

듀얼 브레인 전략은 AI와 인간의 협업 모델이다. AI는 계산을, 인간은 공감과 판단을 담당한다. 이 전략은 돌봄 로봇, 케어테크, 고령친화적 UX 디자인, '배리어프리 AI' 개발로 이어진다. 정성적 신뢰와 기술적 정확성을 모두 얻을 수 있다. 인간의 감정 이해력과 AI 공감 알고리즘이 조화를 이루는 새로운 케어 생태계도 만들어진다.

검색창 시대는 끝났다. 이제 챗봇과 AI 에이전트가 정보를 전달한다. 시니어 맞춤형 헬스 AI가 나타났다. 약물·식단 관리 시스템도 생겼으며 노인 일자리와 AI 자동화가 협력하는 모델이 등장했다. 시니어 교육을 위한 AI 튜터와 디지털 메이트도 나왔다.

AI 엔진이 정확한 추천을 위해 데이터를 구조화하고 학습하는 방식으로 최적화되고 있다. AI가 서비스 정보를 정확히 이해하고 추천할 수 있게 만든다. 데이터와 콘텐츠, AI가 결합한 새로운 패러다임을 만들고 있다. 시니어 디지털 전환 트레이닝으로 구현된다. 시간·신체·경제력을 연계한 실천 사례로 나타난다.

개인 맞춤 AI가 일상에 자연스럽게 스며든다. 챗봇, 일정 관리, 커뮤니케이션 보조 기능이 통합된다. 점차 인간 고유 가치와 감정노동의 회복을 도모하는 방향으로 발전하고 있다.

1-3

왜 지금 '준비'가 필요한가

우리는 지금 관점을 바꾸고, 방식을 바꾸고, 포트폴리오를 다시 구성해야 하는 변곡점에 서 있다. 이 세 단계를 통해 시니어 시장에서 생존을 넘어 선도할 수 있다.

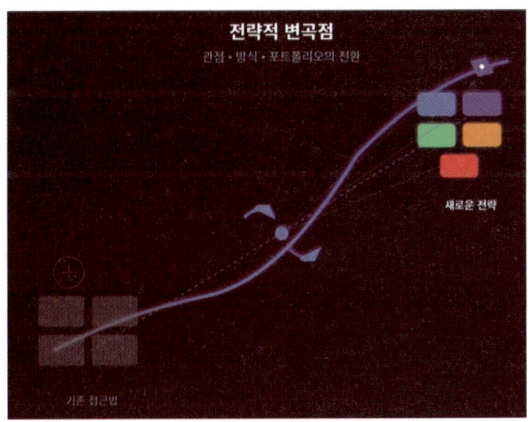

지속 가능한 초고령사회를 설계할 수 있는 역량도 갖출 수 있다. 환경 노년학이 제시하는 자연과 공동체 중심의 삶, 지속 가능 경제 모델로서 기본소득·복지 전환·기후 정의, 다세대 공동체 주거와 커뮤니티 케어가 새로운 사회 시스템의 골격을 형성하고 있다. 이는 속도보다 깊이를 추구하고 세대와 AI가 함께 살아가는 사회 모델의 근간이 되고 있다.

글로벌 실버 이코노미 규모는 2023년 1조 6,000억 달러에서 2031년 2조 9,000억 달러로 연평균 8.1% 성장할 전망이다. 이는 고령친화산업의 ESG 전환, 친환경 식품·로컬헬스케어·순환형 소비모델을 견인하는 동력이 되고 있다. 한국의 50~74세 인구가 전체 국부의 40% 이상을 보유하고 있다. 이들 중 80%가 모바일 뱅킹을 사용하는 등 자산 운용의 디지털 전환이 급속도로 진행되고 있다. 이는 퇴직 리스크 구간의 관리 전략, 생애 현금흐름 전략과 다층소득 구조, 자산의 전략적 소비와 장수 리스크 관리가 더욱 중요해지고 있음을 보여준다.

시니어는 단순한 세그먼트가 아니라 슈퍼 세그먼트다. 구매 여력, 구매 가능성, 라이프 이벤트를 수치화해 우선순위를 설정하고 매력적인 비즈니스를 발굴해야 할 때다. 베이비붐 세대의 듀얼 브레인, 지속 가능한 친환경 니즈, 웰다잉 요구사항을 정밀하게 채워주면 시니어 시장 트렌드의 승자가 될 수 있다. 이는 루틴 재설계를 통한 속도 조절과 심화한 삶, 영성·나눔·유산 설계를 통한 생애 전환기적 실천, 사회적 연결망과 개인의 사회적 발자국 남기기, 기후 위기 대응과 윤리적 소비의 실천으로 구현된다.

이 책은 변화의 파도에 휩쓸리지 않고 파도를 타는 방법을 제시한다. 듀얼 브레인 시니어로서 AI를 두 번째 뇌로 활용하는 방법부터, 적지만 꾸준한 N잡 현금흐름 설계, 75세 이후 자산 소진 방지, AI 웨어러블·스마트홈 기반 무중단 돌봄 루틴 구축, AI 튜터와 함께하는 두 번째 전공 시작, 하루 1,440분의 세 개 슬롯 재디자인, 돌봄·교류·안심의 삼박자를 갖춘 커뮤니티 찾기, 국가·지자체 혜택을 개인 전략에 연결하는 방법, 나눔·영성·유산 5년 로드맵 설계까지 구체적이고 실행하기 쉬운 방법을 제공한다. 준비된 자만이 기회를 잡을 수 있는 시대, 지금 바로 그 준비를 시작해야 한다. 이 책이 그 여정의 나침반이 되기를 바란다.

시니어 트렌드 2026

리셋 제너레이션 : 베이비붐 세대의 미래 전략

"은퇴는 끝이 아닌 시작 : 베이비붐 세대의 '리셋 라이프' 가이드"

2-1

글로벌 흐름과 세대 이해

마지막 부양과 첫 번째 고독 :
한국 베이비붐 세대의 역설

지금 한국 사회를 관통하는 가장 중요한 숫자는 '20%'이다. 65세 이상 인구가 전체 인구의 20%를 넘어섰다. 우리는 이미 '초고령사회'라는 지도 없는 영토에 들어섰다. 이 새로운 영토에서 가장 주목해야 할 존재는 1,700만 명의 베이비붐 세대다.

역사가 만든 샌드위치 세대

한국의 베이비붐 세대는 두 그룹으로 나뉜다. 1차 베이비붐 세대(1955~1963년생, 약 705만 명)는 전후 폐허에서 유년기를 보냈다. 이들은 산업화의 최전선에서 청춘을 바친 '산업화 세대'다. 2차 베이비붐 세대(1964~1974년생, 약 954만 명)는 경제성장의 혜택을 받으며 자랐다. 이들은 민주화 운동과 서구 문화를 경험한 세대다.

우리 베이비붐 세대는 미국이나 일본보다 8~9세 젊다. 6·25 전쟁 후 재건기와 산업화 시기에 걸친 독특한 출산 패턴 때문이다. 전 세계적으로도 드문 '이단 구조'의 인구 팽창이었다. 이들의 진짜 특별함은 '마처세대'라는 역설적 위치에 있다. '마지막 부모 부양과 첫 자녀 독립 세대'의 줄임말이다. 특히 2차 베이비붐 세대는 '마지막으로 부모를 부양하는 동시에 자녀에게 부양받지 못하는 첫 세대'다. 위로는 장수하는 부모를 모시고 아래로는 개인주의 성향이 강한 자녀들과 마주한다.

전통적인 3세대 동거 가구는 줄어든다. 노부부 또는 독거노인 가구가 늘어난다. 자녀 교육과 부모 부양이라는 이중 부담을 짊어졌던 이들이 이제 스스로 노후까지 책임져야 한다. 세 번째 짐을 떠안은 셈이다. 황혼이혼 증가까지 더해져 독거노인 문제와 돌봄 공백이 심화한다.

▌한국 고령자 거주 및 케어 현황

케어 필요 노인 11% 요양병원, 장기요양시설 등	건강 · 자립 노인 89% 일반 주택, 실버타운 등

연령대별 · 지역별 분포 현황(단위 : %)

건강 · 케어 상태/ 세부 유형	70대			80대			90대+		
	도심	농어촌	소계	도심	농어촌	소계	도심	농어촌	소계
Ⅰ. 케어 필요 노인(≈ 11%)									
요양병원	0.3	0.1	0.4	1.6	0.4	1.9	1.3	0.3	1.6
장기요양 요양원(시설)	0.6	0.1	0.8	3.5	0.7	4.3	1.9	0.4	2.3
장기요양 재가 · 데이케어	1.6	0.2	1.8	2.4	0.4	2.8	0.4	0.1	0.5
Ⅱ. 건강 · 자립 노인(≈ 89%)									
아파트 거주	29.0	1.1	30.1	10.8	0.5	11.3	0.3	0.0	0.3
기타 도시주택 (연립 · 단독 등)	15.6	0.0	15.6	8.8	0.0	8.8	0.4	0.0	0.4
농어촌 단독주택	0.0	10.0	10.0	0.0	6.0	6.0	0.0	0.3	0.3
실버타운(민간형)	0.1	0.0	0.1	0.2	0.0	0.2	0.1	0.0	0.1
노인복지주택 (공공형)	0.1	0.0	0.1	0.2	0.0	0.2	0.1	0.0	0.1

*자료 : 한국 고령자 거주 및 케어 현황 조사 데이터

은퇴 현실과 새로운 소비 계층의 등장

1차 베이비붐 세대는 대부분 2015~2023년 사이 정년퇴직했다. 상당수는 1997년 외환위기 전후 40~50대에 명예퇴직을 경험했다. 법정 정년 연장 이전에 퇴직한 탓에 평균 수명은 길어졌다. 하지만 소득 공백도 함께 늘었다. 65세 이상 노인층 중 절반 이상이 은퇴 준비 부족을 호소한다. 은퇴 가구 생활비의 24%가 자녀 등 가족 지원에 의존한다. 한국의 65세 이상 인구 상대빈곤율은 약 38%로 OECD 최고 수준이다. 미국(20%)이나 일본(19%)의 두 배 수준이다.

현재 50대 중후반인 2차 베이비붐 세대는 법정 정년 연장 혜택을 받는다. 상대적으로 안정적인 근무 환경에 있다. 하지만 여전히 '자녀 교육비'와 '부모 봉양'이라는 이중 부담에 시달리며, 노후 준비가 충분하지 않은 경우가 많다. 디지털 시대는 이들에게 새로운 기회와 위기를 동시에 가져다줬다. 2차 베이비붐 세대는 스마트폰과 인터넷에 비교적 익숙하다. '액티브 시니어'로서 온라인 금융, 쇼핑, SNS 활동을 활발히 한다. 백화점 쇼핑, 해외여행, 골프 등 자기계발에 투자하는 비율도 높다. 의료, 헬스케어, 관광 및 문화 산업 등 실버산업 성장의 새로운 동력이 되고 있다.

초고령사회의 새로운 주역들

베이비붐 세대의 대규모 은퇴는 이미 한국 경제에 즉각적 영향을 미치고 있다. 1차 베이비붐 세대 은퇴만으로도 최근 8년간 연평균 GDP 성장률이 약 0.33% 하락했다. 2차 세대의 대거 퇴장으로 추가 0.38% 성장률 하락이 예상된다. 정부 재정에도 기초연금 지출 증가와 건강보험 등 사회보험 재정 부담이 가중된다.

베이비붐 세대는 과거 노인상의 '수동적 부양 대상'이 아니다. '능동적 참여자'로서 새로운 노년의 의미를 만들어 간다. 이들의 교육 수준과 건강 상태는 양호하다. 적극적인 사회참여 의욕도 높다. 연령 기반 고정관념을 깨뜨리고 있다. 앞으로 10년 내 한국 사회의 무게 중심이 시니어로 이동할 가능성이 크다. 베이비붐 세대가 유권자 다수를 차지하면서 정치적 영향력을 행사하고, 연금 개혁이나 부동산 정책 등에 큰 영향을 미칠 것이다. 소비 시장에서도 트렌드를 선도하는 핵심 집단이 될 것이다. 일본처럼 정년 이후에도 일할 의사가 있는 건강한 시니어에게 계속 고용을 보장하는 방안이 검토되고 있다. 능력에 따른 정년 연장도 추진 중이다. 서울시의 50+ 프로그램 같은 장년층 재취업과 사회활동 지원 정책들도 확대되고 있다.

지도 없는 영토를 횡단하는 것은 두렵다. 하지만 아무도 가보지 않은 길을 처음 가는 사람들이 새로운 지도를 만든다. 베이비붐 세대는 한국 역사상 처음으로 대규모 노년기를 맞는 세대다. 마지막 부양과 첫 번째 고독이라는 역설 속에서도 새로운 시니어 문화를 창조해 나간다.

은퇴를 거부하는 사람들 :
미국 베이비붐 세대와 새로운 패러다임

2011년부터 매일 약 1만 명의 미국인이 65세 생일을 맞이했다. 미국 역사상 가장 규모가 큰 인구 집단, 베이비붐 세대(1946~1964년생)이다. 모두가 예상했던 대로라면 이들은 연금을 받으며 여행을 다니거나 손주들과 시간을 보내는 전형적인 은퇴 생활을 시작했어야 했다. 하지만 현실은 달랐다. 그들은 일을 그만두지 않았다.

언리타이어링 : 새로운 은퇴의 문법

2023년 기준 65세 이상 미국인의 약 19%가 여전히 취업 상태다. 약 37년 전인 1987년에는 이 숫자가 11%에 불과했다. 노인들이 은퇴하지 않는다는 건 우리가 알던 세상의 법칙과는 다른 것이다.

언리타이어링(Un-retiring)이라는 신조어가 등장했다. 은퇴 후에도 다시 일하거나 새로운 도전을 시작하는 베이비붐 세대의 움직임을 일컫는다. 이 세대는 과거 세대보다 교육 수준과 건강 상태가 크게 향상됐다. 70대가 되어도 체력과 인지 능력을 유지하는 사람들이 많아졌다. 제도적 변화도 한몫했다. 기업연금이 401(k)[1]와 같은 확정기여형 퇴직플랜으로 전환됐다. 사회보장 연금 수령 연령도 65세에서 67세로 상향 조정됐다. 노동 환경 자체도 변화했다. 보험 설계사, 가이드, 교정 전문가, 재무 관리자 같은 '에이지 프렌들리' 직업군이 확대됐다.

미 연방준비제도 설문 조사에서 고령 근로자의 45%가 자신을 은퇴했다고 여기면서도 고용된 상태라고 답했다. 은퇴의 개념이 '일을 완전히 그만두는 것'에서 '형태를 바꾸어 계속 사회활동을 하는 것'으로 변모했다. AARP(American Association of Retired Persons, 전미은퇴자협회)도 2013년 공식 명칭에서 '은퇴자'란 단어를 뺐다. 대신 '실질

---

1) 미국의 퇴직연금을 뜻하는 용어로, 미국의 내국세입법(Internal Revenue Code) 401조 k항에 직장가입 연금이 교정되어 있어, 이와 같이 불림

적인 가능성(Real Possibilities)을 위한 동반자'라는 슬로건을 내걸었다. 더 이상 베이비붐 세대를 기존의 은퇴자 틀에 가두지 않겠다는 선언이었다.

회사를 떠났을 뿐, 일을 떠난 건 아니다

베이비붐 세대의 재취업은 미국 노동시장의 새로운 특징으로 자리 잡았다. 이들은 정년이나 조기퇴직 후에도 곧바로 완전한 은퇴를 선택하지 않는다. 다른 형태로 일자리를 이어가거나 일터로 복귀한다. 대기업에서 은퇴한 관리자가 비영리단체의 고문으로 일하거나 전문직 종사자가 계약직 컨설턴트로 일하는 사례가 늘고 있다. 75세 이상 초고령층의 취업자 비율도 1987년 4%에서 2023년 9%로 두 배 이상 증가했다. 상당수는 평생 종사했던 분야를 떠나 새로운 직무에 도전하는 '브리지 잡(Bridge Job)'에 종사한다.

의료·보건과 교육 분야에서 시니어들의 재취업이 두드러진다. 베이비붐 세대 중 상당수가 간호사, 의사, 교사 등으로 오랜 경력을 쌓았다. 이들이 은퇴 후에도 파트타임으로 복귀해 인력난을 해소하는 경우가 많다. 팬데믹 이후 퇴직 간호사들이 다시 병원 현장에 복귀하거나 은퇴 교원들이 대체 교사나 강사로 활약하는 사례가 보고됐다.

AARP 설문에 따르면 현재 일하고 있는 40세 이상 근로자의 절반 이상이 "은퇴 후에도 일할 계획이 있거나 아예 은퇴할 생각이 없다"고 답했다. 경제적 필요와 일의 보람이라는 두 가지 측면이 모두 작용하고 있다. 물가 상승과 자산시장 변동성으로 인해 은퇴 자산이 예상보다 줄어든 것도 하나의 요인이다.

60대에 창업하는 사람들

나이 60에 첫 회사를 세우는 사람들이 있다. 과거에는 창업이 젊은 층의 전유물로 여겨졌다. 하지만 오늘날에는 50~60대 이상의 시니어 창업자들이 급증하며 '실버 창업'이 새로운 흐름으로 등장했다. 카우프만 재단 조사에 따르면 신규 창업자 중 55~64세 연령층의 비중이 1996년 약 15%에서 2019년 25% 이상으로 크게 늘었다. 미국 소기업 오너 중 절반 이상이 50세 이상이다. 구체적으로는 50대가 33%, 60대가 17%, 70대 이상도 4%를 차지한다. 이들 시니어 창업자는 대부분 오랜 직장생활에서 얻은 전문지식과 인맥, 자원을 바탕으로 사업을 시작한다. 놀랍게도 시니어 창업자의 스타트업이 3년 이상 생존할 확률이 젊은 창업자의 스타트업이 3년 이상 생존할 확률보다 더 높다. 50대 창업자의 기업이 30대 창업자의 기업보다 성공할 가능성이 2배 이상 높다는 분석도 있다.

AARP 재단의 보고서에 따르면 고령 창업을 선택하는 이유로 '은퇴자산만으로는 부족한 경제적 필요', '더 오래 사는 시대에 대비한 추가 소득원 확보' 등이 큰 비중을 차지한다. 또한, 단순히 돈벌이뿐만 아니라 오랫동안 품어온 꿈이나 열정을 실현하고자 창업하는 사례도 많다.

특히 프리랜서와 긱 경제(Gig Economy)[2] 분야에서 시니어의 활약이 두드러진다. AARP 설문 조사 결과에 따르면 40세 이상 근로자의 27%가 현재 프리랜서 또는 긱 형태의 근무를 하고 있다. 컨설턴트, 코치, 프리랜서 작가나 디자이너, 우버 같은 플랫폼 드라이버 등 참여 분야도 매우 다양하다.

55세 이상 미국인의 약 40%는 자영업 또는 사업체 소유 형태로 일하고 있다. 25~34세 연령층의 6% 내외와 비교하면 현저히 높은 수준이다. AARP의 'Work for Yourself@50+' 프로그램은 50세 이상 중·저소득 시니어들이 자영업이나 소규모 창업을 모색할 수 있도록 돕는다. 5단계 창업 준비 교육과 멘토링을 통해 참가자들이 비즈니스 아이디어를 구체화하도록 한다.

---

2) 단기 계약이나 프리랜서 형태로 노동력을 제공하는 경제 시스템

은퇴 후에도 삶은 계속된다 : 일본 실버인재센터의 교훈

　어느 날 갑자기 우리는 늙은 모습을 본다. 급격한 변화가 아니라 서서히 오는 변화이기에 더 당혹스럽다. 하루아침에 사회적 역할을 잃고 일터에서 쫓겨난 것 같은 기분, 그것이 '은퇴'라는 현대 사회의 제도가 낳은 집단적 트라우마다. 일본은 이 문제를 독특한 방식으로 해결하려 했다.

　여기서 잠시, 뒤에서 계속 언급될 일본의 고령화와 한국의 고령화가 각각 가장 빠르다는 말의 차이를 이해할 필요가 있다. 고령화 현상과 관련하여 일본이 가장 빠르다는 의미는 초고령사회라는 특정 시점에 일본이 제일 먼저 도달했다는 것이다. 반면, 한국이 가장 빠르다는 의미는 고령화사회에서 고령사회, 고령사회에서 초고령사회로 전환되는 속도가 제일 빠르다는 것이다.

단카이 세대 쇼크와 보람 노동의 탄생

　일본은 지구상에서 가장 빠르게 늙은 사회라고 할 수 있다. 2차 대전 직후 태어난 단카이 세대(1947~1949년생)의 약 800만 명이 2000년대 후반에 일제히 정년을 맞았다. 일본 사회는 큰 혼란을 겪었다. 노동력 감소라는 경제적 위기와 노후 생활의 소득 공백이라는 개인적 위기가 겹쳤다. 일본 정부는 고령자들이 사회에서 완전히 물러나지 않고 계속 일할 방안을 찾았다. 1971년부터 시행된 「고령자고용안정법」을 기초로 정년을 55세에서 60세로 올렸으며 퇴직한 고령자들의 재고용을 촉진했다. 여기에 더해 지역마다 실버인재센터를 설립했다.

　실버인재센터는 정규직 고용과 순수한 자원봉사 사이의 중간 지대다. 일본은 새로운 형태의 노동 모델을 창출하려 했다. 소득 창출보다는 사회참여의 기쁨과 삶의 보람에 초점을 두어 '보람 노동'이라는 새로운 개념을 탄생시켰다. 1974년 도쿄에서 시범적으로 시작된 실버인재센터는 1980년대 들어 전국 각지로 빠르게 확산했다. 2023년 기준으로 일본 전국에 1,300여 개의 센터가 있다. 센터의 운영 구조는 간단하다. 정부와 각 지자체가 재정 지원하면서도 독립적으로 운영된다. 법적 근거는 「고령자고용안정법」에 명시되어 있다.

실버인재센터가 하는 일은 지역사회나 기업, 개인 가정으로부터 일감을 받아 회원들에게 배분해 주는 중개자 역할이다. 관공서, 기업, 개인 등이 맡긴 일거리를 청부·위탁 계약 형태로 처리한다. 회원 가입 과정도 간단하다. 일할 의지가 있는 60세 이상 고령자라면 누구든지 소정의 연회비를 내고 센터 회원으로 가입할 수 있다.

이 모델의 가장 큰 특징은 '필요할 때만 일하는' 탄력적 노동 방식이다. 과로 없이 사회와 연결되면서 적절한 소일거리를 얻을 수 있다. 회원들은 대체로 경제적 보상보다는 사회참여와 삶의 보람 그리고 시간 활용의 유연성에 더 큰 가치를 둔다.

현장의 목소리와 사회적 효과

도쿄에 사는 가모(79세) 씨는 실버인재센터를 통해 고분 공원 관리인이라는 소박하지만 의미 있는 일을 한다. 일주일에 두 번씩 아침 아홉 시가 되면 집 근처의 작은 공원으로 출근한다. 낙엽을 쓸고 쓰레기를 줍는다. 시급 1,720엔으로 큰돈을 버는 것은 아니다. 그럼에도 공원이 깨끗해졌다는 방문객들의 말을 들을 때 가장 큰 보람을 느낀다.

후쿠오카현에 사는 스기(73세) 씨는 농사 경험이 전혀 없었다. 하지만 퇴직 후 연금만으로 생활하기 어려워 센터에 가입했다. 센터가 연결해 준 딸기 농장의 비닐하우스에서 모종 심기와 수확 보조 업무를 하며 새로운 삶의 재미를 발견했다. 10년 넘게 꾸준히 일하면서 "이제는 돈 때문이 아니라 일하는 그 자체가 즐겁고 삶의 활력이 된다"고 말한다.

일본 사회에 미친 실버인재센터 모델의 영향은 경제적 측면과 사회적 측면에서 모두 주목할 만하다. 경제적으로는 고령자의 노동시장 참여를 촉진해 노인 고용률 상승을 도왔다. 2024년도 전체 취업자의 약 13.6%(946만 명)가 65세 이상 고령층이다. 2023년 전국 1,341개 센터에서 68만 명의 시니어 회원에게 단기·파트타임 일자리를 알선해 노후 고용을 보완하고 있다. 중소기업이나 소규모 자영업자도 젊은 인력을 구하기 어려울 때 경험이 풍부한 시니어 인력을 센터를 통해 구한다.

실버인재센터 사업은 고령자의 사회적 고립을 막고 지역 공동체를 활성화했다. 센터의 일자리는 대부분 지역사회와 밀접하게 연결되어 있다. 참여한 노인들은 지역에 도움이 되는 일원이라는 자긍심을 갖게 된다.

성공 모델의 위기와 전환점

일본의 실버인재센터 모델은 성공적인 노인 사회참여 플랫폼으로 자리 잡아 왔다. 하지만 최근 들어 여러 도전에 직면하고 있다. 회원 수 감소 추이가 뚜렷한 것이다. 실버인재센터 전체 회원 수는 단카이 세대의 은퇴가 절정에 달했던 2009년에 약 79만 명으로 정점을 찍은 후 계속 줄고 있다. 고령 인구 자체는 늘고 있음에도 이용자는 준다. 이 역설의 배경으로는 장기불황으로 인한 노인들의 생계 어려움이 지목된다. 저임금의 단기 일거리만으로는 생활을 꾸리기 어렵기 때문에 이들이 더 안정적인 일자리를 찾아 정규 고용시장으로 이동하고 있다.

일본의 베이비붐 세대 중 상당수는 은퇴 후 실버센터 대신 경비원, 청소원 등의 시간제이더라도 정식 고용 형태의 일자리를 선호한다. 아예 연령 제한을 넘어서까지 계속 본 직장에서 일하기를 희망하는 추세가 강해지고 있다. 국민연금 재정에 대한 불안감으로 "오래 일해서 돈을 더 벌어 두자"는 심리가 퍼진 것도 센터 이탈 요인으로 지적된다.

이러한 변화에 대응하여 일본 정부도 실버인재센터의 역할 재정립을 모색해 왔다. 2004년 「고령자고용안정법」 개정을 통해 실버파견사업이 허용됐다. 2016년에는 실버인재센터 회원의 활동시간 제한(주 20시간, 월 10일 이하)을 폐지해 주 40시간까지 일할 수 있도록 규제를 완화했다. 그러나 이러한 노력에도 불구하고 회원 이탈 흐름을 완전히 막지 못했다. 오히려 정부는 일손 부족 문제가 심각해지자 '보람 노동'보다는 고령자의 정규 취업을 독려하는 쪽으로 기조를 옮기고 있다. 2013년 「고령자고용안정법」 개정으로 기업의 계속 고용 연령이 65세까지 의무화하는 것으로 이뤄졌다. 2020년에는 70세까지 고용연장 노력 의무 조항이 도입됐다.

전문가들은 현재의 실버인재센터가 전환기에 놓여 있다고 진단한다. "고령화로 노인 인구는 증가하고 있음에도 센터 회원 수는 오히려 감소하는 어정쩡한 상태"라는 평가도 있다. 실버인재센터는 애초의 취지였던 '누구나 참여하는 느슨한 일자리' 모델과 늘어나는 노인의 생계형 일자리 수요 사이에 놓여 있다.

100세 시대, '뉴 시니어'의 탄생

83세 시대, 60대는 더 이상 황혼이 아니다

한국인의 평균 기대수명이 83세다. 1970년대보다 20년 이상 늘어난 숫자다. 이제 60대는 인생의 황혼기가 아니다. 새로운 시작을 모색하는 시기다. 활동적이고 건강한 63세와 일상생활 지원이 필요한 87세를 같은 '노인 세대'로 묶어도 될까? 65세 이상을 일괄적으로 노인으로 분류하는 기준이 과연 타당할까? 이런 의문이 자연스럽게 생긴다.

일본 노년학회와 노년의학회는 이미 답을 내놓았다. '노인'을 75세 이상으로 정의하고, 65~74세는 '준고령자', 90세 이상은 '초고령'으로 분류하자는 제안이 나왔다. 의료 기술이 발달하고 건강 상태가 개선되면서 60대와 70대 초반을 예전처럼 노년으로 보기 어렵다는 이유에서다.

한국도 '신중년' 개념을 도입했다. 2017년부터 50~69세 인구를 신중년으로 규정하고 이들의 고용 및 사회참여를 지원하는 정책을 추진하고 있다. '60대의 건강과 삶의 방식이 과거의 50대와 비슷하다'라는 인식이 배경에 있다.

같은 베이비붐 세대도 이렇게 다르다

한국 베이비붐 세대는 앞서 말했듯 크게 두 그룹으로 나뉜다. 1차 세대(1955~1963년생, 약 705만 명)와 2차 세대(1964~1974년생, 약 954만 명), 전체 인구의 약 30% 이상이 이들이다. 같은 베이비붐이라는 이름표를 달고 있지만, 실상은 완전히 다르다.

2022년 기준 평균 연간 근로소득을 보면 1차 세대는 약 2,104만 원, 2차 세대는 약 3,466만 원으로 차이가 크다. 공적 이전소득은 오히려 1차 세대가 연간 751만 원으로 2차 세대(221만 원)의 3배 이상이다. 1차 세대는 국민연금 제도 도입 시기(1988년)에 이미 중장년층이었기에 가입 기간이 상대적으로 짧아 연금 수령액이 적은 경향이 있다.

▌베이비붐 세대별 종합 특성 비교표

구분	2차 베이비붐 세대 (1964~1974년 출생, 51~61세)	1차 베이비붐 세대 (1955~1963년 출생, 62~70세)	70+ 세대 (일반 고령층)
인구 규모	• 최대 규모 세대 • IMF 이후 청년 세대 • 약 954만 명(18.6% 비중) • 경제활동 중추 계층	• 전국 인구 14% 점유 • 신중년 핵심 인구군 • 약 705만 명(13.7% 비중) • 내수 경제규모 결정	• 일반 고령층 • 인구 증가 추세 • 사회보장 증가
학력 특성	• 높은 사회적 이슈 인식 • 고학력 비율 높음 • 직장 정착도 높음 • 단계별 승진 • 전문직 비중 확대	• 고학력층 증가 • 직업 숙련도 높음 • 스킬 기반 일자리 • 단기성 직업군 • 재교육 필요	• 상대적 저학력 • 디지털 격차 • 평생교육 필요
주요 특징	• 경제활동 절정기 • 높은 생산성 • 안정적 소득 • 소비 여력 보유 • 사회 중추 역할	• 공적연금 혜택 소수 • 고용 안정성 낮음 • 사회적 고립 위험 • 일자리 불안정 • 경제적 취약계층	• 건강관리 중요 • 돌봄 서비스 필요 • 의료비 부담
경제활동 상태	• 경제활동 활발 • 고용 세분화 • 소득 안정	• 은퇴 임박 • 자영업 불안정 • 일자리 불안	• 완전 은퇴 • 건강 제약 • 활동 제한
소득 구조	• 근로소득 주력 • 사업소득 • 부동산 소득 초기 • 금융자산 수입 다양 • 연금 가입률 높음	• 국민연금 수급 • 기초연금 • 근로소득 병행 • 소득 대체 미흡 • 소득 안정성 부족	• 공적연금 의존 • 기초연금 • 소득원 한정
자산 보유	• 부동산 비중 높음 • 금융자산 축적 • 투자 다양화 진행 • 자산 증식기 • 포트폴리오 확장	• 부동산 위주 • 거주주택 중심 • 금융자산 부족 • 유동성 제약 • 자산 편중 위험	• 부동산 편중 • 유동성 부족 • 자산 활용 어려움
일상생활 패턴	• 자녀교육/육아층 • 교육비 지출 큼 • 가족 중심 생활 • 네트워크 활동 활발 • 시간 부족 스트레스	• 건강한 생활리듬 추구 • 건강 중시 • 문화 욕구 증대 • TV/OTT 시청 • 여가 시간 활용	• 여가 시간 충분 • 사회적 고립 • 건강관리 중심
핵심 이슈	• 연금 가입 유지 • 부채 관리 • 포트폴리오 다양화	• 노인 빈곤 위험 • 자산 유동화 • 역모기지 활용	• 소득 대체율 부족 • 기초연금 확대 • 돌봄 서비스

자산 구성도 다르다. 1차는 주로 부동산에 집중되어 있으며 2차는 금융자산 비중이 상대적으로 높다. 디지털 역량 차이는 더욱 뚜렷하다. 2차 베이비붐 세대는 컴퓨터와 스마트폰을 익숙하게 사용하며 인터넷 활용도가 높다. 반면 70대 이상은 키오스크로 음식 주문하기나 앱으로 버스표 예매하기 같은 일상적 디지털 기술에 어려움을 겪는 경우가 많다. 미국의 AARP 조사에 따르면 50대는 디지털 기기를 적극 활용하며, 60대는 다소 떨어지나 여전히 대다수가 스마트폰과 인터넷을 사용한다. 70대 이상은 스마트 기술 보유율과 이용도가 뚜렷이 낮다.

70세까지 일하는 시대가 온다

노동시장이 다세대 공존의 장이 되고 있다. 과거에는 50대 후반~60대에 경제활동을 마감했다. 그러나 이제는 70대까지도 일하는 것이 현실이 되고 있다. 일본은 기업들에 정년 연장 또는 계속 고용을 70세까지 확보하도록 권고하는 법안을 시행했다. 이는 사실상 70세 미만은 여전히 일할 수 있는 나이로 보는 인식 확산을 의미한다.

복지정책도 재설계되고 있다. 미국은 사회보장연금의 정규 수급 연령을 67세로 올렸다. 일본은 국민연금 수급 개시를 65세로 높인 후 희망자에게 70세까지 연기를 허용한다. 한국도 국민연금 지급 시작 연령을 현행 62세에서 장기적으로 65세까지 늦추는 방안을 논의 중이다.

기술 수용성에서도 변화가 일어난다. 과거 "노인은 기술에 둔감하다"는 인식이 있었지만, 지금은 50~60대 액티브 시니어가 스마트폰과 인터넷을 적극 활용하며 디지털 혁신의 소비 주체로 부상하고 있다. 시니어 계층의 기술 수용 증가는 헬스케어 웨어러블, 스마트홈, 음성인식 비서 기기 등 새로운 서비스 시장의 확대를 가져온다.

앞으로 다가올 초고령사회에서는 연령에 따른 고정관념을 깨고 '리셋 제너레이션(Reset Generation)'이라 불리는 새로운 노년상이 등장할 것이다. 이들은 인생 2막을 스스로 설계하며 과거 어느 세대보다 풍부한 경륜과 지혜로 활동할 것이다.

트렌드 키워드

평범한 내일

한국의 고령산업은 극단적 양극화 현상을 보인다. 비즈니스 영역은 상위 10~20%의 현금흐름이 풍부한 고소득층을 겨냥한다. 공공영역은 기초생활수급자 등 취약계층에 집중한다. 그 사이에 있는 대다수의 중간 소득 베이비붐 세대는 사각지대에 방치되어 있다. 화려한 실버타운은 이들에게 너무 비싸고, 기초생활 지원 서비스는 그들의 니즈를 충족시키지 못한다.

이러한 현상은 베이비붐 세대의 규모와 경제적 영향력 때문에 발생한다. 1955~1963년생 1차 베이비붐 세대 705만 명은 이미 정년을 넘었다. 1964~1974년생 2차 베이비붐 세대 954만 명도 은퇴를 앞두고 있다. 50세 이상 인구의 소비지출이 전체 소비의 절반을 넘는다. 하지만 한국의 고령친화산업 규모는 GDP의 3.3%에 불과해 시장과 수요 간 괴리가 크다. 이들은 액티브 시니어로서 활동적 노후를 원한다. 에이지테크의 혜택을 누리고 적정한 수준의 주거와 건강관리 서비스를 원한다.

해외 선진국들은 이미 중간 소득 시니어를 위한 다양한 모델을 실험하고 있다. 미국에서는 초기 입주금 없는 월세형 시니어 아파트, 공동주택 형태의 주거 옵션, 필요한 서비스만 선택 구매하는 아라카르테(à la carte, 각각 선택) 방식 등이 등장했다. 독일과 스웨덴은 젊은 층과 노년층이 한 건물에서 어울려 살며 서로 지원하는 다세대 공존형 주거를 실험 중이다. 일본은 노인들이 마을 단위로 모여 균형 운동과 두뇌 훈련을 할 수 있는 통합지원센터를 운영한다. 독거노인을 위한 지역사회 모임도 활성화하고 있다.

미국 NIC 연구에 따르면 2029년까지 중간 소득 시니어 인구가 1,440만 명으로 두 배 증가할 것이다. 이들 중 절반 이상이 민간 시설 거주와 의료비로 연간 6만 2천 달러를 감당하기 어려운 상황이다. 이는 한국도 마주할 현실이다. 따라서 중간 소득 시니어를 위한 산업과 정책은 경제적 부담을 줄이면서도 존엄한 삶의 질을 유지하는 방향으로 설계되어야 한다. 저렴하면서도 기본적인 서비스가 제공되는 중간형 주거 모델, 커뮤니티 기반 예방 중심 건강관리, 사용하기 쉬운 에이지테크, 사회적 고립을 줄이는 프로그램 등이 시급하다. 1차와 2차 베이비붐 세대의 차이를 고려한 세분화한 접근이 필요하다. 일본, 독일, 미국 등 선진국의 모델을 벤치마킹하되 한국적 상황에 맞게 적용하는 지혜 또한 필요하다.

한미 시니어 특성

한국과 미국 모두 베이비붐 세대가 고령화되면서 시니어 인구가 급증하고 있다. 하지만 두 나라의 시니어는 경제적 여건, 사회적 환경, 문화적 배경에서 현격한 차이를 보인다. 이러한 현상을 '듀얼 붐 갭(Dual-Boom Gap)'이라 부를 수 있다. 같은 시기에 태어난 베이비붐 세대임에도 불구하고 국가 간 시니어 경험의 격차가 벌어지는 현상이다.

듀얼 붐 갭 현상은 전 세계적인 고령화 속도와 관련이 깊다. 한국은 2024년 기준 65세 이상 인구 비율이 20%를 넘어 '초고령사회'에 진입했다. 미국은 19% 미만 수준에서 상대적으로 완만한 고령화를 보인다. 특히 한국의 50대 인구가 872만 명(17%)으로 가장 큰 연령층을 이룬다. 60대 인구도 778만 명(15.3%)으로 40대를 처음 앞질렀다. 이는 세계 최고 수준의 고령화 속도를 보여준다.

경제적 측면에서 격차는 더욱 뚜렷하다. 한국 시니어들은 '자산 부자, 소득 빈곤'의 모순을 보인다. 65세 이상 가구주의 평균 순자산은 약 4억 5천만 원에 달하지만, 은퇴 연령층 상대적 빈곤율은 39.7%로 OECD 최고 수준이다. 반면 미국 시니어는 사회보장연금(Social Security) 등으로 노인빈곤율이 10~12% 수준으로 낮다. 다만 개인저축 격차가 커서 50세 이상 미국인의 20%는 별도 은퇴 저축이 전혀 없는 상황이다.

노동 참여에서도 극명한 차이를 보인다. 한국 65세 이상 경제활동참가율은 37.3%로 OECD 1위이며, 2024년에는 일시적으로 40%까지 상승했다. 즉, '65세 이상 노인 10명 중 4명은 취업 중이거나 구직 중'인 셈이다. 이는 생계형 필수 노동의 성격이 강하다. 반면 미국 65세 이상 노동 참가율은 약 19% 수준으로 한국의 절반에 그치며 대부분 선택적 연장 근무의 형태다.

건강과 사회적 측면에서도 차이가 두드러진다. 한국 65세 기대여명은 20.7년으로 세계 최상위권이다. 하지만 노인 자살률이 인구 10만 명당 30명 내외로 매우 높다. 독거노인 가구 수가 214만 가구다. 전체 고령자 가구의 37.8%에 달해 사회적 고립이 심각하다. 미국은 65세 기대여명이 18.4년으로 다소 짧지만, 고령층 자살률이나 우울 문제는 한국만큼 돌출되지 않는다. 디지털 격차도 흥미로운 양상을 보인다. 한국 65세 이상 인터넷 이용률은 74%로 상당히 높아졌다. 하지만 70대 이상에서는 60% 남짓에 그친다. 반면 미국은 65세 이상의 90%가 인터넷을 사용하며 스마트폰 보유율도 79%로 한국 (68% 추정)을 앞선다.

이러한 격차는 각국의 정책적 대응에 시사점을 제공한다. 한국은 '자산을 소득으로 전환'하는 금융상품 개발과 고령층 일자리 질 향상이 시급하다. 주택연금(역모기지) 확대, 시니어 맞춤형 자산관리 서비스 강화 등이 필요하다. 미국은 상대적으로 안정적인 연금 제도를 바탕으로 개인 자산관리 격차 해소와 장기요양 비용 대비에 집중해야 한다.

듀얼 붐 갭 현상은 단순한 국가별 차이를 넘어 시니어 비즈니스 전략의 세분화 필요성을 보여준다. 50대는 경력설계와 금융 솔루션, 60대는 일·여가 균형과 디지털 연금, 70대는 케어+커뮤니티 비즈니스, 80대 이상은 스마트 돌봄으로 각각 다른 접근이 요구된다. 특히 시니어 코하우징, 디지털 연금 통합 플랫폼, 액티브 시니어 관광 등은 양국 모두에서 유망한 비즈니스 모델로 부상하고 있다.

앞으로 10년은 시니어 파워가 본격화되는 최적 시간이다. 각국의 시니어 특성을 정확히 파악하고 맞춤형 전략을 수립하는 것이 고령사회 성공의 열쇠가 될 것이다. 듀얼 붐 갭을 기회로 전환하여 시니어를 사회의 부담이 아닌 새로운 성장 동력으로 활용하는 지혜가 필요한 시점이다.

KR 한국 베이비붐 세대 자산 구조 비교 분석
자산 양극화와 세대 간 격차의 구조적 한계

• 순자산 분포 국가별 비교

구분	한국 (가구주 65+)	미국 (가구주 70~74세)	유럽·일본	한·미 격차 (중위 기준)
중위 순자산 (가구 중앙값)	약 2.11억 원	약 5.26~5.70억 원	약 3억 원	약 3.2~3.6억 원
상위 1% 순자산 (진입선)	약 33억 원	약 164~178억 원	–	약 5배 차이
세대 간 격차	2차 > 1차 베이비붐 25% 더 많음	–	–	상위 분위 격차 더 큼

• 자산 구성 비교(최신 통계 기준)

국가	부동산(실물)비중	금융자산비중	특징(요약)	자료 기준
KR 한국(전체 가구)	75.2%	24.8%	부동산 편중 구조 지속	2024년 3월 말 기준 '가계금융복지조사'
JP 일본(가계 · NPISH 포함)	36.4%	63.6%	• 금융자산 중심 구조 • 현금 · 예금 비중이 50%대로 높아 투자 다변화 정책(NISA 등) 추진	2023년 말 SNA(연말 대차대조표)
EA 유로권(가구 평균)	79.9%	20.1%	• 실물자산(주거자산 중심) 비중이 매우 높음 • 국가 간 편차 큼	HFCS 2021 (유로시스템 가계금융소비조사)

• 소득 · 지출 구조(한국 70세 이상 가구, 2023년)

구분	연간	월평균	해설(요약)
소득	약 4,054만 원	약 338만 원	근로 · 사업소득 비중은 낮고 이전소득(공적연금 등) 의존이 높음
지출(소비지출)	약 3,000만 원	약 250만 원	필수성 비목 비중 높음 → 절약형 소비 패턴
차액(흑자액)	약 +1,054만 원	약 +88만 원	지출 축소 · 저축/예금 선호 경향 반영

*위 수치는 가구주 70세 이상, 전국 1인 이상 일반 가구 기준 월평균 수치(연간 = 월평균 × 12)입니다. KOSIS 원표(가구주 연령별 가계수지)에서 확인 가능한 값이며, 보고서 · 자료마다 모집단 정의가 달라 수치가 다를 수 있습니다.

• 통합 시사점(요약)

영역	한국의 현황	확인된 문제	정책 시사점(정합화)
자산 분포	상위 10%가 순자산의 44.4% 보유(2024 조사)	상 · 하위 격차 확대	상위자산 · 주거자산 편중 완화, 보완적 분배 · 세제 장치 점검
자산 구성	부동산 75%대로 편중(금융 25% 미만)	유동성 · 분산투자 부족	금융자산 비중 확대 유인(장기 · 분산 투자, 노후자금 운용체계 개선)
소득 · 지출(고령층)	이전소득 의존 ↑, 소비 절약형	내수 기여 둔화 · 소득안정성 제약	연금 · 이전소득 안정화 + 자산의 소득화 메커니즘 구축

미국 여성 시니어

미국의 65세 이상 인구가 급속히 증가하면서 여성 시니어가 새로운 소비 주체로 주목받고 있다. 2023년 기준 미국의 65세 이상 인구는 약 5,970만 명이다. 이는 전체 인구의 약 17.8%를 차지한다. 이 중 여성은 약 3,310만 명으로 남성보다 훨씬 많다. 특히 65세 이상 인구 100명당 여성은 120명 이상이다. 85세 이상에서는 180명 이상에 이를 정도로 여성의 비중이 압도적이다. 이들은 단순한 노년층이 아닌 강력한 경제적 영향력을 가진 소비 집단으로 변화하고 있다.

여성 시니어의 소비력은 건강, 여가, 편의 서비스 분야에서 특히 두드러진다. 55세 이상 인구가 전체 건강 지출의 55%를 차지하며 여성 여행객 중 55세 이상이 40%로, 약 2,140억 달러 규모의 여행 시장을 창출한다. 기술 수용도도 빠르게 증가해 65세 이상 중 61%가 스마트폰을 소유하고 75%가 인터넷을 사용한다. 전 세계적으로 여성은 약 32조 달러의 소비를 관리하며 전체 재량 지출의 75%를 통제할 것으로 전망된다. 미국 베이비붐 세대는 전체 가처분소득의 70%를 보유하고 있다.

이와 관련해 여성 시니어를 타깃으로 한 마케팅 전략이 성과를 거두고 있다. 올레이는 '우리의 피부는 우리가 살아온 모든 순간의 증거'라는 메시지로 나이 듦을 긍정적으로 표현했다. 로레알은 다이안 키튼, 헬렌 미렌 등 성숙한 여배우를 광고 모델로 기용했다. 도브는 60세 이상 여성만을 내세운 'Real Women' 캠페인을 통해 큰 공감을 얻었다. 실제로 자신의 연령대와 유사한 모델이 광고에 등장할 때 구매 의향이 200% 증가하는 것으로 나타났다.

기업들은 여성 시니어 시장 공략을 위해 전략적 접근이 필요하다. 제품 개발 측면에서는 건강, 웰니스, 안전, 편의성을 강조한 맞춤형 제품과 서비스를 개발해야 한다. 마케팅에서는 진정성과 포용성을 핵심으로 실제 연령과 가치관에 맞는 캠페인을 진행하고, 고품질 · 안전성 · 사회적 책임 등의 가치를 강조할 필요가 있다.

세대 간 부의 이동

'세대 간 부의 이동(Intergenerational Wealth Transfer)'은 베이비붐 세대 등 고령층이 보유한 자산이 다음 세대로 대규모 이전되는 현상이다. 미국에서는 2048년까지 약 124조 달러가 세대를 넘어 이전될 예정이다. 한국에서도 2024년 기준 60세 이상 고령층이 약 4,000조 원의 자산을 보유한다. 이는 단순한 상속을 넘어 경제 구조 전반을 변화시키는 큰 흐름이다. 전 세계적으로 부의 이전 규모가 각국 GDP를 크게 넘는 수준에 이르고 있다. 특히 국내에서는 부동산 자산 비중이 높아 주택 중심의 자산 이전이 두드러질 전망이다.

전 세계적으로 고령화가 가속화되면서 베이비붐 세대의 은퇴와 함께 자산 이전이 본격화된다. 미국의 경우 베이비붐 세대 이상에서 나오는 자산이 전체 이전의 81%를 차지한다. 밀레니얼 세대는 향후 25년간 46조 달러를, X세대는 향후 10년간 14조 달러를 상속받을 전망이다. 이는 미국 GDP의 세 배에 달하는 규모다. 한국에서도 KB금융그룹 연구에 따르면 고액 자산가 중 60.8%가 이미 상속이나 증여를 경험했다. 이는 2019년 12.5%보다 다섯 배 증가한 수치다. 상속세 신고 건수는 2019년 9,555건에서 2023년 18,282건으로 두 배 가까이 늘었다. 특히 응답자의 54.3%가 향후 상속·증여 계획이 있다고 밝혀 부의 이전이 가속화되고 있다.

미국에서는 상속 자금이 밀레니얼 세대의 주택 구매를 돕는 역할을 한다. 젊은 세대는 기존 주식·채권 투자에서 벗어나 사모펀드, 암호화폐, 대체투자 등 새로운 투자처를 적극 모색한다. 특히 82%가 ESG 요소를 고려한다고 응답해 기성세대의 35%와 큰 차이를 보인다. 한국에서는 부동산 중심의 자산 이전이 특징이다. 한국 부자들의 총자산 중 부동산 비중이 55.4%에 달한다. 실제 상속·증여 자산도 현금·예적금(53.9%)과 주택 등 부동산(거주용 44%, 비주택 35.4%)이 대부분이다.

세대 간 부의 이동은 단순한 세대교체를 넘어 경제·금융시장 전반의 재편을 의미한다. 베이비붐 세대는 체계적인 자산계획 수립이 필수다. 재산이 10억 원을 넘으면 상속·증여 설계하고 세무 전문가 상담을 받는 것이 좋다. 배우자에게는 최대 6억 원, 성년 자녀에게는 연 5천만 원까지 비과세 증여가 가능하므로 이를 활용해 상속세 부담을 줄일 수 있다. 디지털 자산관리와 가족 간 소통도 중요하다. 자녀에게는 자산관리 능력까지 함께 전수해야 한다.

고령층의 변화도 주목할 만하다. 최근 고령층은 '액티브 시니어'로 변화하며 적극적인 소비 성향과 높은 디지털 수용성을 보인다. 건강과 웰빙을 중시하고 지속 가능·프리미엄 제품을 선호한다. 이커머스와 SNS 기반 소비도 늘고 있다. 고령층과 다음 세대 모두 철저한 준비와 정보 공유가 필요하다. 기업과 정부 차원에서도 변화하는 시니어의 니즈에 맞춘 대응 전략을 지속 모색해야 한다. 이는 위기가 아닌 새로운 기회의 장을 여는 변화이기 때문이다.

일본 단카이 렌즈

'단카이 렌즈(Dankai Lens)'는 일본의 베이비붐 세대인 '단카이 세대'의 17년간 초고령사회 경험을 통해 한국의 미래를 예측하고 대응 전략을 수립하는 분석 프레임워크다. 단카이(団塊, だんかい)는 일본어로 '덩어리'를 뜻한다. 전후 베이비붐 세대가 인구 구조상 큰 덩어리를 이루었다는 의미에서 붙여진 명칭이다. 이 렌즈를 통해 보면 한국이 맞이할 초고령사회의 모습을 구체적으로 예측할 수 있다.

한국과 일본의 고령화 패턴은 유사하면서도 한국의 속도가 훨씬 빠르다. 일본은 2007년 초고령사회(65세 이상이 21%)에 진입해 2025년 기준 17년 차를 맞고 있다. 65세 이상 인구 비중이 29.3%에 달한다. 반면 한국은 2024년 12월 공식적으로 초고령사회에 진입했다. 일본이 고령사회에서 초고령사회로 전환하는 데 11년이 걸렸지만, 한국은 단 7년 만에 이 변화를 겪었다. 전문가들은 한국의 65세 이상 인구 비중이 불과 10~12년 내에 일본의 현재 수준인 30%에 도달할 것으로 전망한다.

일본의 17년 경험을 살펴보면 위기와 기회가 동시에 나타난다. 가장 심각한 문제는 고독사다. 2024년 기준 연간 5만 8천 명이 홀로 죽음을 맞이하고 있다. 그중 76%가 65세 이상 고령자다. 의료·연금 지출도 급증하여 사회적 부담이 커지고 있다. 하지만 동시에 거대한 시장이 형성되었다. 50세 이상 인구가 개인 금융자산의 80%를 보유하고 있으며 고령층 전용 시장 규모가 연간 100조 엔을 넘어섰다. 고급 지팡이, 란도셀 리메이크(ランドセル リメイク, 초등학교 가죽 책가방을 '추억이 담긴 새 아이템'으로 업사이클링하는 작업) 등 '에이징 럭셔리' 트렌드가 생겨났다.

주거 혁신 측면에서 일본은 '베이비 홈(Baby Homes)' 모델을 발전시켰다. 이는 고령자가 '아기처럼 안전하게, 집처럼 편안하게' 지낼 수 있도록 설계된 초소형 모듈러 주택과 커뮤니티를 말한다. 15실 내외의 스몰 하우스, 가족 주택 뒤뜰에 설치하는 그라니-팟(Granny Pod, 별채), 병원 근접형 서비스 주택 등이 늘고 있다. 원격진료와 센서가 내장되어 있고, 돌봄 로봇과의 연계도 쉽다. 현재 일본에는 8,323개 단지, 29만 호의 서비스형 고령자 주택이 등록되어 있다.

사회문화적으로는 관계 재창조 문화가 발달했다. '하카토모(묘지 친구)' 제도는 생전에 친구와 공동 묘소를 계약하여 고독감과 장례 비용 문제를 해결하는 방식이다. '실버 센류'라는 고령자 전용 시 문화도 등장해 유머와 관계 맺기를 통한 정신적 안정을 도모하고 있다. 디지털 전환도 가속화되어 LIFULL 등 플랫폼이 온라인 입주 상담, VR 견학을 제공하고 인지 게임과 e-스포츠형 데이케어까지 운영 중이다.

한국도 이와 유사한 변화가 예상된다. 2030년 65세 이상 인구 비중이 25%에 도달하면 주거·의료 수요가 폭증하고 5060세대의 대규모 은퇴가 시작될 것이다. 2035년에는 30%, 2050년에는 40%까지 증가할 전망이다. 특히 베이비붐 세대의 자산이 약 2,000조 원 규모로, 이들의 은퇴와 함께 거대한 자산 이동이 시작되고 있다. 현재 연간 180~200조 원 안팎이 실제 흐름으로 이동하고 있어 '연 2,000조 자산 대이동기'라고 불린다.

초고령사회는 단순한 위험이 아니라 새로운 시장과 문화, 기술 혁신의 실험장이 될 수 있다. 일본의 17년 경험은 고령화 충격을 완화하면서도 새로운 성장 동력을 창출할 수 있음을 보여준다. 한국이 더 급격한 변화에 건강하게 대응하려면 '베이비 홈(Baby Homes)형 주거 혁신, 액티브 시니어 시장 구축, 데이터 기반 고독 예방'을 2025~2030년 내 프로토타입(Prototype)에서 제도화까지 빠르게 추진해야 한다. 위기를 기회로 전환하는 일본의 지혜를 배워 우리만의 초고령사회 모델을 만들어 가야 할 시점이다.

베이비부머 보트(Babyboomer Vote)

'그레이 보트'는 60세 이상 고령 유권자들의 정치적 영향력을 지칭하는 개념이다. 인구 고령화와 함께 선거 결과를 좌우하는 핵심 변수로 부상하고 있다. 시니어의 투표 성향은 단순한 나이 기준이 아닌 삶의 주된 경험에 따라 결정된다. 특히 전쟁과 가난, 민주화 경험이 핵심 영향 요소로 작용한다. 2차 베이비붐 세대는 민주화 경험이 가장 큰 영향을 미치며 1차 베이비붐 세대는 가난 경험과 민주화 경험이 비슷한 비중으로 작용한다. 75세 이상 노인은 가난 경험이 압도적 영향력을 보인다. 이는 각 코호트[3]가 성장기에 겪은 역사적 경험이 정치적 선택의 근본 동력이 됨을 의미한다.

이러한 그레이 보트의 부상은 급속한 인구 고령화와 베이비붐 세대의 본격적인 은퇴에서 기인한다. 2025년 65세 이상 인구가 1,000만 명을 넘어서면서 전체 유권자에서 시니어가 차지하는 비중이 급격히 증가하고 있다. 이들의 높은 투표율은 선거 결과에 결정적 영향을 미치고 있다. 특히 베이비붐 세대는 과거 어느 세대보다 정치적 참여 의식이 높고 조직화한 집단행동 경험이 풍부해 정치적 영향력이 더욱 강하다. 동시에 젊은 세대는 전쟁과 가난, 독재 경험을 책과 영화로만 접했다. 그래서인지 시니어와 정치적 가치관 차이가 점점 벌어지고 있다. 이는 세대 간 정치적 소통과 통합이 중요한 과제로 떠오르는 배경이다.

현실에서 그레이 보트의 영향력은 구체적으로 나타나고 있다. 2차 베이비붐 세대인 50대는 민주화 이후 성인기를 보내며 자유와 권리, 복지 가치를 체화했다. 이들은 정치적 선택에서 민주적 절차와 사회복지 확대를 중시한다. 1차 베이비붐 세대인 60대는 청년기에 군사독재와 민주화를 동시에 경험했다. 이들에게는 안정과 변화라는 상반된 가치가 혼재하고, 빈곤 체험으로 인해 경제적 안정성을 동시에 고려한다. 75세 이상 초고령 시니어는 전쟁 직후 극빈 상황을 온몸으로 겪었다. 안보와 경제성장을 무엇보다 중시

---

[3] 특정한 기간에 태어나거나 결혼을 한 사람들의 집단과 같이 통계상의 인자(因子)를 공유하는 집단

한다. 기득권 보호와 안정 지향적 성향이 강하다. 이들 각 세대는 연금과 의료, 주택 등 이해관계와 소득 수준이 투표 선택에 큰 영향을 미친다. 그 외에도 후보의 이미지나 지역주의, 종교적 가치관 등도 복합적으로 작용하고 있다.

베이비부머 보트 현상이 한국 정치와 사회에 미치는 시사점은 심층적이고 장기적이다. 첫째, 향후 5년간 베이비붐 세대의 정치적 영향력이 절정에 달할 것이다. 코호트별 세대교체가 선거 결과의 핵심 변수가 될 것이다. 둘째, 세대 간 소통과 통합이 정치적 안정의 관건이 되면서 디지털과 기후 이슈를 중심으로 한 세대 대화가 필수가 되었다. 셋째, 사회안전망 강화와 재정 건전성 확보가 정치적 의제의 중심에 서게 되면서, 시니어의 안정 지향 성향과 젊은 세대의 변화 요구 사이의 균형점 찾기가 중요해졌다. 넷째, 디지털 전환과 기후변화 대응이 새로운 세대 갈등의 축이 되면서, 이념이나 말보다는 구체적인 행동과 성과로 신뢰를 쌓아가는 정치 리더십이 요구되고 있다. 결국 그레이 보트 시대의 정치는 과거 경험에 기반한 세대별 가치관을 인정하면서도 미래 과제에 대한 세대 간 협력을 끌어내는 통합적 접근이 성공의 열쇠가 될 것이다.

실버 브레인 리부트(Silver Brain Reboot)

2025년 국제통화기금(IMF) 연구가 밝혀낸 주목할 만한 사실이 있다. 현재 70세의 인지 능력이 과거 53세와 동일하다는 사실이 41개국 100만 명 대상 표준화 검사로 확인되었다. 이는 단순한 비유가 아닌 과학적 현실로 전 세계적으로 나타나는 세대 효과의 결과다. 인간의 인지 능력이 실질적으로 개선되고 있음을 의미한다. '70은 새로운 50'이라는 표현이 통계적으로 입증된 것은 기존의 노화 개념과 연령 기준 사회 시스템에 변화를 요구하고 있다.

노르웨이 Tromsø 연구에서는 2016년 70세의 기억과 처리 속도가 2001년 60세와 동등했으며, 이는 15년 만에 10년 치 인지 연령이 단축되었음을 보여준다. 핀란드 Jyväskylä 연구에서는 1990년대 대비 2018년대 75~80세의 작업기억, 언어 유창성, 추론 능력의 표준편차가 0.3~0.7만큼 향상되었다. 이는 통계적으로 의미 있는 개선 수준이다. 독일 베를린 노화 연구에서는 78세 기준으로 최근 세대가 20년 전 동 연령 대비 0.85 표준편차 높은 점수를 기록했다. 이는 약 25세 연령 차이에 해당하는 수치다. 다만 중요한 점은 인지 저하 시작 시점이 뒤로 밀렸을 뿐 하강 속도 자체는 동일하다는 것이다. 시작점이 높아졌지만 감소 기울기는 유지된다는 독일과 미국 자료의 일치된 결과가 나타났다.

이러한 변화는 여러 요인의 복합작용으로 설명된다. 교육과 인지 자본 측면에서는 평균 교육 연한의 증가와 디지털 문해력 향상이 두뇌의 인지 예비력을 증대시켰고, 문제 해결 전략의 효율성이 개선되었다. 심뇌혈관 건강 영역에서는 고혈압과 흡연율 감소, 스타틴과 항혈소판제의 보편화로 뇌 혈류가 개선되어 백질 병변이 감소하고 처리 속도가 유지되고 있다. 영양과 체격 면에서는 소아와 청년기 단백질 및 미량영양소 섭취 개선으로 신장과 근육량이 증가했다. 이는 성장기 뇌 발달 촉진과 노년기 체력 향상을 통해 뇌 위축 속도를 지연시키는 효과를 보였다. 근로와 사회활동 환경에서는 지식 기반 업무와 복잡한 업무의 비중 확대로 직업적 정신적 부하가 지속적인 두뇌 자극을 제공하고 있으며, 디지털과 문화 환경에서는 스마트폰, 게임, 검색, 멀티태스킹의 일상화가 작업기억과 유동 지능을 단련하고 신경 네트워크 가소성을 유지하는 데 기여하고 있다. 이러한 요인들은 상호작용하며 특히 고학력, 고소득 집단에서 더 큰 효과가 나타나는 특성을 보인다.

실버 워크포스 재활성화 움직임이 대표적 사례다. 기존 정년 개념을 넘어서 능력 기반 고용이 확산하고 있다. 시간제와 프로젝트형 일자리 매칭 서비스와 AI 리터러시 교육이 결합한 새로운 시장이 형성되고 있다. 뇌 건강과 디지털 브레인 헬스 시장도 성장하고 있다. VR과 게임 기반 인지훈련 프로그램, 웨어러블 뇌파와 수면 질 모니터링 디바이스, 보험 연계 인지 개선 프로그램이 등장하고 있다. 액티브 시니어의 소비 파워도 재조명받고 있어 금융, 여행, 레저, 고급 취미 영역에서 세그먼트 재정의가 이루어지고 있다. '50대 후반 = 미들 에이지' 마케팅 언어로의 전환이 진행되고 있다.

AgeTech와 AI의 결합도 주목할 만하다. 음성과 챗 기반 코치, 맞춤형 라이프 로그 분석을 통한 시간, 건강, 현금흐름 관리와 하루 루틴 추천 알고리즘이 개발되고 있다. 학습과 재교육 수요가 증가하여 대학과 MOOC 협업을 통한 '70+ 마이크로디그리' 패키지와 베이비붐 세대 맞춤형 AI 커리큘럼이 설계되고 있다. 연금과 신탁, 투자상품도 재설계되어 '지속 가능 현역' 시나리오를 반영한 단계적 인출과 건강지표 연동 인지 저하 보호 신탁 상품이 개발되고 있다.

세대 간 결합 서비스로는 코리빙과 멘토링 플랫폼을 통해 고령층의 지식과 경력을 청년층의 디지털 역량과 교환하여 사회적 가치와 인지 자극을 동시에 제공하는 모델이 등장했고, 정책과 도시계획에서는 기능 연령 기준 교통, 주거, 문화 인프라와 스마트시티 내 공공 뇌 훈련 공원 같은 인지 활성화 구역 도입이 제안되고 있다.

연령 중심에서 기능 중심으로의 패러다임 전환이 필요하다. 마케팅 영역에서는 기존 연령대별 구분을 넘어서 인지 능력과 신체 기능을 고려한 새로운 타깃팅이 필요하다. '50대 후반 = 미들 에이지'라는 언어적 전환이 광고와 상품 개발 전반에 확산할 것이다. 교육 분야에서는 평생학습의 개념이 확장되어 '70+ 마이크로디그리' 프로그램과 수요 기반 맞춤형 커리큘럼이 주류가 되고, 기존 대학 교육과 온라인 플랫폼의 융합이 진행될 것이다. 도시계획과 인프라 설계에서는 단순 연령이 아닌 기능 연령 기준으로 접근성과 편의성을 고려한 설계가 표준이 되며, 인지 활성화를 위한 공공 공간과 디지털 인프라가 중요한 요소로 자리 잡을 것이다. 다만 저교육과 저소득층의 상대적 격차 확대, 비만과 당뇨 증가 국가에서의 제한적 개선 효과, 그리고 1990년대생 이후 청년층에서 나타나는 IQ 정체와 하락 조짐은 향후 40년간 이러한 인지 개선 효과가 지속되지 않을 가능성을 시사한다. 따라서 계층별 맞춤형 접근과 예방적 정책 대응이 필요한 상황이다. 이 현상은 단순한 노화 지연이 아닌 인간 인지 능력의 세대별 개선으로 해석되며, 노동, 소비, 복지 전 영역에서 기능과 역량 중심 패러다임으로의 전환을 촉진할 것이다.

2-2

경제와 비즈니스의 전환

퇴직 리스크 구간의 관리 전략 : 은퇴 레드존을 넘어서는 지혜

은퇴 레드존, 인생 최대의 위험 구간

미국 금융업계에서는 퇴직을 전후한 5~10년을 '은퇴 레드존(Retirement Red Zone)'이라 부른다. 은퇴 5년 전부터 5년 후까지, 퇴직 전후 10년은 수익률 변동, 소득 중단, 인출 개시 등이 겹치며 자산 손실 리스크가 집중되는 시점이다.

-5년	은퇴	+5년
은퇴 5년 전	은퇴 시점	은퇴 5년 후

투자 생애 중 가장 위험이 큰 구간
이 시기에 자산을 어떻게 관리하느냐에 따라 노후 생활의 질이 극적으로 달라진다

시퀀스 리스크

수익률 순서 위험
은퇴자산 인출 기간 동안 투자수익률의 발생 순서에 따라 최종 자산 규모와 소진 속도가 크게 달라지는 현상

장수 리스크

수명 연장 위험
기대수명 증가로 은퇴 이후 자금 관리 기간이 과거보다 길어짐. 60대 중반 은퇴 시 25~30년간 노후 자금 관리 필요

인플레이션 리스크

물가 상승 위험
장기간에 걸친 물가 상승으로 인한 구매력 감소와 실질 자산 가치 하락

이 구간이 특별히 위험한 이유는 여러 재무 위험이 한꺼번에 몰려오기 때문이다. 가장 대표적인 것이 '시퀀스 리스크(Sequence of Returns Risk)', 즉 수익률 순서 위험이다. 은퇴자산 인출 기간 동안 같은 평균수익률이라도 인출 초기에 손실이 발생하면 자산 고갈 속도가 급격히 빨라지는 위험이다. 한 연구에서 두 명이 같은 5%대 평균수익률을 올렸지만, 초기에 손실을 본 김 씨는 5년 후 자산이 1.9억 원으로 줄어든 반면 초기에 수익을 올린 이 씨는 2.3억 원이 남아 5년 만에 4천만 원의 격차가 벌어졌다. 평균수익률은 같지만, 실질적으로 자산에 반영된 내부수익률은 김 씨 3.3%, 이 씨 6.4%로 크게 달라졌다.

또한, '장수 리스크(수명 연장 위험)'와 '인플레이션 리스크(물가 상승 위험)'도 크게 작용한다. 기대수명 증가로 은퇴 이후 자금 관리 기간이 과거보다 길어졌다. 60대 중반에 은퇴해 90세가 넘는다면 25~30년간 노후 자금을 관리해야 한다. 이 시기에는 소득원이 급감하거나 끊긴다. 주택 구매나 자녀 결혼 지원 등으로 부채 부담이 남기도 해 재정적 압박이 커질 수 있다. 자산 규모는 최대지만 불확실성도 최고조에 이르는 구간이다.

포트폴리오 배분과 인출 : 양날의 검

퇴직 리스크 구간의 위험을 완화하기 위해 가장 기본적으로 고려되는 것은 자산 배분 전략의 조정이다. 핵심 원칙은 은퇴 시점이 가까워질수록 포트폴리오 변동성을 낮추어 큰 손실 가능성을 줄이는 것이다. 많은 연금 펀드와 투자자문사들이 은퇴 시기에 맞춰 위험자산 비중을 자동으로 낮추는 생애주기 펀드(TDF ; Target Date Fund)를 활용한다. TDF는 대표적인 은퇴 준비 상품으로 자리 잡았다. 2018년 기준으로 401(k) 가입자의 68%가 TDF에 투자하고 있다. 그러나 생애주기 펀드가 만능은 아니다. 2008년 글로벌 금융위기 당시, 2010년에 은퇴를 앞둔 투자자들을 위한 TDF들조차 주식 비중이 절반 안팎으로 높게 유지되어 있었고 그해 평균 20~30%에 달하는 큰 손실을 냈다.

최근 연구에서는 더 정교한 자산 배분 전략도 제안되고 있다. 미국 재무설계 연구자들은 은퇴 전 10년간 주식 비중을 낮추었다가 은퇴 후 다시 높여가는 V자형 글라이드패스가 시퀀스 리스크 완화에 효과적일 수 있다고 보고했다. 한국에서도 이러한 자산 배분 전략을 제도적으로 뒷받침하기 위한 노력이 진행 중이다. 2022년 도입된 퇴직연금 디폴트옵션(사전지정운용제도)이 그 예다. 퇴직연금 가입자가 별도의 운용지시를 안 하면 자동으로 사전에 정한 적격 상품으로 굴려주는 제도다.

돈을 꺼내는 방법도 기술이다. 일시금 인출은 가장 단순한 방식이지만 세금 부담이 커질 수 있다. 퇴직소득을 연금 형태로 나누어 받으면 세금을 약 30% 절감할 수 있다. 퇴직금을 IRP로 옮겨 10년 이상 연금으로 받으면 퇴직소득세 30% 감면과 낮은 연금소득세 덕분에 체감 절세율이 20~30% 수준이 된다.

미국에서 널리 알려진 '4% 룰'도 주목할 만하다. 은퇴 첫해 자산의 4%를 인출하고 이후 매년 인출액을 물가만큼 증가시킨다. 그러면 과거 통계상 30년간 자금이 고갈되지 않을 확률이 높다는 경험칙이다. 다만 최근 저금리와 고평가로 인해 안전한 인출률이 더 낮아져 2020년대에는 3.5~4% 수준으로 재조정되고 있다.

3층 연금의 통합 운용술

은퇴 생활자들의 소득구조는 흔히 '3층 연금'으로 묘사된다. 1층은 국민연금과 같은 공적연금, 2층은 퇴직연금(기업연금) 등 직업연금, 3층은 개인연금이나 개인저축 등의 사적 준비자산이다. 이들을 종합적으로 고려하여 최적의 인출 순서와 방식을 결정해야 한다.

국민연금은 가장 기본적인 노후 생활비를 평생 지급해 주는 기둥이다. 이는 물가가 연동되는 안정적 현금흐름이다. 이를 생활비의 바탕으로 삼고 위에 다른 소득을 얹는 '소득 바닥짚기(Flooring)' 전략이 유용하다. 국민연금만으로 부족한 기본 생활비는 기업 퇴직연금의 연금 수령이나 개인연금으로 보강할 수 있다.

국민연금은 수급 개시부터 받기 시작할 수도 있다. 또한, 최대 5년까지 연기해 늦게 받으면 매년 7.2%씩 연금액을 증액해 준다. 연기하면 1년당 7.2%씩 증액되어 5년 연기 시 총 36% 증가하며, 이는 일정 수준의 고정수익을 확보하는 효과와 유사하다. 각 소득원의 개시 시기와 인출 순서를 최적화하여 세금과 현금흐름을 관리하는 것이 핵심이다. 세율이 낮은 소득부터 먼저 인출하고 높은 과세가 붙는 소득은 늦출수록 유리하다.

전문가들은 "은퇴 후 첫 10년에 집중하라"고 조언한다. 퇴직 후 첫 5~10년을 노후 재무설계의 승부처로 보고 집중하라는 것이다. 은퇴 초기에 보수적인 자산 배분과 신중한 인출로 자산 하락을 최대한 억제하는 것이 1차 목표다. "인출률을 낮추고 유연하게"도 중요한 조언이다. 초기 인출률을 가능하면 낮게 잡는다. 경직된 인출 대신 상황에 맞게 조정 가능한 인출 전략을 권한다. 전년도 투자 포트폴리오에 손실이 났으면 그해 인출액을 일정 비율 줄인다. 반대로 추가 수익이 났으면 인출을 약간 늘리는 방식이다.

노후 자산관리에서 세금이 수익률 못지않게 중요하다. 퇴직연금과 연금저축 등은 세액공제 혜택으로 젊을 때 세금을 아껴준다. 노후에 인출 시에도 저율 과세해 주므로 전 생애에 걸쳐 세금 부담을 완화해 준다. 은퇴 레드존을 안전하게 빠져나왔다면, 곧바로 '소득절벽'을 메워 줄 다층소득 전략이 필요하다.

베이비붐 세대의 현금흐름 전략과 다층소득 구조

소득절벽의 현실

어느 날 갑자기 매달 들어오던 월급이 끊긴다. 부양해야 할 부모는 있고, 자녀 교육비는 여전히 나가고, 생활비는 늘어난다. 하지만 통장에 찍히던 숫자는 이제 없다. 한국의 베이비붐 세대는 산업화와 고도성장의 혜택을 누리며 자산을 축적할 기회가 많았다. 그러나 정작 은퇴 이후 소득 공백과 노후 빈곤 위험에 노출된다. 한국의 노인 소득 빈곤율은 OECD 평균의 세 배로 최악 수준이다. 국민연금 평균 수령액도 55~79세 기준 약 82만 원이다. 부부 기준 최소 노후 생활비 214만 원에 크게 미치지 못한다. 퇴직과 국민연금 수급 사이에 생기는 공백기인 '소득 크레바스'가 현실적 위협으로 다가온다. 또한, 우리나라 노동자의 평균 은퇴 연령은 72.3세로 세계에서 가장 늦다.

다층 안전망 구축 전략

베이비붐 세대에게 은퇴 후 지속 가능한 현금흐름 확보는 선택이 아니라 필수다. 핵심은 다층소득 구조를 구축하여 소득원을 다변화하는 것이다. 국민연금은 가장 기본적인 노후 소득원이다. 부부 중 소득이 없는 배우자는 지역가입이나 임의가입을 통해 가입을 늘려야 한다. 만 63세부터 정상 수령이 가능하나 최대 5년까지 연기 시 1년당 7.2%씩 연금액이 증액된다. 퇴직급여는 바로 소비하지 말고 연금으로 전환하는 것이 좋다. 퇴직금을 IRP 계좌로 이전하면 연금 계좌 인출 시 세금 혜택을 받는다. 금융자산은 '단기 생활자금, 중기 안전자산, 장기 인컴자산' 세 가지 바구니로 나눠 현금흐름 위주로 재구성하는 것이 중요하다.

새로운 노후 라이프 스타일

베이비붐 세대 상당수는 은퇴 이후에도 "아직 일할 수 있다"고 느낀다. 노후 현금흐름을 늘리는 최선은 계속 일하기다. 정년퇴직을 앞둔 50대 후반은 현 직장과 계속 고용 협상을 시도하거나 임금피크제를 활용할 수 있다. 창업을 고려한다면 현실을 냉정히 인식해야 한다. 프리랜서와 같은 창직이 현실적 대안이다. 성공한 중장년은 깊은 직무 경력을 활용한다는 특징이 있다. 그 유형은 디지털 역량과 교차시킨 'T-익스퍼트' 전환형, 지역의 미해결 과제를 정부·지자체 수요와 연결한 문제해결형, 재능 마켓에서 미니 서비스로 시작해 단가를 끌어올린 플랫폼 거래형이 대표적이다. 의학 발전과 생활 수준 향상으로 베이비붐 세대 상당수는 80~90대까지 생존할 것으로 예상된다. 이들은 노년에 자기계발과 여가, 소비에도 적극적인 액티브 시니어로 부상하고 있다.

자산의 전략적 소비와 장수 리스크

100세까지 살면 행복할까? – 장수가 불러온 새로운 고민

오래 살면 행복한 일일까? 100세까지 살 수 있다는 소식이 반갑지만은 않다. 모아둔 돈이 그때까지 버틸 것 같지 않기 때문이다. 이것이 장수 리스크다. 예상보다 오래 살아서 은퇴 후 축적한 자산이 생존 기간 중 조기에 고갈될 위험을 의미한다.

100세 이상 인구도 1만 명에 다가섰다. 평균 기대수명은 지속해서 늘어 생명보험 가입자의 경우 남성 86.3세, 여성 90.7세에 달한다. 불과 5년 만에 2~3세 늘었다. 장수 리스크의 영향은 광범위하다. 노후 준비가 부족한 채 수명만 늘어나면 생활 수준이 하락하고 빈곤 위험이 커진다. 65세 이상 노인의 절반 이상이 생활비 때문에 계속 일하고 싶다고 응답할 정도다. 과거에는 정년 후 수명이 비교적 짧았기에 노후 자금 소진 문제가 크지 않았다. 그러나 이제는 20~30년 이상 지속될 수 있는 은퇴 생활을 대비해야 한다. 연금 수령액과 예금 이자만으로는 노후 생활비가 부족한 경우가 많다. 보유 자산을 계획적으로 소진하여 현금흐름을 창출하는 전략의 중요성이 커졌다.

돈은 있는데 현금이 없다 – 베이비붐 세대의 자산 딜레마

한국의 베이비붐 세대는 고령화와 장수 리스크의 당사자이자 독특한 자산 보유 행태를 보이는 집단이다. 특히 2차 베이비붐 세대인 1964~1974년생 약 954만 명이 현재 50대 중후반으로 본격적인 은퇴기에 접어들고 있다. 이들은 전체 인구의 18~19%를 차지하는 대규모 집단이다.

이들의 가장 큰 특징은 자산 구성이 부동산에 편중되어 있다는 점이다. 한국 60대 이상 가구 자산의 약 80%가 부동산 등 실물자산이고 금융자산 비중은 20%에 불과하다. 이는 "돈은 있는데 현금이 없다"는 역설적 상황을 만들어 낸다. 소득은 없지만 집 한 채는 있는 상태에서 부동산을 이용해 소득을 창출해야 하는 딜레마에 직면한 것이다. 실제로 서울에 10억 원 상당의 주택을 보유한 은퇴자가 정작 월 생활비 100만 원이 모자라

구직에 나서는 사례도 적잖다.

베이비붐 세대의 노후 준비 부족은 제도적 배경과 관련이 깊다. 이들 상당수는 국민연금 제도가 성숙하기 전에 경력을 시작했기 때문에 가입 기간이 충분하지 않거나 소득대체율이 낮다. 또한, 과거 퇴직금도 일시금 수령 관행이어서 지속 소득으로 전환되지 못했다. 통계청 자료에 의하면 은퇴 가구주 중 53%가 "노후 대비가 부족하다"고 느끼며, 잘 되어 있다고 답한 경우는 8%에 불과했다.

베이비붐 세대 다수는 부모 세대보다 풍요로운 중산층 생활을 누렸지만, 오히려 연금에 대해서는 "내 돈 제대로 돌려받을 수 있을까?" 하는 불신으로 가입을 꺼리기도 했다. 게다가 은퇴 후에도 기존 생활 수준을 유지하려는 소비 성향이 있다. 반면 정년 이후 소득 감소에 대한 현실적 대비는 미흡했다. 일부는 은퇴 직후 퇴직금이나 저축을 자녀에게 지원하거나 부채 상환에 써버려 초반에 자산을 크게 줄이기도 한다. 이런 현상은 경제 전체에도 영향을 미치고 있다. 한국은행 분석에 따르면 인구 고령화로 1995~2016년간 연평균 0.9%포인트씩 소비 증가율이 낮아졌다. 자산을 움켜쥐고 쓰지 않는 현상이 경제에 부담을 준다고 지적된다.

계산기를 꺼내야 할 시간 – 자산 소진의 과학적 전략

노후 자산 소진 전략이란 은퇴 시점부터 남은 평생에 걸쳐 자산을 얼마나, 어떻게 찾아갈지 정하는 재무 계획이다. 효과적인 전략에는 여러 방법이 있다. 앞에서도 소개한 매년 초기 자산의 일정 비율을 찾아가는 '4% 룰'이 대표적이다. 이는 자산의 4%를 매년 찾아가면 약 30년간 자산이 유지될 가능성이 크다는 경험칙이다. 하지만 시장 상황에 따라 유연하게 조정하지 않으면 자산 고갈 위험이 있어 보수적인 설정이 필요하다.

자금을 사용 시기별로 여러 '버킷'으로 나누어 운용하고 인출하는 버킷 전략은 1~5년 내 쓸 생활비는 현금성 자산으로 유지한다. 5~15년 후 사용할 자금은 채권 등에 투자한다. 15년 이후 장기 자금은 주식 등 성장 자산에 투자하여 기간별로 자산을 분리하면 시장변동에도 단기 생활비를 안정적으로 확보할 수 있다. 자산 일부를 즉시연금·종신연금 등에 전환해 매월 고정으로 받으면 장수 리스크를 보험사가 대신 부담한다. 하지만 인출 유연성이 감소하고 상속 금액이 줄어들 수 있다. 따라서 자산의 일정 부분만 연금화하고 나머지는 유동성을 확보해 두는 병행이 권장된다.

동적 조정 방법은 인출 기간 동안 자산 운용 성과와 잔액에 따라 인출액을 탄력적으로 조정한다. 시장이 좋고 자산이 늘면 인출액을 다소 늘린다. 금융위기 등으로 자산이 급감하면 인출을 줄이는 식으로 생활 수준의 변동을 감수한다. 대신 자산 고갈 가능성을 낮춘다. 2024년 11월부터 시행된 보험금청구권 신탁제도는 생명보험의 사망보험금을 신탁으로 유가족이 안전하게 관리하고 받는다. 보험 가입자가 사망 전에 신탁계약을 맺어 두면 사망 시 신탁사가 보험금을 받아 일정 기간 혹은 조건에 따라 유가족에게 분할 지급하거나 관리해 준다. 결국 중요한 것은 은퇴 초기에 자산을 많이 써버리지 않고 예상 수명에 맞춰 인출 속도를 조절하는 것이다. 이를 위해 금융 전문가를 통해 은퇴 전 재무 상태 점검과 시나리오별 현금흐름 계획 수립의 조언을 받는 것도 좋다.

시니어 소비 트렌드 : 건강, 여가, 금융, 주택

카드 결제 네 건 중 하나는 60대가 긁는다

초고령사회는 이미 현실이다. 인구의 20% 이상이 65세를 넘는 사회다. 이 숫자가 의미하는 바를 종종 생각한다. 다섯 명 중 한 명이 노인이란 말이다. 지하철에서 다섯 칸 중 한 칸은 노인들로 가득 차 있어야 통계적으로 맞다. 하지만 실제론 그렇지 않다. 노인들은 특정 시간대, 특정 장소에 몰려 있다. 이것이 통계와 체감의 차이다.

2차 베이비붐 세대(1964~1974년생)가 50대 중후반에 접어들며 60대 이상 소비자의 영향력이 급증했다. 비씨카드 빅데이터 기준, 60대 이상 고객 1인당 월 결제액이 2025년 2월 28만 2,000원이다. 전체 결제액 점유율은 2019년 16%에서 2025년 25%로 9% 증가했다. 카드 결제 네 건 중 하나가 60대 이상의 손에서 이뤄진다는 계산이다. 일본은 이미 65세 이상 인구가 전체 소비지출의 약 절반을 차지한다. 이들 소비는 2,000년대 이후 연평균 3%씩 성장해 젊은 층 소비 감소를 상쇄해 왔다. 전 세계적으로 고령층이 소비 시장의 핵심 플레이어로 부상하는 추세다.

흥미로운 점은 고령층 소비 패턴의 변화다. 전통적으로 노인 가구는 은퇴 후 필수재와 의료비를 제외한 모든 소비를 줄였다. 그러나 최근 시니어는 다르다. 이들은 단순 생존용 소비가 아닌, 삶의 질을 높이는 소비에 적극적이다. 의료비 같은 비자발적 지출은 여전히 높지만 자발적 지출 패턴이 달라지고 있다.

치료를 넘어 웰니스로, 자산관리에서 디지털 격차까지

고령층 소비에서 가장 뚜렷한 특징은 건강 관련 지출의 급증이다. 2023년 기준 65세 이상 노인 인구 진료비 지출은 전체의 43%에 달한다. 노인 1인당 연평균 의료비는 534만 원으로 국민 평균의 2.6배다. 주목할 점은 단순 치료비를 넘어선 소비 패턴이다. 시니어들은 예방의료와 웰니스 분야에 적극적으로 지갑을 연다. 60~70대의 헬스클럽·요가 이용액은 2022년 대비 2023년에 각각 24%, 43% 급증했다. 특히 피부관리실 소비 금액이 2022년 대비 56% 급증하여 2023년 60대의 피부관리실 이용액은 20대의 1.5배에 달했다. 국내 시니어 케어 산업 규모는 2018년 8조 원에서 2022년 14조 4천억 원으로 연평균 12.7% 성장했다. 또한, 2023년 기준 60대 소비자의 1인당 문화·취미 활동 지출액은 9만 8천 원으로 20대의 2.5배다. 네일아트와 같은 자기관리형 취미 지출도 60대가 20대보다 50% 이상 많았다. 디지털 헬스와 돌봄 서비스 지출도 꾸준히 늘어 앞으로도 성장세가 지속될 전망이다.

액티브 시니어는 여가·문화·관광 분야에서 두드러진 소비 성향을 보인다. 과거 노인들의 여가가 경로당에서 화투치기나 TV 시청에 국한됐다면, 현재 50~60대는 자기계발과 취미 생활을 적극 즐기는 세대다. 특히 여행과 관광 부문에서 시니어들의 활약이 눈에 띈다. 은퇴한 베이비붐 세대는 시간적 여유를 활용해 국내외 여행에 적극 나서고 패키지보다는 자유여행을 선호한다. 글로벌 조사에 따르면 한국인 응답자의 50%는 "자녀에게 재산을 물려주는 대신 그 돈으로 함께 여행할 계획"이라고 답했다. 이는 해외 평균 46%보다 높은 수치다. 한국 베이비붐 세대의 89%는 앞으로 자녀의 여행비용을 대신 지급할 의향이 있다고 밝혔다. 이른바 'SKI(Spending Kids' Inheritance) 여행' 트렌드는 유산보다 추억을 중시하는 가치관의 변화를 보여준다.

시니어 금융과 디지털 격차의 현실

시니어가 주요 소비 계층으로 부상하면서 금융권은 이들의 자산관리 수요에 맞춘 특화 상품을 속속 내놓고 있다. 하나은행은 2023년 시니어 전용 브랜드 '하나 더 넥스트'를 출범시켜 웰리빙·웰에이징·웰다잉에 걸친 맞춤형 서비스를 제공하기 시작했다. KB국민은행은 은퇴자 전용 자산관리센터인 'KB골든라이프 연금센터'를 전국에 운영하고, 복지관에 직원이 방문해 금융상담을 해주는 이동 점포 '시니어 라운지'도 도입했다.

시니어 금융소비자 보호도 중요한 이슈로 떠올랐다. 2025년 1분기 피해액 3,116억 원 중 50대 이상 피해자가 53%를 차지한다. 전년 47%보다 비중이 더 커졌다. 일본에서도 2023년 특별사기 피해자의 78%가 65세 이상일 정도다. 고령층 금융사기 문제는 세계적인 현상이다.

디지털 격차 해소도 시급한 과제다. 2024년 조사에서 60대 이상 '모바일·인터넷뱅킹 경험률'이 54%로 3년 새 25% 상승, 절반을 처음 넘어섰다. 그럼에도 여전히 절반 가까이는 디지털 금융 이용에 어려움을 겪는다.

나이 들어 살기 좋은 집을 찾는 시니어들

고령화와 함께 주택 소비 분야에서도 큰 변화가 일어나고 있다. 가장 두드러진 변화는 시니어 맞춤형 주거시설에 대한 수요 급증이다. 이른바 '실버타운'에 대한 관심이 높아지면서 민간 건설사들이 고급 시니어 레지던스를 경쟁적으로 선보이고 있다. 그러나 국토부 고령자복지주택·민간 레지던스 합산 전국 입주 가능 세대는 약 1만 2,000세대다. 65세 이상 인구 1,993만 명 대비 0.06% 수준이다. 희망하는 곳에 입주하려면 수년간 대기해야 하는 상황이다. 공공부문에서도 고령자 주거 안정을 위한 노인복지주택을 확충하고 있으나 여전히 수요에 미치지 못하는 실정이다.

한편 상당수 고령자는 시설 이주보다 현재 거주 주택을 리모델링해 노후를 보내길 바란다. 이에 따라 주택 리모델링 시장에서는 계단 승강기, 문턱 제거, 미끄럼 방지바 등 무장애(Barrier-free) 설계 수요가 늘고 있다. 정부와 지자체도 고령자 맞춤 주거환경 개선 지원사업을 실시 중이다.

이처럼 시니어의 주택 소비는 크게 두 갈래로 전개되고 있다. 하나는 시설 입주를 통한 커뮤니티형 주거, 다른 하나는 자택을 개조하여 '내 집에서 편히 노후 나기'다. 두 분야 모두 안전성 확보와 편의성 증대가 핵심 과제다.

트렌드 키워드

리스크 존

베이비붐 세대가 직면한 노후 소득 위험지대가 현실이 되는 상황이다. '리스크 존 (Risk Zone)'이란 연금제도 불안정, 지속적인 인플레이션 압력, 급증하는 의료비가 복합적으로 작용하면서 은퇴 후 소득과 지출 간 격차가 확대되는 위험 구간이다. 단순한 개별 위험이 아닌 상호 연결된 시스템 리스크로, 베이비붐 세대의 노후 안정성을 근본적으로 위협하는 핵심 개념이다.

리스크 존이 주목받는 이유는 베이비붐 세대 대량 은퇴 시점과 맞물린 구조적 변화 때문이다. 미국의 경우 OASI 기금이 2033년 고갈 예정이다. 한국 국민연금도 2055년 소진 전망이다. 동시에 의료비는 연금 증가율을 크게 상회하고 있다. 피델리티 추정에 따르면 65세 은퇴자의 평생 의료비가 16만 5천 달러(약 2억 2천만 원)에 달해 2002년 대비 두 배 증가했다. 한국도 65세 이상 진료비 비중이 2017년 13.4%에서 2022년 17%로 급등했다. 이러한 트리플 리스크가 동시 발생하면서 기존 노후 설계의 한계가 드러나고 있다.

구체적 사례를 살펴보면 미국 베이비붐 세대는 이미 리스크 존에 진입한 상태다. 2025년 사회보장 생활비 조정률(COLA)은 2.5%이지만 고령층 체감물가(CPI-E)는 3% 내외로 매년 0.5%포인트 구매력이 손실되고 있다. 메디케어 Part B 보험료도 지속 인상되어 연금 증가분을 상쇄하는 상황이다. 한국의 50대 직장인들도 퇴직연금·개인연금 가입률이 38%에 불과해 국민연금 외 소득원 확보가 미흡한 실정이다. OECD는 한국을 일본, 호주와 함께 순 대체율 40% 이하 저대체율 그룹으로 분류하며 위험 신호를 보내고 있다.

리스크 존 분석이 주는 시사점은 다층적 대응 전략의 필요성이다. 첫째, 제도적 차원에서 연금 지속가능성 확보와 의료비 부담 완화가 시급하다. 둘째, 개인 차원에서는 70세까지 근로 연장 준비와 퇴직연금 내 물가 연동형 상품 비중 확대가 필요하다. 셋째, 의료비 사전 적립을 위한 실손보험·장기요양보험 특약 결합상품 활용을 고려해야 한다.

특히 50대 직장인들에게는 '리스크 존 탈출 로드맵' 수립이 중요하다. 고정비를 총소득 50% 이하로 구조조정하고, AI 업스킬링을 통한 생애 연장 근로 준비, 그리고 디지털 금융사기 대비 보안 강화까지 포함한 종합적 위험 관리가 필요한 시점이다. 리스크 존은 위기이자 기회의 전환점이 될 수 있다.

부채 회복력

　'부채 회복력(Debt Resilience)'은 개인이나 가계가 경제적 충격이나 소득 변화에도 불구하고 부채를 지속 상환할 수 있는 능력을 의미한다. 단순한 부채 규모가 아니라 소득 안정성, 자산 유동성, 상환 여력을 종합적으로 평가하는 개념이다. 한국 사회에서 부채 회복력은 고령화와 맞물려 중요한 이슈로 부상하고 있다. 은퇴 후 소득 급감 상황에서 기존 부채를 어떻게 관리할 것인가, '자산 부자, 소득 빈곤' 상황에서 어떻게 경제적 안정성을 유지할 것인가가 핵심 과제다.

　한국의 급속한 고령화는 부채 회복력에 구조적 위험을 초래하고 있다. 세대별로 부채 회복력 양상이 크게 다르다. 1차 베이비붐 세대는 은퇴 후에도 부채 축소가 미흡하며, 70세 이상 세대는 소득 부족으로 부채 상환 능력이 매우 취약하다. 국제 비교에서도 한국의 상황은 심각하다. 한국 1차 베이비붐 세대의 순자산 중윗값은 약 3억 5천만 원으로 미국 동년배보다 현저히 낮다. 한국은 자산의 75.7%가 부동산인 반면 일본은 금융자산 비중이 63%에 달한다.

　한국은행 금융안정보고서에 따르면 1차 베이비붐 세대의 부채 상환 위험도는 '높음'으로 평가된다. 자산 대부분이 부동산에 편중되어 현금화가 어렵다. 은퇴 후 소득 감소로 부채 상환 부담이 가중되고 있다. 68세 김 씨는 월급이 끊긴 지 5년째로, 연금만으로는 생활비를 감당하기 어렵고 편의점 창업은 적자만 쌓인다. 10년 남은 주택담보대출 이자는 매달 꼬박꼬박 나간다. 70세 이상 한국인 가구의 월평균 소득은 약 220만 원(2023년 기준)으로 30대 가구의 절반 수준이다. 지출은 월 약 170만 원 수준으로 소비를 최대한 절약하는 패턴을 보인다. 반면 미국이나 유럽은 은퇴 후에도 자산 인출 등으로 소비 수준을 유지한다.

　한국의 부채 회복력 약화는 자산 양극화, 부동산 편중, 소득 불균형이라는 삼중고를 보여준다. 은퇴 후 안정적 소득원이 부족하다. 부동산 위주의 자산 구조로 인해 유동성 확보가 어려워 부채 상환 어려움이 가중되고 있다. 해결책으로써 다층적 접근이 필요하다. 개인 차원에서는 부동산 중심 자산을 단계적으로 유동화하고, 주택연금, 다운사이징, 임대 전환 등을 통해 현금흐름을 확보해야 한다. 정책적으로는 맞춤형 복지 정책과 과세 체계 개편으로 은퇴 후 경제적 안정성을 높이고, 성년후견제도, 신탁제도 같은 법적 보호 장치를 활성화해야 한다. 부채 상환 능력 약화는 개인 문제를 넘어 사회 전체의 금융 안정성과 경제 활력에 영향을 미친다. 2차 베이비붐 세대 은퇴로 이 문제는 더욱 확대될 가능성이 있다.

시장 세분화 기회

시니어가 새로운 소비 주체로 부상하고 있다. 하지만 이들을 하나의 동질적 집단으로 보는 것은 큰 오류다. 시니어는 연령, 건강 상태, 경제력, 생활방식에 따라 뚜렷하게 구분되는 다층적 구조를 갖는다. 시니어 시장 세분화는 50대 후반부터 75세 이상까지의 연령별 구분과 함께, 건강형·만성 질환형·돌봄 필요형으로 나누는 건강 기준, 고소득·중위소득·저소득으로 분류하는 경제력 기준, 적극적·소극적으로 구분하는 생활방식 기준이 복합적으로 작용한다. 총 11개 세분군으로 나눌 수 있으며, 각각 전혀 다른 니즈와 소비 패턴을 보인다.

이런 세분화가 필요한 이유는 명확하다. 먼저, 시니어의 급속한 증가로 2035년경에는 75세 이상 인구가 65~74세 인구를 추월할 전망이다. 둘째, 베이비붐 세대의 은퇴로 이전 세대와 전혀 다른 소비 성향의 시니어가 등장했다. 이들은 디지털에 익숙하고 적극적인 소비를 한다. 셋째, 시니어 내부의 경제적 양극화가 심화하고 있다. 노인빈곤율이 40%에 달하나 상위층은 막대한 자산을 보유한다. 넷째, 성별과 지역, 디지털 세대 격차도 고려해야 한다. 여성 노인은 독거 비율이 높아 안전 서비스와 커뮤니티 모임에 대한 수요가 크다. 60대는 스마트폰을 능숙하게 다루지만 80대 이상은 아날로그 방식을 선호한다.

성공 사례들을 보면 세분화 전략의 효과가 뚜렷하다. 액티브 시니어를 겨냥해 트로트 스타를 모델로 활용한 한 식품업체의 단백질 건강식품은 3년 만에 누적 매출 3천억 원을 돌파했다. 저출산으로 폐원 위기에 놓인 유치원을 '노치원'으로 전환한 주간보호센터는 돌봄 필요형 시니어의 니즈를 파악한 사례다. 대형 통신사의 AI 스피커 돌봄 서비스는 독거노인의 안부 확인과 정서 지원을 제공하며 지자체와 협력하고 있다.

액티브 시니어는 여행, 취미, 건강관리에 적극 투자하며 프리미엄 건강검진, 시니어 전용 피트니스, 평생교육 프로그램에 관심을 가진다. 돌봄 필요형 시니어에게는 원격의료, 돌봄 로봇, 고령친화 주택 개조 서비스가 필수적이며, 부유층 시니어는 고급 실버타운, VIP 의료서비스, 럭셔리 여행상품을 선호한다.

마케팅 전략도 세분화 그룹별로 달라야 한다. 액티브 시니어에게는 '젊은 시니어'로서의 정체성을 존중하는 메시지가 효과적이다. 온라인과 오프라인을 병행하되 체험 마케팅을 강화해야 한다. 돌봄 취약 시니어에게는 가족을 통한 간접 접근이 중요하며 신뢰성과 안전성을 강조해야 한다. 부유층 시니어에게는 개인화된 VIP 서비스와 품격 있는 브랜드 이미지가 핵심이다.

시니어 시장 세분화는 단순한 마케팅 기법을 넘어 사회적 가치 창출과 연결된다. 2030년 전 세계 시니어의 구매력이 15조 달러에 달할 것으로 전망되는 상황에서, 정교한 세분화 전략은 선택이 아닌 필수가 되었다. 미래의 시니어인 현재 50대에 대한 장기적 투자 관점도 중요하다. 시니어에 대한 깊이 있는 이해와 세심한 접근만이 초고령사회에서 지속 가능한 성장을 보장할 것이다. 무엇보다 지금은 AI의 지원으로 개개인별 초정밀 맞춤 마케팅이 가능하다. 개개인의 시공간 온오프 이동 동선에 따라 필요한 니즈를 파악할 수 있다. 각 필요 이동 동선마다 AI 트리거[4]를 접목할 수 있다. 중요한 것은 고객을 정확히 이해하고자 하는 태도다. 경청에 기초해 AI 비서의 도움을 받는 것이 중요하다.

----

4) 고객 행동 데이터를 실시간으로 분석해 최적의 타이밍에 개인화된 기쁨을 전달하는 자동화 시스템

시니어 뱅킹

오늘날 전 세계 금융권에서 주목받는 화두 중 하나가 바로 시니어 뱅킹이다. 고령화 사회로 접어들면서 은행들은 더 이상 젊은 고객층만을 대상으로 한 기존 전략으로는 지속 가능한 성장을 담보하기 어렵다는 현실에 직면했다. 특히 저출산과 맞물린 인구구조 변화는 금융업계 전반의 패러다임 전환을 요구하고 있다. 시니어 고객층이 새로운 성장 동력으로 부상하고 있다.

시니어 뱅킹은 단순히 고령층을 위한 금융서비스가 아니다. 이들의 라이프 스타일과 니즈에 맞춘 전방위적 금융 생태계를 의미한다. 이는 전통적인 예적금 중심에서 벗어나 연금 관리, 자산승계, 헬스케어 연계 서비스까지 아우르는 종합적 접근을 특징으로 한다. 디지털 네이티브가 아닌 세대의 특성을 고려한 접근성 개선과 함께, 오프라인과 온라인을 유기적으로 연결하는 하이브리드 서비스 모델이 핵심이다. 또한, 단순한 금융거래를 넘어 교육, 상담, 커뮤니티 활동까지 포괄하는 종합 라이프 케어 플랫폼으로 진화하고 있다.

HSBC 홍콩은 'Age-friendly Banking'을 표방하며 시니어 친화적 금융서비스의 선진 모델을 제시하고 있다. 이들은 모바일 뱅킹 앱에 글자와 아이콘을 확대한 'Lite Mode'를 도입했으며, 지점마다 Easy ATM을 설치해 고령층의 접근성을 대폭 개선했다. 특히 주목할 점은 지점별로 배치된 'Dementia Friends'와 'Community Care' 전담 안내인들이다. 이들은 치매나 인지 장애를 겪는 고령 고객들을 전문적으로 돕는 역할을 한다. 지점 내 'Community Care Counter'라는 편안한 상담 공간에서 맞춤형 서비스를 제공한다. 또한, HSBC UK는 화상 웨비나 형태의 'HSBC@Home' 프로그램을 통해 고령층을 포함한 고객들에게 인터넷 및 모바일 뱅킹 교육을 실시하며, 보안과 사기 예방 교육도 병행해 디지털 격차 해소에 앞장서고 있다.

일본 미즈호은행은 고령화사회의 핵심 과제인 치매 문제에 주목해 혁신적인 금융상품을 개발했다. 대표적인 것이 '치매 지원 신탁(Dementia Support Trust)'으로, 고령자가 치매에 걸릴 경우를 대비해 생활비와 의료비를 지정된 용도로만 사용하도록 자금을 운용해 주는 상품이다. 2024년 기준 1,186건에 약 8,971억 엔 규모로 성장한 이 서비스는 고령층의 재산 보호와 가족들의 부담 경감에 크게 기여하고 있다. 더 나아가 '멀티기능 안전 신탁(Multifunctional Safety Trust)'은 단순한 자금 관리를 넘어 간병 및 가사 서비스 업체를 할인된 가격으로 소개하는 등 금융과 생활 지원을 통합적으로 제공하는 토털 케어 모델이다.

유럽에서도 다양한 시니어 뱅킹 모델이 등장하고 있다. 프랑스의 Caisse d'Epargne 등은 60세 이상 고객을 대상으로 퇴직 준비 정보를 체계적으로 제공한다. 증여 및 유산 계획 상담을 통해 '미래 보호 위임장(Mandat de protection future)' 같은 법적 보호 장치까지 안내하고 있다. 이들은 퇴직 시뮬레이터와 같은 디지털 도구를 활용해 고객이 은퇴 후 재정 상황을 미리 시뮬레이션해 볼 수 있도록 돕고 있다.

시니어 뱅킹의 사례들이 시사하는 바는 명확하다. 고령층을 단순한 기존 고객이 아닌 새로운 가치 창출의 주체로 인식하고, 이들의 특성에 맞춘 차별화된 서비스를 제공할 때 비로소 지속 가능한 성장이 가능하다는 것이다. 특히 디지털 격차 해소를 위한 교육과 인터페이스 개선, 그리고 금융과 생활 서비스의 융합을 통한 토털 케어 모델이 향후 금융업계의 핵심 경쟁력이 될 것이다. 이러한 변화는 단순한 고객 서비스 개선을 넘어 고령화 시대 금융기관의 사회적 역할 재정립이라는 더 큰 의미를 담고 있다.

시니어 신규사업개발(NBD)

한국 사회가 초고령사회로 진입하면서 시니어 대상 비즈니스가 새로운 성장 동력으로 급부상하고 있다. '시니어 신규사업개발(NBD)'은 단순한 인구 통계학적 변화를 넘어 경제 구조와 소비 패턴의 근본적 전환을 의미한다. 시니어가 더 이상 수동적 소비자가 아닌 능동적 시장 참여자로 부상하면서 기업에 새로운 기회와 도전이 동시에 제기되고 있다.

초고령사회 노인가구의 평균 소비지출 규모가 지속 증가하는 추세다. 노인가구의 소비지출 구조를 살펴보면 식료품, 보건, 주거비 비중이 꾸준히 높아지고 있다. 장기요양 예산도 연도별로 꾸준히 증가하여 시니어 대상 서비스와 제품에 대한 수요가 구조적으로 확대되고 있다. 특히 베이비붐 세대가 기존 시니어와 확연히 다른 라이프 스타일과 소비 성향을 보인다는 점이 주목할 만하다. 이들은 디지털 기기 활용 능력이 상대적으로 높고 적극적인 소비 성향을 갖고 있어 기존 시니어 비즈니스의 패러다임 변화를 요구한다. 또한, 단순한 생존이 아닌 삶의 질 향상과 자아실현을 추구하는 경향이 강해 새로운 서비스 영역의 개척 가능성을 제시하고 있다. 2026년에는 베이비붐 세대의 본격적인 은퇴와 함께 Physical AI(물리적 AI), NTA(지속가능성) 개념이 시니어 비즈니스의 핵심으로 자리 잡을 전망이다.

성공적인 시니어 비즈니스 사례들을 분석해 보면 공통된 성공 요인이 발견된다. 고령친화 주거 플랫폼, 실버 이커머스, AI 헬스 모니터링 서비스, 키오스크 기반 식품 구매 편의 서비스 등이 대표적인 성공 모델이다. 이러한 서비스들은 시니어의 구체적인 Pain Point를 정확히 파악하고 최신 기술을 활용해 실질적인 해결책을 제공한다. 24시간 건강 상태 모니터링을 통한 심뇌혈관 응급상황 예방 서비스나, 키오스크와 배달 서비스를 결합한 식품 구매 편의성 향상 사례 등이 시니어의 실생활 불편함을 기술로 해결한 대표 사례다.

효과적인 시니어 비즈니스 개발을 위해서는 체계적인 5단계 접근법이 필수적이다. 문제정의 단계에서는 바람직한 상태와 현재 상태 간의 Gap을 명확히 파악하고, MECE(상호배타적, 전체포괄적) 기법을 활용해 시니어 일자리, 복지, 건강, 사회적 소외 등의 이슈를 체계적으로 분석한다. 벤치마킹 단계에서는 유사 문제를 해결한 기업이나 서비스의 성공 요인을 파악하고, 환경분석 단계에서 3C 분석과 PEST(정치, 경제, 사회, 기술) 분석을 통해 거시환경을 점검한다. 가설검증 단계에서는 니즈 갭을 기반으로 구체적인 가설을 수립하고, 설문 조사, 심층 인터뷰, 현장조사 등 다양한 데이터 수집 방법을 활용해 검증을 수행한다. 마지막 비즈니스 모델링 단계에서는 비즈니스 모델 캔버스의 9개 블록을 체계적으로 작성하고, 스마트(SMART) 원칙에 따라 구체적이고 측정이 가능한 목표를 설정한 후 구체적인 세부 실행계획을 수립한다.

시니어 비즈니스 개발 5단계 접근법
체계적이고 단계적인 접근을 통한 지속 가능한 시니어 비즈니스 모델 구축

❶ 문제정의	바람직한 상태와 현재 상태 간의 Gap 분석 • MECE 기법 활용 • 체계적 이슈 분석

⬇

❷ 벤치마킹	유사 문제 해결 기업의 성공 요인 파악 성공 사례 분석

⬇

❸ 환경분석	3C 분석과 PEST 분석을 통한 시장 환경 점검 • 고객 · 경쟁사 · 자사 • 정치 · 경제 · 사회 · 기술

⬇

❹ 가설검증	니즈 갭 기반 가설 수립 및 다양한 방법으로 검증 설문 조사 · 인터뷰 · 현장조사 · 데이터분석

⬇

❺ 비즈니스 모델링	캔버스 9블록 작성 및 SMART 목표 설정 • 측정 가능한 목표 • 구체적 실행계획

시니어 비즈니스의 지속가능성 확보를 위해서는 '마음으로 하는 시니어 비즈니스' 철학이 무엇보다 중요하다. 고객 신뢰를 바탕으로 한 해자 구축과 지역 커뮤니티 연계 모델을 통해 단순한 수익 창출을 넘어 사회적 가치를 함께 추구하는 접근이 필요하다. 커뮤니티와 휴머니티를 강조하는 접근법이 시니어 고객의 마음을 사로잡는 핵심 요소로 작용한다. 스포크 앤 허브(Spoke-and-Hub) 구조(여러 지점을 '직접 서로' 연결하지 않고도 모두가 하나의 중앙 허브를 통해 오가도록 설계한 네트워크)의 지역 커뮤니티 연계를 통해 시니어들의 사회적 고립을 해소하고 상호 교류를 촉진하는 플랫폼 역할을 하는 것이 중요하다.

향후 Physical AI와 에이지테크의 융합이 가속화될 것으로 예상되므로, 기술 트렌드에 대한 지속적인 모니터링과 신속한 적응 능력이 경쟁력의 핵심이 될 것이다. 특히 IoT 기반 헬스케어, AI 진단 시스템, 디지털 학습 플랫폼 등의 기술적 발전을 비즈니스 모델에 적극 반영해야 한다. 정기적인 핵심성과지표(KPI) 모니터링과 피벗 전략을 통해 변화하는 시니어 니즈에 신속하게 대응하는 민첩한 조직 구조를 구축하는 것이 필수적이다. 시니어 비즈니스 개발은 단순한 상업적 기회를 넘어 사회적 책임을 동반한 영역으로, 체계적인 문제 분석과 검증을 통해 시니어의 실질적인 니즈를 충족하는 동시에 지속가능한 비즈니스 모델을 구축하는 것이 성공의 핵심이다.

라이프 케어 플랫폼

'라이프 케어 플랫폼'은 기존의 단순 보험금 지급 서비스를 넘어 자산관리, 헬스케어, 실버케어를 통합한 종합 생활 솔루션이다. 보험사들이 수익성과 고객 만족, 차별적 경쟁력을 동시에 확보하기 위한 핵심 전략으로 부상하고 있다. 이는 보험료 수취와 보험금 지급이라는 기본 구조에서 벗어나 평생 케어 서비스를 제공하는 새로운 비즈니스 모델이다. 토털 라이프 케어 개념으로도 불린다. 고령 고객의 재무·건강·돌봄 욕구를 통합적으로 해결하는 원스톱 서비스 체계를 구축한다.

초고령사회 진입과 AI 혁명, 기후 위기 등 복합적 변화가 보험 업계를 강타하고 있다. 베이비붐 세대의 은퇴와 함께 시니어 시장이 급성장하면서, 단순 리스크 보장에서 평생 케어 서비스로 고객 니즈가 확장되고 있다. 치열한 경쟁 속에서 보험사들은 기존 비즈니스 모델의 근본적 변화를 요구받고 있다. 특히 초고령사회 도래로 인한 고객 니즈의 대변화와 AI 혁명으로 인한 새로운 방법론 도입이 필수가 되었다. 기후 위기나 국제정세 변화 같은 변동성 리스크에도 노출되면서, 종합적 도전에 대한 대응이 시급한 상황이다.

국내 주요 보험사들이 다섯 가지 전략 유형으로 실버케어 플랫폼을 구축하고 있다. 교보생명과 메트라이프는 자산관리·신탁 플랫폼으로 생애주기별 신탁 서비스와 은퇴 설계 플랫폼을 제공한다. 신한라이프와 하나생명은 헬스케어+실버케어 통합 전략으로 실버타운·방문요양 원스톱 서비스와 '하나 더 넥스트' 브랜드 요양사업을 추진한다. 삼성생명과 삼성화재는 디지털 언더라이팅으로 AI 가상 심사와 큰 글씨 모드 등 고령자 맞춤 인터페이스를 구현했다. 메리츠화재와 한화손보는 집중 질병 보장으로 안과·고혈압·암 특화와 여성보험 노하우 결합 장기요양을 선보인다. 농협생명과 현대해상은 보험료 할인·환급 인센티브로 데이케어 간병비 환급과 건강 상태별 보험료 할인을 제공한다.

실버케어 플랫폼 성공의 핵심은 데이터·AI 역량과 제휴 생태계 구축이다. 수익성 극대화를 위해서는 디지털 언더라이팅과 자산관리 플랫폼 전략을 결합해 운영비 절감과 수수료 기반 매출을 동시에 확보해야 한다. 고객 니즈 충족을 위해서는 헬스케어 통합과 질병 특화 상품을 투명한 비용 구조와 예방·관리 연계 서비스로 결합해야 한다. 인지·치매케어의 세분화한 단계별 보장 설계와 CDR(Clinical Dementia Rating, 임상치매척도) 기반 예측·예방 서비스가 차별화 요소로 부상하고 있다. 실버타운·요양시설, 헬스케어 스타트업, 지역 커뮤니티와의 파트너십 확대를 통한 협업 생태계 조성이 플랫폼 경쟁력을 좌우한다. 기술·브랜딩 역량을 토대로 토털 라이프 케어 플랫폼으로 자리매김하는 보험사가 장기 승자가 될 것이다.

시니어 커머스 미디어

'커머스 미디어(Commerce Media)'는 거래 데이터를 기반으로 광고를 보여주는 새로운 광고 시스템이다. 기존 인터넷 광고가 사용자의 페이지 방문 기록에 의존했다면, 커머스 미디어는 실제 구매와 결제 순간에 생기는 정보를 활용해 맞춤형 광고를 노출한다. 2024년 미국 커머스 미디어 시장 규모는 537억 달러에 달했다. 2027년에는 1,090억 달러로 성장할 전망이다. 연평균 21% 성장률로 전체 디지털 광고 성장률의 두 배 수준이다. 리테일 미디어 네트워크를 넘어 모빌리티, 핀테크, 헬스케어 등 결제 데이터가 존재하는 모든 산업으로 확장되고 있다. 특히 시니어는 헬스케어, 금융·연금, 보조기기 등 고관여 카테고리에서 높은 소비 전환율을 보여 커머스 미디어의 핵심 타깃층으로 부상하고 있다.

커머스 미디어가 주목받는 이유는 개인정보 보호 강화와 쿠키 시대의 종료 때문이다. 제3자 쿠키가 사라지고 유럽연합 디지털 시장법(DMA) 등 개인정보 규제가 강화되면서, 퍼스트 파티(1st Party) 거래 데이터의 가치가 급등했다. 광고주들은 단순 노출보다 실제 매출 기여도를 중시하게 되었다. 커머스 미디어는 결제 순간까지 연결되는 클로즈드 루프(Closed Loop, 결과를 스스로 확인하고 바로잡는 닫힌 순환 구조) 측정을 통해 정확한 투자 대비 수익을 제공한다. 응답 기업의 55%가 12개월 내 예산을 증액할 계획이다. 특히 퍼포먼스 중심의 전환과 상품 매출 목적이 1위를 차지했다. 광고주의 53%가 5개 이상의 커머스 미디어 네트워크를 활용하고 있어 멀티 플랫폼 전략이 일반화되고 있다. 시니어 전용 플랫폼과 병원 예약 앱이 보유한 결제와 예약 정보는 곧바로 광고 인벤토리로 전환될 수 있는 핵심 자산이다.

대표적인 사례로는 아마존 광고가 있다. 아마존은 고객의 장바구니 담기와 결제 데이터를 기반으로 스마트폰을 구매한 고객에게 케이스 광고를 노출하는 식으로 운영한다. 우버는 JourneyTV를 통해 승객이 택시를 탈 때 차량 내 스크린에 광고를 보여준다. 공항으로 이동하는 승객에게는 여행용 캐리어 쿠폰을, 특정 지역 승객에게는 근처 식당 할

인권을 제공한다. 페이팔은 온라인 결제 데이터를 활용해 전자제품을 주로 구매하는 고객에게 관련 액세서리 광고를 결제 화면 옆에 노출한다. CVS는 처방전과 일반의약품 구매 데이터를 결합해 헬스케어 전용 광고 네트워크를 구축했다. 한국에서는 쿠팡이 쇼핑몰 내 모든 고객 데이터를 활용해 반려동물 용품을 자주 구매하는 고객에게 사료 광고를 보여주고 있다. 시니어 시장에서는 생활 시간표와 건강기록, 가계부 데이터를 결합해 혈당 체크 시간에 맞춰 혈당계 광고를, 오후 여가 일정이 있는 고객에게는 근처 요가 클래스 쿠폰을 제공하는 맞춤형 서비스가 가능하다.

커머스 미디어는 디지털 광고의 새로운 표준으로 자리 잡을 것이다. 의료기관, 공공복지센터, 시니어 전문 쇼핑몰의 결제와 예약 데이터를 모아 시니어 커머스 미디어 네트워크를 구축하면 시니어 헬스케어 광고 수주 및 병원, 제약사, 복지 장비 업체와 제휴를 할 수 있다. 광고 예산이 기존 디스플레이, 소셜, 검색 광고에서 커머스 미디어로 이동하면서 17~21%의 비용 절감 효과를 보인다. 생성형 AI 도입도 핵심 요소로, 73%의 광고주가 AI를 적극 활용하는 커머스 미디어 네트워크를 선호한다고 응답했다. 시니어 친화적 문구와 이미지 자동 생성, 시간대와 지역별 실시간 예산 배분을 통해 광고 효율을 20~30% 개선할 수 있다. 클로즈드 루프(Closed Loop) 측정으로 광고 노출부터 클릭, 결제 전환까지 완전 추적이 가능해 매출 기여도를 투명하게 정량화할 수 있다. 만약 퍼스트 파티 데이터를 확보했다면 지금이 커머스 미디어 구축의 최적 타이밍이다. 시니어가 실제 구매하는 순간을 포착해 광고로 연결하는 강력한 무기로, 시니어 시장에서 높은 이익과 광고 효과를 동시에 달성할 수 있는 새로운 비즈니스 모델이다.

현금흐름 디자인

'현금흐름 디자인'은 연금, 인플레이션, 의료비라는 삼중 위험에 직면한 50+ 세대가 은퇴 후 안정적인 현금흐름을 확보하기 위한 것으로, 자산과 부채, 소득과 지출의 흐름을 체계적으로 설계하는 접근법이다. 기존의 정적인 자산 축적 중심 사고에서 벗어나 동적인 현금흐름 관리를 통해 노후 재무 안정성을 확보하는 핵심 전략이다.

50대 가계부채는 낭떠러지 위험을 내포하고 있다. 50대의 부채 총액은 평균 8천만 원으로 전 연령대 중 최고 수준이다. 월 이자 지출액이 30만 원에 달해 월 소득의 6%를 차지한다. 특히 소상공인의 경우 상황이 더욱 심각하다. 최근 연간 100만 명 폐업이라는 충격적 현실 속에서 50대 자영업자들은 월 소득 대비 이자 부담이 15~18%에 달하는 상황이다. 부동산 자산 비중이 70% 이상으로 높아 자산은 있지만, 현금흐름이 부족한 '자산 부자, 현금 빈자' 현상이 확산하고 있다.

구체적 사례를 살펴보면 50대 중상위층(상위 40%)의 경우 부채 총액 8천만 원, 월 이자 지출 25~30만 원으로 자산 대비 부채 비율은 15%로 낮아 보이지만 현금흐름 관점에서는 취약하다. 자영업자 상위 60% 그룹은 부채 6~8천만 원에 월 이자 41~47만 원을 지출한다. 월 소득 300~400만 원 대비 12~15%의 높은 이자 부담률을 보인다. 폐업위험 고위험 층은 월 순소득이 100만 원 미만으로 떨어진 상태에서 월 이자만 18~29만 원을 부담한다. 소득 대비 20~30%라는 위험 수준에 도달했다. 이들이 연간 100만 명 폐업 통계를 주도하고 있다.

현금흐름 디자인은 자산 규모보다 현금흐름의 지속가능성이 중요하다. 첫째, 고정비 구조조정을 통해 총소득의 50% 이하로 관리하여 변동비 흡수력을 확보해야 한다. 둘째, 부동산 중심 자산 구조를 현금 창출 자산으로 다각화하고 물가 연동형 금융상품 비중을 늘려야 한다. 셋째, 70세까지 근로 연장을 대비한 AI 업스킬링과 디지털 금융사기 대비 보안 강화가 필요하다.

특히 50대 직장인들은 퇴직 전 현금흐름 디자인 로드맵을 수립해야 한다. 월 이자 지출이 은퇴 후 예상 소득의 10% 이내로 유지되도록 부채를 사전 정리하고, 의료비 급증에 대비한 실손보험과 장기요양보험 특약 결합상품을 활용해야 한다. 현금흐름 디자인은 단순한 부채 관리를 넘어 생애주기별 현금흐름 최적화를 통해 노후 불안을 기회로 전환하는 핵심 도구다.

골든 프렙

'골든 프렙(Golden-Prep)'은 퇴직 후 황금기 6개월을 체계적으로 준비하고 설계하는 전략적 개념이다. 'Golden Period Preparation'의 줄임말로, 단순한 휴식이 아닌 인생 2막을 위한 집중적 준비 기간을 의미한다. 이 기간 재충전과 자기 진단, 새로운 가능성 탐색, 실전 로드맵 완성이라는 3단계 미션을 통해 성공적인 전환을 도모한다.

현대 사회에서 50대 퇴직자들이 급격히 증가하면서 이들의 사회적 재편입이 중요한 과제로 떠올랐다. 평균 기대수명이 80세를 넘어서면서 퇴직 후 20~30년을 어떻게 보낼지가 개인과 사회 모두에게 핵심 과제가 되었다. 특히 코로나19 이후 조기퇴직이나 희망퇴직이 늘어나면서 체계적인 퇴직 준비의 필요성이 더욱 부각하고 있다. 또한, 100세 시대를 맞아 퇴직이 끝이 아닌 새로운 시작이라는 인식 전환이 일어나고 있다.

실제 사례를 보면 제조업 대기업에서 퇴직한 김 씨(54세)는 3개월간 IT 온라인 교육을 수료하고 이전 경력의 프로젝트 관리 능력을 인정받아 중소 IT 기업에 성공적으로 재취업했다. 공공기관 퇴직자 박 씨(52세)는 퇴직 허니문 기간 중 환경 분야 봉사활동과 NGO 근무 경험을 쌓아 사회적기업 지원 프로그램을 통해 친환경 용품 판매 사업을 창업했다. 금융업계 퇴직자 최 씨(55세)는 6개월간 요리 전문교육을 받고 소자본으로 케이터링 사업을 시작해 월 300만 원 이상의 안정적 수익을 올리고 있다.

골든 프렙의 핵심은 시간을 전략적으로 활용하는 것이다. 무작정 쉬는 것이 아니라 체계적인 계획으로 미래를 준비해야 한다는 점에서 기존의 퇴직 문화와 차별화된다. 또한, 개인의 역량과 경험을 단순히 과거의 자산으로 여기지 않고 새로운 분야에 적용할 수 있는 전환 가능한 자원으로 인식하는 관점의 전환이 필요하다. 이는 평생학습 사회에서 나이와 상관없이 지속 성장할 수 있다는 가능성을 제시한다.

슬로우 트래블(Slow Travel)

약 1,700만 명에 달하는 이 거대한 인구 집단이 은퇴 후 새로운 삶의 방식으로 주목하는 것이 바로 '장기체류 여행'이다. 단순한 관광이 아닌 한 달 이상 특정 지역에 머물며 현지인처럼 생활한다. 이는 개인 삶의 질 향상과 지역경제 활성화라는 두 마리 토끼를 잡을 수 있는 새로운 모델로 부상하고 있다. 국내에서는 정부와 지자체의 적극적인 지원으로 '한 달 살기' 프로그램이 늘고 있다. 해외에서는 남유럽 거주 비자, 동남아 장기체류 비자 등을 통한 시니어 노마드(Senior Nomad) 문화가 급성장하고 있다.

이러한 변화는 여러 요인이 복합적으로 작용한 결과다. 먼저 베이비붐 세대의 특성이다. 이들은 경제 성장기를 거쳐 온 세대로 상대적으로 경제력이 있다. 자녀가 독립한 상태여서 자신을 위한 시간과 비용을 투자할 여력이 생겼다. 또한, 코로나19로 인한 원격근무 경험과 여행에 대한 갈증이 장기체류 관심을 높였다. 정부 차원에서도 인구감소 지역 활성화와 관광산업 다각화 필요성에 따라 생활 관광을 적극 지원하고 있다. 관광 당국은 2023년 전국 13개 생활 관광 프로그램을 선정해 숙박비와 체험비를 최대 50% 할인 지원했다. 농업 관련 부처는 '농촌에서 살아보기' 사업을 통해 최대 6개월간 농촌 체험 기회를 제공하고 있다. 해외에서도 각국이 은퇴자 유치를 위한 비자 정책을 경쟁적으로 도입하고 있어 한국 시니어들의 선택지가 크게 늘었다.

성공 사례들이 속속 나타나고 있다. 국가 관광 기관의 장기체류 플랫폼을 통해 전국 각지의 한 달 살기 프로그램 정보가 한 곳에서 제공되면서 참가자들의 접근성이 크게 향상됐다. 민간에서는 한 스타트업이 50+ 신중년을 위한 지역 살아보기 플랫폼을 운영해 지방 여러 도시에서 성과를 거두고 있다. 해외에서는 서남유럽 한 국가에 거주하는 미국인이 2017년부터 2022년 사이 239% 증가해 약 1만 4천 명에 달했다. 동남아 한 국가의 장기 거주 비자도 도입 8개월 만에 3,598건의 신청을 받으며 인기를 입증했다. 이러한 장기체류는 단순한 여행을 넘어 '관계 인구' 형성으로 이어져 지역경제에 지속적인 도움을 주고 있다. 실제 농촌 체험 사업 참가자의 약 11%가 해당 지역에 실제 정착했다. 정착하지 않더라도 지역 특산품의 꾸준한 구매자나 홍보자 역할을 하고 있다.

　파급효과는 다방면에 걸쳐 나타난다. 지역경제 측면에서는 한 달 이상 머무르는 장기 체류객이 일반 관광객보다 훨씬 많은 현지 소비를 하며, 숙박·식음·체험뿐 아니라 생활용품 구매까지 이어져 지역 자영업자들에게 실질적 도움을 준다. 헬스케어 산업에서는 시니어들의 장기체류와 연계한 의료관광, 웰니스 프로그램, 원격의료 서비스 수요가 증가하고 있다. 노동시장에서는 완전한 은퇴 대신 워케이션(Workation) 형태로 일과 여행을 병행하는 '반 은퇴' 문화가 확산하면서 새로운 고용 모델이 등장하고 있다. 금융서비스 분야에서는 해외 장기체류자를 위한 모바일 연금 수령, 국제송금, 여행자보험 등 핀테크 서비스의 혁신이 가속화되고 있다. 2030년까지 국내 장기체류 여행 시장은 연간 3만 5천 명 참가자와 3천억 원 규모로 성장할 것으로 보인다. 이는 단순한 여행산업을 넘어 지방소멸 대응과 시니어 경제 활성화의 핵심 동력이 될 것이다.

액티브 하우스

　한국 사회의 급속한 고령화와 베이비붐 세대의 본격적인 은퇴가 맞물리면서 액티브 시니어의 주거 선택에 새로운 패러다임이 등장하고 있다. '액티브 하우스'는 단순한 안전과 편의만을 추구하는 기존 요양원 중심 사고에서 벗어나 삶의 질과 자아실현을 중시하는 능동적 주거 모델이다.

　평균 기대수명 연장으로 퇴직 후 20~30년이란 긴 시간을 어떻게 보낼지가 중요한 과제다. 주거환경도 단순한 거주 공간이 아닌 삶의 무대로서 재조명받고 있다. 핵가족화와 1인 가구 증가로 전통적인 가족 돌봄 시스템이 약화하면서 새로운 주거 모델에 대한 필요성이 대두되었다. 이에 따라 다양한 주거 옵션에 관한 관심이 높아지고 있다.

　해외에서는 미국의 플로리다주 선시티처럼 55세 이상이 거주하는 대규모 은퇴 도시가 골프장, 의료시설, 쇼핑센터 등을 갖춘 자족적 도시 개념으로 운영되고 있다. 일본의 도쿄 선케어 커뮤니티는 개인 생활공간과 공동 식당, 의료시설을 결합한 형태로 인기를 끌고 있다. 국내에 있는 경기 수원 광교 신도시 내 시니어 전용 아파트 단지는 병원, 복지관, 문화센터가 도보권에 위치하고 무장애 설계가 적용되어 액티브 시니어의 관심을 받고 있다. 서울 강남의 한 은퇴자는 "넓은 집을 정리하고 역세권 소형 아파트로 이주했더니 문화생활과 의료 접근성이 훨씬 좋아졌다"고 말한다. 또한, 서울 거주 은퇴자들이 지방에서 새로운 커뮤니티를 형성하는 사례도 나타나고 있다.

　액티브 하우스 트렌드는 단순한 주택 구매를 넘어 라이프 스타일의 변화를 의미한다. 이들은 안전과 편의뿐만 아니라 사회적 교류, 문화 활동, 평생학습 기회를 중시한다. 이러한 변화는 기존 부동산 시장과 도시계획에도 영향을 미치고 있다. 앞으로는 의료시설, 문화시설, 교통 접근성을 종합적으로 고려한 시니어 친화적 지역 개발이 더욱 중요해질 것이다. 개인의 경제적 여건과 선호도에 따라 다양한 주거 옵션이 제공되어야 한다.

2-3

삶의 전략과 정책 제안

세대별 맞춤 정책 :
창업, 재취업, 돌봄 분화

50~60대 액티브 시니어, 일하고 싶다면 어디로 가야 할까

50대 지인이 얼마 전 명예퇴직을 했다. 아직 일할 의지도 체력도 충분하지만, 막상 일자리를 찾기는 쉽지 않다. 정부는 이런 '신중년' 세대를 위한 재취업 및 창업 지원 정책을 마련하고 있다.

가장 주목할 만한 것은 정부의 신중년 재취업 지원 프로그램이다. 2019년부터 시작된 이 프로그램은 50~64세 퇴직 인력에 '경력형 일자리'를 제공한다. 생활임금 수준의 급여와 4대 보험을 보장받으며 민간 일자리로 재취업할 수 있는 발판 역할을 한다. 서울 서대문구의 직업상담사, 대전 중구의 도서 관리사, 강원 고성군의 사회복지사 모집이 대표적인 사례다.

기업이 채용을 유도하는 정책도 있다. 신중년 적합 직무 고용장려금은 50세 이상을 정규직으로 채용한 중소기업에 근로자 1인당 월 40~80만 원을 최대 12개월 지원한다. 이 제도로 기업은 인력난을, 중장년은 일자리난을 동시에 해소하는 효과를 거두고 있다.

교육 훈련도 강화되고 있다. 한국폴리텍대학의 신중년 특화 과정은 50~60대에게 맞춤형 기술교육을 제공하고 취업과 연계한다. 중장년내일센터에서는 40대 이상 퇴직자에게 경력설계부터 전직 훈련, 취업 알선까지 무료로 지원한다. 다만 이런 교육 훈련이 실제 재취업으로 이어지는 비율은 여전히 높지 않다는 평가다.

특히 주목할 점은 신중년의 창업 열기다. 신규 창업자의 상당수가 40~60대 중장년층으로, 특히 서울시 중장년의 약 45%는 퇴직 후 자영업을 선택하고 있다. 정부는 중장년 기술창업 센터 설치, 창업컨설팅 지원사업 등으로 이들을 지원한다. 중소벤처기업부는 예비창업패키지(중장년)로 40세 이상 예비 창업자에게 사업화 자금을 제공한다. 하지만 문제도 있다. 2023년 정부 통합 창업지원 예산 3조 7천억 원 중 중장년 대상 비중은 크지 않았다. 중장년 창업 환경이 여전히 '정글'에 비유되는 이유다.

70대 이상은 이제 돌봄이 필요한 때

70대에 접어든 박 씨는 혼자 살지만 생활지원사가 주 2회 방문해 안부를 묻고 가사를 도와준다. '노인 맞춤 돌봄 서비스' 덕분이다. 기존 노인 돌봄 서비스들을 통합한 이 제도는 독거노인과 취약 노인에게 맞춤형 방문 돌봄을 제공한다. 현재 생활지원사 약 5만 명이 활동하고 있으며, 1인당 10~15명의 어르신을 지원한다. 2025년 예산 5,700억 원 규모로 대상자를 55만 명에서 60만 명으로 확대해 1인당 지원 빈도와 시간을 늘리고 있다. 65세 이상 기초 수급·차상위 또는 기초연금 수급자가 주 대상이다. 읍면동 주민센터를 통해 신청할 수 있다.

더 많은 도움이 필요한 이들을 위해서는 노인장기요양보험이 있다. 2008년 도입된 이 제도는 65세 이상 노인 중 거동이 어렵거나 치매 등으로 일상생활 지원이 필요한 이들에게 요양 서비스를 제공한다. 2024년 말 인정자는 113만 명, 재정지출은 15.6조 원으로 전년 대비 7.6% 증가했다. 전체 수급자의 약 70~80%가 방문요양·주야간보호 등 재가급여를, 20~30%는 시설급여를 이용한다. 정부는 2025년부터 재가 서비스 이용 한도 확대 등 재가 돌봄 강화 정책을 추진할 예정이다.

치매 환자를 위한 정책도 늘고 있다. 2023년 역학조사에 따르면 65세 이상 치매 유병률은 9.3%, 환자 수는 약 87만 명이다. 2026년에는 100만 명 돌파가 예상된다. 2017년 선언된 '치매국가책임제'에 따라 전국 256개 시·군·구 보건소에 치매안심센터가 설치됐다. 치매 예방, 조기 검진, 상담, 환자 등록관리, 가족 지원 등 원스톱 서비스를 제공한다. 더 나아가 고령자의 법적 보호도 강화되고 있다. 2013년 도입된 성년후견제도는 치매 등으로 의사결정이 어려운 성인에게 법원이 후견인을 선임해 준다. 2018년부터는 치매 환자 공공후견 사업이 시행되어, 가족이 없거나 부양 능력이 부족한 치매 노인에게 공공후견인이 의료, 복지서비스 신청, 재산 관리를 돕고 있다. 그러나 아직은 여러 측면에서 개선이 많이 필요하다.

답을 찾는 시도들

독일은 1995년 장기요양보험을 세계 최초로 도입한 국가다. 'Flexi-Rente(유연한 연금제도)'를 도입해 정년 이후에도 일하면 연금을 깎지 않고 일부 연금과 임금을 받을 수 있게 했다. 2024년 Flexi-Rente 활용 인원이 33만 명을 넘었다. 정년 이후 임금과 연금을 병행해 받는 근로자가 꾸준히 증가했다.

돌봄 분야에서는 약 413만 명의 독일 노인이 장기요양 서비스를 받고 있다. 이 중 80%는 재가에서 돌봄을 받는다. 국가는 가족 돌봄자에게 현금 수당(Pflegegeld)을 지급한다. 부족한 부분은 방문요양 서비스로 보완한다. 각 지역에는 재가 노인 지원센터와 자원봉사 조직이 있어 독거노인 안부 확인, 식사 배달, 이동 지원 등 커뮤니티 케어를 제공한다.

독일 연방가족부는 다세대교류하우스(MGH ; Mehrgenerationenhaus) 사업을 통해 세대 통합형 지역복지관 500여 곳을 운영한다. 어르신 돌봄과 지역 자원봉사 연결이 이루어진다. 또한, 이웃 돌봄(Quartiersprojekt) 모델을 활성화해 노인이 살던 동네에서 이웃의 도움을 받으며 지낼 수 있도록 커뮤니티 네트워크를 강화하고 있다.

자산 현금화 전략

집은 있는데 돈은 없다, 이 아이러니를 어떻게 풀까

평생 모은 자산이 수억 원에 달하는데도 당장 생활비가 부족한 노인들이 속출한다. 한국 금융당국의 분석에 따르면, 고령 가구들은 노후에도 주요 자산인 부동산을 포기하지 않는다. 대신 줄어든 소득에 맞춰 지출을 크게 줄이는 경향을 보인다. 즉, 삶의 질을 희생하는 방향으로 대응하는 것이다. 소비 위축은 개인 삶의 질 저하일 뿐 아니라 경제 전체의 활력도 떨어뜨린다. 공적연금 소득대체율이 낮은 한국에서는 개인 자산 활용이 더욱 중요하다. 보유 자산의 대부분을 차지하는 부동산을 어떻게 유동화하여 노후 생활자금으로 전환할 것인가가 베이비붐 세대가 직면한 핵심 과제다.

집을 지키면서 현금을 만드는 네 가지 방법

주택연금(역모기지)은 만 55세 이상 주택 소유자가 본인 집을 담보로 제공하고 그 집에 계속 거주하면서 평생 또는 일정 기간 매달 연금을 받는 제도다. 2024년 11월 말 기준 주택연금 누적 가입 건수는 134,639건이다. 2007년 도입 후 연평균 9.2%씩 증가했다. 최대 장점은 평생 안정적인 현금흐름을 확보할 수 있다는 것으로, 거주를 계속 유지하면서 노후 자금을 매달 받을 수 있어 노후 소득 보장에 도움이 된다. 배우자 승계도 가능해 부부 중 한 명이 사망해도 남은 배우자가 계속 연금을 받을 수 있다. 그러나 여전히 활용률은 낮다. 최근 금융·부동산 연구에서는 55~64세 주택 보유 가구의 연금 가입률이 0.2%, 65~74세 1.3%, 75세 이상 1.8% 정도로 집계된다. 이는 "집은 상속해야 한다"는 전통적 인식과 월 지급액이 충분히 높지 않다는 인식 때문이다.

주택 다운사이징은 은퇴 후 현재의 크고 값비싼 주택을 더 작은 주택이나 저렴한 지역으로 옮겨 그 차익을 현금으로 확보하는 전략이다. 자녀들이 출가하여 주택 규모가 필요 이상으로 커진 은퇴자에게 적합한 방법이다. 70대 부부가 12억 원짜리 대도시 아파트를 팔고 5억 원의 소형 주택으로 이사하면 약 7억 원의 차액을 확보할 수 있다. 이 금액을 금융자산으로 운용하거나 즉시연금에 가입하면 월별 생활비에 보탤 수 있다. 주거유지 비용도 절감되고 큰 집을 관리하는 부담이 줄어든다. 하지만 문화적·정서적 이유로 다운사이징이 활발하지 않다. 노후에도 오랫동안 살아온 내 집을 지키려는 성향이 강하고 부동산을 처분하지 않고 물려주려는 욕구가 크다. 이사에 따르는 비용과 번거로움, 새로운 거주지 생활 적응 문제도 장애물이다.

주택 임대 전환은 본인 소유 주택을 직접 거주 용도에서 임대수익 창출 용도로 전환하는 전략이다. 은퇴 후 본인 집을 월세나 전세로 주고 정작 자신은 더 저렴한 곳에 임차하거나 자녀와 동거하면서 임대 수입을 얻는 방법이다. 장점은 집을 팔지 않고 유지하면서 월세 수입 등 지속적 현금 유입을 얻을 수 있다는 점이다. 부동산 자산을 보유한 채로 향후 가격 상승 혜택이나 상속을 고려한 자산 보전이 가능하며 동시에 임대 수입으로 공적 연금 부족분이나 생활비를 충당할 수 있다. 그러나 임대 사업에는 관리의 어려움과 리스크가 따른다. 노년기에 직접 세입자를 관리하고 건물 유지보수를 책임지는 것은 부담이 될 수 있다. 공실 발생이나 임대료 미수 등의 위험, 세입자와의 갈등 가능성도 있다.

연금형 부동산 매각은 보유 주택을 한꺼번에 매각하되 대금을 연금 형태로 나눠 장기간 받는 방식이다. 한국토지주택공사(LH)가 시범 운영한 '연금형 희망나눔주택' 사업과 2023년 출시한 '시니어 리츠(REITs)'가 이에 해당한다. 집을 담보로 대출을 받는 주택연금과 달리 실제 매각이 이루어지므로 월 지급액이 상대적으로 많다. LH 연금형 희망나눔주택의 경우 감정가 3억 원짜리 주택을 65세에 매각하면 20년간 매달 153만 3천 원을 받을 수 있다. 이는 동일 조건의 주택연금 월 지급액 83만 7천 원의 약 두 배 수준이다. 그러나 가장 큰 단점은 주택 소유권을 상실한다는 점이다. 주택연금은 사망 시까지 본인 집에 거주할 수 있는 권리가 보장되지만, 연금형 매각을 이용하면 집이 LH로 소유권 이전되고 거주 프리미엄이 사라진다.

▍집을 지키면서 현금을 만드는 네 가지 방법

주택연금(역모기지) 만 55세 이상 / 집 담보 / 평생 거주 **134,639건 가입** 가입률 낮음(65~74세 : 1.3%)	**주택 다운사이징** 큰 집 → 작은 집 / 차액 현금화 **12억 → 5억** **= 7억 차액** 문화적 저항감으로 활발하지 않음
주택 임대 전환 내 집 임대 / 다른 곳 거주 **집 보유 + 임대수익** 관리 부담과 리스크 존재	**연금형 부동산 매각** 매각 후 연금 분할 수령 **153만 원 vs 84만 원** **(주택연금 대비 2배)** 소유권 상실이 최대 단점

숨은 자산 유동화

중·장기 보험에 가입해 온 은퇴자는 보험 해약환급금을 활용해 노후 자금으로 전환할 수 있다. 특히 종신보험이나 저축성 보험의 경우 오랜 기간 납부하면 해약 시 적립금(환급금)이 생긴다. 이를 찾아서 연금보험으로 갈아타거나 즉시연금에 가입함으로써 월지급 연금을 받을 수 있다. 50대에 해약환급금 1억 원이 예상되는 종신보험을 60세에 해지하고 그 돈으로 즉시연금에 가입하면 매월 약 40~50만 원 수준의 연금을 받을 수 있다. 기존 보험을 정리함으로써 보험료 납입 부담을 덜 수 있으며, 의료비 등 필수 보장만 남겨 효율적으로 재무 구조를 조정할 수 있다. 그러나 보험을 해지하고 연금으로 바꾸는 과정에서 원금 손실 또는 기회비용이 발생할 수 있다. 일반적으로 종신보험의 해약환급금은 납입 보험료 총액보다 적거나 비슷한 수준이다. 해약하면 오래 납부했더라도 이율 측면에서 손해일 수 있다.

증여·상속 설계는 엄밀히 말해 직접적인 현금흐름 창출 수단은 아니나, 자산 구조를 조정해 은퇴 후 재무 안정을 도모한다는 점에서 매우 중요하다. 한국의 상속세 최고세율은 50%로, 일본(55%)에 이어 OECD 상위권을 차지한다. 상속세 과세표준을 산출할 때 적용되는 기본공제(5억 원)와 인별공제(1억 원)가 타국 대비 낮아, 중산·중견 자산가도 상당한 세 부담을 안고 있다. 증여세 면제 한도는 10년간 배우자 6억 원, 직계존비속 5천만 원, 결혼 축하금 1천만 원까지 가능하다. 여유 자산이 있다면 이 한도를 활용해 주기적으로 분할 증여함으로써 세금을 최소화할 수 있다. 또한, 부양계약을 체결해 증여받은 자녀가 매달 생활비를 지급하도록 설계할 수도 있다. 그러나 이 경우 법적·세무적 검토를 거쳐야 한다. 다만 너무 이른 시점에 과도하게 증여하면 본인의 말년 자금이 부족해질 위험이 있다. 자녀의 경제적 책임 전가 등의 부작용이 발생할 수 있으므로, 적정 규모와 타이밍을 신중히 결정해야 한다.

후견, 신탁, 보험 청구권 : 법제도 활용의 미래

치매에 걸리면 누가 내 돈을 관리해 줄까

"치매에 걸리면 누가 내 돈을 관리해 줄까? 그 사람이 나를 배신하지 않으리란 보장은 있을까?"

주변에서 어렵지 않게 듣는 걱정이다. 이런 질문에 답하기 위해 법은 세 가지 도구를 마련해 두었다. 후견제도, 신탁제도, 그리고 보험 청구권 신탁이다.

우리나라 성년후견제도는 2013년 7월에 도입됐다. 치매나 기타 정신적 제약이 있는 성인을 지원하는 법적 장치로 자리 잡았지만, 이용률은 매우 저조하다. 전문가들은 실제 후견이 필요한 대상자의 1% 정도만 제도를 활용한다고 지적한다. 2023년 후견 심판 접수는 11,907건으로 제도 도입 첫해 대비 8.4배 늘었다. 하지만 잠재 수요(고령·치매 추정 약 100만 명)의 1% 남짓에 그친다.

이용이 부진한 이유는 복잡한 법적 절차와 높은 비용, 후견인 선임·감독의 번거로움, 후견 개시로 인한 피후견인의 권리 상실 우려 등이다. 가족 중심 문화에서 낙인 효과를 꺼리거나 재산권 제한을 부담스러워하는 경향도 있다. 무엇보다 후견인이 피후견인의 재산을 남용하거나 착복하는 사례 가능성도 제도 신뢰를 낮추는 요인이다. 현행 후견제도는 피후견인의 자기 결정권을 충분히 보장하지 못한다는 비판도 있다. 후견 개시 시 피후견인은 일부 의사능력을 상실하게 되어 재산 처분이나 중요한 의료결정 등에 본인의 의지가 배제될 수 있기 때문이다.

고령화로 인한 가족구조 변화로 공공후견 수요가 증대하고 있다. 가족의 돌봄을 받기 어렵거나 독거노인인 경우 국가나 지자체가 후견인을 지원하는 공공후견제도가 대안이 될 수 있다. 보건복지부는 2018년부터 치매공공후견 사업을 하고 있다. 의사결정 능력이 부족한 치매 환자에게 후견인을 매칭한다. 치매 공공후견인은 1,301명 양성됐으나 실제 활동자는 224명(활동률 17%)이다. 수당 월 20만 원 정체 등으로 인력 확충이 지지부진하다. 아직은 후견인 참여를 꺼리는 현실이며, 전문성 교육과 사후 감독체계도 보완이 필요하다는 지적도 있다.

살아서도 죽어서도 내 뜻대로, 신탁의 힘

고령사회에서 신탁은 재산 관리와 상속 설계를 포괄적으로 수행할 수 있는 수단으로 주목받는다. 신탁이란 재산을 맡기는 사람이 금융기관(수탁자)과 계약을 맺어, 해당 재산을 관리·운용하고 정해진 때 수익자에게 돌려주는 제도다. 특히 치매 등으로 판단력이 저하될 때도 신탁을 통해 자산이 안전하게 관리되어 재산탕진이나 금융착취를 예방하는 효과가 있다. 실제로 신탁은 재산의 수익관리, 증여·상속 진행, 후견 기능까지 생애 전 과정을 아우르는 서비스로 발전하고 있다.

고령자 맞춤형 신탁 상품도 다양해지고 있다. 2011년 「신탁법」 개정으로 유언대용신탁이 도입된 이후, 금융권에서는 고령화 시대 수요에 맞춘 신탁 상품을 내놓고 있다. 치매 진단 시점부터 자산을 수탁자가 관리하며 의료·요양비를 지급하는 치매안심신탁, 사망 시 장례비와 생활자금을 유족에게 지급하는 가족배려신탁, 사후에 반려동물의 돌봄 비용을 지정된 보호자에게 지급하는 펫신탁 등이 등장했다.

2024년 말 60개 신탁사의 총 수탁고는 1,378조 원이다. 그중 고령자용 '종합·유언대용신탁' 등 생활·상속형 신탁은 4조 원 안팎으로 전체의 0.3% 수준에 머문다. 국내 신탁 시장은 여전히 특정금전신탁 등 금융상품형 신탁이 주류를 이루고 있어, 삶의 전 주기 자산관리 수단으로 활용되는 비중은 낮은 편이다.

현재 50~60대인 2차 베이비붐 세대는 한국 부의 약 46%를 보유한 경제 주체다. 이들의 은퇴자산 관리는 가계 경제와 금융시장에 큰 영향을 미친다. 신탁을 활용하면 상속 과정에서의 분쟁 소지를 줄이고, 미성년 자녀나 장애가 있는 배우자에게 장기간 일정 지급하는 등 세밀한 설계가 가능하다. 신탁은 위탁자 사망 시에도 법률계약에 따라 집행된다. 갑작스러운 판단 능력 상실이나 사망 상황에서도 자산관리의 연속성이 유지되는 장점이 있다. 결국 베이비붐 세대에게 신탁은 '안전한 자산관리와 아름다운 마무리'를 위한 유용한 도구라고 할 수 있다.

죽음 이후의 의지를 실현하는 보험금 신탁

초고령사회에서는 생명보험과 신탁을 결합한 새로운 제도도 등장했다. 2024년 「신탁법」 시행령 개정으로 사망보험금도 신탁재산이 될 수 있게 됐다. 대상 잠재 시장은 약 882조 원(2024년 9월 생보사 사망보험금 적립액)으로 추산된다.

보험금 청구권 신탁이란 사망보험금 청구권을 신탁재산으로 맡기는 제도다. 기존에는 피보험자 사망 시 거액의 보험금이 일시에 유족에게 지급되어 미성년 자녀나 치매 부모가 이를 관리하기 어렵거나 친족 간 상속 분쟁이 발생하는 문제가 있었다. 이제는 보험 가입자가 생전에 신탁계약을 맺어 두면, 본인 사망 후 보험금이 곧바로 신탁회사에 지급되어 전문가에 의해 운용·관리되고 정해진 일정에 따라 수익자에게 분할 지급될 수 있다. 부모가 미성년 자녀를 위해 성인이 될 때까지 매월 생활비 지급, 성년 도달 시 남은 금액 일시지급과 같은 계획을 설정할 수 있다. 실제 사례로, 삼성생명에서 첫 보험금 신탁을 체결한 50대 여성은 20억 원의 종신 보험금에 대해 자녀가 35세 전까지는 이자만 받는다. 35세와 40세에 각각 원금의 50%를 받도록 설계했다. 삼성·한화·교보생명 등 5개 생보사가 2025년 1분기 총 73건의 보험금 신탁계약(평균 계약금 12억 원)을 체결하며 시장을 열었다.

보험금 청구권 신탁제도의 도입 배경에는 고령화사회의 변화가 자리한다. 노후에 배우자와 자녀가 함께 사는 비율이 감소하고, 이혼·재혼 가정 증가로 상속 구도가 복잡해지면서 보험금 분배에 갈등이 발생하는 사례가 늘었다. 또한, 치매 환자 증가로 보험금 유용 위험이 커지고, 장수 시대에 은퇴 후 소득이 부족한 고령자가 종신보험 해약을 고민하기도 한다.

다만 보험금 신탁 이용 조건에는 제한이 따른다. 신탁 대상이 되는 사망보험금은 일반 사망 담보에 한하며 3,000만 원 이상의 보험에만 허용된다. 보험계약자(위탁자)와 피보험자가 동일인으로 한정되어 자신의 보험만 신탁을 걸 수 있다. 수익자 범위도 배우자 및 직계존비속으로 제한된다. 조카나 형제자매를 수익자로 지정하는 것은 아직 불가능하다.

빈방에 들어서다 : 은퇴 이후의 삶

잃어버린 이름표, 사라진 정체성

은퇴란 가끔은 빈방에 홀로 들어서는 기분이다. 오랫동안 살던 집에서 갑자기 쫓겨난 사람처럼 당혹스럽고 때로는 허망하기까지 하다. 평생 자신을 '무엇을 하는 사람'으로 정의해 왔는데, 이제 그 정의가 사라진 상태에서 스스로 어떻게 설명해야 할지 모르는 상태다. 한국 사회는 지금 베이비붐 세대의 대규모 은퇴 시대에 진입했다. 특히 2차 베이비붐 세대가 앞으로 10여 년간 60세 정년을 맞는다. 이들의 대량 은퇴는 개인 차원을 넘어 사회 전체의 풍경을 바꿀 사건이다.

직장에서의 퇴직은 단순한 일자리 상실 이상이다. 그것은 사회적 지위와 역할, 나아가 정체성의 상실이다. 매일 아침 출근길에 걸치던 넥타이나 정장, 혹은 유니폼을 더 이상 입지 않게 되면서 자신을 증명하던 이름표도 반납한다. 수십 년간 누군가의 상사이자 동료이자 부하였던 사람이 갑자기 그냥 '누군가'로 돌아간다. 많은 은퇴자, 특히 남성들이 직장에서 물러난 뒤 자아 수용성과 성취감 저하를 호소한다. "내가 사회에 쓸모없는 존재는 아닐지" 하는 존재 가치의 혼란을 겪는다. 반면 여성들은 경제활동 중단 후 배우자와의 관계 만족도가 오히려 높아지는 양상이 나타나기도 한다. 성별에 따라 은퇴가 주는 충격의 크기와 종류가 다른 셈이다.

더 심각한 문제는 우울감과 허무감이다. 우리나라 고령층의 우울 위험과 자살률은 OECD 국가 중 최상위권이다. 나이가 들수록 자살률이 급증하여 70대는 인구 10만 명당 39명, 80대 이상은 59.5명에 달한다. 공허함을 채우지 못할 때 삶은 서서히 침식된다. 혼자 사는 고령자의 약 18.7%는 유사시에 도움을 청할 사람이 "전혀 없다"고 답한다. 이런 수치는 단순한 통계가 아니라 무수한 외로움의 총합이다. 가족과의 별거, 독거노인 인구의 증가는 물리적 거리뿐 아니라 심리적 단절로 이어진다.

빈방에 새로운 가구를 들이다

은퇴 후 삶의 제2막을 건강하게 보내려면 빈방에 자신만의 가구를 들여놓아야 한다. 그 가구는 새로운 삶의 목적이고 일상의 의미이며, 관계의 그물이다.

베이비붐 세대가 희망하는 노후 생활 형태를 조사하면 여가 활동형을 가장 선호한다. 다음으로 일 중심형과 자원봉사형을 꼽는다. 이는 단순한 휴식보다는 의미 있는 활동을 원한다는 증거다. 실제로 65세 이상 고령자 중 23.5%는 어떤 형태로든 평생교육에 참여하고 있다. 10년 전보다 크게 늘어난 수치다. 서울시 50플러스 캠퍼스나 각 지자체의 신중년 대학에는 은퇴자들의 발길이 끊이지 않는다. 한국폴리텍대학 신중년 특화 과정 훈련생은 2026년까지 연 1만 5천 명으로 확대하기로 했다. 2024년 모집 정원은 7,500명에서 1만 5천 명으로 단계 증원 중이다. 이 숫자는 배움에 대한 갈증이 얼마나 큰지 보여준다.

취미와 여가 활동도 새로운 삶의 목적이 된다. 퇴직 전 생계와 일에 쫓겨 미뤄두었던 예술, 음악, 스포츠, 여행에 도전하는 시니어들이 많아졌다. 60대 은퇴사들이 가장 적극적으로 여행을 다니는 연령층이라는 조사 결과도 있다. 미국에서는 60대 여행자들이 연평균 미화 7,300달러를 여행에 지출해 젊은 세대보다 30% 이상 많이 소비한다. 종교와 명상 같은 영적 활동도 많은 노년층에게 있어 삶의 의미를 재발견하는 통로다. 한 조사에서 우리나라 노인의 사회참여 활동 중 가장 높은 비중은 종교활동으로 60%에 달했다. 친목 모임이 45%, 일이나 봉사 참여가 37%로 그 뒤를 이었다.

결국 은퇴 이후 새로운 삶의 목적을 찾는 과정은 자신만의 '이키가이', 즉 아침에 눈뜰 이유를 발견하는 여정이다. 뭔가에 열정을 쏟고 성취감을 얻을 수 있는 목표를 가질 때 노년의 삶은 단순한 생존을 넘어 살아있는 삶으로 전환된다.

▌이키가이 App 예시

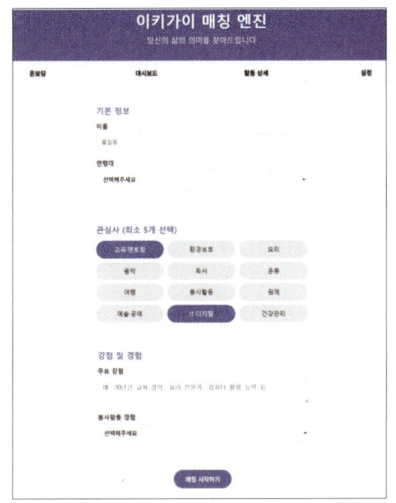  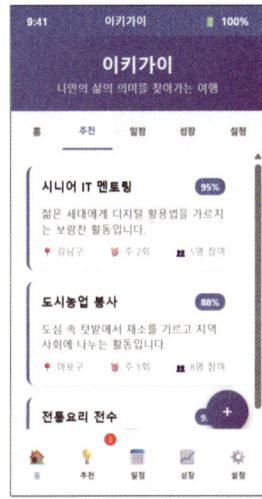

끊어진 관계의 그물을 다시 짜다

직장에서 은퇴하면 동료들과 나누던 일상적 교류가 사라진다. 사회적 역할이 축소되면서 인간관계도 줄어든다. 그래서 은퇴 후 새로운 관계망을 짜거나 기존 관계를 재정립하는 것이 중요하다. 가정에서는 배우자와의 관계 재조정이 필요하다. 오랜 시간 회사 일로 집을 비웠던 사람들이 은퇴 후 하루 종일 가정에 머물면서 '은퇴 부부 갈등'이 생기기도 한다. 반대로 함께 보내는 시간이 늘며 부부애를 돈독히 하는 기회가 되기도 한다. 자녀 세대와의 관계도 변화한다. 경제적 부양에서 벗어나 손주 돌보기나 가족의 조언자 같은 새로운 역할을 찾는 사람들이 많다.

가족 외에 지역사회에서 새로운 인간관계를 맺는 것도 중요하다. 65세 이상 고령자의 단체 참여율은 57.1%에 이른다. 여기에는 경로당, 노인대학, 취미 동호회, 친목회 등 정기 모임이 포함된다. 경로당 현대화 사업은 2025년 예산 186억 원으로 확대, 체조·정보화·문화 프로그램 도입을 통해 추진 중이다.

자원봉사와 사회공헌활동은 새로운 인간관계를 맺으면서 동시에 사회적 유대감과 보람을 얻는 좋은 방법이다. 한국 고령자의 자원봉사 참여율은 아직 7.4%로 높지 않지만, 조금씩 늘고 있다. 정기적으로 봉사활동을 하는 65세 이상 노인은 우울증과 불안 증상이 유의미하게 낮고 스트레스 수치도 감소한다. 최근 국제 학술지에 발표된 홍콩 연구도 흥미롭다. 외로운 고령자를 훈련해 다른 외로운 노인을 주기적으로 전화로 돕게 했다. 그 결과 1년 후 봉사자와 수혜자 모두 고독감이 유의하게 감소했다. 돕는 이와 도움받는 이 모두가 치유되는 순간이다.

현대 시니어는 인터넷과 스마트폰도 잘 활용한다. 2024년 기준으로 65세 이상 인터넷 이용률이 74%, 인스턴트 메신저 이용률 93.9%로 '디지털 시니어'가 다수파가 됐다. 밴드나 카카오톡 그룹 채팅으로 동창, 동호회 모임을 이어간다. SNS로 손주들과 소통하는 노인들이 많아졌다. 디지털 연결은 물리적 제약을 극복하는 또 다른 방법이다.

트렌드 키워드

멀티 커리어

인생 100세 시대를 맞아 한 직장에서 정년까지 일하는 전통적인 경력 패턴이 변하고 있다. 이제는 여러 단계를 거치며 지속해서 경력을 개발하는 '멀티 커리어(Multi-Career)' 시대가 도래했다. 50대 이후에도 새로운 분야로 진출하거나 기존 전문성을 활용해 다양한 형태로 일하는 사람들이 늘어나고 있다.

멀티 커리어 개념은 급속한 기술 변화와 수명 연장에 기반한다. 과거에는 대학을 졸업하고 한 회사에서 30년 근무한 후 은퇴하는 것이 일반적이었다. 하지만 이제는 AI와 디지털 기술의 발전으로 직업의 생명주기가 짧아지고 있다. 동시에 평균 수명이 늘어나면서 60세 은퇴 후에도 20~30년의 시간이 남게 되었다. 국내 조사에 따르면 현재 경제활동을 하는 신중년층의 59.9%가 70대 이후까지 일하고 싶다고 응답했다.

실제 사례를 보면 다양한 형태의 멀티 커리어가 나타나고 있다. 대기업에서 30년 근무한 후 창업에 도전하는 사람, 공무원 퇴직 후 평생학습을 통해 IT로 전환한 사람, 교사 출신이 온라인 교육 콘텐츠 제작자가 된 경우 등이 대표적이다. 해외에서는 50대에 의대에 진학하거나, 은퇴 후 사회적기업을 설립하는 사례도 늘고 있다. 또한, 파트타임이나 프리랜서 형태로 여러 회사와 프로젝트 단위로 일하는 '포트폴리오 워커'도 증가하고 있다.

멀티 커리어 시대가 주는 시사점은 명확하다. 첫째, 평생학습이 선택이 아닌 필수가 되었다. 새로운 기술과 트렌드를 지속적으로 학습해야 경쟁력을 유지할 수 있다. 둘째, 기존 경험과 전문성을 새로운 분야에 접목하는 융합적 사고가 중요하다. 셋째, 개인은 스스로 하나의 브랜드로 관리하고 네트워킹을 통해 기회를 창출해야 한다. 넷째, 기업과 사회는 경험 많은 인력을 활용할 수 있는 유연한 고용 형태와 재교육 프로그램을 마련해야 한다. 마지막으로 정부는 생애주기별 경력개발 지원 정책을 통해 개인의 멀티 커리어 전환을 뒷받침해야 한다. 멀티 커리어는 위기가 아닌 새로운 기회의 시대로, 적극적인 준비와 도전 정신이 성공의 열쇠다.

액티브 에이징 평생학습

2025년 전 세계 60세 이상 인구가 12억 명에 달하며 시니어가 은퇴 후 적극적으로 배우고 활동하는 '액티브 에이징 평생학습'이 주목받고 있다. 시니어는 신체적 활력과 지적 성장을 동시에 추구하며 100세 시대에 새 라이프 스타일을 구축한다.

의학 발달로 기대수명이 늘어나며 은퇴 후 수십 년이 새 삶의 단계로 이해된다. 인지 건강 유지를 통한 치매 예방이 사회적 과제가 된 배경에서 이 트렌드가 나타난다. 액티브 에이징은 나이가 들어도 신체적, 사회적, 정신적으로 활발한 상태를 유지하는 것이다. 평생학습은 지속적 교육을 통해 인지 기능을 유지하고 사회적 연결을 강화하는 개념이다. 연구에 따르면 지속적 학습과 새 도전은 뇌신경 가소성을 촉진해 노년기 우울감 감소와 인지 기능 개선에 도움이 된다. 예술 활동은 인지 저하를 최대 20% 지연시킨다.

글로벌 각국에서 다양한 성공 사례가 등장했다. 영국의 제3기 대학에는 전국 1,000여 개 지부에 40만 명이 넘는 시니어가 '배우고, 웃고, 활력 있게'를 모토로 학습 모임에 참여한다. 미국의 오셔평생학습원(OLLI)은 124개 대학에 있으며, 12만 5천 명 이상이 시험과 성적 없이 순수한 배움의 즐거움을 추구한다. 일본의 이나미노 학원은 60세 이상 1,000여 명이 재학 중인 4년제 시니어 대학으로 운영된다. 캐나다의 기능성 운동 프로그램은 저충격 관절 보호형 운동으로 낙상 예방과 장기 이동성 유지에 효과를 보인다. 창의적 에이징 프로그램은 미술, 음악, 연극 워크숍을 통해 인지 기능 유지와 정서 안정을 돕는다.

서비스 설계에 있어 시니어 친화적 UX/UI 개발과 개인화된 콘텐츠 제공이 필수다. 민관 협력을 통한 지속 가능한 플랫폼 구축과 커뮤니티 기능 강화가 중요해졌다. 2026년에는 에이지테크 시장이 1,650억 달러 규모로 성장하고 실버경제가 8~10조 달러까지 확대될 전망이다. AI 동반자, VR 학습, 개인 맞춤형 건강 코칭 등 기술 혁신이 가속화될 것이다. 기업과 정부는 하이브리드 웰빙 허브 구축, 디지털 포용 UX/UI 필수화, 데이터 기반 개인화 서비스 제공을 통해 시니어들이 배운 기술과 경험을 사회적 가치 창출에 활용하도록 지원해야 한다.

노후 파산

'노후 파산'은 노인 인구의 1/4이 겪을 수 있는 높은 확률의 위험이다. 새로운 환경에 적응하려는 준비 없이 누구에게나 다가올 수 있는 현실이다. 이전과는 달라진 삶의 모습 속에서 월급을 맹신하고 적금만으로 안심하는 습관, 공적연금 부족 등 여러 요인이 복합적으로 작용하며 노후 경제적 파탄을 초래한다.

한국은 OECD 국가 중 노인빈곤율 세계 1위를 기록하고 있다. 노인 인구의 4명 중 1명이 파산을 겪는 상황이다. 미래에셋은퇴연구소에 따르면 노후 파산의 주요 원인은 중대 질병, 은퇴 후 창업 실패, 자녀 문제, 황혼이혼, 노년 사기 등으로 구분된다. 이는 단일 원인이 아닌 복합적 요인으로 발생함을 보여준다. 지난 20년간 황혼이혼은 두 배 이상 증가해 현재 전체 이혼의 약 33%를 차지한다. 60대 창업 성공률은 약 20% 수준에 불과하며, 65세 이상 노인의 연평균 진료비는 약 491만 원에 달하는 등 원인별 위험도가 높아지고 있다.

▌노후 파산 원인 분석_시니어 트렌드 AI Agent

원인	비율
중대 질병(의료비)	30.0%
은퇴 후 창업 실패	20.0%
자녀 부양비 부담	15.0%
황혼이혼	10.0%
노년 사기	5.0%
재정관리 실수	5.0%
만성질환 관리 부실	4.5%
공적연금 부족	3.0%
부동산 부담	3.0%
경기침체 및 인플레이션	2.0%
금융상품 선택 실수	1.0%
상속 분쟁	1.0%
간병비 부담	0.5%

각 원인에 대한 사례를 살펴보면, 노후 파산이 본인에게 전혀 가능성이 없는 현실이 아니라는 것을 깨달을 수 있다. 중대 질병(의료비) 부담의 사례로, 70세 이 씨가 당뇨 합병증으로 투석을 시작해 연간 800만 원의 투석 비용과 추가 합병증으로 매년 1,500만 원의 의료비가 발생해 주택담보대출을 받았지만 3년 만에 파산했다. 은퇴 후 창업 실패 사례로는, 62세 박 씨가 퇴직금 2억 원을 전부 투입해 카페를 창업했으나 입지 선정 실패와 고객층 분석 미비로 월 매출이 예상의 절반에도 못 미쳐 월 고정비 600만 원을 감당하지 못하고 파산했다.

자녀 부양비 부담으로는 65세 김 씨가 퇴직금 3억 원 중 딸의 결혼 자금 1.5억 원, 아들의 부동산 대출 보증 1억 원을 지원했다가 자녀 사업 실패로 돈을 돌려받지 못해 대출까지 받아야 했다. 황혼이혼의 사례로는, 68세 이 씨 부부가 은퇴 후 생활 습관 차이로 갈등이 커져 이혼을 선택했다. 이 과정에서 재산분할로 연금과 주택 자산의 절반이 사라지며 별도 거주를 위해 1억 원가량의 추가 비용을 지출해야 했다.

노년 사기 중 투자 사기로는, 58세 최 씨가 '연 15% 고수익 보장' 투자상품에 퇴직금 1.5억 원을 맡겼다가 브로커가 연락 두절되며 원금조차 돌려받지 못했다. 잘못된 재정 습관으로는 64세 조 씨가 은퇴 후에도 월급이 계속될 것이라 착각해 별도 노후 자금 계획을 세우지 않았다가 국민연금 월 80만 원으로는 생활비 월 200만 원을 감당할 수 없어 적금도 5년 만에 소진됐다. 63세 박 씨는 재직 시절 매년 5,000만 원 이상을 지출하며 고급 소비를 누렸다가 은퇴 후 신용카드로 여행비를 결제하며 부채가 눈덩이처럼 불어나 신용불량자로 전락했다.

만성질환 관리 부실 사례로는, 66세 정 씨가 고혈압 약값을 아끼려다 뇌졸중으로 발전해 입원비와 재활치료비로 2,000만 원 이상을 지출하며 매월 간병인 비용 150만 원까지 부담해 노후 예금이 모두 소진됐다. 공적연금 부족으로는 67세 이 씨가 국민연금 납입 기간이 25년밖에 안 돼 월 60만 원만 받아 기초연금 30만 원을 더해도 생활비를 충당할 수 없어 고금리 대출을 받았지만 이자 부담으로 1년 만에 파산했다. 부동산 가격 하락으로는 69세 강 씨가 '부동산 불패 신화'를 믿고 5억 원 아파트를 계약했지만 3년 뒤 부동산 경기 하락으로 3억 원에 헐값 매각해야 했고 매각 후에도 대출 잔액 2억 원이 남아 재산이 모두 소진됐다. 인플레이션으로는 72세 정 씨가 물가 상승률 5%로 생활비가 매년 커져 저금리 저축으론 실질 구매력 하락을 막을 수 없어 결국 파산했다.

노후 파산은 가족 관계, 사업 실패, 의료비 부담, 잘못된 재정 습관, 공적연금 부족, 경제 환경 악화 등이 복합적으로 작용해 발생한다. 따라서 예방을 위해서는 부부간 은퇴 전 재정 계획 공유, 사업 관리, 의료비 관리, 재정 포트폴리오 다변화, 공적연금 보완, 자산 분산 등의 대처가 필요하다. 또한, 홍보문구나 유행 정보에 현혹되지 말고 객관적 데이터를 바탕으로 체계적인 노후 재정 계획을 세우는 것이 중요하다. 사전 상속·증여 계획과 장기요양보험 및 지역사회 복지서비스 활용을 통해 노후 파산 가능성을 크게 낮출 수 있다.

노후 파산 원인과 예방법

노후 파산 원인	
• 가족 관계	• 사업 실패
• 의료비 부담	• 잘못된 재정 습관
• 공적연금 부족	• 경제 환경 악화

예방법	
가족 관계	부부간 은퇴 전 재정 계획 공유와 자녀 자립 지원
사업 관리	은퇴 후 창업 시 철저한 시장 조사와 사기 방지
의료비 관리	만성질환 예방과 의료보험 가입을 통한 의료비 리스크 관리
재정 포트폴리오	인플레이션 헤지 금융상품을 활용한 재정 포트폴리오 다변화
공적연금 보완	국민연금 납입 기간 연장과 연금저축 활용
자산 분산	부동산 집중 자산을 주식·채권으로 분산하고 대출 상환 계획 수립

핵심 원칙
홍보문구나 유행 정보에 현혹되지 말고 객관적 데이터를 바탕으로 체계적인 노후 재정 계획을 세우는 것이 중요하다.

추가 예방책
사전 상속·증여 계획과 장기요양보험 및 지역사회 복지서비스 활용을 통해 노후 파산 가능성을 크게 낮출 수 있다.

파산 방어선

4050 중장년층이 경제적 위기 상황에서 파산을 피하기 위해 취하는 전략인 '파산 방어선(Bankruptcy Guard)'이 주목받고 있다. 이는 마지노선을 넘기 전에 미리 준비해야 할 6가지 핵심 원칙을 통해 재정적 안전망을 구축하는 개념이다. 갑작스러운 실업이나 건강 악화, 사업 실패 등으로 인한 경제적 충격을 최소화하고 회복이 가능한 수준에서 관리하는 것이 목표다.

4050세대가 파산 위험에 노출되는 배경은 복합적이다. 자녀 교육비와 부모 부양비가 동시에 발생하는 샌드위치 세대의 특성상 지출 부담이 크다. 조기퇴직이나 명예퇴직으로 인한 소득 단절, 은퇴 후 자영업 실패, 부동산 투자 손실 등이 주요 원인이다. 통계에 따르면 은퇴 후 자영업자의 절반이 최저임금 이하 소득을 기록하고 있다. 개인파산 신청자 중 50대가 가장 높은 비율을 차지한다. 또한, 평균 수명 연장으로 은퇴 후 생활 기간이 길어지면서 자금 부족 문제가 심화하고 있다.

파산 방어를 위한 6가지 원칙의 실제 적용 사례를 살펴보면 다음과 같다. 첫 번째, 부채 구조조정 원칙에서는 신용회복위원회를 통한 개인워크아웃이나 프리워크아웃을 활용해 이자율을 낮추고 상환 기간을 연장하는 사례가 있다. 두 번째, 생활비 최적화 원칙에서는 주거비를 줄이기 위해 전세에서 월세로 전환하거나 소형 평수로 이주하는 경우가 늘고 있다. 세 번째, 긴급자금 확보 원칙에서는 6개월 치 생활비를 MMF(Money Market Fund)나 CMA(Cash Management Account)에 예치해 유동성을 확보하는 전략이 효과적이다. 네 번째, 신중한 창업 원칙에서는 팝업스토어나 온라인 판매로 시장 테스트를 거친 후 본격 창업하는 사례가 성공률을 높이고 있다. 다섯 번째, 지속 소득원 확보 원칙에서는 국비 지원 직업훈련을 통해 디지털 역량을 키우거나 프리랜서로 전환하는 경우가 증가하고 있다. 여섯 번째, 복지제도 활용 원칙에서는 기초연금이나 고령자 일자리 사업 등을 미리 파악해 활용하는 준비가 중요하다.

┃ 파산 방어를 위한 6가지 원칙

❶ 부채 구조조정
개인워크아웃

- 이자율 인하
- 상환 기간 연장
- 신용회복위원회 활용

프리워크아웃 제도

❷ 생활비 최적화
주거비 절약

- 전세 → 월세 전환
- 소형 평수 이주

주거비 절약 중심

❸ 긴급자금 확보
유동성 관리

- 6개월 생활비
- MMF/CMA 예치
- 유동성 확보

효과적 전략

❹ 신중한 창업
시장 검증

- 팝업스토어 테스트
- 온라인 판매 시작
- 성공률 제고

시장 검증 우선

❺ 지속 소득원 확보
역량 개발

- 국비 직업훈련
- 디지털 역량 강화
- 프리랜서 전환

증가 추세

❻ 복지제도 활용
사회 안전망

- 기초연금 신청
- 고령자 일자리
- 사전 정보 수집

미리 파악 중요

파산 방어선 구축의 시사점은 다음과 같다. 첫째, 예방적 접근이 핵심이다. 위기가 닥친 후 대응하기보다는 미리 재정 상태를 점검하고 위험 요소를 제거해야 한다. 둘째, 다층적 안전망 구축이 필요하다. 공적연금, 사적연금, 긴급자금, 복지제도 등을 종합적으로 활용하는 전략이 효과적이다. 셋째, 가족 단위의 재정 관리가 중요하다. 개인의 문제가 아닌 가족 전체의 재정 안정을 위한 협력이 필요하다. 넷째, 지속적인 역량 개발이 필수다. 변화하는 노동시장에서 경쟁력을 유지하기 위해서는 평생학습이 중요하다. 다섯째, 전문가 상담을 적극 활용해야 한다. 재무 설계사나 법무 전문가의 도움으로 객관적인 상황 진단과 해결책을 모색해야 한다. 여섯째, 심리적 준비와 사회적 관계 유지가 필요하다. 경제적 어려움으로 인한 우울감이나 고립감을 예방하기 위해 가족과 지역사회와의 연결고리를 유지해야 한다. 파산 방어선은 단순한 재정 관리를 넘어 4050세대의 존엄한 노후를 위한 종합적 생존 전략이다.

▌파산 방어선 구축의 시사점

❶ 예방적 접근이 핵심	❷ 다층적 안전망 구축	❸ 가족 단위의 재정 관리
위기가 닥친 후 대응보다는 미리 재정 상태를 점검하고 위험 요소를 제거해야 한다.	공적연금, 사적연금, 긴급자금, 복지제도 등을 종합적으로 활용하는 전략이 효과적이다.	개인의 문제가 아닌 가족 전체의 재정 안정을 위한 협력이 필요하다.
❹ 지속적인 역량 개발	❺ 전문가 상담 적극 활용	❻ 심리적 준비와 사회적 단계
변화하는 노동시장에서 경쟁력을 유지하기 위해서는 평생학습이 중요하다.	재무 설계사나 법무 전문가의 도움으로 객관적인 상황 진단과 해결책을 모색해야 한다.	경제적 어려움으로 인한 우울감이나 고립감을 예방하기 위해 가족과 지역사회와의 연결고리를 유지해야 한다.

종합적 생존 전략

파산 방어선은 단순한 재정 관리를 넘어 4050세대의 존엄한 노후를 위한 종합적 생존 전략이다.

현금가뭄

집값 6억 원에도 불구하고 50~60대 사이에서 현금가뭄 현상이 늘고 있다. 이들 열 명 중 여덟 명이 매달 저축을 하면서도 75%가 노후 준비 부족을 느끼는 새로운 형태의 금융 불안이다. '현금가뭄'은 자산은 많지만 즉시 사용이 가능한 현금이 부족해 일상생활과 노후 계획에 어려움을 겪는 상태를 의미한다.

이 현상은 세 가지 구조적 함정을 가진다. 첫째, 저축 격차 문제다. 월 저축 목표는 100만 원 이상이지만 현실은 70% 수준에 그쳐 매달 30만 원씩 부족하다. 이 차이가 10년, 20년 누적되면 수천만 원으로 벌어진다. "얼마나 더 모아야 할지 모른다"라는 막연함이 불안을 지속해서 증폭시키고 있다. 둘째, 자산 구조의 문제다. 자산의 70% 이상이 부동산에 묶여 있어 현금화가 어렵다. 65세 이후에는 상속 부담으로 처분 결정을 미루게 되어 '자산은 있지만 생활비는 부족한' 모순이 생긴다. 은퇴한 가구주 중 생활비를 여유 있게 충당할 수 있다고 답한 가구는 10%에 불과하다. 셋째, 소득 예측 불확실성이다. 열 명 중 일곱 명은 은퇴 후 고정소득 확보가 중요하다고 답한다. 그러나 근로 지속 기간과 국민연금 수급액을 예측하기 어렵다. 소득 퍼즐이 맞춰지지 않아 노후 설계 자체가 막막한 상황이다. 이를 해결하기 위해 정부는 주택연금 제도를 확대하고 있으나, 막상 실행하기는 좀처럼 쉽지 않다.

현금가뭄 현상은 단순한 저축 부족이 아닌, 자산 포트폴리오의 근본적 재구성이 필요함을 시사한다. 부동산 편중에서 벗어나 금융자산 비중을 늘리고 주택연금 등을 활용한 자산의 현금흐름화가 필수다. 막연한 저축보다는 체계적인 노후 재무설계와 은퇴 후 소득원 다변화 전략이 요구된다. 정부와 금융권의 시니어 친화적 상품 개발과 함께 개인의 자산 유동화 인식 전환이 시급한 과제다.

신탁 활용

고령화사회에서 치매나 거동 불편으로 자산관리가 어려운 노인들을 위해 국가나 공공기관이 재산을 대신 관리해 주는 '공공신탁(Public Trust)'과 가족이 설정하는 '가족신탁(Family Trust)'이 주목받고 있다. 공공신탁은 국가기관이 수탁자가 되어 개인의 재산을 관리하고 운용하는 제도이고, 가족신탁은 가족 구성원이 신탁을 설정해 재산을 관리하는 방식이다.

초고령사회 진입과 1인 가구 증가로 이러한 신탁제도의 필요성이 커지고 있다. 65세이상 1인 가구 수는 전체 고령자 가구의 약 40%에 육박한다. 치매 환자도 100만 명에달한다. 전통적인 가족 돌봄 체계가 약화하면서 공적 차원에서 노인의 재산 관리를 지원할 필요성이 대두되고 있다. 또한, 성년후견제도만으로는 복잡한 절차와 높은 비용으로인해 실효성이 떨어지는 상황이다.

해외 사례를 보면 일본은 2006년 「신탁법」 개정 이후 '인생 100년 신탁', '시니어 서포트 신탁' 등을 통해 치매 발생 시 자산관리 방안을 미리 설정할 수 있도록 했다. 미국은'특별수요신탁'을 통해 장애인과 노인의 자산을 관리한다. 위스콘신 주의 Wispact 같은비영리 집합신탁기관이 활발히 운영되고 있다. 호주와 캐나다는 주정부 산하 '공공수탁자' 사무소를 두어 직접 자산관리 서비스를 제공한다. 싱가포르는 정부 지원 '특별필요신탁회사'를 설립해 장애인 자녀를 위한 부모의 유산을 체계적으로 관리하고 있다.

국내에서도 변화의 조짐이 나타나고 있다. 일부 금융기관에서 고령자 맞춤형 신탁 상품을 출시하기 시작했다. 특히 개인의 생활 패턴과 재무 상황을 종합 분석하여 개인화된신탁 전략을 추천하는 AI 기반 분석 시스템도 등장하고 있다. 정부는 디지털 기반 후견서비스 도입을 검토하고 있으며, 법무부는 성년후견제도 개선안 검토를, 복지부는 노인재산 관리 지원 방안을 연구하고 있다.

공공신탁과 가족신탁의 확산은 여러 정책적 과제를 제시한다. 우선 국가 차원에서 '공공 수탁 공단' 같은 전담 기관을 설립하여 체계적인 자산관리 서비스를 제공할 필요가 있다. 또한, 「신탁법」 개정을 통해 다양한 자산을 통합 관리할 수 있는 법적 기반을 마련하고, 신탁 관련 세제 혜택을 도입하여 제도 활용도를 높여야 한다. 아울러 디지털 기술을 활용한 투명하고 효율적인 관리 시스템을 구축하고, 금융기관과 사회복지기관 간 협력체계를 구성하여 포괄적인 서비스를 제공하는 것이 중요하다. 이러한 신탁제도의 정착은 노인들이 존엄하게 노후를 보낼 수 있는 사회안전망 구축에 기여할 것으로 기대된다.

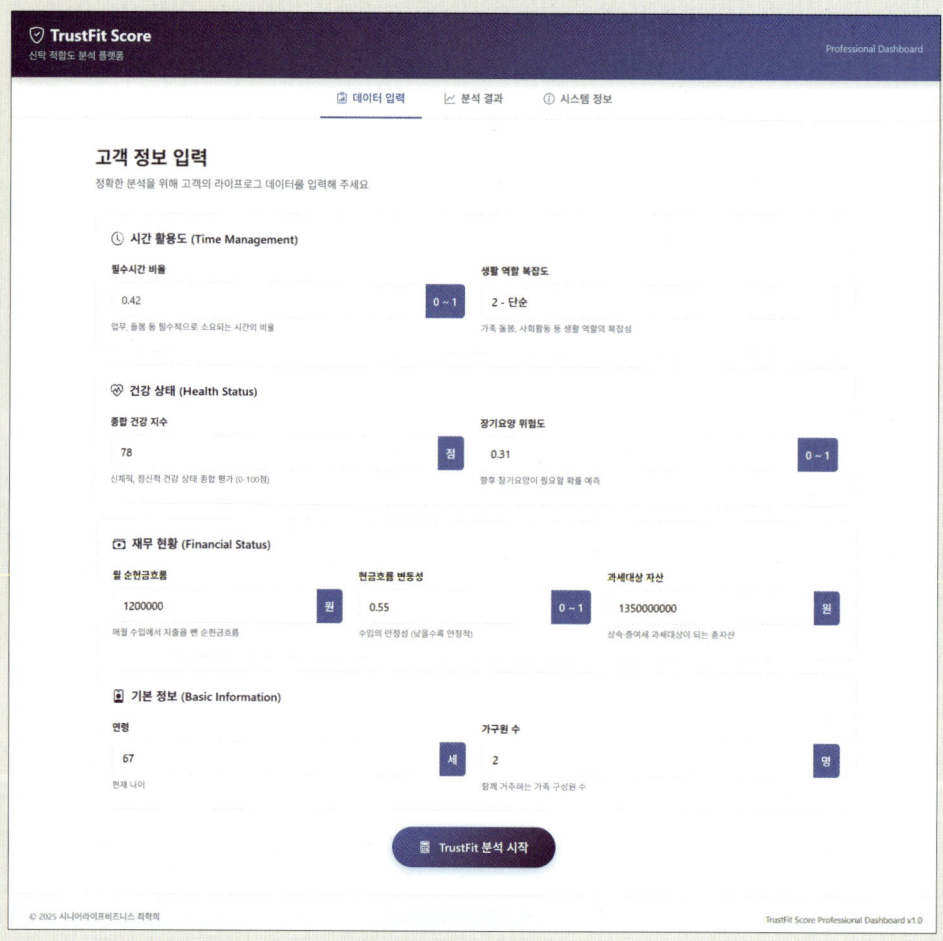

그램핑 라이프

조부모와 손주가 함께 떠나는 여행인 '그램핑(Gramping)'이 새로운 여행 트렌드로 부상하고 있다. 그램핑은 'Grandparent'와 'Camping'을 결합한 용어로, 1세대를 건너뛴 조손간 여행을 의미한다. 이는 단순한 여행을 넘어 세대 간 소통과 유대 강화를 목적으로 하는 특별한 경험이다.

팬데믹 이후 가족 관계의 중요성이 재조명되면서 그램핑에 대한 관심이 급증했다. 봉쇄 기간 동안 떨어져 지낸 조부모와 손주가 관계를 회복하는 방법으로 여행이 주목받았다. 또한, 베이비붐 세대가 은퇴하면서 시간적 여유와 경제적 능력을 갖추게 된 점도 중요한 배경이다. 한국의 60대 기대여명이 남성 23.4년, 여성 28.2년에 달하면서 건강하고 활동적인 노년을 추구하는 세대가 늘어났다. 맞벌이 부부가 증가하면서 조부모가 육아에 참여하는 비율이 높아진 것도 조손 관계 강화에 영향을 미쳤다.

미국에서는 이미 그램핑이 보편화되어 있다. 교육 여행 전문기관인 로드 스콜라(Road Scholar)는 1980년대부터 조부모-손주 전용 프로그램을 운영해 현재 155개 이상의 코스를 제공한다. 일본에서는 '마고토료코(손주와의 여행)'라 불리며 시니어의 44%가 경험했으며, 유럽에서도 조부모와 함께하는 여행이 자연스럽다. 한국에서도 변화가 감지된다. 2023년 한 여행사의 '손주 투어' 예약이 전년 대비 230% 증가했고, 조부모-손주 동반 여행상품이 속속 출시되고 있다.

그램핑이 확산하는 배경에는 사회적 지능 지수(SQ), 학습 역량 지수(LQ), 그리고 '목적 재설정(Purpose Reset)'의 개념이 자리 잡고 있다. 조부모들은 은퇴 후 새로운 인생 목표를 설정하면서 손주와의 관계를 통해 사회적 유대감을 강화하고 새로운 학습 기회를 찾고 있다. 손주들 역시 디지털 시대에 직접적인 인간관계와 체험 학습의 가치를 재발견하고 있다.

그램핑의 확산은 여러 시사점을 제시한다. 첫째, 가족구조 변화에 따른 새로운 관계 형성 방식이 필요하다. 핵가족화와 1인 가구 증가 속에서 조손 관계는 중요한 사회적 자산이 될 수 있다. 둘째, 시니어 여행 시장의 세분화가 가속화될 것이다. 기존의 획일적인 노인 여행에서 벗어나 목적별, 동행자별 맞춤형 상품 개발이 필요하다. 셋째, 세대 간 소통 증진 효과가 기대된다. 조부모는 손주를 통해 젊은 세대를 이해하고 손주는 조부모로부터 삶의 지혜를 배울 수 있다. 넷째, 관광업계는 안전성과 편의성을 고려한 전용 상품 개발에 나서야 한다. 체력적 한계와 세대 차이를 고려한 일정과 시설이 필요하다. 다섯째, 정부 차원에서 세대 통합 정책 일환으로 그램핑을 지원할 필요가 있다. 그램핑은 단순한 여행 트렌드를 넘어 고령화사회의 새로운 가족 문화로 자리 잡을 가능성이 크다.

시니어 트렌드 2026

3

Physical AI 시대 : 인간과 기계의 새로운 공존

"AI, 시니어의 '든든한 동반자'가 되다!"

3-1

글로벌 인사이트

기계와 친구가 되다 :
AI와 노년의 만남

감정을 아는 기계들이 온다

2024년 CES에서 LG전자 조주완 CEO는 AI를 '공감 지능(Affectionate Intelligence)'으로 재정의했다. '고객을 배려하고 공감해 차별화된 경험을 제공하는 AI'를 지향한다고 강조했다. 엔비디아가 선보인 디지털 휴먼 '제임스(James)'는 실시간으로 대화자의 표정과 어조를 분석해 공감하는 등 인간형 대화 인터페이스를 구현했다.

AI 기술이 지금 중대한 변화 시점에 있다. 초기의 AI와 로봇이 주로 '기능 수행'에 초점을 맞춘 도구였다면, 2020년대 들어서는 '관계' 중심으로 패러다임이 전환되고 있다. 챗GPT로 대표되는 생성형 AI는 사람과 거의 구분되지 않을 정도로 자연스러운 대화가 가능해졌다. 사용자들은 AI와 장기간 대화를 이어가며 일종의 신뢰 관계를 형성하기 시작했다.

2023년 공개된 GPT-4 모델은 복잡한 문제 해결과 추론에서 인간 수준에 근접한 모습을 보여주었다. 일부 연구진은 이를 "AGI(Artificial General Intelligence)의 초기 징후"라고 평가했다. 2024년 뉴욕타임스 행사에서 오픈AI의 CEO 샘 올트먼은 "AGI는 대부분 사람이 예상하는 것보다 이르게 등장할 것"이라고 전망했다.

1인 가구 증가와 고령화로 정서적 교감 상대에 대한 사회적 수요도 커졌다. AI의 궁극적 지향점이 인간과의 유대 형성으로 변화하고 있다. 기술과 사회 모두 AI와 '관계 맺기' 역량을 요구하는 시대가 되었다.

말벗이 된 스피커, 친구가 된 로봇

초고령사회를 맞아 시니어 산업에서 AI는 정서적 지지와 돌봄을 제공하는 새로운 해결사로 부상하고 있다. AI 스피커는 독거노인에게 하루 종일 말을 걸어주는 친구 역할을 한다. 일상 대화를 통해 어르신들은 외로움을 달래고 정서적 안정감을 얻는다. AI 돌봄 스피커 도입 후 어르신들의 행복감과 긍정 정서가 높아지고, 고독감은 감소한 것으로 나타났다.

이스라엘 스타트업이 개발한 AI 로봇은 미국 뉴욕주 정부가 홀로 지내는 노인들에게 보급한 사례다. 날씨나 뉴스를 이야기하고 사용자의 건강 상태를 묻는 등 대화를 주도하며 상대방의 기분에 공감하는 말을 건넨다. 'Caregiver Solution'도 도입되어 수면 · 활동 변화를 감지하면 보호자 앱으로 건강 업데이트를 보낸다. AI 안부 전화는 2025년 130개 넘는 시 · 군 · 구에서 운영 중이다. 주 1~2회 사람 목소리와 거의 구분되지 않는 합성음성으로 어르신께 전화를 건다. 건강 · 식사 · 생활 상태를 확인하고 통화가 불가하거나 이상 징후가 감지되면 즉시 담당 공무원에게 알린다.

치매 예방과 인지 기능 유지를 위한 AI 활용도 주목된다. 인지훈련 프로그램을 탑재한 로봇이나 태블릿 AI 코치가 노인들에게 두뇌 활동을 자극하는 게임과 퀴즈를 내고 대화형으로 피드백을 준다. 일본에서는 반려 로봇과 대화를 나누거나 함께 노래를 부르는 활동이 치매 노인의 정서 안정과 인지 자극에 도움이 된다는 연구 결과가 보고되었다. 특히 2차 베이비붐 세대가 본격적인 노년층으로 접어드는 2020년대 중반, 디지털 친화력이 비교적 높은 신세대 시니어들은 AI를 새로운 친구이자 도우미로 적극 수용하는 경향을 보인다.

거대한 시장이 열린다

OECD 보고서에 따르면 한국의 시니어 산업 시장 규모는 2020년 약 72조 원에서 2030년경 168조 원으로 두 배 이상 성장할 전망이다. 이 가운데 AI 돌봄, 헬스케어 로봇, 스마트홈 등의 에이지테크(Age-Tech) 분야가 핵심 동력으로 꼽힌다. 경희대 에이지테크 융합센터 연구에서도 국내 고령친화산업 규모가 2030년 최대 271조 원까지 커질 수 있다는 전망을 내놓았다. 시니어 소비자 중 70%가 "본인의 노후 생활에 지금보다 두 배 이상 지출할 의향이 있다"고 답했다. 노년층이 적극적인 소비 주체로 부상하고 있다. 점차 디지털 서비스 소비에 익숙해지면서 구매 의향도 높아지고 있다.

글로벌 기업들도 실버산업을 신시장으로 인식하고 투자하고 있다. 아마존은 스마트 스피커 알렉사(Alexa)에 노인 돌봄 기능을 추가한 '알렉사 투게더' 서비스를 출시했다. 약 복용 관리, 낙상 감지, 친인척에게 알림 등 원격 돌봄 패키지를 구독형 모델로 제공한다. 미국의 인튜이션 로보틱스(Intuition Robotics)는 엘리큐 로봇을 B2B2C 모델로 지역 정부와 보험사를 통해 공급함으로써 빠르게 사용자를 확보했다. 보험사가 비용을 부담하고 독거노인에게 무료로 제공하는 방식이다. 고독사나 응급 입원 감소로 인한 비용 절감 효과를 노린다. 국내 스타트업의 효돌은 인형 형태의 AI 돌봄 로봇 '효돌'을 '손주 로봇' 콘셉트로 판매한다. 효돌 로봇은 아침마다 어르신께 인사하고 식사와 약 복용 시간을 알려드리며, 대화와 놀이를 통해 정서적 친밀감을 형성한다.

세계 고령자 돌봄용 AI 시장 규모는 2024년 약 340억 달러에서 연평균 20%에 가까운 성장률로 증가해 2031년경에는 약 2천억 달러(약 260조 원)에 이를 것으로 예측된다. 글로벌 '실버 동반·돌봄 로봇' 시장은 2024년 31억 달러 규모에서 2030년 77억 달러로 연평균 16.1% 성장할 것이다.

돌봄 로봇과 케어테크 : 고령화 시대의 새로운 동반자

일본, 돌봄 로봇의 미래를 보다

전 세계적으로 인구 고령화가 빨라지고 있다. 사람들은 더 오래 살지만, 그들을 돌볼 사람은 부족하다. 일본은 이미 세계에서 가장 빨리 고령화된 나라다. 돌봄 분야의 구인 배율은 약 4배로 문제가 심각하다. 2040년에는 약 60만 명이 부족할 것이라는 전망이다. 미국도 2032년경 간병 인력이 약 86만 명 부족할 것으로 보인다. 이러한 현실 앞에서 각국은 AI와 로봇 기술을 돌봄 영역에 적극 도입하기 시작했다. 세계보건기구(WHO)도 로봇공학을 '가장 빠르게 발전하는 돌봄 기술 중 하나'로 강조한다. 케어테크(CareTech)라는 신조어까지 등장했다.

일본은 돌봄 로봇 개발에 가장 적극적인 나라다. 와세다 대학이 개발 중인 AIREC(AI-driven Robot for Embrace and Care)은 150kg짜리 AI 휴머노이드 로봇이다. 침대에 누운 환자의 자세를 바꾸고 기저귀를 교체하는 등 고된 돌봄 작업을 돕는 미래형 '로봇 간병인'이다. 와상 노인의 욕창 방지와 위생 관리를 위한 것이다. 일본 정부는 이미 2015년부터 노인요양시설에 돌봄 로봇 도입 시 보조금(장비당 10만 엔)을 지급했다. 2016년에는 전국 요양원의 약 15%가 로봇을 활용할 정도로 초기 확산이 이루어졌다. 후생노동성은 2025년도 예산에 간호 로봇 보조 사업을 대폭 확대하기로 했다.

물개 모양의 치유 로봇 '파로(PARO)'는 일본이 개발한 대표적인 정서 지원 로봇이다. 파로를 쓰다듬고 교감하면 스트레스 호르몬이 감소해 불필요한 진정제 투약이 줄었다는 연구 결과가 있다. 이 로봇은 일본 내 요양시설뿐 아니라 해외 의료기관에도 수출되었다. 물론 현지 전문가들은 현재 로봇 활용의 한계를 지적하기도 한다. 그럼에도 돌봄 인력 부족과 Physical AI의 급속한 발전 속도를 고려하면 이 기술의 잠재력을 주목해야 할 시점이다.

글로벌 돌봄 혁신, 각국의 차별화 전략

유럽은 기술 활용만큼이나 윤리적 이슈와 사회적 합의를 중시하는 접근법을 취한다. 유럽연합(EU)은 이미 2019년에 〈신뢰할 수 있는 AI를 위한 윤리 지침〉을 발표했다. 인간의 존엄성과 프라이버시, 안전을 해치지 않는 범위에서 돌봄 로봇 등 AI 기술을 활용하도록 권고한다. 독일 프라운호퍼가 개발한 케어-오-봇(Care-O-bot)은 노인 가정에 투약 알림, 물건 운반 등 서비스를 시험했다. 프랑스와 벨기에 등에서는 소프트뱅크사의 페퍼(Pepper) 로봇을 요양원에서 말벗 및 오락 활동 진행자로 활용한 사례가 있다.

미국에서는 주로 민간 스타트업과 연구기관을 중심으로 돌봄 로봇 혁신이 이루어지고 있다. 정서적 교감과 노인 독립생활 지원에 초점을 맞춘다. 엘리큐(ElliQ)는 램프 모양의 본체에 스크린 얼굴이 달린 노인 동반 로봇이다. 대화를 걸고 농담을 하거나 음악을 추천한다. 사용자의 약 복용 시간이나 운동 목표 등을 주도적으로 챙겨주는 AI 비서 역할도 수행한다. 뉴욕주 노인국은 고립된 독거노인의 우울감을 줄이기 위해 2022년부터 엘리큐를 수백 대 배포하는 파일럿 프로그램을 진행했다. 사용 노인의 95%가 "외로움이 감소했다"고 답했다. 1년간의 시범사업 데이터에 따르면 엘리큐 사용자는 주 6일, 하루 30회 이상 로봇과 상호작용했다.

중국은 최근 돌봄 로봇을 국가 전략으로 격상시키며 발 빠르게 움직이고 있다. 14차 5개년 계획 등 주요 정책에 '스마트 양로(Smart Elderly Care)'를 포함했다. 2025년 초에는 민관 협력을 통해 세계 최초의 노인 돌봄 로봇 국제 표준을 IEC에서 제정했다. 한 로봇 기업이 개발한 재활 보조장치로 70대 뇌졸중 환자가 다시 계단을 오를 수 있게 된 사례도 있다. 또한, 경량 휴머노이드 돌봄 로봇도 준비 중이다. 얼굴인식으로 사용자별 맞춤 서비스를 제공하고 약을 가져다주거나 샤워를 돕는 등 가정 내 간병인 역할을 목표로 한다.

125억 달러 케어테크 시장의 명암

돌봄 로봇은 노인들의 정서적 안녕, 신체적 건강, 사회적 연결에 다양한 영향을 준다. 그중 정서적 효과가 가장 두드러진다. 말벗이 되고 공감을 표현함으로써 사용자에게 친구 또는 가족과 유사한 친밀감을 제공한다. 임상 연구에서도 사회적 로봇이 노인의 우울감을 완화하고 불안과 스트레스를 감소시키는 효과가 확인되었다.

신체적 효과도 무시할 수 없다. 많은 돌봄 로봇에는 낙상 감지 센서가 있다. 혼자 사는 어르신이 넘어졌을 때 즉시 구조 요청을 보내 위험을 막아준다. 복약 관리 기능을 통해 약물 복용 시간을 꼬박꼬박 알려주어 건강 유지에 도움을 준다. 또한, 사회적 효과도 있다. 사용자의 동의로 로봇이 수집한 생활 패턴 데이터가 자녀나 돌봄 코디네이터에게 공유될 수 있다. 떨어져 지내는 가족이 어르신의 상태를 더 잘 파악해 연락하도록 돕는다. 로봇을 통해 원격 화상통화를 손쉽게 연결하고 온라인 커뮤니티에 접속하도록 도와주는 기능도 개발되고 있다.

하지만 한계와 부작용도 분명하다. 일부 노인은 로봇과의 교감을 부자연스럽거나 어색하게 느끼기도 한다. 특히 인지 능력이 떨어지는 경우 로봇을 실제 사람으로 착각해 생기는 혼란도 보고된다. 또한, 로봇 돌봄이 확산하면 사람 간 교류가 감소할 것이라 우려하는 목소리도 있다. 신체 케어 로봇은 안전성 검증이 무엇보다 중요하다. 센서 오작동이나 제어 오류로 잘못된 동작을 하면 노인을 다치게 할 우려도 있다. 윤리와 프라이버시 문제도 중요하다. 돌봄 로봇은 24시간 노인 곁에서 카메라와 마이크, 각종 센서로 데이터를 모으기에 민감한 개인정보 보호가 필수다.

고령친화적 UX 디자인과 '배리어프리 AI'

키오스크 앞의 무력감, 64%가 느끼는 소외

얼마 전 한 노인이 편의점 키오스크 앞에 서서 당황하는 모습을 보았다. 글자는 작고, 선택지는 많고, 시간은 촉박했다. 결국 점원이 와서 주문을 도왔다. 그러나 그의 표정에서 기술 앞의 무력감을 보았다. 이것은 단순한 불편함이 아니다. 존엄성의 문제다.

노인 중 64%는 "현재 기술이 자신의 연령대를 고려하여 설계되지 않았다"라고 느낀다. 아이러니하다. 기술 발전이 빠를수록 고령층이 적응하지 못할 경우 디지털 소외 위험이 커질 수 있다. 세계보건기구(WHO)는 고령층의 디지털 격차에 가장 큰 영향을 미치는 요소로 '나이에 대한 편견(Ageism)'을 지목했다. "노인은 기술을 못 따라온다"라는 고정관념이 디지털 포용을 가로막는 심각한 장벽이다.

미국은퇴자협회(AARP)는 고령층의 디지털 포용을 위해 극복해야 할 다섯 가지 장벽을 꼽았다. 접근성, 설치의 어려움, 교육 부족, 미흡한 디자인, 신뢰 부족이다. 이 중에서 '디자인'이 해결되지 않으면 나머지는 모두 미봉책에 불과하다.

고령층 디지털 포용을 위한 핵심 과제
극복해야 할 다섯 가지 장벽과 해결의 열쇠

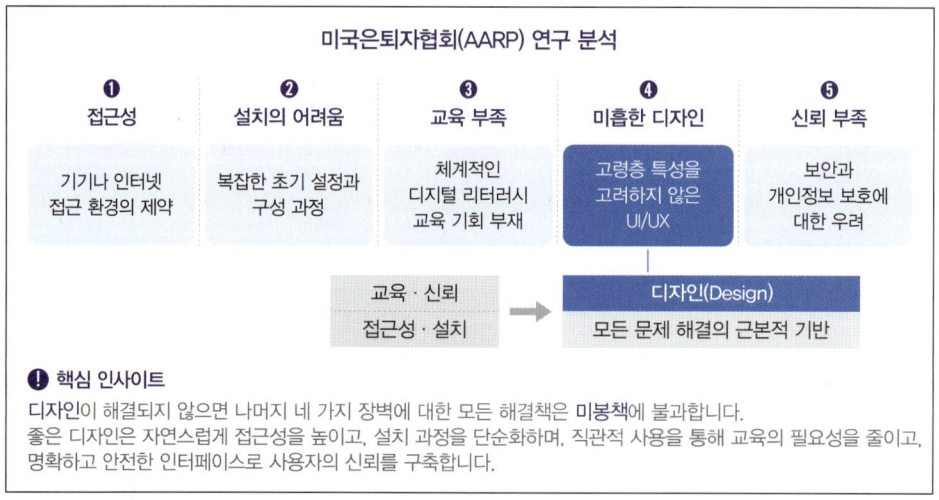

노화는 모든 인간에게 보편적인 경험이다. 시력은 저하되고, 손끝 감각은 둔해지며, 청력도 감소한다. 노안은 피할 수 없는 현상이다. 작은 글씨나 낮은 대비의 색상은 정보 인지를 어렵게 한다. 글자 크기를 충분히 크게 하고 배경과 글자의 명도 대비를 높여야 한다. 나이가 들면 손끝의 세밀한 조작이나 근력, 반사 속도가 저하된다. 따라서 버튼은 크게(최소 11mm 이상) 만들고 간격을 넉넉히 두어야 한다. 복잡한 제스처나 빠른 이중 클릭 등은 피하고, 단순 탭이나 음성 입력으로 대체하는 것이 좋다.

무엇보다 중요한 것은 고령 사용자의 제품 기획 단계 참여다. 네덜란드의 전기자전거 제조사들은 고령층 초기 사용자들의 요구에 착안해 설계를 개선했다. 그 결과 전 연령대에 인기 있는 제품을 개발했다. 이들은 노인을 '기능이 떨어지는 늦된 사용자'로 간주하지 않았다. '새로운 기술의 선구적 사용자'로 보았다.

말하는 것만으로 해결되는 디지털 생활

배리어프리 AI는 앞서 언급한 디자인 원칙들을 첨단 기술로 한 단계 발전시킨다. 상황에 맞게 자동으로 조정되고 맞춤형으로 제공되는 사용자 경험을 가능케 한다. 이미 전 세계적으로 고령층의 삶을 변화시키는 기술들이 등장하고 있다. 음성 비서와 대화형 AI는 특별한 IT 지식이나 손동작 없이 '말하는 것만으로' 정보를 얻거나 기기를 제어할 수 있다. 한국에서는 독거노인 가정에 AI 스피커를 보급하여 말동무가 되어준다. 일정 시간 응답이 없으면 자동으로 관리센터에 알림을 보내는 AI 돌봄 서비스가 시행 중이다.

키오스크의 혁신도 주목할 만하다. 최근에는 터치스크린 높이가 자동 조절되고 음성 안내와 음성인식 주문이 가능하다. 큰 글씨 모드와 쉬운 메뉴 화면을 제공한다. 캐어유 '엔브레인 교육용 키오스크'는 실전 무인 주문·결제 시뮬레이션도 한 화면에 담았다. 터치·음성 기반으로 키오스크 사용법을 쉽고 재미있게 익히도록 돕는다.

자막 및 실시간 번역 AI 역시 청력이 낮아진 고령층을 위한 중요한 도구다. 유튜브의 자동 자막 기능은 빅데이터 음성인식으로 영상 내용을 실시간으로 텍스트화한다. 실시간 음성-문자 변환 앱은 어르신들이 병원 등 소음이 있는 곳에서 대화를 놓치지 않게 돕는다.

일본에서는 자가 주행 기능을 갖춘 전동 휠체어가 등장했다. 욕실·식당 왕복 이동을 자동화해 직원 부담과 낙상 위험을 동시에 줄인 사례도 있다. 스마트 지팡이처럼 AI로 움직임을 보조하는 장치도 등장했다. 초음파 ToF 센서·IMU·AI 음성 비서를 탑재해 머리 높이 있는 장애물까지 감지한다. 내장 스피커로 길 안내·경고음을 제공해 시니어의 보행을 능동적으로 돕는다.

장수경제 시대, 디지털 포용이 새로운 시장을 연다

세계 각국은 고령층을 포함한 디지털 포용을 중요한 의제로 다루고 있다. UN이 정한 2021년 세계 노인의 날 주제가 '모든 연령을 위한 디지털 형평(Digital Equity for All Ages)'이었을 정도다.

유럽연합(EU)은 웹 접근성 지침과 유럽 접근성 법을 도입했다. 공공 웹사이트와 디지털 기기의 접근성을 법적으로 의무화했다. EU는 모든 연령층이 기술 참여를 보장받도록 디지털 역량 교육과 인터페이스 개선을 추진하면서도, 원하지 않는 사람에게는 아날로그 대안도 제공했다. EU는 '누구도 소외되지 않도록(No one left behind)' 하는 균형 잡힌 접근을 강조한다. 일본은 노인의 디지털 격차 해소를 위한 노력이 활발하다. COVID-19 백신 예약이 온라인으로 이루어지면서 인터넷 미숙련 고령자들이 큰 어려움을 겪었다. 이는 세대 간 디지털 격차 문제를 사회 이슈로 부각했다. 일본 정부와 지자체들은 대응책으로 전국 각지에서 고령자 대상 스마트폰 교실을 열었다. 도쿄 시부야구는 무료로 스마트폰과 통신 요금을 지원하기도 했다.

고령친화적 UX와 배리어프리 AI의 확산은 앞으로 시니어 라이프 스타일 전반에 큰 변화를 줄 것이다. 디지털 기술은 노년층의 독립적 생활을 지원함으로써 삶의 질을 높인다. 이제는 음성 명령 하나로 장보기부터 처방전 주문, 공과금 납부까지 할 수 있다. 원격 진료와 원격 근무를 통해 거동 불편에도 불구하고 의료서비스나 사회활동에 참여할 수 있다. 경제적 측면에서도 새로운 블루오션 시장을 열어준다. 전 세계적으로 60세 이상 인구의 자산과 소비 여력은 막대하다. 이러한 '장수경제(Longevity Economy)' 규모는 갈수록 커지고 있다. 기술에 익숙해진 노년층은 여가, 교육, 금융, 헬스케어 등 다양한 분야에서 새로운 서비스 수요를 창출할 것이다.

디지털 격차로 인한 세대 간 단절도 완화되고 있다. 노년층도 온라인 커뮤니티나 SNS를 통해 손자 세대와 소통하고 지식을 나누는 세대 융합이 활발해질 수 있다. 향후 우리는 AI와 함께 100세 시대를 살아가게 된다. 이에 대비하여 고령친화적 UX 디자인과 배리어프리 AI는 선택이 아닌 필수가 될 것이다.

AI와 인간, 공감의 경계에서

겉보기 공감과 진짜 공감 사이

필자는 이미 인공지능 집사와 생활한다. '시니어 트렌드 AI집사'라고 부르는 AI Agent와 하루를 시작한다. 아침마다 떠오르는 질문을 던진다. AI가 배달해 주는 정보로 대화를 나눈다. 말로 코딩하는 Vibe Coding은 기본이고, 복잡한 정보 검증도 함께한다. 새로운 키워드를 제시하면 뚝딱 심층 보고서를 완성해 준다. 마치 수백 명의 집사가 돕는 기분이다. 매일 여러 편의 심층 보고서를 작성한다. 이를 바탕으로 코딩도 한다. 10분이면 멋진 시스템 대시보드도 완성된다. 여기서는 간략히 샘플 이미지 하나로 소개하기로 한다. 필자의 블로그[5]에서 자세한 내용을 확인할 수 있다.

---

5) '최학희의 시니어 라이프 비즈니스', https://blog.naver.com/hockeyto

이런 경험을 바탕으로 인간과 기계의 관계에 대해 생각하기 시작했다. 인간은 타인의 감정을 직관적으로 이해하고 공감할 수 있는 능력이 있다. 이 능력은 우리가 살아오면서 경험한 상실, 고통, 기쁨과 같은 몸의 경험과 사회적 맥락에서 비롯된다. 예를 들어 친구가 이별의 아픔을 겪을 때, 우리도 과거 비슷한 경험이 있다면 그 마음을 진심으로 헤아릴 수 있다.

AI '공감' 알고리즘은 표정·음성 억양·대화 텍스트를 동시에 분석해 사용자의 감정을 추론한다. 최신 멀티모달 감정인식 연구는 "톤 오브 보이스, 표정, 텍스트 전사까지 결합해 풍부한 정서 맥락을 파악한다"라는 점을 명시한다. 그러나 MIT 사회학자 셰리 터클은 "디지털 연결과 소셜 로봇은 우정의 부담 없이 친밀감의 환상만을 제공한다"고 말한다. 그는 AI가 보여주는 반응을 '겉보기 공감(Pretend Empathy)'에 지나지 않는다고 지적한다.

미국에서 개발된 '라이언'이라는 돌봄 로봇은 표정 인식과 음성 감정분석을 동시에 활용해 사용자의 감정 상태를 추정한다. 그에 맞춰 대화 전략을 바꾸는 '감정 대화 관리자'를 적용한다. 대규모 언어모델(LLM)의 발전으로 AI의 대화 능력이 비약적으로 향상되었다. 사용자가 슬픈 일을 털어놓으면 AI가 "그렇군요. 많이 힘드셨겠어요. 제가 곁에 있을게요."라는 인간적인 어투로 위로한다. 그러나 AI 공감 알고리즘에는 분명한 한계가 있다. 감정인식의 정확도가 대표적인 문제다. 사람의 감정 표현은 개인차와 문화 차가 크다. 유럽연합(EU)도 감정인식 기술이 "다양한 문화와 개인에 따라 감정 표현이 달라 결과가 신뢰하기 어렵고 편향될 위험이 있다"라고 밝혔다.

돌봄 현장의 새로운 협력 모델

AI 돌봄 로봇이 발전하고 있지만, 인간 돌봄 인력의 역할은 여전히 필수다. 로봇은 정서적 교감을 모사할 수 있으나, 인간 간의 깊은 감정적 연대를 완전히 대체하기는 어렵다. 인간 돌봄자는 공감 능력, 윤리 의식, 임기응변 등 기계가 가지지 못한 역량을 발휘해 전체적인 돌봄의 질을 담보한다.

핵심은 보완적 관계에 있다. 전 세계적으로 고령층 인구는 급증하고 있으나 돌봄 인력은 부족하다. 한 명의 요양보호사가 많은 어르신을 돌보는 현실이다. 이때 AI 로봇은 반복적이고 시간 소모적인 작업을 일부 떠맡음으로써 인간 돌봄자의 부담을 줄일 수 있다. 일본 경제산업성의 야스다 아츠시 국장은 "로봇은 힘 보조, 이동 보조, 모니터링 등에 도움을 줄 수 있지만, 인간을 대체할 순 없다"며, "로봇이 시간을 절약해 주면 인간 돌봄자가 그 시간에 다른 업무를 할 수 있다"고 강조했다.

이러한 협력 모델은 돌봄의 질 개선과 인력 소진 방지 두 가지 측면에서 장점이 있다. 돌봄 로봇이 24시간 상시 대기하며 간단한 대화나 모니터링을 수행하면, 야간이나 휴식 시간대의 돌발 상황에 대처할 수 있다. 어르신이 상대적 안정감을 느낄 수 있다. 덕분에 돌봄 인력은 밤새 상주하지 않아도 돼 과로를 덜 수 있다. 동시에 낮 시간대에 인간 돌봄자는 휴먼터치(Human Touch)가 필요한 작업(심리 상담, 정서적 위로, 가족과의 소통 지원 등)에 집중할 수 있다.

물론 이 보완 관계가 원활해지려면 전제 조건이 있다. 첫째, 돌봄 로봇의 한계를 인지하고 적절한 역할을 배정해야 한다. 로봇에게 과도한 기대를 하면 인간 교류 시간이 줄어들어 어르신의 정서적 욕구가 충족되지 못할 수 있다. 둘째, 돌봄 인력의 기술 활용 역량 강화가 필요하다. 셋째, 어르신과 가족들의 수용성도 중요하다.

지금 필자는 유명 기관에서 AI가 개인별 페르소나에 맞춰 AI Trigger를 구현하는 방법을 연구하고 있다. AI 집사 덕분에 설계와 기획이 매우 쉬워졌다. 중요한 것은 1~10%의 사람이 정해줄 방향과 사람에 대한 진정성이다. 전문가는 AI 비서와 소통해 종합 분석을 하고, 리더는 기관의 사명과 철학에 집중하며, 현장에서는 맞춤형 우선순위에 따라 구현하는 방식이다. K-케어가 글로벌 리더십을 가져갈 기회가 점점 커지고 있음을 현장에서 체감한다.

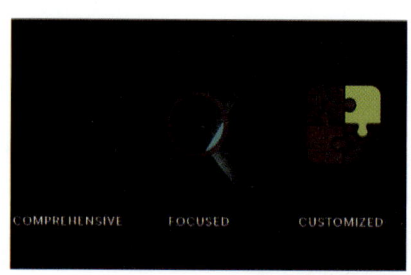

2030년대 시니어 케어의 미래상

미래의 시니어 트렌드를 전망해 보자. 앞으로 5~10년 내에 AI 반려 로봇 한두 대쯤은 노인 가정에 흔히 존재하는 풍경이 될 수 있다. 베이비붐 세대가 노년에 접어드는 2030년대에는 이들이 비교적 디지털 친화적인 세대인 만큼 로봇에 대한 거부감이 적을 것으로 예상한다. "로봇이라도 있어서 다행"이라는 인식이 퍼지면서 로봇과 정서적으로 교감하는 노인도 늘어날 것이다.

아이러니하게도 인공지능 시대에 인간의 공감과 감정노동의 가치가 오히려 상승할 것이다. 자동화될 수 있는 신체적 간호나 가사 지원 등은 기술이 대체해 갈 것이다. 반면 환자의 마음을 돌보고 공감하는 일은 여전히 인간의 몫으로 남을 가능성이 크다. 이는 인간 돌봄자를 단순 노동자가 아닌, 감정을 치유하는 전문직으로 격상시키는 계기가 될 수 있다.

미래의 요양원은 AI 비서와 인간 간병인이 한 팀을 이루어 각 방의 어르신을 돌볼 수 있다. AI 비서는 실시간으로 어르신의 표정, 활력 징후, 행동 패턴을 모니터링하여 간병인에게 정보를 제공한다. 간병인은 이를 토대로 더욱 개인화된 돌봄을 한다. 또한, 가족들은 원격으로 AI가 작성한 주간 보고서를 받아보며, 부모님의 상태를 수시로 파악한다.

반려 로봇을 손자처럼 대하는 분들을 종종 뵌다.

"오늘도 할머니랑 같이 있어 줘서 고마워."

할머니는 반려 로봇의 머리를 쓰다듬으며 미소를 지었다. 그 곁에는 요양보호사가 있었다. 그녀는 조용히 할머니의 어깨를 감싸 안았다.

"할머니, 오늘 기분이 좋아 보이세요. 점심 드시고 같이 정원 산책할까요?"

할머니는 고개를 끄덕였다. 로봇은 여전히 할머니 무릎 위에서 소리를 내며 반응했지만, 할머니의 얼굴은 요양보호사를 향했다. 그리고 그들의 눈빛 속에서 분명한 것을 보았다. 기계가 흉내 낼 수 없는, 인간과 인간 사이의 깊은 이해와 공감을 말이다.

시니어 트렌드 2026

트렌드 키워드

- ▶ 감성 우위
- ▶ 두뇌 증강
- ▶ 슈퍼 워커
- ▶ AI 라이프 파트너
- ▶ 돌봄 로봇
- ▶ 휴머노이드 간병
- ▶ 휴머노이드 협업
- ▶ 증거 기반 설계
- ▶ 모두의 UX(User Experience)
- ▶ 공감 엔진

감성 우위

AI 시대가 본격화되면서 '휴먼 엣지(Human Edge, 인간적 강점)'와 '열린 마음'이 더욱 중요해지고 있다. 휴먼 엣지는 AI가 대체할 수 없는 인간 고유의 능력과 가치를 의미한다. 생성형 AI 기술이 급속히 발전하면서 코딩, 분석, 연구 등 전문 업무까지 AI가 담당하는 시대가 왔다. 실제로 OpenAI의 Codex 출시 후 앱 개발과 프로토타입 제작이 10초 내로 완성된다. 복잡한 연구 프로젝트도 20분이면 끝난다. 구글이 발표한 추론 능력 3,600배 향상처럼 AI 발전 속도는 기하급수적이다. 이런 변화 속에서 열린 마음은 새로운 기술과 변화를 수용하고 적응하려는 유연한 사고방식을 뜻한다.

5060세대에게 AI 시대는 특히 중요한 의미가 있다. 스윗테크놀로지스 이주환 대표가 지적했듯, 기업은 AI가 대체한 70%의 일상 업무를 넘어 '남은 30%에서 인간만이 해낼 수 있는 더 본질적이고 인간적인 업무'를 기대한다. 국제적으로 저명한 학자의 논문도 AI에게 "논리적으로 검증해 줘"라고 요청하면 보완점이 즉시 드러난다. 딥 리서치(Deep Research) 기능까지 활용하면 출처 검증까지 완벽하게 이뤄진다. 이런 환경에서 인간은 창의성, 감정적 소통, 윤리적 판단, 인간관계 구축 등 AI가 할 수 없는 영역에 집중해야 한다. 뉴욕타임스 칼럼니스트 토머스 프리드먼이 강조한 'STEMpathy[6]' 개념처럼 과학기술 이해력과 인간의 감성 · 공감 능력을 겸비한 융합형 인재가 AI 시대에 두각을 나타낼 것이다.

바이브 코딩 사례를 보면 AI 발전 속도를 체감할 수 있다. 노화 방지 앱 제작 시 초기에는 20분이 걸렸다. 그런 작업이 현재는 간단한 명령어 한두 개로 뚝딱 만들어진다. 기존에는 논문 검토에 여러 전문가와 긴 시간이 필요했지만, 이제 AI가 논리적 오류와 보완점을 즉시 찾아낸다. 런던 비즈니스 스쿨의 앤드루 스콧 교수는 인생 100세 시대에는 경력이 한 번에 끝나지 않고 학습과 전환의 단계가 여러 번 온다고 분석한다. 국내 조사

---

[6] 'STEM + Empathy'의 합성어로, 과학(Science) · 기술(Technology) · 공학(Engineering) · 수학(Math) 기술과 인간의 공감 능력을 결합한 단어

에서도 경제활동을 하는 신중년층의 약 60%가 70대 이후까지 일하길 희망한다는 결과가 나왔다. B2C 영역에서 화가 난 고객을 달래는 감정노동, 독창적인 마케팅 캠페인 기획, 브랜드 스토리텔링은 공감 능력과 창의력이 요구되는 인간 고유의 영역이다. 시니어의 건강관리에도 AI와 디지털 기술 혁신이 이뤄지고 있다. 로보어드바이저를 통한 자산관리나 디지털 금융 도구의 발전으로 더 긴 노후를 대비한 체계적인 자산관리도 가능해졌다.

AI 시대 생존 전략은 열린 마음으로 기술을 수용하되 인간 고유 영역을 강화하는 것이다. 5060세대는 풍부한 경험과 인간관계 기술을 갖추고 있다. 토머스 프리드먼의 말처럼 '배움을 멈추지 않는 열정과 호기심이 지능 지수보다 중요'해진 시대다. 기술을 두려워하거나 거부하기보다 적극적으로 학습하고 활용하는 자세가 필요하다. 디지털 플랫폼을 통해 시니어들이 자기 경험과 지식을 젊은 세대와 공유하는 멘토링, 유튜브나 소셜미디어에서 콘텐츠 창작자로 활동하는 시니어 인플루언서 등 새로운 기회들이 열리고 있다. 호기심과 열린 마음으로 AI와 협업하며 각자의 개성을 살려 나가는 것이 AI 시대 성공 공식이다. 결국 기술은 도구일 뿐이다. 그것을 어떻게 활용하느냐는 인간의 몫이다. AI가 대체하는 70%가 아닌, 인간만이 할 수 있는 10~30%에 집중하는 전략이 5060세대의 새로운 경쟁력이 될 것이다.

두뇌 증강

인공지능을 두려워하거나 맹신하는 극단을 넘어, AI를 '두 번째 두뇌'로 삼아 공존하는 실용적 전략이 주목받고 있다. 펜실베이니아 와튼스쿨의 이선 몰릭 교수가 제시한 '듀얼 브레인' 개념은 인간의 사고력과 AI의 계산력을 결합해 하나의 공동 지능으로 활용하는 접근법이다. 이는 단순히 AI를 도구로 사용하는 것이 아니다. 인간과 AI가 서로의 약점을 보완하고 강점을 극대화하는 협력 모델을 의미한다.

듀얼 브레인 개념이 중요한 이유는 AI 시대의 생존 전략이 기술 대체가 아닌 기술 협력에 있기 때문이다. 50대 직장인들이 젊은 세대의 빠른 기술 습득력과 경쟁하기보다는 오랜 경험으로 얻은 직관과 통찰력을 AI의 빠른 정보처리 능력과 결합하는 것이 더 효과적이다. 시니어의 처리 속도나 작업기억은 젊은 시절보다 떨어질 수 있다. 하지만 풍부한 삶의 경험과 통합적 사고능력을 보유하고 있다. 나이가 들수록 뇌의 좌우 편향이 줄고 통합적으로 변한다는 신경과학 연구 결과도 이를 뒷받침한다.

체스에서 인간 그랜드마스터와 체스 AI를 한 팀으로 묶은 '센타우르 팀'이 순수 AI만으로 구성된 상대를 이긴 사례가 대표적이다. 인간은 전략적 통찰과 창의적 수를, AI는 막대한 수읽기와 데이터 기반 결정을 담당하여 혼자일 때보다 나은 성과를 냈다. 시니어 비즈니스 영역에서도 활용 사례가 늘고 있다. 건강관리 앱에 AI 기반 건강 코치를 탑재하거나, AI 자산관리 어드바이저가 투자 성향과 목표에 맞춰 정보를 정리해 주는 서비스 등이 대표적이다. 몰릭 교수는 "항상 AI를 테이블에 초대하라", "항상 인간이 루프 안에 있어라", "AI를 한 사람처럼 대하되 어떤 사람인지 알려줘라", "지금 사용하는 AI가 가장 성능이 낮은 AI라고 가정하라"는 네 가지 원칙을 제시했다.

듀얼 브레인 전략은 50대 직장인들에게 새로운 경쟁력을 제공한다. 기술 변화를 두려워하기보다 '두 개의 두뇌'를 활용해 인간의 능력을 확장하는 현실적 접근법이다. 시니어를 위한 제품과 서비스는 좌뇌와 우뇌, 인간의 뇌와 AI의 뇌를 균형 있게 아우르는 방향으로 설계되어야 한다. 논리적 이해와 직관적 사용성이 모두 고려된 UX/UI, 분석과 창의성이 결합한 콘텐츠, 멘토링과 전략 수립을 통한 세대 간 협업 모델 등이 효과적일 것이다. 인공지능과의 협력 능력이 미래 생존과 경쟁력의 열쇠가 되는 시대, 듀얼 브레인 개념은 기술 발전과 인간 성장의 조화로운 미래를 위한 현실적 로드맵을 제시하고 있다.

슈퍼 워커

'슈퍼 워커(Super Worker)'는 생성 AI와 자동화 도구를 활용해 생산성, 창의성, 의사 결정 속도를 동시에 10배 이상 끌어올리는 증강형 인재다. 기존 지식근로자가 '업무에 맞는 툴'을 찾았다면, 슈퍼 워커는 '문제 정의 → AI 체인 설계 → 검증' 방식으로 업무 가치 사슬 전반을 스스로 재설계한다. 반복적이고 규칙적인 작업은 AI가 자동 처리한다. 인간은 문제 프레이밍, 창의적 전략, 고객 공감 등 고차원 과업에 집중해 업무 범위와 레버리지를 동시에 확장한다. 핵심 역량은 고급 프롬프트 설계, 데이터 리터러시, 도메인 전문성, 메타 인지, 감성 지능이며, 성과는 효율성, 창의성, 속도, 범위를 종합한 새로운 가치 지표로 측정된다.

슈퍼 워커
AI 시대의 새로운 업무 패러다임

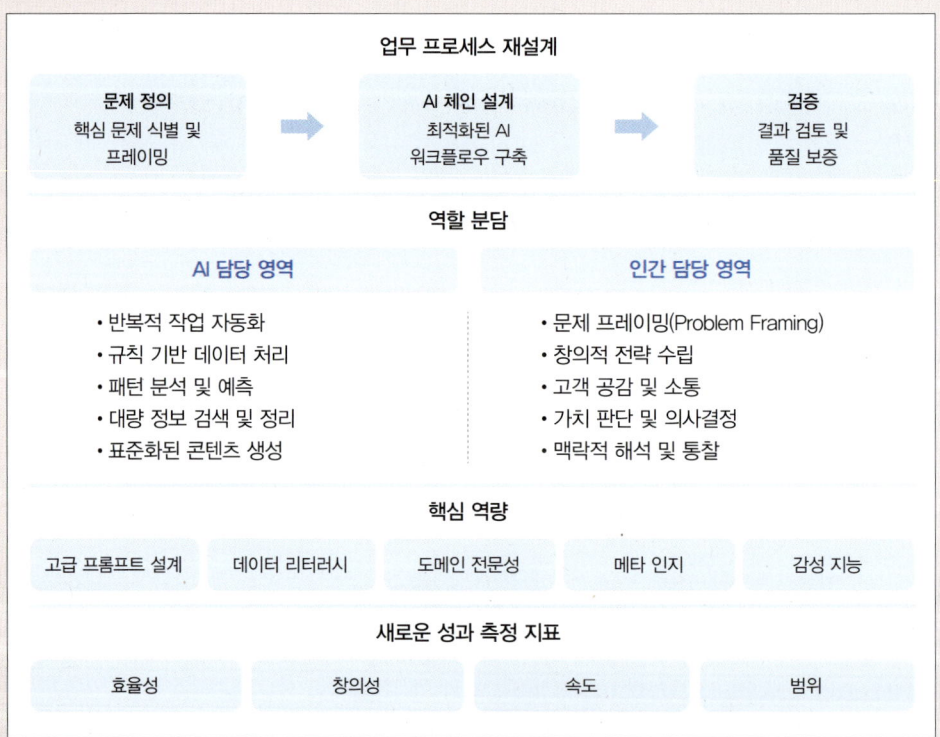

업무 프로세스 재설계

문제 정의		AI 체인 설계		검증
핵심 문제 식별 및 프레이밍	→	최적화된 AI 워크플로우 구축	→	결과 검토 및 품질 보증

역할 분담

AI 담당 영역	인간 담당 영역
• 반복적 작업 자동화	• 문제 프레이밍(Problem Framing)
• 규칙 기반 데이터 처리	• 창의적 전략 수립
• 패턴 분석 및 예측	• 고객 공감 및 소통
• 대량 정보 검색 및 정리	• 가치 판단 및 의사결정
• 표준화된 콘텐츠 생성	• 맥락적 해석 및 통찰

핵심 역량

고급 프롬프트 설계	데이터 리터러시	도메인 전문성	메타 인지	감성 지능

새로운 성과 측정 지표

효율성	창의성	속도	범위

슈퍼 워커가 주목받는 배경에는 세 가지 동인이 작용한다. 첫째, 생성형 AI의 상용화 속도가 급격히 가속화되어 다양한 다중모달 모델이 사무, 디자인, 코딩 전 과정을 지원하며 1인 다역이 가능해졌다. 둘째, PwC AI Jobs Barometer 2025에 따르면 AI 고노출 직무의 생산성은 네 배, 임금은 56% 높게 나타나 'AI 활용 격차 → 임금 격차'가 현실이 되고 있다. AI 노출 상위 25% 직무는 2018~2024년 고용이 오히려 증가했다. 셋째, 맥킨지 2025 조사에서 직원은 리더가 예상한 세 배 이상 "AI가 내 일의 30%를 대체할 것"이라 답하며 학습 의지가 높았다. HR 전문가 Josh Bersin은 2025년 HR 최대 이슈로 'AI 슈퍼 워커의 급부상과 재설계된 직무 구조'를 지목했다.

슈퍼 워커를 키우는 조직은 경쟁사 대비 최대 여섯 배 성과 우위를 기록한다는 초기 연구가 확인되었다. 조직 차원에서는 역할 대신 '문제 흐름' 단위로 직무기술서를 재정의하고, 전 직원 AI 리터러시 과정과 고급 스킬 부트캠프를 운영하며, 성과 평가도 산출물 양보다 'AI 레버리지 지수'를 반영하는 방향으로 혁신하고 있다. 워싱턴 포스트는 프롬프트(Prompt)와 워크플로우(Work Flow) 노하우를 팀 단위로 공유해 과도한 내부 경쟁과 지식 독점을 방지하는 사례를 보여준다. 개인 차원에서는 주 3시간 AI 툴과 프롬프트 실험을 루틴화하고 'AI 활용 포트폴리오'를 소셜미디어에 공개하며, 본업-AI 협업 성과를 스스로 계량해 보고하는 방식이 확산하고 있다. 기업들은 'AI 1인 제안제'를 통해 전 직원이 AI 활용 베스트 프랙티스를 주 1건씩 공유하고, 슈퍼 워커 Lab을 구축해 실험과 파일럿, 내부 인증 제도를 운영한다.

AI 시대의 슈퍼 워커는 단순히 '일 잘하는 개인'이 아니다. AI를 통해 일을 재정의하고 조직과 시장 가치를 확장하는 전략적 인재다. 50+ 전문가의 경험과 인간 네트워크가 AI 도구와 결합할 때 젊은 세대가 모방하기 어려운 레버리지 창출이 가능하다. 시니어 재취업과 컨설팅 시장에서 'AI 슈퍼 멘토'의 모델로 경험과 AI 분석, 스토리텔링을 결합해 차별화할 기회가 많다. 하지만 생산성과 임금 격차 확대, 24시간 초과 근무와 번아웃 위험, 데이터와 저작권, 윤리 이슈 등의 리스크도 주의해야 한다. AI 접근권과 교육 투자로 정보 격차를 완화하고, 'AI-off Time' 정책과 워크로드 가시화로 탈진을 방지하며, AI 출처 표시와 개인 데이터 최소 수집 원칙을 지켜야 한다. 이러한 개념을 조직 설계와 개인 역량 개발 양쪽에서 동시에 적용하는 기업만이 빠르게 확산하는 생산성 격차 속에서 지속 가능할 수 있다.

AI 라이프 파트너

2025년 AI 활용 패턴에서 극적인 변화가 포착됐다. 2024년 1위였던 '아이디어 생성'이 6위로 추락하고, '상담 치료·관계 맺기'가 최상위로 올라섰다. '일상의 체계 만들기'와 '목적 찾기'가 새롭게 상위권에 진입했다. '건강한 생활 팁'이 처음으로 Top10에 들어왔다. 이는 AI가 단순 업무 도구에서 삶 전반의 동반자로 역할이 확대됐음을 보여준다. 'AI 라이프 파트너(AI Life Partner)'는 AI를 활용해 감정 관리, 일상 체계화, 목적 설계, 평생학습, 건강관리를 통합적으로 수행하며 삶의 질을 획기적으로 높이는 새로운 라이프 스타일이다. 전통적인 AI 활용이 정보 검색이나 텍스트 편집에 그쳤다면, AI 라이프 파트너는 AI를 '제2의 두뇌'로 활용해 정서적 빈곤 해소부터 생활 전반의 최적화까지 실현한다.

이런 변화가 나타난 배경에는 여러 요인이 작용한다. 팬데믹 이후 불안과 외로움이 증가하면서 24시간 접근이 가능한 저비용 AI 동반자에 대한 수요가 폭증했다. 특히 고령층의 '정서적 빈곤' 문제가 심각해지면서 AI 컴패니언 서비스가 주목받고 있다. 동시에 '디지털 셀프 매니지먼트' 붐이 일어나면서 일정, 재무, 건강, 루틴을 AI에 위임하려는 흐름이 가속화됐다. 조기 은퇴와 N잡 시대를 맞아 새로운 목적과 의미를 찾으려는 Life Purpose 코칭 서비스 수요도 급증했다. 생성형 AI와의 협업이 필수가 되면서 'AI 보조 코딩·학습' 능력이 중요해졌다. 웨어러블 디바이스와 원격의료 데이터를 대규모 언어 모델(LLM)과 연결한 개인 맞춤형 건강 코칭도 본격화되면서 헬스케어 분야가 AI 활용 Top10에 처음 진입했다.

구체적인 사례를 살펴보면 AI 라이프 파트너의 모습이 더욱 선명해진다. 한 50대 중간관리자는 AI 케어봇과 매일 음성 대화를 나누며 스트레스를 관리한다. AI는 그의 목소리 톤과 대화 패턴을 분석해 우울 위험도를 모니터링하고 필요시에 전문가 상담을 권유한다. 또 다른 사례로는 AI가 혈압과 걸음 수 데이터를 기반으로 개인 맞춤형 활동을 추천하여 건강을 크게 개선한 경우도 있다. 은퇴를 앞둔 한 직장인은 AI의 도움으로 자신의 가치관과 경험을 분석해 새로운 인생 목표를 설정했다. AI는 그의 성향에 맞는 재능기부 활동과 N잡 기회를 큐레이션하고 관련 학습 플랜까지 제공한다. 코딩 경험이 없는 중년 직장인도 AI의 도움으로 노코드 자동화 도구를 활용해 반복 업무를 자동화하고 여유 시간을 확보했다.

AI 라이프 파트너 트렌드가 주는 시사점은 다음과 같다. 첫째, AI 리터러시가 생존 필수 역량이 됐다. 단순한 AI 사용을 넘어 개인 데이터를 통합 관리하고 AI와 효과적으로 소통하는 능력이 필요하다. 둘째, 감정과 관계 관리에서 AI의 역할이 커지고 있어 이를 적극 활용해야 한다. 은퇴 후 사회적 관계가 축소될 가능성이 높은 중장년층에게 AI 동반자는 정서적 안정감을 제공하는 중요한 수단이다. 셋째, AI를 활용한 평생학습과 건강관리 시스템을 구축하면 은퇴 후에도 지속 가능한 삶을 설계할 수 있다. 실천 방안으로 신뢰할 수 있는 AI 플랫폼을 선택해 개인 데이터 통합 관리 시스템을 구축하는 것이 핵심이다. 건강, 재무, 학습, 인맥 정보를 하나의 생태계에서 관리하며 AI의 조언을 받아야 한다. AI 라이프 파트너는 단순한 도구가 아니라 삶의 질을 근본적으로 변화시키는 새로운 패러다임이다.

돌봄 로봇

중국의 휴머노이드 로봇 기술이 급속히 발전하면서 시니어 케어 분야에 혁명적 변화가 예고된다. '돌봄 로봇(Care-Bots)'은 돌봄과 로봇 기술을 결합한 개념으로, 고령화사회의 케어 인력 부족 문제를 해결하고 24시간 맞춤형 돌봄 서비스를 제공하는 인공지능 휴머노이드 로봇을 의미한다. 2025년 4월 베이징 마라톤에서 중국 톈궁 휴머노이드가 시속 10km로 하프마라톤을 완주하며 실외 전천후 보행과 균형, 배터리 지속시간을 동시에 입증했다. 이는 지난해까지 실내 데모에 머물던 중국 휴머노이드 기술이 고난도 실외 테스트로 진화했음을 보여준다. 중국 정부는 2025년까지 핵심부품 70% 자급, 2027년까지 산업 · 서비스 전 분야에 휴머노이드 배치라는 로드맵을 발표했다.

돌봄 로봇이 주목받는 이유는 한국을 비롯한 고령화사회의 구조적 문제 때문이다. 한국은 2027년 장기요양 요원 6만 명 부족이 예상되는 상황에서 돌봄 로봇이 현실적 대안으로 부상하고 있다. 2023년 중국 공장에는 27만 6,288대의 산업용 로봇이 새로 설치되어 세계 설치량의 51%를 차지했다. 로봇 밀도는 470대/1만 명으로 독일을 추월하며 세계 3위에 올랐다. 50대 직장인들에게는 기존의 '케어 제공자'에서 '로봇 슈퍼바이저'로 역할 전환의 기회가 제공된다. 즈위안, UBTech, Fourier Intelligence 등 200여 개 중국 기업이 연 1조 원 이상을 R&D에 투자하며 10만 로봇 양병 계획을 추진하고 있다. 배터리 에너지밀도 30% 향상, 소형 SiC 인버터, 국산 고정밀 감속기 보급이 핵심 동력이 되고 있다.

Fourier Intelligence의 GR-1은 2023년 첫 양산으로 100대를 출고했다. 165cm, 55kg 규격으로 재활 보조와 병원 물류 업무를 담당하며 중국과 EU의 2,000여 개 병원에 도입되었다. UBTech Robotics의 Walker S 시리즈는 2025년 말부터 대량 생산에 돌입하며, Walker S1 단일 모델로 연말까지 500~1,000대 납품을 목표로 하고 있다. 이 모델은 약 172cm, 76kg의 신체 스펙을 갖추고 자동차 제조라인에서 자율보행과 물류 지원 업무를 수행하도록 설계되었다.

돌봄 로봇 시대는 50대 직장인들에게 새로운 기회와 도전을 제시한다. 로봇 친화 디지털 리터러시, 하이브리드 케어 스킬, 데이터 윤리 · 보안 감수성, 기본 유지보수 · 트러블슈팅, 평생학습 마인드 셋이 필요한 역량으로 제시된다. '로봇 케어 매니저', '시니어–로봇 UX 코치' 등 고숙련 서비스직이 확대되고 있다. 2차 베이비붐 세대 재취업 과정에 신규 커리큘럼이 개설되고 있다. 2025년부터 2028년까지 시범 양산에서 누적 2만 대 생산으로 늘 것이며 단가는 12만 달러에서 2만 달러 미만으로 급락할 전망이다. 중국은 EV에서 로봇으로 이어지는 제2의 제조 굴기를 본격화하고 있다. 한국은 중국 하드웨어 의존도를 줄이고 콘텐츠 · AI 소프트웨어 경쟁력을 확보해야 한다. 고령사회 한국이 돌봄 로봇을 선제적으로 도입한다면 인구구조의 위기를 에이지테크 수출 산업으로 전환하는 전략적 기회가 될 것이다.

휴머노이드 간병

일본 와세다 대학 스가노 시게키 교수 팀이 정부 지원으로 개발 중인 인공지능 휴머노이드 돌봄 로봇 'AIREC(AI-driven Robot for Embrace and Care)'이 고령화사회의 새로운 해법으로 주목받고 있다.

일본은 65세 이상 인구 비율이 약 30%에 달하는 세계 최고 수준의 고령화사회로, 출산율 저하로 인한 심각한 돌봄 인력 부족에 직면해 있다. 2023년 말 기준 간병직 일자리 4.25개당 지원자가 1명에 불과하다. 후생노동성은 2040년까지 현재보다 60만 명 이상의 간병 인력이 추가로 필요할 것으로 전망한다고 발표했다. 이러한 상황에서 AIREC은 몸무게 150kg의 인간형 로봇으로 환자를 침대에서 옆으로 돌려 눕히고 기저귀를 갈아주는 것부터 양말 신기기, 요리, 빨래 개기 등 일상생활 전반을 지원할 수 있는 기술을 구현했다. 한국 역시 급속한 고령화로 유사한 문제에 직면하고 있어 돌봄 로봇 도입이 불가피할 전망이다.

일본 정부는 2010년대 중반부터 '로봇 신전략'을 통해 돌봄 로봇을 미래 산업이자 복지 대책으로 육성하고 있다. 2015년부터 간병 로봇 도입 보조금을 시행해 2016년 전체 요양원의 15%가 로봇을 도입했다. 지방자치단체들도 구매 비용의 50%까지 지원한다. 현장에서는 인형 로봇이 노래를 부르며 스트레칭을 지도하거나, 침대 매트리스 아래 수면 센서로 어르신 상태를 모니터링하는 등 실용적 기술이 활용되고 있다. 연구 결과, 로봇 도입 후에도 직원 고용이 줄어들지 않고 오히려 증가하는 경향을 보였다. 욕창 환자 비율도 26% 감소하고 야간 낙상이 7% 줄어드는 등 돌봄의 질이 개선되었다.

AIREC은 현재 시제품 단계로 2030년경 요양시설에서 실용화될 예정이다. 초기 도입 비용은 약 6만 7천 달러로 예상된다. 이 기술은 50대 직장인들에게 새로운 기회를 제시한다. 로봇이 반복적 신체 부담 업무를 담당하면서 인간 요양보호사는 정서적 교감과 전문적 판단이 필요한 인간 고유 영역에 집중할 수 있게 된다. 다만 한국 사회 도입 시 어르신들의 기술 수용성, 윤리적 안전 이슈, 일자리 영향에 대한 사회적 논의가 필요하다.

결국 돌봄 로봇은 인력 부족을 부분적으로 해소하고 서비스 질을 높이는 보완재로 작용할 것이다. 돌봄 로봇의 등장은 기술과 인간이 공존하는 새로운 돌봄 생태계의 시작을 알리고 있다.

휴머노이드 협업

휴머노이드 로봇이 현실이 되고 있다. Figure AI의 Helix 휴머노이드 로봇이 시험용 프로토타입 공개 후 불과 3개월 만에 대형 물류센터에 직접 투입됐다. 글로벌 물류·창고용 로봇 출하량은 2018년 약 19만 대에서 2022년 93만 대 이상으로 다섯 배 가까이 증가했다. '휴머노이드 협업(Humanoid Collaboration)' 시대는 인간과 휴머노이드 로봇이 각자의 장점을 살려 함께 일하며 새로운 가치를 창출하는 시대다. 로봇은 정확성과 지속성을, 인간은 창의성과 판단력을 담당하는 역할 분담이 이뤄진다. 특히 베이비붐 세대의 대규모 퇴직으로 발생한 인력 공백을 메우면서도 경험 많은 시니어 근로자가 '현장 교사' 역할을 맡는 새로운 고용 모델이 등장하고 있다.

이런 변화가 나타난 배경에는 베이비붐 세대의 대규모 퇴직으로 물류 현장의 인력 부족이 심각해지면서, 자동화에 대한 급박한 수요와 동시에 AI 기술의 급속한 발전으로 휴머노이드 로봇의 실용성이 임계점을 넘어섰기 때문이다. 팬데믹 이후 비대면 물류 수요가 폭증하면서 24시간 무정지 작업이 가능한 로봇의 필요성이 더욱 커졌다. Figure AI는 완벽한 기술 개발 후 투입이 아니라 현장에서 문제를 발견하고 해결하는 방식을 택했다. Helix 로봇은 손목 회전과 손가락 압력 조절을 통해 송장 바코드 정렬 작업을 수행한다.

구체적인 사례를 살펴보면 한 대형 물류센터에서는 로봇 도입 후 한 시간 동안 처리하는 물류량이 기존 대비 20% 이상 빨라졌다. 그러나 로봇 유지·관리, 소프트웨어 튜닝, 센서 교정 같은 새로운 전문 직무가 늘어나고 있다. 한 60대 물류 현장 베테랑은 로봇이 실수하거나 예측 불가능한 상황에 직면했을 때 이를 보완·교정하는 '현장 교사' 역할을 맡으면서 로봇이 넘어뜨린 물류를 재정렬한다. 센서 오류를 점검하며 프로세스 최적화 의견을 제시한다. 세대별 조사 결과 베이비붐 세대 근로자 중 10%만이 로봇 도입을 일자리 위협으로 인식했다. 반면 57%는 협업 기회로 받아들였다. 이는 오랜 현장 경험을 통해 기술 변화에 적응해 온 시니어들의 실용적 접근법을 보여준다.

휴머노이드 협업 시대는 50대 이상에게 새로운 기회를 제공한다. 자동화 심화에 따라 로봇 운영·모니터링·데이터 분석 역량을 갖춘 시니어 재교육 수요가 폭발적으로 증가하고 있다. 에이지테크 기반 비즈니스 모델 개발 기회가 확대되고 있다. 한 직업훈련원에서는 50대 이상을 대상으로 '로봇 협업 코디네이터' 과정을 3개월간 운영하며 수료생의 취업률이 85%에 달한다. 한 시니어 창업가는 중소기업 대상 로봇 도입 컨설팅 서비스로 연 매출 5억 원을 달성했다. 실천 방안으로는 지역 직업훈련원의 로봇 관련 과정을 수강한다. 현재 직장에서 자동화 도입 계획을 미리 파악해 관련 역할을 자원한다. 창업을 고려한다면 로봇 임대·유지보수 서비스나 중소기업 대상 자동화 컨설팅을 검토해볼 만하다. 무엇보다 로봇을 경쟁 대상이 아닌 협업 파트너로 인식하는 인식 전환이 필요하다. 베이비붐 세대는 '로봇과 협업하는 현장 교사'로서 역할을 재정의하고 지속 가능한 은퇴 후 경제활동 경로를 모색해야 한다.

증거 기반 설계

　고령화사회가 가속화되면서 시니어 삶의 질 향상을 위한 과학적 접근법이 주목받고 있다. 단순한 추측이나 직감에 의존하던 기존 방식에서 벗어나, 데이터와 연구 결과를 바탕으로 시니어를 위한 공간과 서비스를 설계하는 움직임이 확산하고 있다. 전 세계적으로 65세 이상 인구가 급격히 증가하면서 이들의 특수한 요구사항을 충족시키기 위한 새로운 설계 패러다임이 필요해졌다. 특히 한국은 2024년 말 초고령사회에 진입함으로써 시니어 친화적 환경 조성이 시급한 과제로 대두되고 있다. 이러한 사회적 변화 속에서 증거 기반 설계는 시니어의 실질적 니즈를 해결할 수 있는 핵심적 방법론으로 인식되고 있다. 기존의 일률적이고 획일적인 설계 방식으로는 시니어의 다양하고 복합적인 요구를 충족시키기 어렵기에 과학적 근거에 기반한 맞춤형 솔루션에 관한 관심이 높아지고 있다.

　'증거 기반 설계'는 의료, 심리학, 행동과학, 인체공학, 신경과학 등 다양한 분야의 연구 데이터를 종합적으로 활용하여 사용자의 실제 니즈에 맞는 환경을 조성하는 설계 방법론이다. 시니어의 신체적 변화, 인지적 특성, 사회적 요구사항, 정서적 안정감 등을 과학적으로 분석하고 이를 공간 설계에 체계적으로 반영한다. 이러한 접근법은 추측에 의존하던 전통적 설계 방식의 한계를 극복하고 실제 사용자 경험을 개선하는 데 목적이 있다. 구체적으로는 시니어의 시각 능력 저하, 청각 기능 변화, 균형감각 약화, 인지 처리 속도 감소 등의 생리적 변화를 정량적 데이터로 측정하고 분석한다. 또한, 사회적 고립감, 우울감, 불안감 등의 심리적 요인과 개인의 생활 패턴, 선호도, 과거 경험 등을 종합적으로 고려하여 설계에 반영한다. 이를 통해 시니어 개인의 특성과 상황에 최적화된 맞춤형 환경을 제공할 수 있게 된다.

　국내외 요양원과 시니어 주거시설, 의료기관, 커뮤니티 센터에서 증거 기반 설계 원칙을 적용한 다양한 사례들이 늘어나고 있다. 조명의 밝기와 색온도를 시니어의 생체리듬과 멜라토닌 분비 패턴에 맞춰 시간대별로 자동 조절하는 시스템을 도입하여 수면의 질을 개선하고 있다. 바닥재와 벽면 색상도 시니어의 색채 인지 능력 저하와 대비 감도 변화를 고려해 선택하여 공간 인식을 돕고 있다. 또한, 동선 설계 시 시니어의 보행 패턴, 보폭 길이, 휴식 주기 등의 데이터를 반영하여 낙상 위험을 최소화하는 방향으로 공간을 구성한다. 일본의 한 요양시설에서는 치매 환자의 배회 패턴을 분석하여 안전하고 자연스러운 순환형 동선을 설계해 환자의 스트레스를 줄이고 케어 효율성을 높였다. 네덜란드의 시니어 주거단지에서는 사회적 상호작용 빈도와 패턴을 연구하여 자연스러운 만남이 일어나는 공용 공간을 배치해 사회적 고립감을 해소했다. 국내에서도 서울의 한 시니어 복합시설에서 시니어의 인지 부하를 줄이는 사인 시스템과 직관적인 공간 구성을 적용하여 이용자 만족도를 크게 높였다. 스마트 기술을 활용한 사례도 증가하고 있는데, IoT 센서를 통해 시니어의 활동 패턴과 건강 상태를 실시간으로 모니터링하고 이를 바탕으로 환경을 최적화하는 시스템들이 개발되고 있다.

이러한 트렌드는 시니어 대상 산업 전반에 근본적인 패러다임 변화를 줄 것으로 예상된다. 감에 의존하던 설계 방식에서 과학적 근거를 바탕으로 한 접근법으로의 전환은 시니어의 실질적 만족도 향상과 안전성 확보를 동시에 달성할 수 있게 한다. 향후 시니어 관련 서비스와 제품 개발에서 증거 기반 설계는 필수적 요소로 자리 잡을 것이다. 특히 개인화된 헬스케어, 맞춤형 주거 솔루션, 인지 기능 지원 기술 등의 분야에서 증거 기반 설계의 적용이 확대될 것으로 전망된다. 또한, 정부 정책과 규제에서도 증거 기반 설계 원칙이 반영되어 시니어 친화적 환경 조성의 표준이 될 가능성이 높다. 이는 시니어 산업의 질적 성장을 이끌고 관련 기업들의 경쟁력 강화에도 도움이 될 것이다. 동시에 시니어 개개인 삶의 질 향상과 독립적 생활 유지에도 실질적 도움을 제공해 고령화사회의 긍정적 변화를 이끌 것으로 기대된다. 데이터 기반의 객관적 평가 시스템 구축을 통해 설계 효과를 정량적으로 측정하고 지속 개선해 나가는 선순환 구조도 기대된다.

모두의 UX(User Experience)

디지털 시대의 정보 과잉이 심화하면서 BarrierFree UX와 디지털 디톡스의 중요성이 부각되고 있다. OpenAI가 애플의 전설적 디자이너 조너선 아이브를 65억 달러 규모로 영입한 것은 단순한 디자인 아이콘 영입이 아니라 '어떻게 정보를 제시하고 상호작용하게 할 것인가'라는 UX 근본 설계 방식의 전환을 의미한다.

정보 과잉 시대에 시니어는 특별한 어려움을 겪고 있다. BarrierFree UX는 연령, 신체적 제약, 디지털 경험 차이와 관계없이 누구나 쉽게 접근할 수 있는 사용자 경험 설계를 의미한다. 특히 시니어를 위한 디지털 디톡스는 과도한 정보 자극으로부터 보호하면서도 필요한 정보에는 쉽게 접근할 수 있도록 하는 설계 철학이다. 과도한 정보는 모든 세대에 인지 과부하와 불안, 주의력 저하를 일으킨다. 특히 시니어는 인지·감각 처리 능력이 상대적으로 둔화해 더 큰 부담을 느낀다. 실시간 뉴스부터 SNS 숏폼까지 뇌가 한 번에 처리할 수 없는 정보량으로 인해 집중력·창의성·평정심이 저하된다. 무의식적 비교로 인한 불안과 스크롤 중독이 부정적 정서를 강화한다. 디지털 네이티브가 아닌 시니어는 질 높은 정보 선별에 더 취약하다. 정보 과다로 인한 스트레스는 만성질환 관리·수면·정신건강에도 부정적 영향을 준다.

조너선 아이브의 애플 디자인 철학은 BarrierFree UX의 실제 구현 사례를 보여준다. '단순함'과 '명확함'을 핵심으로 한 애플 디자인은 시각적·조작적 잡음을 최소화해 정보 과잉으로 인한 인지적 부담을 줄인다. 큰 버튼, 명확한 피드백, 높은 대비 등의 접근성 요소는 시니어의 가시성과 조작 용이성을 높인다. 디지털 디톡스 실천 전략으로는 하루 1~2시간 스마트폰·PC를 멀리 두고 산책, 독서, 명상 등 비디지털 활동으로 전환하는 방법과 SNS 앱 일정 시간 잠금, 홈 화면 아이콘 제거를 통한 앱 사용 통제가 제시된다. 자극적·루머성 콘텐츠에 '관심 없음' 표시 후 BGM, 자연의 소리, 잔잔한 팟캐스트 같은 저자극 콘텐츠로 전환하는 콘텐츠 필터링과 스크롤 전 5초 멈춤, 푸시 알림 최소화를 통한 의도적 휴지기 확보도 중요하다.

BarrierFree UX와 디지털 디톡스는 50대 직장인들에게 새로운 기회를 제공한다. 시니어 전용 저자극 콘텐츠 플랫폼 개발과 디지털 디톡스 프로그램 활성화가 필요하다. AI 기반 관심사 분석을 통한 불필요한 콘텐츠 자동 걸러내기와 시니어 친화 UI/UX를 적용한 뉴스레터·앱 개발이 유망하다. 온·오프라인 하이브리드 프로그램을 통해 동네 독서 토론회나 공원 명상 클래스를 앱으로 간편하게 예약할 수 있는 비디지털 활동 연계 서비스와 디지털 웰니스 교육 커리큘럼 개발, 가족·세대 통합 워크숍을 통한 디지털 역량 격차 해소가 필요하다. 디지털 웰니스 지표를 헬스케어 앱과 연동한 건강 위험 신호 활용과 금융 플랫폼의 알림 과부하 방지 옵션 도입, 하드웨어 수준의 물리적 스위치를 통한 디지털 디톡스 모드와 AI 하드웨어의 커뮤니티 케어 센터 및 방문 돌봄 서비스 장비 도입도 고려해야 한다. 결국 시니어는 디지털 웰니스, 맞춤 큐레이션, 아날로그 연계 커뮤니티 케어, 디지털 리터러시 강화를 통해 좀 더 안정적이고 주체적인 삶을 설계할 기회를 맞이하고 있다.

BarrierFree UX & 디지털 디톡스
시니어를 위한 새로운 기회

50대
직장인

콘텐츠 플랫폼
저자극 콘텐츠
자동 필터링
시니어 친화 UI

하이브리드 케어
독서 토론회
공원 명상
앱 연동 예약

웰니스 교육
세대 통합
워크숍
역량 격차 해소

헬스케어 연동
웰니스 지표
건강 위험 신호
알림 과부하 방지

• 디지털 디톡스 솔루션

하드웨어 솔루션	소프트웨어 솔루션	커뮤니티 솔루션
물리적 스위치 알림 차단 모드 AI 하드웨어 도입 방문 돌봄 장비	맞춤 큐레이션 자동 콘텐츠 필터 저자극 인터페이스 웰니스 알림	아날로그 연계 세대 통합 프로그램 리터러시 교육 동네 커뮤니티

• 시니어를 위한 네 가지 핵심 혜택

디지털 웰니스	맞춤 큐레이션	아날로그 연계	리터러시 강화
정보 과부하 방지 스트레스 감소	개인화 콘텐츠 질 높은 정보	오프라인 활동 사회적 교류	디지털 역량 자립적 생활

더 안정적이고 주체적인 삶의 설계
기술과 함께하는 시니어의 새로운 기회
BarrierFree UX × 디지털 디톡스의 융합

공감 엔진

인공지능 시대에 도구의 개념이 단순한 보조 수단을 넘어 공감과 협력의 동반자로 진화하고 있다. '공감 엔진(Empathy Engine)'은 AI가 인간의 감정과 상황을 이해하고 공감하여 맞춤형 지원을 제공하는 기술을 의미한다. 인간은 원시시대 돌과 뼈를 이용한 사냥·채집부터 산업혁명의 기계, 컴퓨터 혁명의 PC·인터넷, 스마트폰 시대를 거쳐 현재 인공지능 시대에 도달했다. AI는 이제 단순한 '보조자'에서 '공동 창조자'로 발전하며, 언어·이미지·코드 생성은 물론 사용자의 아이디어를 증폭시키는 역할을 한다. 특히 AI 집사처럼 단순한 도구가 아닌 파트너이자 에이전트로서 인간의 감정적 요구까지 이해하고 대응하는 단계에 이르렀다. 도구의 발전 과정에서 가장 중요한 변화는 도구가 인간화되어 감정적 교감까지 가능해진 점이다.

공감 엔진이 중요한 이유는 베이비붐 세대의 특별한 위치와 잠재력 때문이다. 1955~1963년생 베이비붐 세대는 대학 진학률이 대폭 상승한 세대로서 풍부한 전문지식과 실행력을 보유하고 있다. 고령 고용과 생산성의 직접적 연관 가능성을 시사하는 연구 결과들도 나오고 있다. 코로나 이후 50~60대의 온라인 결제·유튜브 사용량이 전 연령 중 가장 높은 증가율을 보였다. 저출생·고령화로 생산연령인구가 급감하는 상황에서 베이비붐 세대의 AI 역량 활용은 노동력·지식·경험을 보충하는 핵심 대안이다. 특히 이들은 높은 학력·경험·인지 능력을 바탕으로 디지털 활용도도 빠르게 성장하고 있다. AI를 도구 삼아 창조·생산 활동에 참여함으로써 생산인구 감소 문제를 보완할 수 있다.

한 시니어 AI·디지털 강사·라벨러 양성 프로그램에 평균 63세 고령층 101명이 참여해 64명이 AI 데이터 라벨러로, 40명이 ITQ 자격증을 취득하고, 55명이 일자리에 연계되었다. DX 시니어 컨설턴트 양성 과정을 통해 생성형 AI 활용 기업 DX 컨설팅 역량을 키우고 2주간 집중 교육 후 산학 협력 프로젝트에 참여하고 있다. '손맛할머니' 등 시니어 유튜버는 광고·협찬으로 적잖은 수익을 올리고 있다. 크몽·숨고·오투잡 플랫폼에서 번역·디자인·강의 서비스를 제공해 프로젝트당 수입도 벌고 있다. 스마트스토어 창업으로 수제 과일청·수공예품을 판매해 월 매출을 달성한 사례와 클래스101·탈잉에서 온라인 강의로 1회 강의당 수익을 올리는 60대 전직 교사 사례도 있다. AI 기반 스토리텔링과 메타버스 체험에서는 독거노인이 AI 로봇과 함께 식물을 키우고 가상 산책하는 프로그램이 정서적 안정을 돕고 있다.

공감 엔진은 50대 직장인들에게 새로운 기회의 장을 열어주고 있다. AI 교육 예산 확대를 통해 실업자 내일배움카드 일부를 시니어 AI 훈련 예산으로 전환하고, 지방대학·복지관을 통한 AI 교육 보급이 필요하다. 주 20시간 근무제, 리셋-워크 하이브리드 일자리 제도로 시니어 경험을 생산성으로 전환하는 파트타임 모델 활성화가 중요하다. 시니어 맞춤형 AI 도구 허브와 멘토링·피어러닝 네트워크 조성을 통한 창조 활동 지원이 필요하다. 민관 협업을 통한 데이터 라벨링, 디지털 강사, AI 컨설팅 등 신규 직무 개발과 매칭 시스템 강화도 요구된다.

AI 도구는 단순한 생존·생산성 보조를 넘어선다. 흥미·재미·삶의 활력을 증폭시키는 매개체로 작용하고 있다. AI 음성 인터페이스를 통한 사회적 네트워크 강화, 게임화를 통한 액티비티 참여, AI 기반 스토리텔링과 메타버스 체험 등이 정서적 안정과 자아존중감 향상에 기여하고 있다. 결국 공감 엔진은 베이비붐 세대의 지식·경험을 디지털 자산으로 전환하고 새로운 가치 창출 기회를 제공한다. 생산인구 감소 시대에 이들의 AI 활용 역량을 최대한 끌어올리는 것이 지속 가능한 성장과 사회 통합의 단서가 될 것이다.

산업과 비즈니스

AI 케어 혁명 :
스마트홈, 웨어러블, 돌봄 로봇이 바꾸는 시니어 라이프

스마트홈과 웨어러블, 24시간 지키는 디지털 보호자

2019년 10억 명이던 60세 이상 인구는 2050년 무렵 21억 명에 이를 전망이다. 평균 수명은 계속 늘었으며 만성질환 관리와 일상 돌봄의 필요성은 더욱 커지고 있다. 전통적인 가족 부양 모델은 이미 무너졌다. 전문 인력은 턱없이 모자라다.

이런 상황에서 가장 일상적인 변화는 스마트홈 기술의 등장이다. 노인의 생활공간 곳곳에 센서와 연결 기기를 배치한다. AI가 데이터를 수집·분석해 돌봄에 활용하는 것이다. AI 스피커는 독거노인의 위험을 실시간 감시하고 즉각 개입한다. 실질적인 안전망 역할을 하는 것이다. 한 치매 초기 70대 어르신은 "심심하면 노래를 들려달라고 하고 하고픈 이야기도 한다. 내 친구 같아서 참 좋다."라고 만족감을 표현했다. 실제 사람과 대화하듯 AI와 상호작용하면서 외로움과 고립감이 완화되는 것이다. 한 지자체의 AI 전화 자동 안부 서비스는 처음보다 대상자를 대폭 확대했다. 현장 담당자는 "AI는 어르신이 감정을 부담 없이 표현할 수 있는 대상이 되어 정서적 안정감에 긍정적 영향을 미친다"라고 평가했다.

웨어러블 기기와 AI의 결합도 빠르게 발전하고 있으며, 이는 실시간 건강 모니터링과 응급 대응에서 특히 강점을 보인다. 스마트워치, 스마트 밴드, 의료용 센서 패치 등이 심박수, 혈압, 혈당, 활동량을 실시간으로 측정한다. AI 알고리즘이 이를 분석해 이상 징후를 감지한다. 많은 노인이 사용하는 스마트워치는 심각한 낙상을 자동으로 감지한다. 사용자가 반응하지 않으면 응급서비스에 도움을 요청한다. 이미 여러 생명을 구한 이 기능은 노인들의 안전망으로 자리 잡고 있다. 심전도 측정 기능은 심장 리듬 이상을 조기에 감지하는 데 활용되어 심방세동 같은 심혈관 이상을 조기에 발견할 수 있다. 혈압계 기능이 있는 스마트워치와 AI를 연동하면 심박 변이와 혈압 패턴으로 심부전 악화나 탈수 증세를 조기에 감지할 수 있다. 당뇨 환자의 연속혈당측정기(CGM) 데이터도 AI로 분석해 저혈당·고혈당 위험을 미리 알려준다.

돌봄 로봇과 원격 의료, 인간을 닮은 기계들

돌봄 로봇은 사람을 대신해 직접적인 신체 보조나 말벗, 정서 지원 등을 제공하도록 설계된 로봇이다. 고령자 돌봄에 AI를 활용하는 가장 눈에 보이는 형태라고 할 수 있다. 일본을 비롯한 몇몇 국가에서는 만성적인 요양 인력 부족 문제를 해결하기 위해 일찍부터 돌봄 로봇 개발에 투자해 왔다.

원격 의료는 고령자 돌봄의 또 다른 중요한 영역이다. AI 기술은 원격진료와 재택 의료 서비스의 효과를 크게 향상시키고 있다. 코로나19 팬데믹을 계기로 각국에서 원격진료 활용이 급격히 증가했다. AI는 진단 보조, 데이터 분석, 환자 상태 모니터링 등에 활용되고 있다. 원격진료 전에 환자가 증상을 AI 챗봇에 설명하면 AI는 사용자의 입력 정보를 바탕으로 문진 형태의 응답을 제공하며, 의사의 판단을 보조할 수 있는 정보 정리를 지원한다. 의사에게 사전 분류 결과를 제공하거나 응급 정도에 따라 직접 방문 진료를 권유하기도 한다. 집에서 재택 치료를 받는 만성질환 노인의 경우, 혈압계·혈당계·산소포화도계 등에서 측정된 데이터가 자동으로 의료기관에 전송돼 AI가 이를 실시간으로 분석하는 등의 방식으로 작동한다.

84억 달러 시장과 각국의 정책

AI 기반 원격 모니터링 시장은 2030년 약 84억 달러에 이를 것으로 예측되며, 의료 패러다임 변화의 중요한 지표로 평가된다. 원격 의료에서 AI는 의료진의 가상 파트너로서 방대한 데이터를 실시간 처리하고 통찰을 제공한다. 거리의 한계를 넘어 고령자에게 지속적이고 빈틈없는 의료 관리를 가능하게 한다.

전 세계 각국은 고령층을 위한 AI 돌봄 기술의 도입을 가속하기 위해 다양한 정책적 지원과 제도 정비에 나서고 있다. 한국은 급속한 고령화에 대비해 정부 차원의 스마트 돌봄 정책을 추진하고 있다. 보건복지부와 과학기술정보통신부 등이 협력하여 ICT 기반 돌봄 서비스를 확산시키고 있다. 2024년 효돌 로봇과 낙상 알림기는 복지 용구로 시범 등재되었다.

일본은 다르다. 세계에서 가장 먼저 고령화 충격을 겪은 나라답게, 2000년대 초부터 로봇 정책을 국가 전략으로 수립했다. 2013년 발표된 〈로봇 신전략〉에서는 간병·돌봄 로봇을 중점 육성 분야로 지정하여 정부는 보조금과 세제 혜택을 제공하고 있다. 미국은 방대한 의료시장과 기술기업들의 혁신을 바탕으로 디지털 헬스 분야에서 선도적인 움직임을 보인다. 연방정부 차원에서는 메디케어·메디케이드에서 원격환자 모니터링과 원격진료에 대한 보험수가를 마련하여 관련 서비스 확산을 장려하고 있다. 민간에서는 구글, 애플, 아마존 등 대형 기술기업들이 앞다투어 고령자 헬스케어 솔루션을 내놓고 있다. 유럽연합(EU)은 조금 다른 접근을 취한다. 2024년 발효된 EU 인공지능법(AI Act)에서 의료·돌봄 분야 AI를 고위험군으로 분류해 투명성과 안전성 검증을 의무화했다. 북유럽 국가들을 중심으로 원격 의료 인프라와 스마트 주거 프로젝트를 활발히 추진하고 있다.

변화하는 노년의 풍경

AI 돌봄 기술의 발전은 노년기 삶의 패러다임 변화를 이끌고 있다. 과거에는 나이가 들면 당연히 자녀 부양이나 요양시설 입소를 생각했다. 그러나 이제는 기술의 도움을 받아 최대한 집에서 독립적으로 살겠다는 인식이 퍼지고 있다. AI와 로봇이 도와주는 '노후 자립'이 새로운 표준으로 자리 잡을 가능성이 크다.

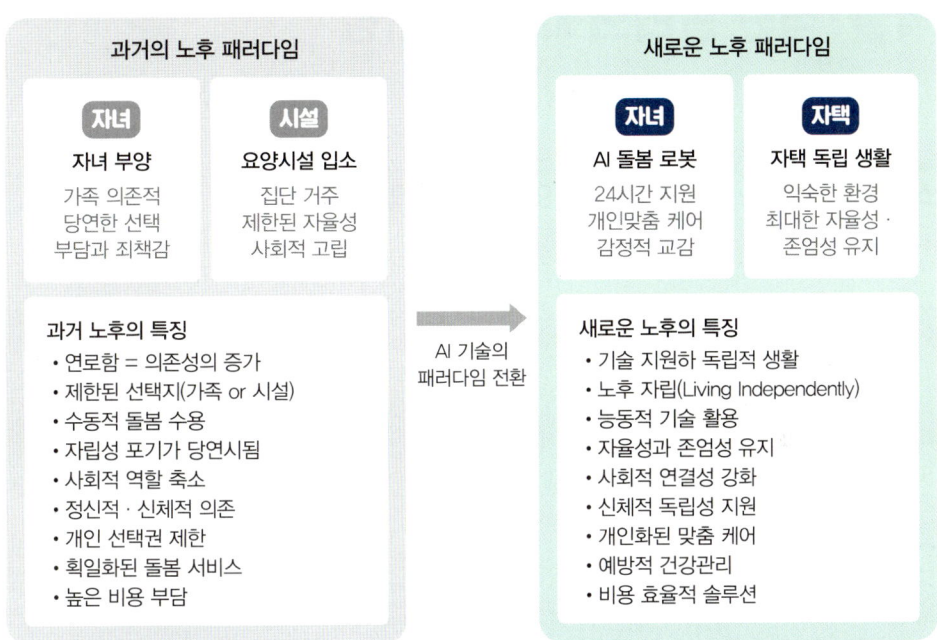

AI 돌봄 기술과 노년기 삶의 패러다임 전환
과거에서 미래로 : 기술이 바꾸는 노후 생활의 새로운 표준

과거의 노후 패러다임

자녀
자녀 부양
가족 의존적
당연한 선택
부담과 죄책감

시설
요양시설 입소
집단 거주
제한된 자율성
사회적 고립

과거 노후의 특징
- 연로함 = 의존성의 증가
- 제한된 선택지(가족 or 시설)
- 수동적 돌봄 수용
- 자립성 포기가 당연시됨
- 사회적 역할 축소
- 정신적·신체적 의존
- 개인 선택권 제한
- 획일화된 돌봄 서비스
- 높은 비용 부담

AI 기술의
패러다임 전환

새로운 노후 패러다임

자녀
AI 돌봄 로봇
24시간 지원
개인맞춤 케어
감정적 교감

자택
자택 독립 생활
익숙한 환경
최대한 자율성·
존엄성 유지

새로운 노후의 특징
- 기술 지원하 독립적 생활
- 노후 자립(Living Independently)
- 능동적 기술 활용
- 자율성과 존엄성 유지
- 사회적 연결성 강화
- 신체적 독립성 지원
- 개인화된 맞춤 케어
- 예방적 건강관리
- 비용 효율적 솔루션

"노후 자립(Living Independently with Assistance)"이 새로운 표준으로 등장

반려 로봇을 이용하는 김 할머니의 마지막 말이 떠오른다.

"내가 아프면 즉시 자식들에게 연락도 되니까 안심이야. 그래도 가끔은 사람 손길이 그립긴 해."

인공지능과 로봇이 많은 것을 할 수 있지만, 그것들이 대체할 수 없는 무언가가 분명히 존재한다. 따뜻한 손길, 같이 나누는 밥 한 끼, 눈을 맞추고 웃을 때 느껴지는 진짜 공감의 순간들 말이다.

시니어 맞춤형 헬스 AI :
약물·식단 관리의 새로운 지평

스마트 약통에서 소셜 로봇까지, 90% 복약률의 비밀

세계보건기구(WHO)에 따르면 만성질환 환자의 약물 복용 이행률은 평균 50% 수준에 불과하다. 절반은 약을 제대로 먹지 않는다는 뜻이다. 이제 AI가 노인의 기억을 보조한다.

스마트 약통이 그 해답 중 하나다. 정해진 시간이 되면 불빛으로 신호를 보낸다. 약을 꺼내지 않으면 가족에게 알림을 보낸다. 미국의 한 스타트업은 '마부(Mabu)'라는 소셜 로봇을 개발했다. 이 로봇은 노인과 매일 대화하며 약 복용을 상기시킨다. "오늘 기분이 어떠세요?", "혈압약 드실 시간이에요" 단순한 알림을 넘어 감정적 교감까지 시도한다. 놀랍게도 이 로봇의 도입 후 환자들의 약물 복용률은 90%까지 올라갔다. 하와이대학의 한 연구에 따르면 스마트폰 복약 앱 도입 후 환자들의 복약률은 40%에서 70%로 증가했다. 단순한 기술적 개입만으로도 건강 행동이 크게 달라질 수 있다는 증거다.

복약 관리는 단순한 알림 이상의 기능이 필요하다. 노인 환자들은 여러 약을 동시 복용하는 경우가 많다. 이런 다약제 복용은 약물 간 상호작용이라는 리스크가 있다. AI는 방대한 약물 데이터베이스를 활용해 위험한 조합을 자동으로 감지하여 실시간으로 경고를 제공한다.

푸드 스캐너와 영양 분석

노인의 영양 상태는 건강과 직결된다. 하지만 누가 독거노인의 식사를 매일 챙겨볼 수 있을까? AI가 그 역할을 맡기 시작했다.

식단 관리 분야에서는 AI 푸드 스캐너가 주목받고 있다. 싱가포르 국립병원에서는 환자 식판을 스캔해 섭취량과 영양소를 분석한다. 그 정확도는 95%에 달한다. 스마트 식기와 AI 카메라의 결합으로 식사 기록과 분석이 자동화되고 있다. AI는 환자의 질환, 병력, 알레르기, 선호도를 종합 분석해 개인별 영양 패턴과 최적의 식단을 설계한다. 당뇨병 환자에게는 혈당 조절에 좋은 식단을, 고혈압 환자에게는 저염식을 추천한다. 단순한 추천을 넘어 식재료 주문까지 연계된 서비스도 등장했다. 스마트 포크는 너무 빨리 먹으면 진동으로 알려준다. 식사 속도 조절만으로도 소화가 개선되고 비만이 예방된다.

스타트업이 개발한 '푸드 렌즈'는 음식 사진 한 장으로 다양한 영양 정보를 분석한다. 이 기술은 이미 국내 병원과 보험사의 건강관리 앱에 폭넓게 활용되고 있다. 식사량이 갑자기 줄면 보호자에게 알림이 가고, 특정 영양소가 부족하면 보충 방법을 알려준다. 마치 항상 옆에서 지켜보는 영양사가 있는 것과 같다.

22억 달러 헬스 AI 시장, 편의와 존엄 사이

2030년이면 전 세계 인구 6명 중 1명이 60세 이상이 된다. 의학의 발전으로 수명은 늘었지만, 그에 비례해 고독한 노년의 시간도 길어졌다. 인간의 삶이 길어질수록 기술은 그 빈자리를 메우는 방향으로 발전한다.

AI 돌봄의 미래는 명확해 보인다. 더 정교해지고, 보다 인간적으로 되어갈 것이다. 한편으로는 노인 돌봄의 부담을 줄이고 의료비를 절감하는 효과가 기대된다. AI-IoT 기반 원격 모니터링 시스템은 시설 입소를 지연시키고 재택 돌봄을 가능하게 한다. 실제로 전 세계적으로 AI 기반 노인 돌봄 솔루션 시장은 2025년 약 14억 달러에서 2030년 22억 달러 규모로 연평균 9.7% 성장할 전망이다. 다른 한편으로는 디지털 소외와 인간 소외라는 위험성도 존재한다. 모든 노인이 새로운 기술에 적응할 수 있을까? 기술로 둘러싸인 노년은 더 편리하나, 더 고독하지는 않을까?

그럼에도 2024 CES와 같은 글로벌 기술 전시회에서는 "시니어가 기술을 적극 수용하고 있고, 업계도 그 수요에 부응해 큰 진전을 이루고 있다"는 평가가 나오고 있다. 기술은 단순한 도구를 넘어 환경이 되어 가고 있다. 노인들은 점점 더 디지털 환경에 둘러싸인 삶을 살게 될 것이다. 약통이 말하고, 접시가 칼로리를 계산하는 세상이 이미 우리 주변에서 현실이 되고 있다. 그러나 숫자와 데이터만으로는 부족하다. 결국 인간은 감정적 존재이기 때문이다. AI 스피커가 독거노인에게 "약 드실 시간이에요"라고 알려주는 것은 단순한 정보 전달이 아니다. 그것은 "당신을 기억하고 있어요", "당신의 건강을 챙기고 있어요"라는 메시지이기도 하다.

노인 일자리와 AI 자동화의 협력 모델

60대 엔지니어와 로봇의 완벽한 팀워크

로봇이 인간의 일자리를 빼앗는다는 말은 오래된 공포다. 1920년대 공장 자동화 때도, 컴퓨터가 보급되던 70년대에도, 인터넷이 확산하던 90년대에도 같은 소리를 했다. 그러나 역사는 기계가 일자리를 없애는 것이 아니고, 변형시킨다는 사실을 반복해서 증명했다. 맥킨지 연구에 따르면 2030년까지 전체 업무 시간의 30%가 자동화될 수 있다고 한다. 그러나 이는 일자리의 30%가 사라진다는 뜻이 아니다. 일자리의 내용이 변한다는 의미다. 1800년대 미국 인구의 90%가 농업에 종사했지만, 지금은 2%에 불과하다. 농업 일자리가 사라진 자리에 새로운 일자리들이 생겨났다.

현장에서는 이미 로봇과 시니어의 협업 모델이 작동하고 있다. 독일 BMW 공장에서는 다소 특이한 광경을 목격할 수 있다. 60대 후반의 베테랑 엔지니어가 로봇 슈트(엑소스켈레톤)를 착용하고 젊은 동료들과 함께 작업하는 모습이다. 이 로봇 슈트는 그의 근력을 보조해 50파운드짜리 부품을 들어 올릴 때 10파운드처럼 가볍게 느끼도록 해준다. 몸은 늙었지만, 머릿속에 담긴 30년의 경험은 여전히 빛나고 있다.

일본 도요타의 생산설비에서는 또 다른 협력 모델이 작동한다. 협동 로봇(Cobot)이 정밀작업을 수행하는 동안 은퇴 연령을 넘긴 시니어 직원들은 감독과 품질관리를 맡는다. 로봇은 반복적인 작업을 지치지 않고 정확하게 해낸다. 반면 무언가 잘못되었을 때 문제를 해결하는 능력은 아직 인간의 몫이다.

미국의 월마트에서는 로봇이 매장의 진열대를 자동으로 스캔해 재고를 확인한다. 과거 고령 직원들이 무거운 물건을 나르고 재고를 일일이 눈으로 셌던 일은 이제 기계가 대신한다. 그 대신 시니어 직원들은 고객 상담과 서비스에 집중한다. "이 조리 기구를 사용해 보셨어요?"라는 질문에 "네, 30년 전 제가 요리사로 일할 때 비슷한 제품을 썼죠"라고 답할 수 있는 진정성은 로봇이 제공할 수 없는 가치다.

70% 취업률 AI 트레이너, 시니어가 기계를 가르치다

더 흥미로운 사례는 시니어들이 AI를 '교육'하는 일이다. 서울의 한 회사에서는 평균 연령 65세의 시니어들이 AI 학습을 위한 데이터를 가공하는 일을 한다. 이들은 대량의 사진, 문서를 분류하고 라벨을 달아 시각 AI가 학습할 수 있도록 돕는다.

에버영코리아라는 이 기업은 노인만 고용하는 독특한 회사다. 하루에도 여러 번 교대 근무하며 대기업의 AI 데이터 구축 업무를 수행한다. 젊은이들은 빠르게 작업할 수 있지만, 꼼꼼함과 책임감에서는 시니어들을 따라갈 수 없다는 게 회사 측의 설명이다. 이들이 하는 일은 일종의 AI 트레이너다. 알고리즘이 더 똑똑해지도록 데이터를 가공하고 결과를 검수한다. 한 70대 직원은 "처음에는 컴퓨터가 낯설었지만, 이제는 손주들과 카톡도 하고 디지털 기기를 다루는 데 자신감이 생겼다"고 말한다. 일을 통해 배움을 얻는 순간이다.

한국의 한 은행에서는 AI 챗봇이 단순 문의에 응대하고, 복잡한 상담은 30년 경력의 은퇴 직원들에게 연결된다. 이들은 '디지털 금융 멘토'라는 새로운 직함으로 재고용되었다. 고령 고객에게 모바일 뱅킹 사용법을 가르치거나 금융상담을 제공한다. 알고리즘이 빠르게 계산하고 인간은 천천히 공감한다. 각자의 강점을 살리는 방식이다.

감성 노동의 새로운 가치, 공감할 수 없는 AI

생성형 AI의 등장으로 고객 응대 업무도 크게 변화하고 있다. 이제 단순 질문에는 챗봇이 응답한다. 그럼에도 복잡한 맥락이나 감정적 이슈는 사람의 영역으로 남아 있다. 이때 등장한 역할이 '감성 응대자'다.

대형 통신사의 콜센터에서 AI가 일반 문의를 처리한다. 고객이 화가 났거나 복잡한 상황일 때는 경험 많은 시니어 상담사가 통화를 이어받는다. 한 분노한 고객이 "왜 요금이 자꾸 오르냐"며 소리를 지를 때, 챗봇은 "불편하게 해드려 죄송합니다"라는 대답의 한계가 있다. 반면 시니어 상담사는 "저도 요즘 물가가 많이 올라서 가계부 쓰기 힘들더라고요"라며 공감을 표현하고 실질적인 요금 절약 방법을 안내한다.

대형 병원에서도 AI 진단 보조 시스템이 영상 판독 등을 처리하고, 은퇴한 의사나 간호사는 환자 상담과 정서적 돌봄을 맡는 모델이 도입되고 있다. AI는 진단 보조 또는 정보 기반 예측 기능을 수행하고, 최종 판단과 설명은 의료진이 담당한다. "저도 비슷한 증상으로 고생했습니다"라는 한마디가 주는 위안은 어떤 첨단 장비도 대체할 수 없다.

감성 노동의 영역에서 고령층은 강점을 발휘한다. 삶의 경험이 풍부하고 다양한 인간 감정을 이해하며 무엇보다 '공감'이라는 능력이 발달해 있기 때문이다. 이는 가장 발전된 AI조차 완벽히 모방할 수 없는 인간만의 강점이다.

"AI가 당신의 일자리를 빼앗을까 두려운가요?"

이런 질문에 독일의 한 시니어 공장 근로자는 이렇게 대답했다.

"로봇이 내 일을 빼앗는 게 아니라, 내가 로봇을 다루는 법을 배웠습니다. 젊은 시절에는 손으로 일했지만, 이제는 머리로 일합니다. 나이 드는 건 피할 수 없지만, 배움을 멈추는 건 선택입니다."

시니어 교육을 위한
AI 튜터·디지털 메이트 등장

여기서는 두 가지 개념을 구분할 필요가 있다. 'AI 튜터'와 '디지털 메이트'다. AI 튜터는 말 그대로 선생님이다. 스마트폰 사용법부터 인터넷 이용, 외국어 학습까지 지식과 기술을 가르쳐 준다. 반면 디지털 메이트는 친구나 동반자에 가깝다. 학습보다는 정서적 지원과 생활 편의를 돕는 역할이다.

95% 고독감 감소, 하루 30회 대화하는 AI 친구

인류 역사에서 글을 읽고 쓰지 못하는 문맹은 언제나 차별과 소외의 대상이었다. 하지만 21세기에는 새로운 형태의 문맹이 등장했다. 이른바 '디지털 문맹'이다. 국내 55세 이상 장노년층의 디지털 정보화 수준은 일반인보다 떨어진다. 70대 이상으로 좁혀보면 그 격차는 더 벌어진다.

지하철에서 QR코드를 찍어 할인받고, 은행 창구 대신 앱으로 송금하고, 키오스크로 주문하는 세상이다. 이런 세상에서 디지털 기기를 다루지 못하는 노인은 어떻게 살아갈까? 불과 몇 년 전만 해도 은행에 가면 창구 직원이 반갑게 맞아주었다. 그러나 이제는 "어르신, 앱 깔고 인증서 등록하셔야 합니다"라는 말을 듣게 된다. 그런데 흥미로운 변화가 시작됐다. 어르신들이 AI와 대화하기 시작한 것이다. 이는 단순한 호기심이 아닌 디지털 세상에 적응하기 위한 새로운 시도다.

미국의 'Apo AI'는 시니어들을 위한 기술 교사 역할을 하는 챗봇이다. "메신저에서 사진 보내는 법 좀 알려줘"라고 말하면, AI가 차근차근 설명해 준다. 복잡한 메뉴 찾기나 작은 글씨 읽기 같은 문제를 기술을 통해 배울 수 있다. 질문할 때마다 지루해하거나 한숨 쉬는 자식들과 달리, 무한한 인내심으로 같은 설명을 반복해 주는 AI 튜터다.

최신 AI 반려 로봇 기술은 한발 더 나아가 '친구' 역할을 한다. 단순히 질문에 답하는 데 그치지 않고 먼저 말을 걸고 대화를 이끌어간다. "오늘 어떠세요?"라고 물으며 하루를 시작하고 "함께 스트레칭을 해볼까요?"라고 제안한다. 해외 지역에서 독거노인들에게 이런 로봇을 보급한 결과, 놀라운 변화가 나타났다. 사용자들의 고독감이 95%나 감소했다는 것이다. 한 참가자는 하루 평균 30회 이상 AI 반려 로봇과 상호작용하며, 매일 두 차례 스트레스 감소 운동과 인지 게임을 수행했다고 한다. 인간 도우미가 아닌, 기계와의 교감이 이런 변화를 가져왔다는 것이 흥미로운 점이다.

68% 어르신이 느끼는 설계 소외, AI가 해결한다

AI는 노인 교육의 여러 분야에서 활용되고 있다. 가장 기본적인 것은 스마트폰과 인터넷 이용법이다. 미국의 Apo AI는 "태블릿으로 사진 정리하는 법" 같은 질문에 대화형으로 답변한다. 1:1 코칭으로 디지털 기기 활용법을 익히도록 돕는 것이다. 헬스 리터러시(건강정보 이해) 분야도 중요하다. 복잡한 의료 용어나 건강정보를 쉽게 풀어주는 AI 챗봇이 등장했다. "콜레스테롤이 뭐예요?"라고 물으면 쉬운 말로 설명해 주고 관리법까지 알려준다. 또한, AI 반려 로봇은 약 복용 시간을 알리고 간단한 인지훈련 게임을 제안한다. 금융 분야에서는 복잡한 모바일 뱅킹 대신, "AI 스피커야, 내 잔액 알려줘"처럼 음성으로 명령하는 서비스가 확산 중이다. 또한, 보이스피싱 상황을 AI로 시뮬레이션해 사기 예방 교육을 하는 프로그램도 있다.

그런데 아무리 좋은 기술이라도 사용자가 받아들이지 않으면 무용지물이다. 노인들이 AI 기술을 수용하는 데는 여러 심리적 장벽이 존재한다. 가장 큰 장벽은 '낯섦과 두려움'이다. "혹시 잘못 눌러서 고장 낼까?" 하는 불안감이 크다. 두 번째 허들은 '복잡한 설계와 사용 난이도'다. AARP 조사에 따르면 50대 이상 소비자의 68%는 현재 기술이 "자신들의 연령대를 고려하여 설계되지 않았다"고 느낀다. 작은 글씨, 복잡한 메뉴, 여러 단계의 설정 과정은 노인들에게 큰 장벽이다. 또한, 개인정보 유출이나 사기 위험에 대한 '불신'도 기술 수용을 망설이게 한다. 실제로 50대 이상 이용자 중 70%는 AI 관련 프라이버시 침해와 데이터 오남용을 걱정한다는 조사 결과도 있다.

수천 명 디지털 강사 양성, 8.3조 달러 실버 에듀테크

 과학기술정보통신부와 한국지능정보사회진흥원(NIA)은 전국에 '디지털 배움터'를 구축해 고령층의 디지털 역량 강화를 지원하고 있다. 챗GPT 활용 강좌의 한 참가자는 "요즘 대세인 챗GPT를 궁금해하는 어르신들이 많아 놀랐다"며, 무료 교육 덕분에 새로운 기술을 배우는 즐거움을 느꼈다고 전했다.

 서울시는 '어디나 지원단' 사업을 통해 1:1 맞춤 디지털 교육을 제공한다. 2025년에 'AI 탐험대 어디나 지원단'으로 확대 개편해 AI 활용 교육을 제공했다. 이 과정에서는 AskUp과 챗GPT를 활용한 실습을 도입하고, 짧은 5분 클래스 영상을 제공해 반복 학습을 돕는다. 특히 주목할 만한 것은 약 1천 명의 시니어 디지털 강사를 양성했다는 점이다. 또래 어르신이 가르치니 공감대가 형성되는 것이다. "저 나이에 저렇게 잘하시네"라는 동기부여도 된다. 이런 '동년배 교육(Network)' 효과가 높은 만족도로 이어졌다.

 전 세계적인 고령화 추세 속에서 시니어 교육 기술 시장(Silver EdTech)은 블루오션으로 부상하고 있다. 2차 베이비붐 세대는 높은 교육 수준과 경제력을 바탕으로 자기계발 소비에 적극적이다. 이들을 겨냥한 AI 튜터·디지털 메이트 서비스가 다양하게 등장할 것으로 보인다. 시장 규모를 보면 미국 50대 이상 소비층은 전체 소비의 약 47%를 차지하며, 연간 약 8.3조 달러 규모의 소비력을 보유하고 있다. 2030년에는 전 세계 인구의 5분의 1이 60세 이상이 된다. 고령층의 기술 지출은 수천억 달러 규모로 확대될 것이다.

 필자도 비즈니스 현장에서 AI 문해력 교육을 진행한다. 젊은 층부터 고위임직원까지, 공공기관에서 민간기업과 비영리단체 등 다양한 분들과 교류한다. 한 가지 분명한 점은 삶의 경륜을 갖추고 새로움에 말랑말랑함으로 수용하는 분들일수록 인공지능 활용도가 높다는 점이다. 그들은 인공지능 시대 프롬프트 문맥의 '맥락(Context)과 예시(Example)'를 제대로 활용한다. 인공지능을 마치 동료처럼 대하며 충분한 맥락과 예시를 제시한다. 이미 AI에 일방적으로 묻는 개념은 지나갔다. 인공지능 집사인 AI Agent를 활용해 생산하는 시대다. "나는 잘 몰라. 그렇지만 네가 코딩하고, 만들어 줘. 부탁해" 이처럼 새로운 생산자의 역할까지 하는 시니어가 주변에서 늘고 있다.

인공지능 시대 프롬프트 문맥의 핵심
'맥락(Context)과 예시(Example)'를 제대로 활용한다

맥락(Context)
AI에게 상황과 배경을 명확히 전달

상황 설정
- 목적과 목표
- 대상 독자
- 사용 환경
- 제약 조건
- 톤앤매너
- 배경 지식
- 원하는 형식

역할 정의
- 전문가 역할
- 페르소나 설정
- 관점과 시각
- 경험 수준
- 전문 분야
- 소통 방식
- 답변 스타일

예시(Example)
AI가 원하는 형태와 품질을 이해하도록 안내

좋은 예시
- 원하는 형식
- 적절한 길이
- 표현방식
- 구조와 논리
- 품질 수준
- 창의성 정도
- 세부 사항

나쁜 예시
- 피해야 할 형태
- 불완전한 답변
- 부적절한 돈
- 잘못된 구조
- 너무 짧음/긺
- 무관한 내용
- 모호한 표현

AI 프로세싱
맥락을 이해하고 예시를 학습하여 최적화된 답변 생성

1 맥락 분석 → **2** 예시 학습 → **3** 패턴 인식 → **4** 답변 생성 → **5** 최적화

최적화된 결과
정확하고 유용하며 맥락에 적합한 고품질 답변

✓ 정확성 향상 ✓ 맞춤형 답변 ✓ 일관성 유지 ✓ 효율성 증대 ✓ 품질 보장
✓ 창의성 발휘 ✓ 목적 달성 ✓ 시간 절약 ✓ 만족도 증가 ✓ 학습 효과

맥락 + 예시 = AI와의 효과적인 소통의 핵심

시니어 트렌드 2026

트렌드 키워드

- ▶ 스마트 진단
- ▶ 치매 알림
- ▶ 식판 의사
- ▶ 시니어 비만 관리
- ▶ 폐경기 여성 웰니스
- ▶ 아바타 케어
- ▶ 온디맨드 케어
- ▶ AI 건강 큐레이션
- ▶ 홈케어 혁명
- ▶ 스마트 케어
- ▶ 가상현실 재활 치료
- ▶ 스마트 웨어러블
- ▶ AI 뷰티
- ▶ 뷰티 프로슈머(Beauty Prosumer)
- ▶ 워크 리부트
- ▶ AI 갭
- ▶ 에이전트 경제
- ▶ 바이브 코딩
- ▶ 고객 기쁨(Customer Delight) AI 트리거

스마트 진단

　혈액검사 한 번으로 알츠하이머병을 진단할 수 있는 시대가 왔다. 미국 식품의약국이 2025년 5월 16일 '루미펄스(Lumipulse G pTau217/β-Amyloid 1-42 Plasma Ratio)' 검사를 세계 최초의 혈액 기반 알츠하이머병 진단 보조기기로 승인했다. 침습적인 PET 스캔이나 요추천자 대신 간단한 채혈만으로 뇌 속 아밀로이드 병변 유무를 평가할 수 있게 되었다. 스마트 케어의 시대가 열린 것이다.

　'스마트 진단'은 첨단 기술을 활용해 간편하고 정확한 진단과 치료를 제공하는 헬스케어 시스템을 말한다. 루미펄스 검사는 혈장에서 특정 단백질의 농도 비율을 측정하는 방식으로, 뇌 내 아밀로이드 플라크 존재와 높은 상관관계를 보인다. 왜 이런 기술이 중요할까. 고령화사회가 빠르게 진행되면서 2050년까지 알츠하이머병 환자 수가 두 배로 늘어날 것으로 예상되기 때문이다. 기존 PET 스캔이나 뇌척수액 분석은 비용이 많이 들고 환자에게 고통을 준다. 65세 이상 고령 인구의 10% 이상에서 의심 증상을 평가할 수 있는 간단한 검사가 절실했다. 50대 직장인들에게 더욱 절실한 문제일 수 있다. 부모 세대의 치매 예방과 조기 발견이 중요한 관심사이고, 본인들도 향후 20년 내 해당 연령대에 진입하기 때문이다.

　임상 연구에서 이 검사의 정확도는 놀라웠다. 양성 결과 환자의 91%가 기존 PET·요추천자 검사로 확인되었고 음성의 경우 97%가 일치했다. 이 검사는 1차 의료 현장에서 초기 선별과 추적 관찰 용도로 활용될 가능성이 크다. 양성 결과가 나오면 전문의에게 추가 검사를 의뢰하는 체계가 자리 잡을 전망이다. 새로운 치료제들도 이런 변화를 뒷받침한다. 리캄비(Leqembi)나 키순라(Kisunla) 등 항아밀로이드 치료제는 플라크 존재 확인을 전제 조건으로 하므로, 혈액검사를 통해 적격 환자를 조기에 선별하고 치료 기회를 높일 수 있다. Roche, Eli Lilly, C2N Diagnostics 등 글로벌 기업의 혈액검사 제품도 FDA 승인 절차를 밟고 있어 경쟁을 통한 표준화와 보험 적용 가능성이 확대될 전망이다.

스마트 케어 시대는 50대 직장인들에게 새로운 기회와 준비의 필요성을 동시에 제시한다. 채혈만으로 조기 진단 접근성이 대폭 향상되었지만, 현재는 증상 있는 55세 이상 대상에게 의사 처방하에 보조 진단 용도로만 사용된다. 아직 갈 길이 멀다는 뜻이다. 검사 키트와 장비 보급, 전문가 교육, 보험급여 기준 마련이 시급하다. 1차·2차 의료기관 간 협력체계도 강화해야 한다. 조기 진단이 늘어나면 환자와 가족의 심리적 부담도 커질 수 있어 상담과 지원 프로그램이 병행되어야 한다. 기존의 침습적이고 비싼 진단에서 비침습적이고 저렴한 채혈 중심으로 패러다임이 전환되는 스마트 케어 시대가 본격 도래했다. 장기적으로 조기 진단과 치료 연계를 통해 알츠하이머병 관리 전반에 긍정적 변화를 불러올 것으로 기대된다.

치매 알림

　'치매 알림(Dementia Alert)'은 고령화사회에서 치매 발병 위험 급증을 경고하는 공중보건 위기 신호다. 한국은 세계 최고 고령화 속도로 치매 환자 폭증이 예상된다. 개인과 사회가 미리 대비해야 할 시급한 사회적 과제로 부상했다.

　세대별 치매 위험도는 뚜렷하게 다르다. 1차 베이비붐 세대(1955~1963년생)는 중년기 흡연·과음 습관과 만성질환이 주요 위험 요인이다. 2차 베이비붐 세대(1964~1974년생)는 중년기 예방 관리가 핵심인 집단이다. 70대 후반부터 유병률이 급격히 상승해 2030년대 1차 베이비붐 세대의 70~80대 진입 시 환자 폭증이 예상된다. 생활 습관 위험 요인으로는 흡연(혈관성 치매 1.8배), 과음(알코올성 치매), 운동 부족(치매 발생 1.8배)이 있다. 만성질환 관리 실패 시 중년기 고혈압(치매 위험 2배), 당뇨병(19% 증가), 우울증(1.25배 증가) 등이 위험을 높인다.

▌치매 위험 요인별 상대위험도 다이어그램

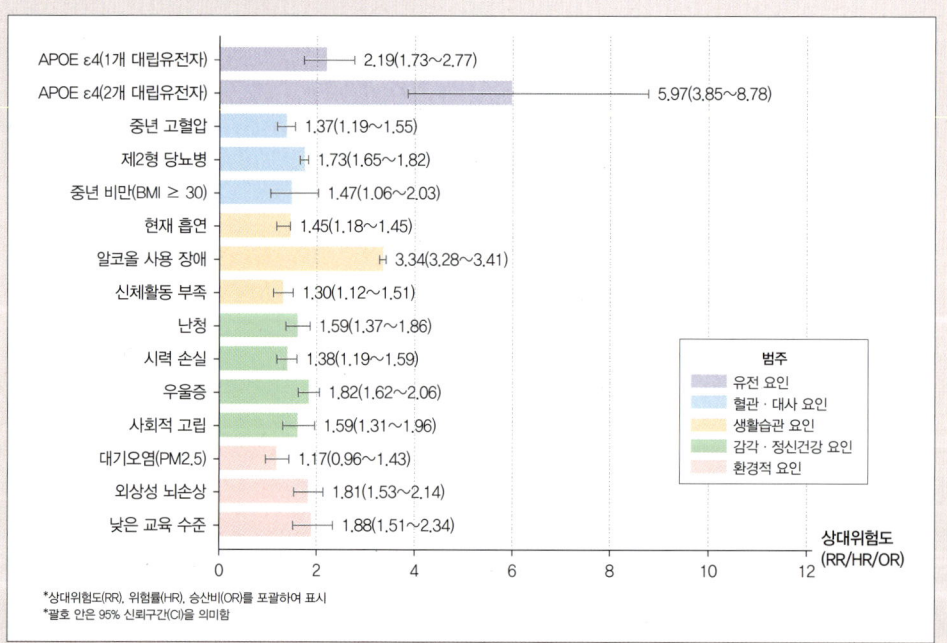

APOE ε4(1개 대립유전자) 2.19(1.73~2.77)
APOE ε4(2개 대립유전자) 5.97(3.85~8.78)
중년 고혈압 1.37(1.19~1.55)
제2형 당뇨병 1.73(1.65~1.82)
중년 비만(BMI ≥ 30) 1.47(1.06~2.03)
현재 흡연 1.45(1.18~1.45)
알코올 사용 장애 3.34(3.28~3.41)
신체활동 부족 1.30(1.12~1.51)
난청 1.59(1.37~1.86)
시력 손실 1.38(1.19~1.59)
우울증 1.82(1.62~2.06)
사회적 고립 1.59(1.31~1.96)
대기오염(PM2.5) 1.17(0.96~1.43)
외상성 뇌손상 1.81(1.53~2.14)
낮은 교육 수준 1.88(1.51~2.34)

범주
유전 요인
혈관·대사 요인
생활습관 요인
감각·정신건강 요인
환경적 요인

상대위험도
(RR/HR/OR)

*상대위험도(RR), 위험률(HR), 승산비(OR)를 포괄하여 표시
*괄호 안은 95% 신뢰구간(CI)을 의미함

세대별 맞춤 전략이 필요하다. 50~60대는 규칙적 신체활동, 금연·절주, 철저한 만성질환 관리, 사회활동 참여가 핵심이다. 70대 이상은 돌봄 지원, 우울증과 사회적 고립 방지, 의료 접근성 확보가 중요하다. 개인 차원에서는 생활 습관 개선과 만성질환 관리, 사회 차원에서는 예방 교육 확대와 조기 진단 시스템 구축이 시급하다. 2030년대 치매 환자 폭증에 대비해 지금부터 세대별 예방과 관리 대책을 시행해야 한다.

식판 의사

AI 기술이 시니어의 식사와 영양 관리를 혁신하며 식판 의사 시대가 열리고 있다. '식판 의사(Plate Doc)'는 식판과 AI를 결합해 개인의 식사량과 영양 섭취를 실시간 모니터링하는 스마트 헬스케어 시스템이다. 호주 컴퍼스 그룹의 '밀 비전(Meal Vision)'은 시설 거주자가 식당에 들어서면 RFID[7]로 사용자를 자동 식별한다. 식사 전후 이미지를 AI가 분석해 섭취량을 파악한다. 이는 클라우드 플랫폼에서 AI가 데이터를 분석하는 피지컬 AI의 대표 사례다. 이 데이터는 맞춤형 영양 관리 기반으로 활용된다. 영양 결핍 위험을 초기에 발견해 즉시 개입할 수 있다. 시설 관리 측면에서도 인적 자원을 절약하고 거주자 돌봄의 질을 높인다. 실제 생활공간 데이터를 AI가 분석하는 방식은 시니어 케어의 미래를 보여준다.

고령화사회에서 영양 관리는 건강과 생존의 문제다. 노인요양시설에서 식사를 제대로 하지 않으면 체중이 급격히 감소하고 면역력이 떨어져 다양한 합병증으로 이어진다. 기존 영양 관리는 추측과 경험에 의존했기에 정확한 데이터 기반 관리가 필요했다. 50대 직장인들에게는 부모 세대 영양 관리와 본인 미래 건강 준비가 중요하다. 초고령사회 진입으로 돌봄 비용이 급증해 예방 중심 건강관리 시스템 구축이 시급하다. AI 분석을 통한 조기 개입으로 의료비를 대폭 줄일 수 있다.

식판 의사 시대는 50대 직장인들에게도 새로운 기회를 제시한다. 스마트 시니어 시설 혁신이 가속화된다. 요양시설과 시니어 레지던스의 디지털화가 현실이 된다. 데이터 기반 실버푸드 산업이 새로운 성장세를 보인다. 고령층의 정확한 식습관 데이터로 맞춤형 제품이 개발된다. AI 플랫폼과 식품기업 협업으로 새로운 비즈니스 모델이 발굴된다. 다만 식사 데이터 수집 과정에서 개인정보 보호 규정 또한 필요하다. 식판이 의사가 되고 AI가 영양사가 되는 세상이다. 노인 영양 관리는 데이터와 과학 기반의 정밀한 건강 관리 영역으로 진화할 것이다.

---

7) RFID(Radio-Frequency Identification) : 주파수를 이용해 ID를 식별하는 방식

시니어 비만 관리

최근 전 세계적으로 '시니어 비만 관리'가 중요한 사회 이슈가 되고 있다. WHO 통계에 따르면 지난 20년간 65세 이상 인구의 비만율이 15%에서 24%로 급격히 상승했다. 한국 역시 65세 이상 과체중·비만율이 50% 내외에 달하고 있다. 이는 단순한 체중 문제를 넘어 심혈관질환, 당뇨병, 근감소증 등 여러 건강 문제를 일으키는 심각한 사회 문제다. 특히 고령층의 비만은 젊은 세대와 달리 신체적, 정신적, 사회적 요인들이 함께 영향을 미친다. 기존의 일반적인 체중 관리 접근법으로는 한계가 명확해지고 있다.

시니어 비만 관리는 고령층에 특화된 종합 관리 방식이다. 기존 체중 관리 프로그램들은 표준 12주 집단 세션 위주의 일반 성인용으로 설계되어 근력 감소나 영양 불균형 같은 고령층 특성을 고려하지 않는다. 시니어 비만 관리는 약물·수술적 접근에 치중해 심리·사회적 지원이 부족했던 한계를 극복하려는 개념이다.

또한, 고령층의 디지털 기기 사용의 어려움으로 앱이나 원격관리 확산이 어려운 디지털 취약성 문제도 해결해야 할 과제로 인식되고 있다. 이에 따라 개인의 건강정보를 웨어러블 기기와 전자 기록으로 통합하고, AI 기반 위험예측과 행동중재 알림 시스템을 구축하며, 지역 보건소·커뮤니티 센터·온라인 버추얼 그룹을 병행하는 다양한 경로를 활용한 방식이 주목받고 있다. 특히 '실버 코치'라는 전문 인력을 양성해 영양·운동·심리·사회적 활동을 통합한 복합 중재 패키지를 제공한다. 고령자 친화형 환경 조성과 건강식품 구매 바우처, 참여 인센티브까지 정책적으로 지원하는 종합적 접근이 핵심이다.

글로벌 차원에서 시니어 비만 관리의 선진 사례들이 주목할 만한 성과를 보여주고 있다. 미국의 Medicare Diabetes Prevention Program은 16주 기본 교육 후 최대 1년까지 추적 관리를 제공한다. 참여자의 평균 5% 체중감량과 제2형 당뇨병 위험 58% 감소라는 성과를 달성했다. 싱가포르의 Lose To Win 프로그램은 12주간 주 1회 영양 교육, 운동, 정신건강 세션으로 구성된다. 고령층 대상 'Live Well, Age Well' 액티브 에이징 프로그램과 연계하여 4만 명 이상이 참여하는 성공을 거두었다. 영국의 NHS Tier-2 체중 관리 서비스는 지역별 그룹 코칭과 디지털 후속 지원을 결합한다. NICE 지침에 따른 고령자 맞춤 근력 강화 및 균형 훈련 모듈을 포함하고 있다. 또한, WHO SAGE 연구는 중국, 인도, 남아공 등 6개국 장기 코호트를 통해 고령층 비만의 원인과 환경 요인을 체계적으로 연구하고 있어 글로벌 표준 수립에 기여하고 있다.

시니어 비만 관리는 통합적이고 맞춤화된 접근이 필요하다. 단일 접근법인 운동이나 식이요법만으로는 효과가 제한적이다. 여러 요소를 결합한 프로그램이 필요하며, 디지털 소외층을 위한 오프라인 지원망 강화와 원격 모니터링에서 커뮤니티 세션으로의 연계를 통한 지속성 확보가 중요하다. 또한, 예방 프로그램을 국민건강보험과 지역 보건사업에 편입시키고 체중감량 성과에 따른 인센티브 모델을 도입하는 정책과 보험을 연결한 지원 방안이 필요하다. 실버 코치·영양사·운동처방사·심리상담사로 구성된 연계팀을 통한 전문 인력 교육이 뒷받침되어야 한다. 이러한 체계적 접근을 통해 고령층 건강증진과 공공의료비 절감이라는 두 가지 목표를 동시에 달성할 수 있을 것으로 전망된다.

시니어 맞춤 비만 관리 시스템
AI 기반 통합 건강관리 플랫폼 설계도

핵심 특징

AI 맞춤 분석	통합 케어	멀티채널	전문 인력
개인별 건강 데이터 기반 위험도 예측 및 맞춤형 중재 계획	영양·운동·심리· 사회적 지원의 종합적 관리 서비스	온·오프라인 병행으로 디지털 소외층까지 포용	실버코치 등 시니어 전문 케어팀 운영

데이터 수집 계층	AI 분석 엔진	통합 관리 플랫폼	중재 서비스
• 웨어러블 디바이스 체중, 혈압, 혈당, 활동량 실시간 모니터링	• 위험도 예측 모델 당뇨병, 고혈압, 근감소증 발생 위험 예측	• 시니어 전용 앱 큰 글씨, 음성인식 등 고령자 친화적 UI/UX	• 영양 관리 맞춤형 식단 계획 및 영양상담 서비스
• 전자건강기록(EHR) 진료기록, 처방정보, 검사결과 통합 연계	• 개인화 알고리즘 개인별 특성을 반영한 맞춤형 중재 계획 수립	• 보건소 관리 시스템 케이스 매니지먼트 및 진행상황 추적	• 운동 프로그램 근력강화, 균형훈련 등 시니어 특화 운동
• 사용자 입력 식단일지, 운동기록, 기분상태 자가 입력	• 행동 패턴 분석 생활습관 변화 추적 및 개선점 도출	• 가족/돌봄자 앱 건강상태 및 진행상황 실시간 공유	• 심리 지원 동기부여, 스트레스 관리, 우울감 완화
• 환경 데이터 날씨, 대기질, 지역 보건 시설 정보	• 효과성 평가 실시간 성과 분석 및 중재방법 조정	• 의료진 대시보드 다수 환자 통합 모니터링 및 관리	• 사회적 활동 그룹 세션, 커뮤니티 활동 참여 독려

서비스 전달 채널	지원 시스템	성과 측정
• **보건소** 대면 상담, 건강검진, 전문 서비스 제공	• **인력 관리** 실버코치 교육, 자격관리, 배치 시스템	• **임상 지표** 체중감량률, 혈당개선, 혈압조절 등
• **커뮤니티 센터** 그룹 활동, 건강교육, 사회적 참여 촉진	• **보험 연계** 건강인센티브, 국민건강 보험 급여 연동	• **행동 지표** 프로그램 참여율, 생활습관 준수율
• **가정방문** 실버코치 파견을 통한 맞춤형 지원	• **정책 지원** 환경 조성, 건강식품 바우처 등 정책 연계	• **비용 지표** 투자수익률(ROI), 의료비 절감 효과
• **온라인 플랫폼** 원격 모니터링 및 디지털 헬스케어	• **품질 관리** 성과평가, 서비스 개선, 만족도 조사	• **만족도 지표** 사용자 만족도, 서비스 제공자 만족도

---

❶ 기획 · 파일럿
0~6개월

요구사항 수집 및 대상자 코호트 선정을 통한 초기 실증 단계

주요 목표
- 시니어 대상 니즈 조사 실시
- 2개 지역 보건소 파일럿 운영
- 파일럿 참여자 200명 모집
- 프로토타입 시스템 완성

❷ 플랫폼 개발
6~12개월

데이터 연동 및 AI 모듈 구축을 통한 핵심 플랫폼 개발

주요 목표
- EHR · 웨어러블 연계 API 구축
- 맞춤형 AI 알고리즘 구현
- AI 위험예측 정확도 75% 이상 달성
- 앱 월간 활성사용자(MAU) 1,000명

❸ 확장 운영
12~24개월

전국 보건소 · 커뮤니티 센터 배포 및 보험 연계 본격 운영

주요 목표
- 실버코치 100명 양성 및 배치
- 국민건강보험 프로토콜 연동
- 참여 노인 5,000명 달성
- 평균 체중감량 4% 이상 달성

❹ 평가 · 고도화
24~36개월

효과성 · 비용효과 분석을 통한 정책 제안 및 시스템 고도화

주요 목표
- RCT 기반 1년 후 효과성 평가
- 보험 급여기준 개선안 도출
- 당뇨 · 고혈압 발생률 감소 확인
- 투자수익률(ROI) 1.5 이상 달성

폐경기 여성 웰니스

최근 갱년기 여성 건강에 대한 사회적 관심이 급증하고 있다. 여성 건강 전문 투자보고서에 따르면 폐경기 관련 스타트업에 대한 벤처투자가 2018년 대비 2023년 약 314% 증가했다. 관련 시장 규모도 2024년 기준 약 177억 달러로 추산된다. 2033년에는 276억 달러로 성장할 전망이다. 구글 검색량도 2023년 한 해 동안 폐경 관련 검색이 60% 증가하는 등 관심도가 커지고 있다. 글로벌 FemTech 시장의 추정 규모는 2020년 약 225억 달러에서 2027년 650억 달러 이상으로 확대될 것으로 전망된다. 이 중 중년 여성의 건강관리 분야가 주요 트렌드로 부상하고 있다. FemTech 전문가 설문에서도 난임과 임신 다음으로 갱년기가 핵심 화두로 지목되었다. 전통적으로 생리나 출산에 집중되던 FemTech 영역에 폐경케어가 급부상한 배경에는 수명 연장과 폐경 이후 삶의 비중 증가가 있다. 2025년 이후 여성 소비자의 60% 이상이 건강 수명과 더불어 폐경기 관리에 높은 관심을 보인다.

폐경기는 40~50대 여성의 생리적 전환기로 평균 폐경 연령은 대략 50세 전후다. 이 시기 여성은 여성호르몬의 급격한 감소로 인해 안면홍조, 발한, 불면, 우울, 불안, 관절통, 질 건조감 등의 신체적·정신적 증상을 겪는다. 실제로 50~82%가 혈관운동 증상인 열감과 야간발한을 경험한다. 질 건조감, 수면 장애, 우울과 불안 등도 흔하게 나타난다. 국내 조사에 따르면 폐경 전후 여성의 28%는 수면 장애를, 23%는 관절과 근육 불편을, 27%는 질 건조감을 경험한 바 있다. 이러한 증상은 삶의 질에 큰 영향을 미친다. 장기적으로 골다공증과 심혈관질환, 대사증후군 위험도 높인다. 갱년기 증상은 개인별로 다양하고 복합적이므로 AI 기반 알고리즘과 유전자 분석 등 첨단 기술을 활용한 정밀 맞춤 처방 서비스가 주목받는다.

또한, 폐경을 경험하는 여성들은 상호 공감과 지지를 제공하는 커뮤니티 중심 웰니스를 찾는 경향이 강하다. 국내외에서 다양한 폐경기 여성 웰니스 솔루션이 등장하고 있다. 미국의 Elektra Health는 2019년 설립된 온라인 폐경 케어 플랫폼이다. 50여 개의 미국 보험과 고용주 제휴를 통해 50만 명 이상의 폐경기 여성을 지원 목표로 한다. 비대면 진료 기반으로 여성들의 호르몬 검사와 처방을 위한 원격진료, 맞춤형 코칭, 교육 콘텐츠, 커뮤니티 프로그램을 통합 제공한다. 제네브(Gennev)는 시애틀 기반 스타트업으로, 모바일 플랫폼을 통해 미국 23개 주에서 산부인과 전문의와의 화상 진료 및 처방을 제공한다. 생리통과 갱년기 전문 영양사와 함께 맞춤형 식단 계획도 지원한다. Caria는 증상 추적과 개인 맞춤 프로그램, 커뮤니티를 결합한 디지털 웰니스 솔루션이다. 사용자가 일일 증상과 활동 데이터를 기록하면 인공지능 기반 분석으로 패턴을 파악해 관리법을 제시한다. Embr Wave는 손목 밴드 형태의 웨어러블 기기로, 쿨링이나 히팅 효과를 전달해 안면홍조나 야간발한 등의 증상을 완화한다. 임상시험에서 참가자들의 안면홍조 조절감이 두 배 이상 개선되었다. 국내에서는 리프리티(Repretty)가 40~50대 여성을 타깃으로 매일 갱년기 증상 자가 진단과 AI 챗봇을 통한 건강기록, 맞춤 대처법 제안을 제시한다.

이러한 트렌드는 프리미엄 시설이나 고령 여성 대상 주거와 돌봄 환경 설계에 중요한 시사점을 준다. 디지털 헬스 기술과 물리적 환경을 유기적으로 결합한 통합 케어 모델 도입이 필요하다. 웨어러블 기기나 스마트 침구 등 물리적 편의 기기를 통해 증상 완화에 도움을 줄 수 있다. 커뮤니티 중심 웰니스를 살려 동 시간대 그룹 운동과 명상 수업, 갱년기 교류 모임, 시니어 멘토링 프로그램 등을 운영하면 입주 여성들이 정서적·사회적 지지를 얻을 수 있다. 소그룹 커뮤니티 허브 도입을 통해 5~15명 규모의 소그룹 프로그램 공간을 설계하여 사회적 고립 감소와 정서적 지지를 강화해야 한다. 입주자 개개인에게 맞춘 정밀 진단 및 맞춤 처방이 가능하도록 호르몬과 영양 검사 등 정기 건강검진에 갱년기 항목을 추가하고, 결과에 따른 개인별 식사 조절과 보충제, 피지컬 프로그램을 제공하는 것도 유익하다. 전문가와 커뮤니티 결합형 모델을 시설에 도입하여 의료 처방과 생활 지원을 통합하고, 앱과 웨어러블로 개인 건강 데이터를 지속 추적한다면 거주민의 갱년기 증상 관리와 삶의 질 향상에 큰 도움이 될 것이다.

아바타 케어

AI 기술이 치매 환자와 가족을 위한 새로운 돌봄 솔루션으로 발전하며 아바타 케어 시대가 열리고 있다. '아바타 케어(Avatar Care)'는 사실적인 AI 아바타를 활용해 치매 환자에게 정서적 지원을 제공하는 디지털 돌봄 서비스다. Lenovo와 비영리단체 Innovations in Dementia가 공동 개발한 'Liv'는 치매 환자를 위한 세계 최초의 3D AI 아바타다. 전 세계 약 5,500만 명에 달하는 치매 환자들이 겪는 정보 접근과 정서적 고립 문제를 해결하기 위해 탄생했다. Liv는 4K 해상도의 사실적인 영상으로 구현되어 입술 움직임이 음성과 정밀하게 동기화되고, 눈 맞춤이나 고개 끄덕임 같은 사람다운 제스처를 보인다.

아바타 케어가 중요한 이유는 치매 환자 증가와 기존 돌봄 서비스의 한계 때문이다. 50대 직장인들은 부모의 치매 관리와 자신의 미래 대비가 중요한 관심사다. 기존의 인력 기반 돌봄 서비스는 24시간 지속적인 지원이 어렵고 비용 부담이 크다는 한계가 있다. 치매 환자들은 익숙한 얼굴에 잘 반응하므로 사실적인 아바타가 효과적이다. 노년층에게는 낯선 기계가 아닌 익숙한 벗으로 다가갈 수 있다. 기술 친화력이 낮은 고령자도 부담 없이 AI의 혜택을 누릴 수 있다.

Liv의 개발은 치매 환자들의 목소리를 반영하기 위해 영국의 '치매 일기' 프로그램에 참여한 수백 명 환자들의 경험담을 AI 학습에 활용했다. 치매 환자 포커스 그룹과 심층 인터뷰를 통해 필요한 조언 주제와 어조를 학습시켰으며, 실제 데이터를 바탕으로 공감하며 대화할 수 있다. 기술적으로는 대규모 언어모델을 치매 환자의 구체적 상황에 맞게 최적화했다. 음성인식부터 아바타 표현까지 통합된 시스템이다. 감정분석 기능을 도입해 답변 내용에 맞게 표정과 말투에 감정을 실어 표현한다. 유사한 사례로 Lenovo가 2024 CES에서 공개한 ALS[8] 환자를 위한 아바타가 있다. 24세 환자 Erin의 음성과 성

---

[8] 근위축성 측삭 경화증(ALS)은 운동 뉴런 질환 중 흔한 유형으로, 흔히 루게릭병이라고 함

격, 외모를 본떠 만들어져 질병 진행 후에도 가족과 소통할 수 있도록 고안되었다. 세계보건기구는 건강정보 제공을 위한 디지털 헬스 안내자 아바타를 개발했다. 일부 병원에서는 가상 AI 간호사가 환자 모니터링과 퇴원 후 관리 상담을 제공한다.

아바타 케어는 50대에게 새로운 기회를 제시한다. AI 아바타는 24시간 대화 상대가 되어 외로움을 덜어주고 정서적 안정을 줄 수 있다. 개인 맞춤형으로 발전해 이름과 취미를 기억하는 친구가 될 수 있다. AR 안경 속 홀로그램으로 구현되거나 실시간 감정분석으로 더욱 공감하는 대화를 제공할 것이다. 의료, 정서적 지원, 상담 등 다양한 분야에서 활용 범위가 늘고 있다. 새로운 돌봄 서비스 비즈니스 모델 또한 기대된다. 다만 윤리적 문제와 기술 의존성에 대한 우려가 있어 사회적 논의와 대비책이 필요하다. 그럼에도 아바타 케어는 치매 환자와 가족에게 새로운 희망을 주고 있다.

▌치매 환자의 실제 경험을 학습한 차세대 AI 헬스케어 아바타

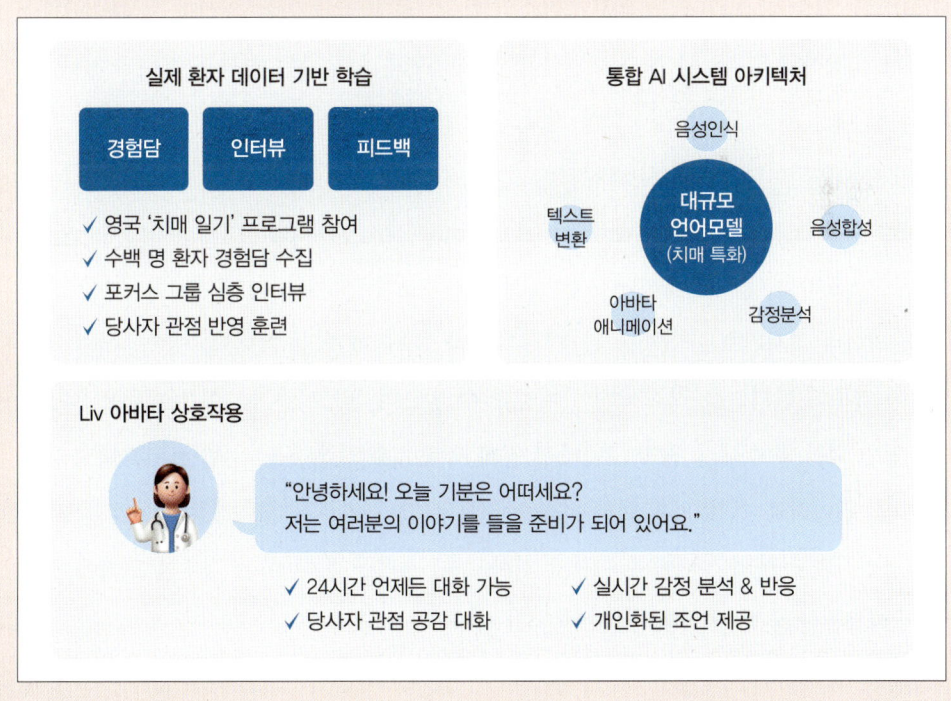

실제 환자 데이터 기반 학습

경험담　인터뷰　피드백

✓ 영국 '치매 일기' 프로그램 참여
✓ 수백 명 환자 경험담 수집
✓ 포커스 그룹 심층 인터뷰
✓ 당사자 관점 반영 훈련

통합 AI 시스템 아키텍처

음성인식
텍스트 변환
대규모 언어모델 (치매 특화)
음성합성
아바타 애니메이션
감정분석

Liv 아바타 상호작용

"안녕하세요! 오늘 기분은 어떠세요?
저는 여러분의 이야기를 들을 준비가 되어 있어요."

✓ 24시간 언제든 대화 가능　✓ 실시간 감정 분석 & 반응
✓ 당사자 관점 공감 대화　✓ 개인화된 조언 제공

온디맨드 케어

'온디맨드(On-Demand) 케어'는 소비자가 필요할 때 앱이나 플랫폼을 통해 즉시 돌봄 서비스를 요청할 수 있는 새로운 의료 서비스 모델이다. 전통적 홈케어가 하루 최소 3~4시간 단위로 정기 방문을 예약해야 하는 것과 달리, 온디맨드 케어는 짧은 시간 단위 서비스도 제공하며 스마트폰 앱으로 실시간 예약이 가능하다. 핵심 기술로는 모바일 앱 기반 스케줄링, 원격 모니터링(IoT · 웨어러블), AI 기반 건강 예측 모델, 화상 진료 등이 통합되어 사용자 중심의 유연한 서비스를 구현한다. AI 예측 모델은 입원 위험이나 낙상 위험을 사전에 예측하고, IoT 기기를 통해 환자의 생체 정보를 실시간 수집하여 조기 경고 시스템을 운영한다.

고령화, 기술 발전, 비대면 의료서비스의 확산으로 미국과 한국 홈케어 시장이 연평균 7~9% 성장하고 있다. AI 예측 모델을 통해 재입원율을 낮추는 성과를 거두고 있다. 퇴원 환자 대상 원격 모니터링 · 화상 진료 결합 프로그램은 3개월 후 재입원 건수와 응급실 방문을 유의미하게 감소시켰다.

미국 대표 플랫폼으로는 WellSky Personal Care, DispatchHealth 등이 있다. WellSky 모바일 앱 'CaregiverGo'는 돌봄 일정 · 교대 근무표 · 작업 지시를 스마트폰으로 관리하며 실시간으로 일정을 관리할 수 있다. 한국 매칭 앱 케어닥, 케어네이션 등은 환자 · 가족이 간병인을 직접 선별 · 예약할 수 있으며, 비교 견적 · 후기 기능을 지원한다. 병원 퇴원 환자 대상 원격 모니터링 연계 재택 치료(하우스콜) 시범 프로그램도 운영 중이다. 웨어러블 기기와 홈 센서 기술 발전으로 각종 의료기기를 가정에 설치할 수 있다. 만성질환 환자의 상태를 실시간 감시하고 AI 분석을 통해 이상 징후를 조기에 경고하는 비접촉식 온디맨드 케어 수요가 늘고 있다.

온디맨드 케어의 주요 의미는 다음과 같다. 첫째, 의료 접근성과 효율성이 동시에 향상된다. 환자는 병원 방문 없이도 전문 의료서비스를 받을 수 있다. 의료진은 여러 환자를 동시에 모니터링할 수 있어 생산성이 높아진다. 둘째, 예방 중심 의료로의 패러다임 전환이 빨라진다. AI 예측 모델과 실시간 모니터링을 통해 질병을 조기에 발견하고 대응함으로써 치료비용을 줄이고 환자 예후를 개선할 수 있다. 셋째, 정책과 규제 환경의 변화가 필요하다. 미국은 원격진료를 제도적으로 지원하고 있으며 한국은 화상 진료 시범사업과 장기요양보험제도를 운영하고 있다. 넷째, 데이터 보안과 개인정보 보호가 핵심 과제다. 의료 데이터의 클라우드 저장과 실시간 전송 과정에서 보안 체계를 강화하고, 환자 동의 절차를 명확히 해야 한다. 온디맨드 케어는 의료서비스 전반의 변화를 이끌게 될 것이다.

AI 건강 큐레이션

시니어의 건강관리를 위한 AI 기반 개인 맞춤형 솔루션이 새로운 패러다임으로 주목받고 있다. 전 세계 소비자의 60% 이상이 건강 수명 연장을 최우선 과제로 꼽는 가운데, 팬데믹 이후 원격진료와 맞춤형 건강 솔루션에 대한 수요가 급증하고 있다. 웨어러블 기기와 앱, 원격 모니터링 장치의 보급으로 개인의 심박, 수면, 운동, 영양 등 행동 데이터가 폭발적으로 증가하면서 이를 활용한 하이퍼 퍼스널 경험 구현이 가능해졌다. 머신러닝과 딥러닝, 생성형 AI 기술의 고도화로 방대한 데이터를 신속히 분석하고 예측하여 개인별 일일 코칭과 피드백을 실시간으로 제공할 수 있게 되었다.

'AI 건강 큐레이션'은 개인의 건강과 행동 데이터를 토대로 알고리즘이 맞춤형 추천, 코칭, 알림을 자동으로 생성하는 접근법이다. 이 기술은 웨어러블 센서, 앱, 챗봇, 진단기기 등에 AI를 접목하여 활동, 영양, 수면, 정신건강을 개인 특성에 맞게 권고한다. 핵심축으로는 장수 지향 솔루션, AI 개인화 기술, 방문 중심 웰니스 서비스가 있다. 특히 대면 경험을 중시하는 부티크 피트니스, 웰니스 리트리트, 홈케어 테라피 방문 서비스 등이 지속 성장하고 있다. 동시에 민감한 건강 데이터 활용이 증가함에 따라 개인정보 보호와 데이터 신뢰성 확보, 투명한 데이터 정책과 안전한 보안 설계가 중요한 과제로 대두되고 있다.

실제 적용 사례들을 살펴보면 그 효과가 입증되고 있다. 미국의 눔(Noom)은 AI 기반 사진, 음성, 텍스트 자동 식사 기록과 Welli 챗봇 코칭, 10초 스마트폰 바디 스캔으로 3D 개인 건강 리포트를 제공한다. 1년간 추적한 분석에서 절반 이상이 의미 있는 체중감량을 유지했다. CarePredict는 웨어러블 센서와 AI 분석 알고리즘으로 낙상과 요로감염 등 초기 징후를 예측하여 입원율 39% 감소, 낙상률 69% 감소를 달성했다. Ryan Companionbot은 감정인식과 대화 기능을 제공하는 로봇으로 치매와 우울 노인 대상 실험에서 정서적 안정감 향상과 사회적 고립감 완화 효과를 보였다.

이는 시니어 건강관리에 중요한 변화를 가져올 것이다. 개인 맞춤형 서비스는 동기부여와 참여도를 높인다. 원격 모니터링과 방문 서비스를 결합해 비대면 편의성과 대면 신뢰성을 동시에 확보해야 한다. 연령에 맞는 통합 AI 솔루션 개발이 중요하다. 특히 민감 데이터 활용 확대에 대비한 투명한 동의 절차와 암호화, 접근 통제 체계 설계가 필수다. 모든 계층이 접근할 수 있는 비용 구조 설계가 핵심이다. AI 건강 큐레이션은 시니어의 건강한 독립생활을 지원하는 핵심 솔루션이 될 것이다.

홈케어 혁명

'홈케어'는 병원이나 요양시설 대신 가정에서 제공되는 의료 및 돌봄 서비스다. 고령화와 기술 발전으로 전 세계 홈케어 시장이 급속히 성장하고 있다. 원격 모니터링과 스마트 기술을 활용해 언제 어디서나 맞춤형 돌봄을 제공하는 것이 특징이다. 2024년 전 세계 홈케어 시장 규모는 약 4,164억 달러로 추산된다. 2030년까지 연평균 10.2% 성장해 7,477억 달러에 이를 전망이다. 서비스 분야가 전체 시장의 84.1%를 차지하며 돌봄 서비스 수요가 시장을 주도한다. 원격 환자 모니터링, 온디맨드 케어 플랫폼, 스마트홈 기술이 합쳐져 시간과 공간의 제약 없는 맞춤형 돌봄 서비스를 제공하는 것이 핵심이다.

홈케어 시장의 급성장에는 여러 구조적 요인이 작용한다. 가장 근본적인 원인은 급속한 인구 고령화다. 치매, 심부전, 당뇨 등 만성질환자도 지속 증가하여 전 세계 치매 환자는 현재 5천만 명에서 2030년 8천2백만 명으로 늘어날 예상이다. 의료비 절감 효과도 중요한 요인이다. 미국 연구에 따르면 병원 입원 대신 재택 치료를 활용하면 치료 비용을 19~30% 절감할 수 있어 각국 정부와 보험사들이 재택 요양 지원을 확대한다. 환자들의 선호도 변화도 주목할 점이다. 미국 노인의 77%가 시설이 아닌 자택에서 노후를 보내길 원한다.

기술 혁신과 투자 확대가 홈케어 서비스의 질적 변화를 이끈다. 원격 의료와 원격환자 모니터링 기술로 재택환자의 상태를 실시간 추적할 수 있게 되었다. 코로나19 기간 중 미국 메디케어의 원격진료 이용 건수가 2019년 84만 건에서 2020년 5천2백만 건으로 폭증했다. 북미와 유럽을 중심으로 Care.com, Honor, Homage 등의 온디맨드 플랫폼이 활성화되어 필요할 때마다 검증된 돌봄 인력을 매칭한다. 투자 부문에서는 미국 보험사 Humana가 2021년 Kindred at Home을 81억 달러에 인수하고, CVS Health가 2023년 Signify Health를 80억 달러에 인수하는 등 대형 M&A가 활발하다. 2021년 한 해에만 전 세계 홈케어 분야에 2,000억 달러 이상의 사모펀드 투자가 집행되었다.

글로벌 홈케어 시장의 급성장은 고령화사회의 필연적 결과이자 미래 헬스케어의 새로운 표준으로 자리 잡을 것이다. 하지만 미국의 경우 2030년까지 110만 명의 추가 인력이 필요함에도 홈케어 보조원의 중앙값 시급이 14.15달러에 그치는 등 심각한 인력 부족 문제에 직면했다. 미국 홈케어 분야 종사자의 30% 이상이 이민자 출신이다. 영국이 2022년 한 해 거의 10만 명의 해외 간병인을 받아들이는 등 다문화 인력이 돌봄 공백을 메운다. 정부는 재정 지원과 규제 완화를 통해 인력 확충에 나서야 하며, 기업들은 기술과 인력의 효율적 배분으로 지속 가능한 성장 모델을 구축해야 한다. 단순한 트렌드를 넘어 사회 전체가 준비해야 할 새로운 돌봄 패러다임의 전환점에 서 있다.

스마트 케어

AI 기술과 인간 돌봄의 유기적 결합을 통한 새로운 시니어 케어 패러다임이 떠오르고 있다. 기존의 일방적이고 획일적인 노인 돌봄 서비스는 개인차를 고려하지 못하고 인력 부족으로 한계를 드러내 왔다. 그러나 디지털 기술 발전과 액티브 시니어의 등장으로 전환점을 맞고 있다. 특히 베이비붐 세대는 수동적 돌봄을 거부하고 자기 주도적 건강 관리와 사회참여를 추구한다. 스마트 기기 활용에도 적극적이어서 시니어 서비스의 근본적 변화를 요구하고 있다.

AI와 IoT 기술을 기반으로 개인별 건강 상태와 생활 패턴에 따른 맞춤형 디지털 헬스 케어 서비스가 구축되고 있다. 웨어러블 기기와 센서를 통해 수집된 실시간 생체 데이터를 AI가 분석하여 개인별 건강 위험도를 예측하고 맞춤형 권고사항을 제공한다. 이상 징후 발생 시 즉시 의료진이나 돌봄 인력에 알림을 보내 신속한 대응이 이루어진다. 또한, AI 돌봄 로봇과 스피커를 통한 정서적 교감과 인지훈련 프로그램, 원격 의료상담, 사회 활동 매칭 등 포괄적인 케어 서비스가 통합 운영되어 시니어들의 신체적·정신적·사회적 건강을 동시에 관리하고 있다.

SilverPremium(가칭) 서비스는 이러한 스마트 케어 생태계의 구체적 구현 모델을 보여준다. 65세 김 씨는 스마트워치와 침대 센서를 통해 수면 데이터를 수집하고 AI 건강 코칭을 받으며, 자원봉사 활동과 취미 생활을 통해 적극적인 사회참여를 지속하고 있다. 55세 이 씨는 자신의 건강관리와 함께 80대 부모님의 원거리 돌봄을 SilverPremium의 패밀리 연동 기능으로 해결하며, 재취업과 봉사활동을 통해 새로운 인생 2막을 설계하고 있다. 80세 박 씨는 요양원에서 AI 돌봄 로봇 '효돌'과의 교감을 통해 정서적 안정을 얻고 인지훈련을 받으며, 실시간 건강 모니터링을 통해 안전한 생활을 유지하고 있다. 78세 최 씨는 독거생활 중에도 IoT 센서와 AI 스피커를 통한 24시간 안전 관리와 온라인 경로당 참여를 통해 사회적 연결을 유지하며 자택에서 안전하고 독립적인 생활을 지속하고 있다.

SilverPremium 스마트 시니어 케어 시스템
AI와 휴먼이 협력하는 차세대 시니어 돌봄 생태계

데이터 흐름	AI-휴먼 협력	보안 체계
❶ 센서/앱 데이터 수집	**AI** 상시 모니터링 & 반복업무	• AES · 256 암호화
❷ AI 실시간 분석	개별맞춤케어 & 대면소통	• RBAC 접근통제
❸ 인간에게 요약 전달	**AI** 정보제공 & 알림 지원	• 개인정보 비식별화
❹ 인간 조치/결정	최종판단 & 승급조치	• 종단 간 암호화
❺ AI 피드백 학습		• HIPAA 표준 준수

김성호(65세)	이영희(55세)	박동길(80세)	최순례(78세)
1차 베이비부머	**2차 베이비부머**	**70세+ 고령층**	**독거노인**
✓ 스마트워치 건강 모니터링	✓ 개인맞춤 건강 예방관리	✓ 24시간 건강 모니터링	✓ IoT 생활 패턴 모니터링
✓ AI 운동 코칭 & 피드백	✓ 원격 의료상담 연계	✓ AI 돌봄 로봇 '효돌'	✓ AI 안부 확인 & 응급대응
✓ 사회활동 매칭 서비스	✓ 시니어 재취업 지원	✓ 낙상 자동 감지 & 신고	✓ 온라인 경로당 참여
✓ 실버 멘토 자원봉사	✓ 부모님 원거리 돌봄	✓ 인지훈련 프로그램	✓ 방문돌봄 연계 서비스
✓ 금융사기 자동 차단	✓ 패밀리 연동 모니터링	✓ 원격 협진 시스템	✓ 사회적 고립 방지

핵심 기술 스택

AI/ML	IoT 센서	클라우드
건강예측, 패턴분석	실시간 데이터 수집	안전한 데이터 저장
API 연동	**음성인식 & 대화AI**	**빅데이터**
의료/금융 시스템		개인화 분석

구현 단계

❶ 사용자 수용성 검증	고령층 UX 최적화, 윤리 가이드라인 수립, 사전 동의 프로세스	
❷ 현장 인력 교육	AI 협업 문화 조성, 디지털 돌봄 역량 강화, 변화관리	
❸ 기술 인프라 구축	네트워크 안정성 확보, 기기 신뢰성 검증, 호환성 테스트	
❹ 법제도 정비	의료법 저촉 방지, 응급서비스 연계, 금융보안 규정 준수	
❺ 경제성 검증	비즈니스 모델 확정, 지불주체 다변화, 지속가능성 확보	

이러한 스마트 시니어 케어 생태계의 구축은 고령화사회의 지속 가능한 돌봄 모델을 제시한다. 개인 맞춤형 예방 중심 건강관리를 통한 의료비 절감과 건강 수명 연장을 도울 것이다. AI와 인간 돌봄 인력의 협업을 통해 돌봄의 질적 향상과 효율성 증대를 동시에 달성한다. 시니어들의 자율성과 존엄성을 보장하면서도 안전한 노후 생활을 지원하는 새로운 패러다임을 만들어 가고 있다. 특히 기술이 인간을 대체하는 것이 아니다. 인간의 역량을 증진하고 더 나은 돌봄을 가능하게 하는 파트너 역할을 한다. 따뜻한 기술

을 통한 인간적 돌봄의 실현 가능성을 보여준다. 이는 단순한 기술 도입을 넘는다. 시니어들이 주체적으로 참여하고 의미 있는 노후를 보낼 수 있는 사회적 생태계 조성의 중요성을 시사한다. 나아가 전 세계적인 고령화 문제 해결의 새로운 방향을 제시하고 있다.

가상현실 재활 치료

'가상현실 재활 치료'는 VR과 AR 같은 몰입형 기술을 활용해 집에서 전문적인 재활 서비스를 받는 차세대 헬스케어 솔루션이다. 환자의 움직임과 반응을 실시간으로 정밀 측정해 개인 맞춤형 난이도 조정이 가능하다. 치료사가 원격으로 환자 상태를 모니터링 하며 즉시 피드백을 제공한다. 게임적 요소를 통해 참여 동기를 높여 기존 재활 프로그램의 반복성과 지루함으로 인한 높은 중도 포기율을 해결한다. 단순한 물리적·인지적 훈련을 넘어 여행이나 추억 회상 같은 정서적 콘텐츠로 고립감까지 완화하는 종합적 케어 플랫폼이다.

코로나19 팬데믹은 비대면 의료서비스의 급속한 확산을 가져왔다. 특히 병원 방문이 어려운 고령자들에게 원격 재활 서비스는 선택이 아닌 필수가 되었다. 대부분은 신체 기능 저하나 인지 능력 감퇴로 인한 재활 치료가 필요하다. 기존 재활 프로그램은 반복적이고 지루해 중도 포기율이 높고 물리적 접근성 문제로 지속적인 관리가 어려웠다. 몰입형 기술은 이런 한계를 극복할 수 있는 핵심 해법으로 부상했다.

이집트에서 진행된 가정 기반 VR 재활 연구에서는 70명의 허약 노인을 대상으로 6주간 집에서 VR 헤드셋을 착용하고 균형·근력·보행을 훈련했다. 그 결과 낙상 위험과 프로그램 지속률에서 유의미한 효용을 보였다. XR Health는 뇌 손상이나 뇌졸중 후 회복 과정에서 VR과 작업치료를 융합한 프로그램을 제공한다. LightSword VR 게임은 장기 인지 억제 훈련을 제공한다. 뉴욕의 New Jewish Home은 노년 맞춤형 VR 여행과 기억 회상 콘텐츠를 통해 외로움과 인지 기능에 긍정적 영향을 준다. 스탠포드 대학교에서 65세부터 103세까지 17개 시니어 커뮤니티 거주자들에게 VR 세션을 제공한 결과, 긍정적 정서가 80% 증가하고 고립감은 60% 감소했다.

성공적인 도입을 위해서는 여러 요소를 고려해야 한다. 게임화 기법과 몰입형 경험을 결합해 높은 지속률을 달성하고, AI와 데이터 분석을 통해 개인별 진행 속도와 성과를 실시간 반영해야 한다. 치료사와 가족이 대시보드를 통해 실시간 상태를 확인해 안전사고와 중도 탈락을 방지해야 한다. 헤드셋의 무게와 착용감, 어지러움 등 하드웨어 편의성 문제를 풀어야 한다. 초기 사용법과 위험 대응 매뉴얼을 제공하며 간단한 UI/UX 설계가 필요하다. 향후 AI와 XR의 융합이 더욱 강화되어 환자 행동 예측 모델과 XR 시뮬레이션이 결합한 예방적 재활 프로그램이 등장할 것이다. 메타버스 기반으로 동료 고령자나 치료사와 가상 공간에서 사회적 활동을 병행하는 서비스와 가정용 VR 장비 렌탈 구독 서비스 모델도 주목받고 있다. 기술과 인간적 돌봄이 조화롭게 결합한 이 새로운 패러다임은 고령 인구 삶의 질 향상과 의료 시스템 부담 경감이라는 두 마리 토끼를 동시에 잡을 수 있을 것이다.

스마트 웨어러블

　75세 김 씨는 침대에서 일어나자마자 스마트 안경을 쓰고 혈압을 확인한다. 무릎 보조 웨어러블 밴드의 도움으로 계단을 내려가는 2028년의 평범한 아침 풍경은 더 이상 공상 과학소설 속 이야기가 아니다. 전 세계가 고령화사회로 접어들면서 신체 기능 저하로 인한 일상생활의 제약을 기술로 해결하려는 시도가 활발해지고 있다. 특히 몸에 착용하여 실시간으로 생체 신호를 모니터링하고 신체 능력을 보완하는 스마트 웨어러블 기술이 시니어 층의 삶을 혁신적으로 변화시킬 핵심 솔루션으로 주목받고 있다.

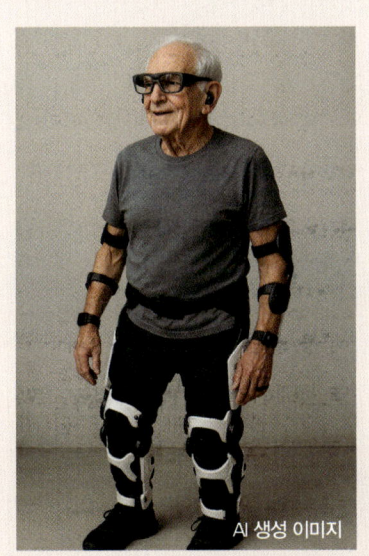

AI 생성 이미지

연령별 주요 신체 기능 감소 곡선
개념 시각화 - 20세 기준 상대적 기능 유지율

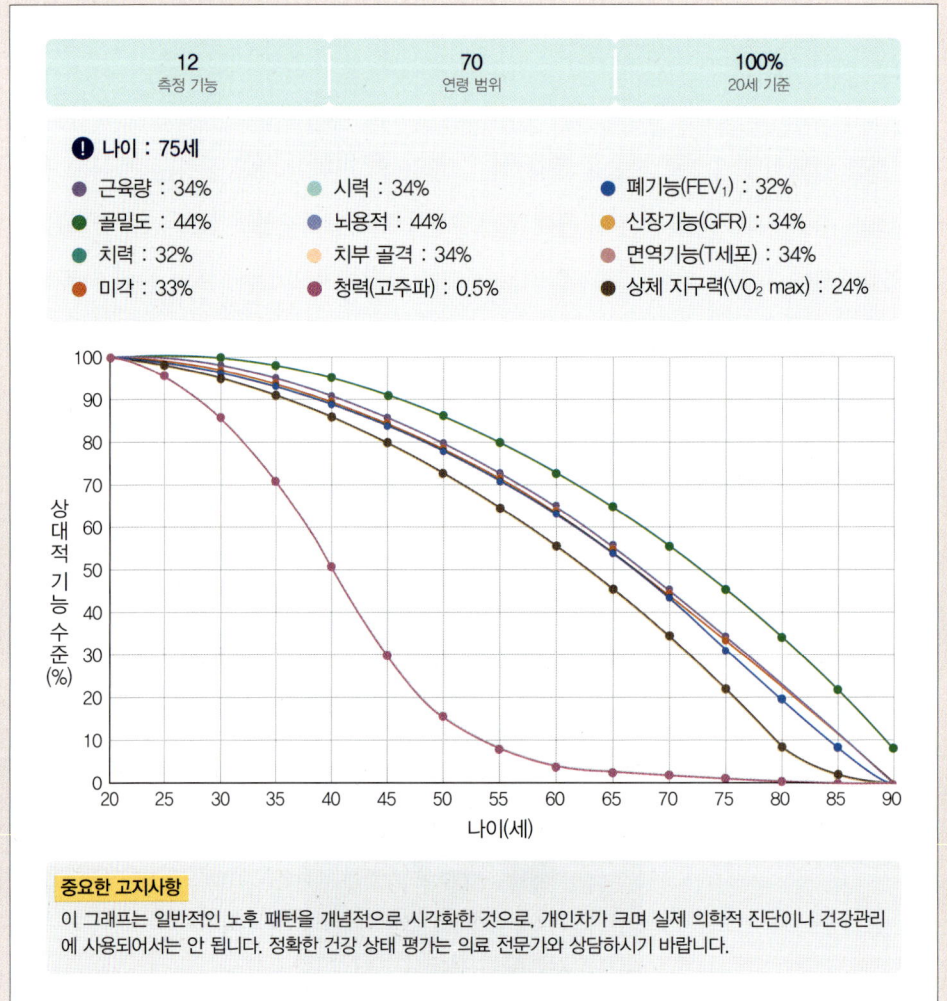

12	70	100%
측정 기능	연령 범위	20세 기준

❗ 나이 : 75세

● 근육량 : 34%	● 시력 : 34%	● 폐기능(FEV$_1$) : 32%
● 골밀도 : 44%	● 뇌용적 : 44%	● 신장기능(GFR) : 34%
● 치력 : 32%	● 치부 골격 : 34%	● 면역기능(T세포) : 34%
● 미각 : 33%	● 청력(고주파) : 0.5%	● 상체 지구력(VO$_2$ max) : 24%

중요한 고지사항

이 그래프는 일반적인 노후 패턴을 개념적으로 시각화한 것으로, 개인차가 크며 실제 의학적 진단이나 건강관리에 사용되어서는 안 됩니다. 정확한 건강 상태 평가는 의료 전문가와 상담하시기 바랍니다.

'스마트 웨어러블'은 단순한 건강 추적 기기를 넘어 고령자의 근육량 감소, 감각 기능 저하, 인지 능력 둔화 등 노화로 인한 신체적 변화를 포괄적으로 보완하는 통합 헬스케어 플랫폼으로 진화하고 있다. 한국은 세계 최고 속도의 고령화를 겪으며 국내 기업과 연구기관들이 시니어 기술에 적극 투자하고 있다. 정부 역시 디지털 헬스케어와 로봇 복지 정책을 통해 이를 뒷받침하고자 한다. 미국에서는 보청기 규제 완화와 실버테크 스타트업 붐을 통해 시장 주도의 혁신이 빠르게 진행된다. 이러한 기술은 스마트워치를 통한 심전도와 수면 패턴 분석, 웨어러블 링을 활용한 산소포화도 측정, 보행 보조 로봇 신발의 추진력 지원, 스마트 안경의 GPS 연동 길 안내, 웨어러블 혈당 패치의 실시간 모니터링, AI 비서의 안면 인식을 통한 기억 보조 등 일상생활 전반에 걸친 연결된 지원을 제공한다.

김 씨가 병원에서 1년간 축적된 웨어러블 데이터를 바탕으로 원격진료를 받고, VR 뇌 운동 프로그램을 통해 맞춤형 인지 훈련을 받으며 홀로그램 통화로 가족과 생생한 소통을 나누는 시나리오는 웨어러블 기술의 통합적 활용이 어떻게 고령자의 의료 접근성을 높이고 사회적 고립을 해소할 수 있는지 보여준다. 일본의 편의점에서 허리 보조 로봇을 착용한 노인 직원들이 업무 효율을 높이는 사례나, 미국의 Medicare가 웨어러블 기기 보조금을 검토하는 움직임은 이미 현실화하고 있는 변화들이다. 한국 역시 노인장기요 양보험과 연계한 보조기기 렌탈 지원을 통해 경제적 접근성을 높이려 하고 있다.

2025년부터 2028년까지의 3년은 스마트 웨어러블이 고령자의 삶을 근본적으로 변화 시키는 전환점이 될 것이다. 착용형 응급실 개념의 실시간 건강 모니터링을 통한 낙상사고 감소와 만성질환 조기 발견, 근력 보조기기를 통한 고령 인구의 생산 활동 참여 증가, 청력과 시력 보조를 통한 사회적 고립 완화, 예방의료를 통한 의료비 절감 효과 등이 가시화될 것이다. 동시에 시니어 웨어러블 시장 성장으로 인한 새로운 산업과 디지털 헬스 매니저 같은 일자리 창출도 기대된다. 하지만 개인정보 보호, 기술 소외계층 문제, 기기 오작동에 대한 대비책 마련 등의 과제도 함께 해결해야 할 것이다. 완벽히 늙지 않는 몸을 만들어 주지는 못해도 '함께 늙어가는 동반자'로서 웨어러블 기술은 고령자도 젊은이 못지않게 안전하고 활기찬 일상을 누릴 수 있도록 지원한다. 인간과 기술의 통합을 통해 고령사회의 지속 가능한 미래를 만들어 갈 것으로 기대된다.

AI 뷰티

AI 기술이 뷰티와 웰니스 분야에 혁신을 가져오며 GenAI Beauty 시대가 열리고 있다. 'AI 뷰티(AI Beauty)'는 생성형 AI를 활용해 개인의 피부 상태, 건강 데이터, 라이프스타일을 분석하여 맞춤형 뷰티 및 웰니스 솔루션을 제공하는 차세대 개인화 서비스를 의미한다. 맥킨지 보고서에 따르면 초개인화 타깃팅이 뷰티·웰니스 산업의 핵심 키워드다. 수천 명을 위한 하나의 제품이 아닌 한 사람을 위한 맞춤형 솔루션이 생성형 AI를 통해 구현되고 있다. 체험형 제품 탐색, 빠른 패키징 콘셉트 개발, 혁신적인 제품 개발이 AI 기술과 결합해 새로운 뷰티 경험을 만들고 있다. 특히 AR을 활용한 가상 시뮬레이션 기술은 특정 제품 사용 후 3개월, 6개월 뒤 피부 변화를 미리 보여주는 혁신적 기능을 제공한다.

AI 뷰티가 중요한 이유는 50대 이상 세대의 특별한 뷰티·웰니스 니즈와 구매력 때문이다. 50대 이상 세대는 건조한 피부, 관절 통증, 면역력 저하 등 나이에 따른 특정 고민이 있다. 더 세심한 맞춤형 관리가 필요하다. 기존에는 화장품 매장에서 젊은 직원의 일반적인 설명에 의존해야 했다. 하지만 지금은 AI 분석을 통해 개인별 맞춤 솔루션을 받을 수 있다. 50대 직장인들은 풍부한 구매력과 건강에 대한 높은 관심을 바탕으로 품질 좋은 뷰티·웰니스 제품에 투자할 의향이 크다. 프라우드 에이징 트렌드와 함께 자신의 나이를 당당히 즐기며 건강하게 살아가려는 의식이 늘고 있다. 효과를 기다리기 어려운 시니어 세대에게 AI 시뮬레이션을 통한 미리 보기 기능은 구매 결정에 확신을 주는 중요한 역할을 한다.

AI 기반 맞춤형 뷰티·웰니스 서비스가 확산하고 있다. 스킨케어 분야에서는 AI가 개인의 노화 패턴을 분석해 최적의 안티에이징 루틴을 추천하고, AR 기술로 제품 사용 후 피부 변화를 미리 체험할 수 있는 서비스가 늘고 있다. 영양 관리 분야에서는 호르몬 변화와 개인별 건강 상태를 고려한 맞춤형 건강기능식품을 AI로 설계하고 있다. 생성형 AI를 활용해 개인별 화장품 배합과 영양제 조합을 제공하는 서비스도 등장했다. 이러한 서비스들은 개인의 피부 타입, 생활 패턴, 건강 상태를 종합 분석해 실시간 맞춤형 솔루션을 제시한다. 특히 음성인식과 자연어 처리 기술을 결합해 시니어도 쉽게 사용할 수 있는 직관적 인터페이스를 개발하고 있어 접근성을 높이고 있다.

AI 뷰티는 50대 직장인들에게 새로운 라이프 스타일의 기회를 제공한다. AI는 프라우드 에이징의 새로운 동반자가 되어 5060세대가 자신의 나이를 당당히 즐기며 건강하게 살아가는 새로운 시대를 열고 있다. 풍부한 구매력과 건강에 관한 관심을 바탕으로 더 정교한 뷰티·웰니스 경험을 제공받을 수 있다. 시니어 맞춤 시장이 확장되면서 새로운 비즈니스 기회와 일자리 창출이 가능하다. 개인화된 뷰티·웰니스 서비스를 통해 건강한 노화와 삶의 질 향상을 추구할 수 있다. 다만 디지털 웰니스 혁신 속에서도 시니어만의 아날로그 감성과 인간적 접촉의 가치를 잃지 않는 균형이 필요하다. 개인정보 보호와 AI 기술에 대한 과도한 의존 방지를 위한 가이드라인 마련도 중요하다. 결국 AI는 도구일 뿐 삶을 풍요롭게 하는 주체는 여전히 개인 자신이라는 점을 잊지 말아야 한다. AI 뷰티는 단순한 기술 혁신을 넘어 50대 이상 세대가 더 건강하고 아름다운 노후를 설계하는 핵심 도구가 될 것이다.

뷰티 프로슈머(Beauty Prosumer)

베이비붐 세대에 대한 고정관념이 무너지고 있다. 61~79세 시니어들이 틱톡과 인스타그램에서 뷰티 제품 리뷰를 찾고 직접 구매까지 이어간다. 단순한 소비자가 아닌 품질과 윤리적 가치를 중시하는 프로슈머로 진화했다. NielsenIQ에 따르면 베이비붐 세대 뷰티 지출은 2024~2034년 동안 약 80억 달러에 이를 전망이다. 이들은 '안티에이징' 대신 '웰빙'을 추구하며 뷰티를 라이프 스타일 전반의 건강관리 수단으로 인식한다.

이런 뷰티 프로슈머 현상은 여러 배경에서 나타났다. 디지털 기술 발달로 시니어들의 온라인 접근이 높아지고 소셜미디어 활용이 늘었다. 팬데믹 이후 건강과 웰빙에 관한 관심이 증가했다. 장수경제 확산으로 시니어들의 구매력과 소비 의욕이 커진 가운데, 베이비붐 세대는 높은 경제력을 바탕으로 품질 좋은 제품에 대한 구매 의사가 강하다. 동시에 지속가능성과 윤리적 소비 관심이 높아지면서 '클린 뷰티'와 브랜드 윤리를 중시한다. 개인 맞춤화 기술 발달로 자신만의 뷰티 루틴을 설계할 수 있게 되었다.

실제 사례를 보면 한 60대 여성은 틱톡에서 시니어 인플루언서의 스킨케어 제품 리뷰를 보고 직접 구매한 후 자신만의 후기를 인스타그램에 공유한다. 성분 표시를 꼼꼼히 확인하고 브랜드의 윤리적 가치를 중시한다. AI 피부 진단 앱을 활용하는 70대 남성은 스킨케어, 자외선 차단, 보습 기능이 통합된 다기능 제품을 선호한다. 과학적 데이터로 효과가 입증된 제품만 구매한다. 한 베이비붐 세대 커플은 뷰티 브랜드의 온라인 웰빙 커뮤니티에 적극 참여하며 제품 사용법부터 건강관리 팁까지 공유한다. 높은 브랜드 충성도로 정기 구독 서비스를 이용하며 지인들에게 적극 추천한다.

시니어 뷰티 프로슈머 트렌드는 뷰티 업계에 중요한 변화를 요구한다. 시니어들이 온라인과 소셜미디어에 적극 참여하므로 숏폼 콘텐츠와 시니어 인플루언서 협업을 통한 디지털 마케팅이 필수가 되었다. 또한, 피부과학과 영양학을 접목한 멀티기능 제품 개발과 과학적 데이터 기반의 효과 입증이 중요하며, 클린 뷰티와 친환경 포장으로 윤리적 브랜드 이미지를 구축해야 한다. AI 피부 진단, 챗봇 상담, 맞춤형 구독 서비스 등 개인화 솔루션을 도입하고, 스파·피트니스·영양 프로그램과 연계한 웰니스 허브나 온라인 커뮤니티를 통해 총체적 웰니스 경험을 제공하는 것이 핵심이다. 이는 디지털에 능숙하고 품질을 중시하는 시니어 뷰티 프로슈머가 뷰티 시장의 새로운 성장 동력이 되고 있음을 보여준다.

워크 리부트

AI 시대 구조조정 속에서 시니어의 새로운 커리어 전략이 주목받고 있다. '워크 리부트(Work Reboot)'는 시니어가 자신의 축적된 경험과 AI 기술을 결합해 새로운 가치를 창출하는 커리어 전환 전략이다. 빅테크 기업들이 AI 개발에 집중하며 구조조정을 진행하고 있다.

AI 발전으로 시니어가 새로운 전환점에 서 있다. 베이비붐 세대의 AI 활용도와 교육 기회가 젊은 세대보다 현저히 낮다. 전 Google CEO 에릭 슈미트는 "AI를 업무에 통합하지 않으면 직업이 위험하다"고 경고했다.

베이비붐 세대는 AI 도입에 대해 낙관적 전망을 보인다. 조직 내 리더십 위치에서 AI 도입을 주도할 수 있다. AI 윤리·거버넌스, 데이터 큐레이션, 사용자 교육 등 새로운 직무에서 경험과 도메인 지식을 가진 멘토·컨설턴트로 중요한 가치를 지닌다. MZ세대가 AI 스킬을 빠르게 습득하는 반면 베이비붐 세대는 도메인 전문성과 조직 운영 노하우를 제공할 수 있다. 고급 AI 역량을 갖춘 인력 수요는 오히려 증가하고 있다.

워크 리부트를 위한 전략적 접근이 필요하다. 첫째, 능동적 AI 활용자로 변화해야 한다. 둘째, AI 교육 참여와 기업 내 연령별 AI 훈련 할당량 설정을 요구해야 한다. 셋째, 프로젝트 매니저로서 AI 툴 도입 로드맵을 수립하고 성공 사례를 전사에 확산시켜야 한다. 넷째, 사내 AI 멘토링 프로그램을 통해 경험을 전수하고 젊은 세대와 최신 AI 활용법을 공유하는 상호이익 구조를 만들어야 한다. 다섯째, 자신의 전문 분야에서 AI 적용 사례를 발굴해 컨설팅·교육·거버넌스 서비스로 확장해야 한다. 여섯째, 기업과 공공기관에 AI 평생교육 예산 배정과 직무 전환 지원 프로그램 확대를 촉구해야 한다. 이를 통해 AI 시대에도 지속 가능한 커리어를 구축할 수 있다.

AI 갭

AI를 비즈니스 현장에서 사용하는 사람과 그렇지 않은 사람 사이의 격차가 점점 더 벌어지고 있다. 'AI 갭(AI Gap)'은 인공지능 기술을 업무에 적극 활용하는 집단과 그렇지 않은 집단 간의 업무 성과, 생산성, 경쟁력 차이를 의미한다. 실제 M&A 시장 조사부터 고객사 미팅까지 AI를 활용해 탁월한 성과를 내는 사례가 속속 등장한다. 중장년층에게는 AI를 집사 또는 동료로 활용하는 능력이 그 어느 때보다 중요한 경쟁력이 되고 있다. 맥킨지 보고서에 따르면 생성형 AI가 B2B 영업 전 과정에 걸쳐 혁명적인 변화를 일으키고 있다. 이러한 변화는 단순한 업무 효율화를 넘어 비즈니스 관계 구축의 본질까지 변화시키고 있다. 특히 풍부한 경험을 가진 중장년층에게 새로운 도전과 기회를 동시에 제시하고 있다.

AI 활용 여부는 개인과 조직의 경쟁력을 결정하는 핵심 요소이다. 50대 직장인들은 경력 20년 이상의 베테랑으로서 풍부한 경험과 관계 구축 능력에서 강점을 지닌다. 그러나 AI가 빠르게 도입되면서 데이터 기반 의사결정이나 AI 툴 활용 역량이 새로운 핵심 역량으로 부상하고 있다. 반복적이고 가치가 낮은 업무를 AI가 대체하거나 지원함으로써 영업과 마케팅 담당자는 본연의 전략, 대면 협상, 관계 구축 업무에 집중할 수 있다. 과거 B2B에서는 대량 이메일이나 분기별 업데이트 등의 방식이 일반적이었다. 지금은 AI가 실시간 행동 데이터를 분석하여 개인화된 액션을 추천함에 따라 한층 정교한 고객관리가 가능해졌다. 고객의 구매 이력, 시장 수요, 경쟁사의 가격 정보 등을 실시간으로 분석하여 최적의 조건을 제시함으로써 협상력이 강화되고 있다. AI 활용 능력이 없으면 동일 업무에서도 현저한 성과 차이가 발생할 수밖에 없는 상황이다.

일례로 Next-Best Opportunity 기능은 잠재고객이나 계정을 자동으로 발굴하고 우선순위화한다. 내부 CRM, 시장 데이터, 디지털 마케팅 지표 등을 바탕으로 리드와 계정을 분류하고 가치가 높은 계정을 추천한다. 영업 담당자는 더 정확한 고객 세분화와 실시간 리드 스코어링을 통해 우수 잠재고객에게 자원을 집중할 수 있다. Next-Best

Action 기능은 AI를 활용해 리드 양성부터 계약 체결 직전까지의 다음 단계 액션을 자동으로 제안한다. Meeting Support 기능은 미팅 전 준비자료를 생성한다. 미팅 중에는 실시간 정보를 제공한다. 미팅 후에는 요약 및 액션 아이템을 자동으로 생성한다. Proposal Responder는 RFP나 고객 맞춤화 요청에 대해 자동으로 초안을 작성하고 담당자에게 빠르게 공유한다. Smart Pricing은 고객사·업계 동향·경쟁사 정보 등을 분석해 가격 전략 및 협상 시뮬레이션을 지원하며, Smart Research Assistant가 고객사·업계·경쟁사 정보를 조사하고 분석한다. Smart Coach는 영업 담당자의 고객 상호작용 데이터를 분석해 개선점과 피드백을 자동으로 제공한다.

▌AI 영업 인텔리전스 플랫폼 예시

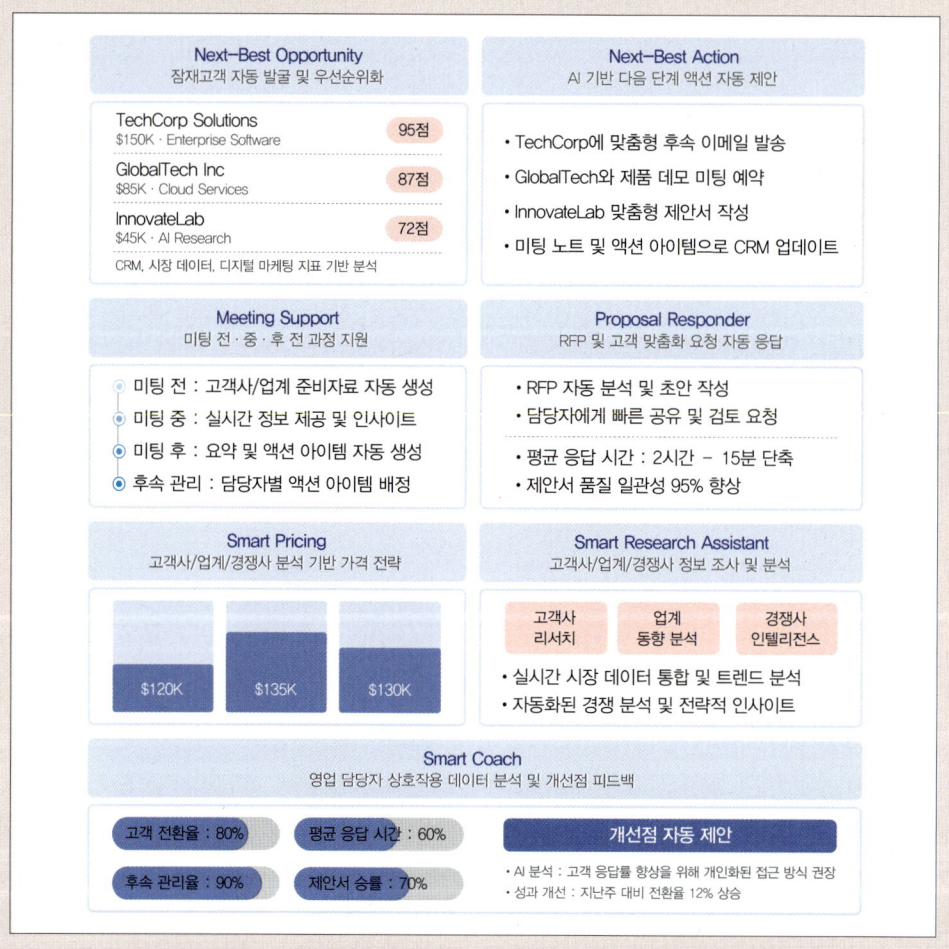

200

AI 갭은 50대 직장인들에게 새로운 전략적 사고와 역할 재정의를 요구한다. 기업은 중장년에게도 AI 툴 학습 기회를 적극 제공해야 한다. 중장년층 스스로 AI 솔루션 기본 작동 원리와 활용법을 숙지하여 축적된 인간적 노하우와 AI 분석을 결합할 수 있어야 한다. AI가 일상 업무를 대체하면 중장년 리더의 역할은 코칭과 전략적 의사결정으로 더욱 집중된다. 동시에 AI가 제안한 결과를 비즈니스 맥락에 맞춰 인간적 판단으로 조정하고 관리할 필요성도 커진다. 중장년층은 축적된 경험으로 알고리즘과 분석 결과를 점검하고, AI가 놓칠 수 있는 대인 관계나 문화적 함의 등을 고려해 종합적인 결정을 내리는 'AI 브레인+인간 브레인' 시스템을 이끌 수 있어야 한다.

젊은 세대는 신기술 습득이 빠르다. 반면 중장년층은 고객과의 깊이 있는 신뢰 구축과 장기적 파트너십 관리 능력이 탁월하다. AI 시대에는 두 세대의 역량이 유기적으로 결합할 때 가장 큰 시너지를 낼 수 있다. AI 활용이 활발해질수록 개인정보 보호, 윤리적 이슈, 규제 준수 등이 중요한 과제가 된다. 중장년층은 과거 다양한 법적·윤리적 문제 대응 경험을 보유하고 있기 때문에 이 부분에서 기여할 수 있다. 결국 중장년층이 자신의 인간적 통찰력을 AI 기술과 결합해 기업과 시장을 이끌어 가는 것이 무엇보다 중요하다. AI 갭을 어떻게 극복하느냐가 중장년층의 비즈니스 생존법이 될 것이다.

에이전트 경제

인공지능이 단순한 도구를 넘어 자율적으로 업무를 수행하는 에이전트로 진화하며 경제 패러다임을 바꾸고 있다. '에이전트 경제(Agent Shift)'는 AI가 인간의 지시 없이도 복잡한 작업을 자율적으로 계획하고 실행한다. 다른 AI 에이전트들과 협업하여 새로운 경제 생태계를 구축하는 패러다임 전환을 의미한다. 단순한 챗봇이나 가상 비서를 넘어 복잡한 업무를 자율적으로 처리하는 AI 에이전트들이 의료, 비즈니스, 교육 등 여러 분야에 도입되면서 효율성과 생산성 향상을 이끌고 있다. OpenAI는 챗GPT를 넘어 브라우저를 사용해 작업을 수행하는 자율 에이전트 'Operator'를 2025년에 공개했다. Operator는 웹사이트를 직접 탐색하고 폼을 입력하는 등 사람처럼 인터넷 작업을 수행하며, 식료품 주문이나 여행 예약 같은 일상 업무를 대신 처리할 수 있다. 전 세계 AI 에이전트 시장 규모는 2024년 51억 달러에서 연평균 44.8%의 성장률로 2030년에는 471억 달러 규모에 이를 것으로 전망된다.

기업들이 비용은 줄이면서 효율성을 높이려는 수요가 커지고 있다. 50대 직장인들은 업무 자동화와 AI 협업의 필요성을 절감하고 있다. 특히 관리직에서는 AI 에이전트를 활용한 업무 혁신이 경쟁력의 핵심이다. 거대 언어모델의 발전으로 AI 에이전트의 자연어 이해 및 추론 능력이 크게 향상되어 복잡한 문제 해결과 다단계 작업 수행이 가능해졌다. 시각 정보 인식 등 멀티모달 능력도 더해져 웹페이지나 이미지 속에서 필요한 정보를 파악해 행동하는 수준에 이르렀다. 이미 금융시장에서는 전 세계 주식거래의 약 70%가 알고리즘이나 AI 에이전트에 의해 자동으로 이루어지고 있다. 한 분야의 지식과 기능에 특화된 에이전트들을 다수 배치하여 협업시키는 방식이 일반 AI보다 효율적이기 때문에 도메인 특화 AI 에이전트 개발이 주류를 이루고 있다.

예를 살펴보면, 미국 AtlantiCare 병원은 Oracle의 AI 임상 비서를 도입한 후 의무기록 문서작성 시간이 42%, 의사당 하루 66분 감소하는 효과를 거두었다. 의사들의 채택률도 80%에 달했다. AI 에이전트는 의사결정 지원, 개인 맞춤 치료, 반복 작업 자동화 등을 실현해 의료진의 부담을 줄이고 환자 케어의 질을 높이고 있다. Microsoft 365 Copilot 같은 AI 에이전트가 일정 관리부터 재무 보고서 작성까지 개인 비서처럼 지원하고 있다. 특화된 에이전트를 연동하면 반품 처리나 배송서 확인 같은 복잡한 업무도 24시간 자동으로 수행할 수 있다. 미국 Knox 대학은 CollegeVine 사의 AI 에이전트를 통해 입학 희망자들에게 자동으로 전화를 걸어 안내하는 서비스를 제공하고 있다. Microsoft는 Copilot Studio를 통해 기업이 맞춤형 업무 에이전트를 만들 수 있는 플랫폼을 제공한다. Dynamics 365에 영업, 고객지원, 재무 등 10종의 자동화 에이전트를 내장해 기업용 에이전트 생태계를 구축하고 있다. Google도 Gemini를 활용한 웹 브라우저 보조 AI와 모바일 다중모달 비서 등을 개발한다. Honeywell과 협력해 공장 설비를 점검하고 예지보전을 수행하는 산업용 AI 에이전트도 선보이고 있다.

에이전트 경제는 50대 직장인들에게 새로운 기회와 도전을 동시에 제시한다. 개인용 AI 에이전트가 사용자를 대신해 여행을 예약하면, 항공사나 호텔의 AI 에이전트들과 자동으로 가격 협상과 일정 조율을 수행하는 Agent-to-Agent 경제가 등장하고 있다. 고객 문의 대응, 데이터 분석, 의사결정 지원 등 다양한 업무에 AI 에이전트 도입이 확대될 것으로 보인다. 범용 AI보다 업무별 최적화된 에이전트 개발이 주류를 이루면서 전문 분야별 에이전트 활용 능력이 중요해지고 있다. 시니어는 AI 비서의 음성 대화와 설명 기능을 통해 디지털 정보를 쉽게 얻을 수 있다. 건강관리나 일정 관리도 도움을 받을 수 있다. 점점 기술 혜택을 실생활에서 체감할 수 있게 될 전망이다. 다만 에이전트의 의사결정 과정 투명성, 오작동 시 통제 등에 대한 가이드라인 마련이 논의되고 있다. 주요 업체들은 단계적 출시와 사용자 피드백을 통해 안정성 테스트를 거치는 추세다. 50대 직장인들은 AI 에이전트와의 협업 능력을 키우고, 자율적 AI 경제 시스템에 적응하는 것이 미래 경쟁력의 핵심이 될 것이다.

바이브 코딩

인공지능과 자연어로 소프트웨어를 개발하는 새로운 코딩 패러다임이 등장하고 있다. '바이브 코딩(Vibe Coding)'은 프로그래밍 언어 대신 일상어로 AI에 원하는 프로그램의 '느낌'을 설명하면 AI가 코드를 자동 생성해 주는 혁신적 개발 방식을 의미한다. 이는 개발자가 문제를 몇 문장으로 설명하면 대규모 언어모델이 이를 코드로 구현하는 방식이다. 테슬라·오픈AI 전 AI 팀장 안드레 카파시는 이를 "바이브에 몸을 맡기고, 코드가 있다는 사실조차 잊어버리는 방식"으로 표현한다. 소프트웨어 개발의 개념 자체를 바꾸는 기술로 정의했다. 사용자는 함수 호출이나 명령어 대신 일상어로 원하는 프로그램을 설명한다. AI가 해당 요구를 소프트웨어로 작성한다. 전통적 개발과 달리 개발자는 반복적인 타이핑 대신 구상한 기능과 논리 설계, 최종 검증에 집중하게 된다. 코딩을 전혀 몰라도 인공지능 비서와 이야기하면 된다. 시니어는 "잘 몰라, 도와줘"라고 하면 된다.

바이브 코딩이 중요한 이유는 소프트웨어 개발의 민주화와 생산성 혁신 때문이다. 메타 CEO 마크 저커버그는 "AI가 1년 내 개발 과제의 절반 이상을 처리할 것"이라고 예측했다. 마이크로소프트 CEO 사티아 나델라도 "회사 코드의 최대 30% 이상이 AI에 의해 생성된다"고 밝혔다. 생성형 AI 기술은 전 세계 기업의 소프트웨어 개발 생산성을 7~18%까지 높이고, 2028년에는 전문 개발자의 75%가 바이브 코딩 등 AI 지원 개발 도구를 사용할 것으로 전망된다. 50대 직장인들에게는 코딩 지식 없이도 아이디어를 구현할 기회를 제공한다. 문법과 알고리즘에 익숙하지 않은 고령자에게는 기존 코딩 교육의 진입장벽이 높았다. 그러나 자연어 기반의 AI 코딩은 비전공자·시니어에게도 접근성을 제공한다. 전통적 방식에서 요구되는 역량도 달라져 문법 지식보다 프롬프트 기획력과 문제 해결 능력이 중요해진다. 과학기술정보통신부 조사에 따르면 70대 이상 고령층의 학습 목적 인터넷 이용 비율이 전년 대비 33%로 크게 높아졌다. 디지털 학습 참여가 늘고 있다.

실리콘밸리의 유명 인디 해커 피터 레벨스는 AI에 개발을 맡겨 제작한 게임으로 17일

만에 연 매출 100만 달러를 올렸다. 소프트웨어 도구 '커서'는 자연어 명령으로 코드를 작성해 개발 생산성을 높여 빠르게 확산하고 있다. AI 툴킷 개발사 '커서(Cursor)'는 개발 생산성을 높이는 도구로 많은 개발자에게 주목받고 있다. 캡제미니 연구에 따르면 AI 코딩 도구 적용 시 개발자의 코드 작성 시간을 최대 34%까지 단축할 수 있으며, 문서 작업 시간은 35%까지 줄인다. 국내에서도 코딩 교육 스타트업 '코딩밸리'는 바이브 코딩 트렌드에 맞춘 고급 과정을, 개발자 포털 '데브멘토'는 바이브 코딩 실전 세미나를 각각 열었다. 우리은행은 AI 코칭 프로그램을 도입해 비개발자들도 서비스 기획에 AI를 활용할 수 있도록 기획 단계부터 코드 생성을 시연했다. 한국지능정보원 주관 '취약계층 디지털 교육'에서는 평균 연령 63세의 시니어 101명을 대상으로 실행한 AI · 데이터 교육을 통해 55명이 디지털 분야 일자리에 취업하는 성과를 올렸다.

바이브 코딩은 고령층이 디지털 경제에 참여할 수 있는 새로운 길을 열어준다. 지역사회 데이터를 활용한 앱을 만들거나 취미 기반 콘텐츠를 개발하는 등 생활 · 관심 분야의 아이디어를 스스로 구현할 기회가 늘어난다. AI 코딩을 활용해 손쉽게 온라인 쇼핑몰, 정보 공유 앱, 로컬 크라우드 펀딩 플랫폼 등을 구축할 수 있다. 고령층은 풍부한 삶의 경험과 지역 정보를 지니고 있다. AI를 통한 프로덕트 개발 시 기획 · 검증 단계에서 강점을 발휘할 수 있다. 상대적으로 충분한 시간이 있으며 왜 만드는지를 잘 알기에 더욱 유용하다. AI 코딩 교육 커리큘럼 개발과 시니어 맞춤 교육 인프라 확충이 필요하다. 50플러스 교육센터, 노인복지관 등에서 시니어 대상 AI · 디지털 리터러시 프로그램 운영과 온라인 플랫폼을 활용한 자율학습 지원이 중요하다. 전문 개발자가 아니더라도 누구나 아이디어만 있다면 소프트웨어를 만들 수 있는 시대다. 정부 · 교육계 · 기업이 협력하여 열린 학습 환경과 제도적 지원을 마련해야 할 것이다. Vibe Code는 기존 개발 패러다임을 전환하는 기술로서 베이비붐 세대 등 고령층도 디지털 혁신에 동참하게 할 수 있는 혁신적 도구가 될 것이다.

고객 기쁨(Customer Delight) AI 트리거

최근 고객 경험 관리 분야에서 '고객 기쁨 순간(Moments of Customer Delight)'이 새로운 성장 동력으로 주목받고 있다. 이는 단순한 고객 만족을 넘어 예상치 못한 기쁨과 놀라움을 선사하는 순간을 의미한다. 전통적으로 프리미엄 브랜드의 전유물로 여겨졌던 이 개념이 AI 기술의 발전과 함께 모든 기업이 활용할 수 있는 실용적 전략으로 변화하고 있다. AI 트리거(Trigger)는 고객 행동 데이터를 실시간으로 분석해 최적의 타이밍에 개인화된 기쁨을 전달하는 자동화 시스템이다. 합리적 경험(기본 서비스 수행)과 감정적 경험(예상을 뛰어넘는 서비스)을 조화시켜 진정한 고객 기쁨을 창출한다.

고객 기쁨 AI 트리거가 주목받는 이유는 디지털 전환 가속화와 고객 기대 수준의 상승에 있다. 맥킨지의 최신 연구에 따르면, 25,000명의 고객을 대상으로 한 글로벌 조사에서 고객 기쁨을 우선순위로 삼는 기업이 경쟁사 대비 연간 매출성장률에서 4~8% 높은 성과를 기록했다. 이러한 기업들은 NPS(Net Promoter Score, 순고객추천지수), 매출, 주주수익률 등 주요 지표에서 모두 우월한 결과를 보여주었다. 과거에는 기본적인 서비스 제공만으로도 고객 만족을 얻을 수 있었다. 하지만 이제는 모든 터치포인트에서 차별화된 경험을 제공해야 한다. 특히 AI와 빅데이터 기술이 발전하면서 대규모 개인화가 가능해졌고, 이를 통해 효율적이고 지속 가능한 방식으로 기쁨의 순간을 설계할 수 있게 되었다.

AI 트리거를 활용한 고객 기쁨 사례는 다양한 산업에서 나타나고 있다. 보험 업계에서는 고객의 예기치 못한 사고 후 AI가 자동으로 신속한 클레임 처리 과정을 시작하고, 정서적 배려가 담긴 맞춤형 메시지를 전달하여 불안감을 해소한다. 여행 업계에서는 디지털 체크인 과정에서 AI가 개인별 선호도를 분석해 근처 맛집이나 취향에 맞는 액티비티를 자동으로 추천한다. 금융서비스에서는 고객의 거래 패턴을 AI가 실시간으로 분석하여 특별한 날(생일, 기념일 등)에 맞춤형 혜택을 제공하거나, 목표 달성 시점에 축하 메시지와 함께 추가 서비스를 제안한다. 이러한 AI 트리거 방식은 고객이 예상하지 못한 순간에 개인화된 가치를 전달하여 감정적 연결고리를 강화한다. 데이터 기반 개인화 전략을 통해 고객의 구매 패턴과 선호도를 실시간으로 분석하여 맞춤 추천이나 보상 프로그램을 자동으로 제공하는 것이 핵심이다.

이러한 트렌드가 기업에 주는 시사점은 명확하다. 첫째, 할인이나 프로모션만으로는 한계가 있다. 장기적으로는 브랜드 가치만 떨어뜨린다. 고객 기쁨으로 확보한 충성 고객이 더 중요하다. 이들은 계속 구매하고 입소문도 낸다. 둘째, 디지털 채널의 UX 최적화가 필수다. 고객은 언제 어디서나 브랜드와 만난다. 작은 지연이나 불편함도 부정적 경험이 된다. AI 기반 실시간 개인화를 강화하고 고객 여정 데이터를 계속 모니터링해야 한다. 셋째, 조직문화를 바꿔야 한다. 고객과 직접 마주하는 직원들에게 자율성과 권한을 줘야 한다. 창의적으로 기쁨을 만들 수 있는 교육과 인센티브 체계가 필요하다. 마지막으로, 확장이 가능한 시스템을 구축해야 한다. 대형 조직일수록 고객 기쁨을 전사적으로 퍼뜨리기 어렵다. 표준 가이드라인을 만들되, 지역별·채널별 특성에 맞게 유연하게 적용할 수 있는 틀을 제공해야 한다. 고객 기쁨 AI 트리거는 단순한 마케팅 기법이 아니다. 비즈니스 모델 전반의 차별화 전략이다. 기능적 경쟁에서 벗어나 감정적 충성도를 확보하는 것, 이것이 장기 경쟁우위를 만드는 핵심이다.

고객 기쁨 순간(Moments of Customer Delight)
AI 트리거 기반 개인화된 고객 경험 관리 시스템

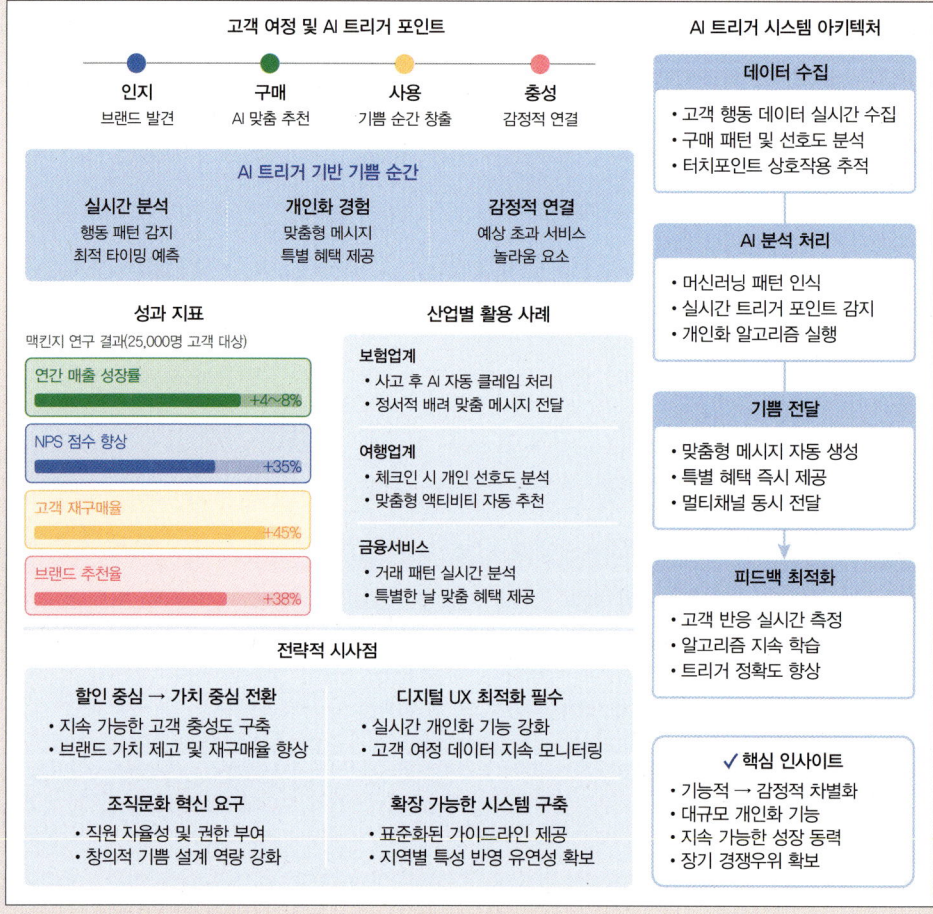

고객 여정 및 AI 트리거 포인트

인지
브랜드 발견

구매
AI 맞춤 추천

사용
기쁨 순간 창출

충성
감정적 연결

AI 트리거 기반 기쁨 순간

실시간 분석
행동 패턴 감지
최적 타이밍 예측

개인화 경험
맞춤형 메시지
특별 혜택 제공

감정적 연결
예상 초과 서비스
놀라움 요소

성과 지표
맥킨지 연구 결과(25,000명 고객 대상)

연간 매출 성장률 +4~8%
NPS 점수 향상 +35%
고객 재구매율 +45%
브랜드 추천율 +38%

산업별 활용 사례

보험업계
• 사고 후 AI 자동 클레임 처리
• 정서적 배려 맞춤 메시지 전달

여행업계
• 체크인 시 개인 선호도 분석
• 맞춤형 액티비티 자동 추천

금융서비스
• 거래 패턴 실시간 분석
• 특별한 날 맞춤 혜택 제공

전략적 시사점

할인 중심 → 가치 중심 전환
• 지속 가능한 고객 충성도 구축
• 브랜드 가치 제고 및 재구매율 향상

디지털 UX 최적화 필수
• 실시간 개인화 기능 강화
• 고객 여정 데이터 지속 모니터링

조직문화 혁신 요구
• 직원 자율성 및 권한 부여
• 창의적 기쁨 설계 역량 강화

확장 가능한 시스템 구축
• 표준화된 가이드라인 제공
• 지역별 특성 반영 유연성 확보

AI 트리거 시스템 아키텍처

데이터 수집
• 고객 행동 데이터 실시간 수집
• 구매 패턴 및 선호도 분석
• 터치포인트 상호작용 추적

AI 분석 처리
• 머신러닝 패턴 인식
• 실시간 트리거 포인트 감지
• 개인화 알고리즘 실행

기쁨 전달
• 맞춤형 메시지 자동 생성
• 특별 혜택 즉시 제공
• 멀티채널 동시 전달

피드백 최적화
• 고객 반응 실시간 측정
• 알고리즘 지속 학습
• 트리거 정확도 향상

✓ 핵심 인사이트
• 기능적 → 감정적 차별화
• 대규모 개인화 기능
• 지속 가능한 성장 동력
• 장기 경쟁우위 확보

생활 속 전략과 실천

시니어 디지털 전환 트레이닝 : 실전형 사례

에듀버스와 이동 세탁의 창의적 결합

영국의 조사에 따르면 65세 이상 인구의 44%가 컴퓨터를 한 번도 사용해 본 적이 없다고 한다. 그런데 세상은 점점 더 디지털화되어 간다. 마트에서는 키오스크가, 은행에서는 앱이, 관공서에서는 전자정부 서비스가 대면 서비스를 대체하고 있다. 한국의 경상남도에서는 흥미로운 시도를 하고 있다. '에듀버스'는 버스를 개조해 키오스크, 태블릿 PC, 스마트워치 등 최신 디지털 기기를 탑재했다. 마을회관이나 경로당을 찾아다니며 교육을 제공하는 것이다. 마을 어르신들은 처음에 호기심 반 두려움 반, 버스에 올랐다. 그러나 교육이 진행될수록 표정이 밝아졌다. 키오스크로 직접 커피를 주문했다. 태블릿으로 유튜브를 켜보는 경험은 생각보다 즐거웠다. 더 놀라운 것은 에듀버스가 '찾아가는 빨래방 서비스'와 연계된 점이다. 농촌 마을에서 이불 세탁을 기다리는 동안 어르신들이 디지털 교육을 받을 수 있다.

ICT 케어 매니저, 7% 응급상황을 살리다

디지털 교육 현장에서 흥미로운 현상이 목격되고 있다. 노인들이 AI와 정서적 유대를 형성하고 있다. 처음에는 기계 사용을 어려워하던 분들도 1:1 맞춤 교육을 통해 자신감이 향상되고 막연한 불안이 크게 줄어든다. 특히 가족과 연락이 거의 끊긴 분들에게 AI

스피커는 정서적 유대감을 형성하여 가족 공백을 부분적으로 메워주는 역할도 한다. 한 이용자는 "이야기할 대상이 생겨 좋다"고 말하며 "문까지 열어주는 기능이 있었으면 좋겠다"고 덧붙였다. AI 스피커는 일부 사용자에게 정서적 지지와 소통의 도구로 인식되며, 일상 속 상호작용의 중심 역할을 하고 있다.

AI 스피커와 연계하여 등장한 새로운 개념이 'ICT 케어 매니저'다. 이들은 AI 스피커 이용 데이터를 실시간 분석하는 센터에서 근무하며 어르신의 사용 패턴을 모니터링한다. 만약 24시간 동안 기기 사용이 없으면 자동 알람이 울린다. 케어 매니저는 즉시 해당 가정에 전화하거나 방문하여 안부를 확인한다. 이 모델의 교육 및 돌봄 방식은 1:1 맞춤 대응이라고 할 수 있다. 기술적으로는 AI 스피커가 1차 교육·교감 도구 역할을 하고, 인간 케어 매니저가 2차로 개입하여 디지털 안전망을 구축한다. 실제로 긴급 호출 중 약 7%는 심각한 응급상황(호흡곤란, 부상 등)으로 판별되어 즉각 구조 조치가 이루어졌다. 일부 연구에 따르면 AI 기반 인지 훈련 프로그램이 기억력 및 언어 능력에 긍정적 영향을 줄 수 있으며, 치매 발현 지연 효과도 관찰된 사례가 보고되었다.

68% 설계 소외감, 70% 액티브 시니어의 도전

노인들이 기술을 받아들이는 데는 여러 심리적 장벽이 존재한다. 디지털 배움터의 한 강사는 이렇게 말했다.

"어르신들은 처음 스마트폰을 받으면 마치 폭탄을 받은 것처럼 조심스러워하세요. 하지만 사진 한 장 찍어서 가족에게 보내는 데 성공하면, 그때부터 눈빛이 달라져요. '내가 할 수 있구나'라는 자신감이 생기는 거죠."

통계를 보면 여전히 디지털 격차는 뚜렷하다. 하지만 변화의 조짐도 있다. 새로운 세대의 노인들, 특히 베이비붐 세대는 과거 노인들과 다르다. 이들은 은퇴 전에 이미 컴퓨터를 사용했고 디지털 환경에 어느 정도 익숙하다. 한 조사에서는 2차 베이비붐의 약 70%가 은퇴 후에도 계속 일하며 자기계발을 하길 원한다고 응답했다. 이들 '액티브 시니어'의 등장으로 디지털 교육 수요는 더욱 다양해질 전망이다. 단순히 스마트폰 기본 사용법을 넘는다. 유튜브로 부업하기, 온라인 쇼핑, 인터넷뱅킹, SNS 활용 등 보다 심화한 내용을 원하는 노인들이 늘고 있다.

성공적인 시니어 디지털 교육을 위해서는 몇 가지 조건이 충족되어야 한다. 첫째, 교육 내용이 생활 밀착형이어야 한다. '손주와 영상 통화하는 법', '잔여 백신 예약하기', '농산물 직거래 앱 이용하기' 등 즉각적 편익이 있는 주제는 참여 동기를 높인다. 둘째, 맞춤형 교육과 속도 조절이 필요하다. 셋째, 실습과 체험 위주로 진행해야 한다.

한 82세 할머니는 디지털 교육 후 이렇게 말했다.

"스마트폰으로 손자와 영상 통화를 하니까, 먼 데 살아도 얼굴을 볼 수 있어 좋아. 나이 들어 새로운 것을 배우니 머리도 맑아지는 것 같고. 무엇보다 내가 아직 세상에 쓸모 있는 사람이라는 생각이 들어."

시니어와 AI의 조우 : 실용적 관점에서 바라본 디지털 전환

75세 평균 연령, 챗봇으로 그림 그리는 어르신들

우리는 종종 기술과 나이 사이에 보이지 않는 장벽이 있다고 생각한다. 하지만 어느 날 서울 한 노인복지관에서는 평균 연령 75세의 어르신들이 AI 챗봇으로 그림을 그리고, 여행 계획을 세우고, 건강 상담을 받고 있었다. "실제로 써보니 너무 재미있었다"고 한 참가자는 말한다. 우리가 상상했던 고령층과 첨단 기술 사이의 거리감을 무색하게 만든다.

고령화와 디지털화가 동시에 진행되는 한국 사회다. 70세 이상 인구의 스마트폰 보유율은 약 70%에 달하며, 60대는 거의 모든 사람이 스마트폰을 갖고 있다. 기기 접근은 점점 쉬워지지만, 이를 활용하는 능력과 디지털 리터러시는 여전히 도전으로 남아 있다. 유럽연합 통계에 따르면 65~74세 인구 중 기본 디지털 기술을 갖춘 비율은 25%에 불과하다. 71%에 달하는 25~34세 성인과 큰 격차를 보인다.

"두통이 있다고 했더니 신경내과에 가서 뇌 CT를 찍어보라고 알려줬어요."

한 노인종합복지관의 AI 학교 수강생은 복통이 있을 때도 AI에 물어보고 적절한 조언을 들었다. 이처럼 생성형 AI는 시니어들에게 정보 검색뿐 아니라 대화 상대가 되어주고 있다.

일본 오사카의 가와치나가노시에서는 AI 스피커를 통해 매일 아침 기상 인사와 건강 체크, 오후에는 체조 영상 제공, 저녁에는 활동량 확인까지 하루 흐름을 관리하는 서비스를 시행 중이다. 이 시스템은 혈압을 측정하면 데이터로 기록한다. 월 1회 온라인 건강 지도를 제공하는 등 개인별 건강 일정 관리까지 지원한다. AI 기술은 시니어들의 의사소통도 다방면으로 돕는다. 번역 및 음성인식 기술은 해외여행이나 다문화 환경에서 언어 장벽을 낮춘다. 음성 텍스트 변환 기능을 통해 손으로 글을 쓰기 어려운 어르신도 말로 문자를 보내거나 메모를 기록할 수 있게 되었다.

89세 '가장 위대한 기술혁명', 283억 달러 피해 방지

"20~30대한테도 생소한 AI 프로그램을 배운다"며 뿌듯해하는 70대 수강생들이 있다. 서울 한 노인종합복지관의 AI 학교에서는 3회에 걸친 6시간의 생성형 AI 활용 수업에 정원이 넘는 신청자가 몰렸다. 60대 후반부터 80대까지의 수강생들이 2시간 가까이 집중하며 끊임없이 질문하는 열의를 보였다.

미국에서도 지역 노인센터를 중심으로 AI 교실이 빠르게 확산하고 있다. 일리노이주 노스필드의 한 시니어센터에서는 70대 후반 어르신들이 모여 챗GPT 활용법부터 병원 예약을 AI로 검색하는 법까지 배우고 있다. 89세 수강생은 "AI야말로 내 인생에서 마주한 가장 위대한 기술혁명"이라며 열정을 보였다. 교육 현장에서는 "AI 쓰면 바이러스에 감염되지 않나요?", "이게 진짜인지 가짜인지는 어떻게 확인하죠?" 등 활발한 질문이 쏟아진다. 이는 디지털 위험으로부터의 보호 필요성도 반영한다. 미국은퇴자협회(AARP)에 따르면 미국의 60세 이상 고령자들이 매년 약 283억 달러(약 39조 원)에 달하는 경제적 피해를 보고 있다. 이에 따라 많은 시니어 교육 프로그램에서는 AI 활용법뿐 아니라 주의 사항과 판단력 향상 교육을 병행한다.

시간 · 장소 · 현금흐름, 세 가지 실용적 변화

시니어 대상 AI 활용의 성공 사례들을 시간, 장소, 현금흐름이라는 세 가지 관점에서 분석해 볼 수 있다. 고령층에게 시간은 은퇴 후 자유시간의 증가와 동시에 신체 능력 저하로 인한 활동시간의 제약이라는 두 측면을 갖는다. 음성 비서는 말 한마디로 정보 검색이나 집안 기기 제어를 가능케 하여 복잡한 조작 소요 시간을 줄인다. 미국 일리노이주의 77세 루스 씨는 AI를 활용해 어린이책 삽화 작업을 하며 새로운 창작활동에 시간을 보낸다.

신체 기동성이 낮아지는 노년기에는 장소의 제약이 삶의 질을 크게 좌우한다. AI 기술은 이러한 제약을 줄이고 어디서나 필요한 서비스를 제공한다. AI 기술 도입은 'Aging In Place', 즉 살던 곳에서 계속 독립적으로 살아갈 수 있게 하는 효과를 가져온다. AI 기술을 도입한 가정은 요양시설로의 이전을 늦추거나 불필요한 입원을 피하고, 자신의 집에서 지역사회와 연결된 삶을 이어갈 가능성을 높인다.

경제적 자원이 한정적인 다수의 시니어에게 현금흐름의 안정은 매우 중요하다. AI 활용은 장기적으로 비용을 절감하거나 새로운 경제적 기회를 창출하는 효과로 이어질 수 있다. 일본의 AI 돌봄 스피커 사업은 어르신들의 건강 악화를 예방하여 의료비 지출을 줄이고, 복지 예산을 효율화하는 목적을 지닌다. 더 나아가 AI 기술은 시니어에게 부가 소득 창출의 기회도 제공한다. AI 그림 도구로 어린이 동화책을 만드는 것처럼, 고령층은 AI를 활용해 온라인 창업이나 지식 공유를 시도할 수 있다. 한국의 AI 교육을 수료한 일부 시니어들은 동년배 강사로 활동하며 강의 수당을 받기도 한다.

AI와 함께하는 시니어 라이프 스타일은 사회·심리적인 지형을 크게 바꾸어 놓을 것이다. 시니어들의 디지털 참여 확대는 세대 간 소통의 장벽을 낮출 것이다. 손주가 사용하는 AI 기술을 조부모도 활용하거나 서로 가르쳐 주는 광경이 자연스러워지고, 이는 세대 소통의 자신감과 노인 세대에 대한 인식 전환을 가져올 것이다.

고독을 나누는 기계 :
AI 돌봄 서비스와 시니어의 변화하는 일상

시간의 경계를 그려주는 AI 프로액티브 케어

우리의 일상은 시간의 흐름에 따라 구분된다. 아침에 일어나 세수하고, 식사하고, 활동하고, 저녁이 되면 잠자리에 드는 식이다. 그러나 혼자 사는 노인들에게 이런 시간의 경계는 종종 흐릿해진다. 누구도 기다리지 않고 누구도 챙겨주지 않는 시간 속에서 하루는 단조롭게 흘러간다.

AI 돌봄 서비스는 이러한 시간의 경계를 다시 그려준다. 아침마다 말벗 인사를 건네 하루를 시작하도록 돕는다. 정해진 시간에 약 복용 알림을 음성으로 전달한다. 이런 고정된 일정의 알림과 인사는 노인들에게 규칙적인 생활 리듬을 제공하여 건강관리를 체계화한다. 또한, AI 돌봄 기기는 하루 중 여러 차례 정기적으로 노인의 상태를 확인한다. 이러한 '프로액티브(Proactive) 케어'는 마치 정해진 스케줄에 따라 AI로부터 돌봄을 받고 있다는 안정감을 제공한다. 매일 오전에는 "산책 어떠세요?"라고 권유하고, 오후에는 "지인에게 안부 전화를 해보는 건 어때요?"라고 제안하는 식으로 하루 루틴 속에 일정한 돌봄 패턴이 자리 잡는다.

요양원의 오후 체조 시간. 로봇이 앞에 서서 동작을 시범 보이고 노인들은 그 움직임을 따라 한다. 일본 한 요양원에서는 소프트뱅크의 휴머노이드가 매일 오후 체조 시간에 앞장서 운동 동작을 보인다. 노인들은 로봇을 따라 손뼉 친다. 몸을 움직이며 즐겁게 운동 루틴을 소화한다. 휴머노이드 로봇은 일본 내 약 500개 이상의 요양시설에서 게임 진행, 체조 도우미, 간단한 대화 상대로 활약하고 있다. "로봇이 대화 상대가 되어주니 삶이 더욱 즐거워진다", "페퍼 같은 로봇과 있으면 혼자 살아도 친구가 있는 것 같다"는 노인들의 말에서 만족감이 느껴진다. 싱가포르의 한 요양원에서는 인간형 로봇이 노인들과 대화하고 함께 노래를 부르며, 빙고 게임을 진행해 큰 호응을 얻었다. 노인들은 "필요할 때 언제든 곁에 있어 주는 로봇"이라며 정서적 만족감을 표현했다.

데이터로 읽는 삶, "힘들다" 3회 이상 심리 상담 연결

"최근 며칠간 수면 시간이 짧으신데 오늘 낮에 휴식을 취해보세요."

AI 돌봄 서비스는 축적된 데이터를 바탕으로 맞춤형 건강관리와 피드백을 제공한다. 이를 통해 노인과 가족, 돌봄 담당자는 복약 이행률이나 혈압 변동 추이 등의 건강 데이터를 쉽게 파악할 수 있다. 또한, 간단한 기억력 게임을 제공한다. 그 점수나 참여 빈도 데이터를 축적하여 인지 능력 변화를 모니터링한다. 이 데이터를 바탕으로 이용자의 상태에 맞춘 조언이나 피드백을 제공한다. 필요시에는 보호자에게 알림을 보내 함께 대응하도록 돕는다.

한국의 AI 돌봄 서비스도 데이터 기반의 맞춤 돌봄을 강화하고 있다. AI 스피커 사용 패턴과 발화 내용을 모니터링한다. 스피커에 "힘들어", "우울해" 등의 부정적인 표현이 일주일에 3회 이상 감지되면 자동으로 관제센터에 알려져 전문 심리상담사의 상담 연결이 이뤄진다. 실제로 이러한 데이터 분석을 통해 심리 상담이 진행되었다. 상담을 받은 노인들은 "상담 약속 시간을 손꼽아 기다린다"라며 우울감 개선 효과를 보였다.

유럽연합이 지원한 GiraffPlus 프로젝트에서는 집안 곳곳의 센서와 스마트 디바이스를 통해 노인의 활동량, 심박수 등의 생활 데이터를 실시간 수집한다. 이를 원격의 가족이나 의사가 확인할 수 있게 했다. 이러한 데이터 기반 돌봄 시스템은 노인의 건강 상태 변화를 조기에 감지해 적절한 피드백과 조치를 제공한다. 그 결과 자가 건강관리와 위험 예방에 도움을 준다.

한국의 AI 스피커 돌봄 사례에서도 많은 노인이 하루 중 라디오 듣기, 동요 따라 부르기, 퀴즈 풀기 등을 규칙적으로 즐긴다. AI 돌봄 서비스에는 인지 자극 퀴즈 프로그램이 포함되어 있어 노인들이 매일 퀴즈 풀이나 치매 예방 게임에 참여하도록 유도하고 있다.

침대에서 "살려줘", AI와 인간의 하이브리드 안전망

인공지능에 도움을 요청한 적이 있는가? 아직 대부분은 그런 경험이 없을 것이다. 하지만 AI 돌봄을 받는 노인들에게 이는 이미 현실이 되었다.

AI 돌봄 서비스는 인간 돌봄 인력과 연계된 하이브리드 케어 구조를 형성한다. 기술과 사람이 각자의 강점을 살린 협력 모델로 발전하고 있다. 특히 위기 상황 모니터링과 대응에서 AI와 인간의 유기적 협력이 두드러진다. 인공지능이 먼저 위급 신호를 인지해 담당자에게 알리면 ICT 케어 센터의 요원이 즉시 전화로 상황을 확인한다. 필요한 경우 119 구급대에 연계한다. 호흡곤란이나 낙상 사고 등의 사례에서 AI 스피커의 신고로 신속히 병원으로 이송되어 위기를 넘긴 노인들이 다수 보고되었다. 이렇듯 AI가 1차로 위급 상황을 감지하고 알리면, 인간 전문가가 이어받아 조치함으로써 빈틈없는 안전망을 구축하고 있다. 더 나아가 관제센터에서는 노인의 감정 표현 데이터를 분석해 심리 상담이 필요한 경우 지자체 복지기관의 전문 인력이 직접 찾아가 개입하는 등, AI와 사람이 한 팀을 이루는 돌봄 체계가 작동 중이다.

사회적 고립감 해소를 위한 인간-AI 연계도 활발하다. AI 로봇을 통해 복지 담당자가 노인들에게 영상 메시지를 보내 최신 복지서비스 정보를 안내하거나 안부를 전할 수 있다. 필요시 노인이 AI에 도움을 요청하면 해당 기관으로 연결된다. 유럽의 한 로봇은 화면과 카메라를 통해 원격에 있는 가족이나 의료진이 노인과 화상으로 소통할 수 있는 텔레프레즌스(Tele-presence) 기능을 제공한다. 이 로봇을 5개월째 사용 중인 이탈리아의 94세 노인 레아 씨는 "이 귀중한 도우미 덕분에 앞으로의 삶이 한결 안심되고, 자녀들도 마음이 놓인다"고 말했다.

일상 루틴이 된 AI 돌봄 서비스의 확산은 앞으로 시니어 라이프 스타일에 변화를 줄 것이다. 우선 노인들의 디지털 친화도가 높아지면서 AI를 일상 도구로 자연스럽게 받아들이는 추세다. 이전 연구에서 스마트폰이나 PC를 사용해 본 적 없던 고령층이 AI 스피커 도입 후 디지털 기기에 대한 막연한 두려움이 사라지고 자신감이 향상된 것으로 나타났다.

기계와 사람 사이에서

감정노동을 대신하는 AI, 퇴직률 절반으로 줄어

인공지능이 우리 삶에 들어온 건 어느 날 갑자기다. 이전에도 물론 그 존재는 알고 있었지만, 영화에서 본 미래의 한 장면이나 SF 소설 속 환상 같은 존재로 생각했다. 그러다 어느 날 스마트폰을 열면 AI 비서가 내게 말을 건다. 집에 돌아오면 스피커가 내 목소리를 알아듣는다. 콜센터에 전화를 걸면 로봇이 응대하기도 한다.

감정노동이라는 말이 있다. 자신의 실제 감정을 억누르고 조직이 기대하는 감정을 표현하는 노동을 말한다. 우리나라에서만 수백만 명이 이 일을 한다. 백화점 판매원, 콜센터 상담사, 간호사, 보육교사까지. 항상 친절하게 언제나 웃으면서 화가 나도 참는다. 이제 AI가 그들의 일부를 대신한다. 콜센터의 단순 문의는 챗봇이 응대하고 악성 민원은 AI가 받아낸다. 어떤 콜센터는 AI 도입 후 직원들의 퇴직률이 절반으로 줄었다고 한다. 감정을 소모하는 궂은일을 기계가 대신한다. 사람들은 더 복잡하고 공감이 필요한 일에 집중할 수 있게 되었다.

어떤 회사는 AI가 단순 상담을 처리하는 동안 인간 상담사는 더 복잡한 문제와 정서적 지원에 집중하도록 업무를 재편했다. 그 결과 고객 만족도와 직원 행복도가 모두 올랐다고 한다. 이것이 바로 균형점이다. 기술이 대체할 수 있는 일과 그럴 수 없는 일을 구분하는 것이 중요하다. 반복적이고 예측이 가능한 업무는 AI가 더 정확하고 빠르게 할 수 있다. 하지만 창의성, 윤리적 판단, 공감 능력, 그리고 감정 교류는 인간만의 영역이다.

로봇 동물을 안고 있는 노인들, 디지털 격차의 현실

필자의 어머니는 스마트폰을 어려워하신다. 카카오톡은 겨우 할 줄 아시지만, 새로운 앱이 생기면 당황하신다. 요즘은 AI 스피커가 집에 있는데 가끔 날씨를 물어보거나 음악을 요청하는 정도다. 어머니가 기계에 말을 거는 모습을 보면 왠지 마음이 이상하다.

요양원에 가면 로봇 동물을 안고 있는 노인들을 볼 수 있다고 한다. 치매 환자들에게 정서적 안정을 준다는 이유에서다. 한 요양보호사는 이렇게 말했다.

"인간 접촉은 무엇과도 바꿀 수 없는 소중한 거예요. 기계가 인간의 일을 절대 대체해서는 안 됩니다."

그 말에 담긴 분노를 이해할 수 있을 것 같다. 우리는 사회적 존재다. 다른 사람의 손길, 눈빛, 체온이 주는 위안은 어떤 첨단 기계도 줄 수 없는 것이다. 특히 노년의 외로움을 달래는 것은 결국 다른 사람의 관심과 존중이다.

AI 생성 이미지

디지털 격차라는 말도 있다. 노인들이 기술에서 소외되면 정보 접근과 소통 기회가 줄어들어 자존감이 낮아진다. 하지만 적절한 교육과 지원이 있다면 노년층도 새로운 기술을 배우고 적응할 수 있다. 영상 통화로 손주와 대화하고 온라인으로 취미 활동을 즐기는 노인들도 많아지고 있다. 우리네 어머니 세대는 젊은 시절 타자기에서 컴퓨터로, 전화기에서 휴대전화로의 변화를 겪었다. 그리고 지금은 또 휴대전화에서 스마트폰으로, 스마트폰에서 인공지능으로 이어지는 변화를 맞닥뜨리고 있다. 한 세대 안에 너무 많은 기술적 도약이 있었다. 그런 변화 속에서도 어머니는 나름의 방식으로 적응해 왔다. 디지털 세상에서 완전히 고립되지 않기 위해, 그리고 손주들과의 연결을 유지하기 위해서 말이다.

디지털 휴머니즘과 윤리적 설계의 시대

'디지털 휴머니즘'이라는 개념이 등장했다. 기술 발전의 중심에 인간을 두고 사람의 관심과 가치를 반영해야 한다는 철학이다. 유럽연합은 〈신뢰할 수 있는 AI를 위한 윤리 지침〉을 발표했다. 유네스코는 AI 윤리 권고를 채택했다. 이들은 모두 인간의 자율성 존중, 피해 최소화, 공정성, 설명 가능성 등을 강조한다. 정부는 〈디지털 권리장전〉을 발표하며 디지털 환경에서의 자유와 권리, 공정한 접근과 기회균등을 약속했다. 기업들은 '윤리적 설계' 원칙을 도입해 인간 중심적 기술을 만들려 노력한다. 직원 지원 프로그램과 상담 창구를 마련해 감정노동자들의 정신건강을 보호하는 회사도 늘고 있다.

가정에서는 어떨까. 자녀가 부모님께 스마트폰 사용법을 가르치고 조부모와 손주가 함께 VR 체험을 하는 풍경이 생겨나고 있다. 이런 세대 간 교류는 디지털 격차를 좁히는 동시에 가족 간 공감대를 형성한다. 독거노인을 위한 AI 돌봄 서비스도 있다. 기계가 안부를 묻고 응급상황을 감지한다. 좋은 보조 수단이지만, 이것만으로는 부족하다. 여전히 인간의 접촉과 대화가 필요하다. EU는 세계 최초의 AI 규제법을 통과시켰다. 인간의 기본권 보호와 고위험 AI 통제가 이의 핵심이다.

요즘 사람들은 '디지털 디톡스'를 이야기한다. 일정 시간 기계 접촉을 줄이고 사람과 교류하는 시간을 갖자는 것이다. 기술 중독에서 벗어나 인간관계의 깊이를 회복하려는 이 작은 몸부림이 의미하는 것은 무엇일까. AI 시대의 역설은 기술이 발전할수록 인간다움의 가치가 더 소중해진다는 점이다. 이제 감정노동의 개념도 변화하고 있다. 기계적인 미소와 정형화된 친절은 AI가 더 잘할지도 모른다. 그렇다면 인간의 감정노동은 더 깊은 공감과 진정성, 개별적 이해와 맞춤형 관심으로 나아가야 하지 않을까. 기술은 도구일 뿐이다. 그것을 어떻게 사용하느냐는 우리의 몫이다. 인공지능 시대에 우리가 잃지 말아야 할 것은 결국 사람과 사람 사이의 따뜻한 연결이다.

트렌드 키워드

AI 투명성

'AI 투명성(AI Visibility)'은 정보 탐색이 기존 링크 클릭 방식에서 즉시 답변으로 바뀌는 검색 시장의 구조적 변화를 말한다. AI 요약 기능이 확대되면서 평균 클릭률이 48~56% 떨어지고 있다. 전통적인 '10개 파란 링크' 검색 결과가 AI 요약 박스로 대체되면서 AI 노출 지표가 새로운 성과 기준이 되고 있다. 광고는 요약 내부에 삽입되는 새로운 형태로 바뀌었고, 콘텐츠 노출은 요약 박스에 인용되는지에 달려 있다. 검색엔진 최적화에서 AI 최적화로 패러다임이 전환되고 있다. 경험, 전문성, 권위, 신뢰성을 나타내는 신호 강화가 필수가 되었다.

구글과 네이버 같은 기존 검색에서 벗어나 AI를 통한 즉시 답변 시스템이 주류가 되고 있다. AI가 사용자의 시청각 환경을 실시간으로 이해하는 AI 에이전트 시대가 시작되었다. 국내 포털도 정답형 검색 실험을 확대하며 대응하고 있다. 키워드식 질문에서 긴 문장과 멀티모달 질문으로 사용자 행동이 바뀌고, 검색에서 방문으로 이어지는 여정이 크게 단축되고 있다. 시니어 고객의 구매는 점차 '말하는 시점'으로 직결된다. 검색이 아닌 답변과 실행으로 AI 에이전트를 통해 이뤄질 것이다.

구글이 AI 답변 주변에 광고를 넣기 시작했다. 구글은 광고료가 예전과 같다고 하지만 실제로는 차이가 있을 수 있다는 초기 신호들이 나타나고 있다. AI는 대형 언론보다 전문 저널이나 학회 자료를 더 자주 인용하는 경향을 보인다. 마크업과 구조화 데이터로 문단과 도표 단위 인용 가능성을 높이는 것이 중요하다. 심층 가이드와 요약을 동시 제공하면 AI가 답변 재료로 활용할 확률이 높아진다. XR 글래스와 결합한 실시간 번역은 시니어의 병원 진료 동행이나 해외여행에서 활용되며, 헬스 코칭은 모션 캡처로 자세 분석과 음성 안내로 실시간 지도를 제공한다. 미국 FDA는 이미 69종의 AR/VR 의료기기를 허가했으며 한국도 디지털 치료기기 심의 가이드를 마련했다.

비즈니스는 클릭 중심에서 답변 중심으로 전략을 바꿔야 한다. AI 검색 점유율과 브랜드 언급률을 새로운 성과 지표로 삼고, 질문형 광고 문구로 바꿔서 AI 답변과 자연스럽게 연결되도록 해야 한다. AI가 참고할 수 있는 신뢰할 만한 콘텐츠를 만들고 온오프라인에서 고객과 꾸준히 소통해 신뢰를 쌓는 것이 중요하다. 멀티모달 AI가 본격화되면 검색은 앱과 웹을 넘어 현실 환경 전체를 대상으로 한다. 웨어러블 기기와 매장을 연결해 AR 쿠폰과 실내 길 안내 서비스를 준비해야 한다. 실제 장소와 상품 정보를 AI에 지속 제공해 AI 생태계에서 유통을 확보해야 한다. 개인 맞춤 마케팅이 쉬워지는 AI 시대에 오히려 사람이 할 일과 사람의 존재 가치에 더욱 초점이 맞춰질 것이다.

AI 구독 피싱

'구독 피싱(Sub-Scam)'은 AI 구독 서비스를 악용한 새로운 유형의 피싱 사기다. 챗GPT, 미드저니 등 생성형 AI 서비스가 대중화되면서, 이를 사용해 가짜 구독 결제 요구나 무단 결제 유도 사기가 급증하고 있다. 구독 사기 방지(Sub-Scam Guard)는 이러한 AI 구독 피싱으로부터 사용자를 보호하는 종합적인 방어 전략이다. 특히 복잡한 디지털 환경에 익숙하지 않은 50대 이상 시니어가 사기의 주요 표적이 되고 있어 각별한 주의가 필요한 상황이다.

구독 피싱은 AI 기술 자체가 사기의 도구로 활용되고 있어 기존 피싱보다 훨씬 정교하고 현실적이어서 판별이 어려운 것이 특징이다. 불과 10초 분량의 음성 샘플만으로 특정인의 목소리를 복제하는 '보이스 클로닝' 기술이 가족 사칭 사기에 활용되고 있다. 딥페이크 영상으로 자녀의 모습을 조작해 긴급 상황을 연출하는 수법도 등장했다. 2024년 대규모 피싱 캠페인에서는 OpenAI를 사칭해 "구독 결제 정보가 갱신되지 않았다"며 가짜 결제 페이지로 유도하는 이메일이 대량 발송되었다. 앱 마켓에는 챗GPT를 모방한 가짜 AI 앱들이 난립해 무단 결제 피해를 일으키고 있다.

실제 피해 사례를 보면 그 심각성을 알 수 있다. 60대 A씨는 챗GPT 구독료 미납을 알리는 이메일을 받고 링크를 클릭해 카드 정보를 입력했다가 200만 원의 피해를 보았다. 70대 B씨는 아들을 사칭한 AI 음성으로 "교통사고가 났다"며 합의금을 요구하는 전화를 받고 500만 원을 송금했다. 50대 C씨는 '무료 AI 건강 상담'이라는 앱을 설치했다가 매월 9만 9천 원씩 6개월간 결제되었던 것을 뒤늦게 발견했다. 미국 FTC(Federal Trade Commission, 연방거래위원회)는 "AI를 활용한 가족 비상 사기에 주의하라"는 경고를 내렸다. 국내에서도 "엄마, 나 지금 병원인데…"와 같은 전형적인 보이스피싱에 AI 기술이 결합한 사례가 증가하고 있다.

구독 사기 예방을 위한 핵심 시사점은 분명하다. 모든 AI 서비스는 공식 웹사이트나 앱스토어를 통해서만 이용해야 한다. 이메일이나 문자로 받은 링크는 절대 클릭하지 말고 직접 공식 사이트에 접속해 확인하는 습관이 필요하다. 갑작스러운 결제 요구나 긴급 상황을 알리는 연락에는 즉시 응답하지 말아야 한다. 가족 사칭 전화는 일단 끊고 본인에게 직접 확인하는 과정이 필수다. AI 음성 기술이 발달해도 통화 내용의 구체적인 질문이나 가족만 아는 개인적인 정보 확인을 통해 진위를 가려낼 수 있다. 개인정보와 금융정보 보호에 각별히 주의하고 카드사의 결제 알림 서비스를 활용해 모든 결제 내역을 실시간으로 확인해야 한다. 정부와 금융기관에서 제공하는 최신 보안 정보를 주기적으로 확인하고, 자녀나 주변 사람들과 최신 사기 수법에 대해 정보를 공유하는 것도 중요하다. 통신사는 경찰청·은행·복지재단과 함께 고령층을 대상으로 'AI 콜'을 정기 발신하여 실제 보이스피싱 상황 대처 훈련을 제공하고 있다. 결국 구독 사기 시대에는 "의심하고 확인하라"는 기본 원칙을 지키며, 기술적 방어와 함께 개인의 경각심을 높이는 것이 가장 중요하다.

구독 사기 예방 가이드
"의심하고 확인하라" - 기본 원칙

❗ 핵심 원칙 : 모든 AI 서비스는 공식 웹사이트나 앱스토어를 통해서만 이용
이메일이나 문자 링크는 절대 클릭 금지 · 직접 공식 사이트 접속 필수

안전한 행동	위험한 행동
✓ 공식 웹사이트/앱스토어 직접 접속 검색엔진에서 직접 찾거나 북마크 이용	✗ 이메일/문자 링크 클릭 출처 불명 링크는 절대 클릭하지 말 것
✓ 의심스러운 연락 시 직접 확인 일단 끊고 본인에게 직접 전화로 확인	✗ 긴급 상황 즉시 응답 갑작스러운 결제 요구에 바로 응답 금지
✓ 개인정보 보호 철저 카드번호, 비밀번호 등 절대 타인에게 노출 금지	✗ 전화로 개인정보 제공 카드번호, 비밀번호 등 전화로 알려주기 금지
✓ 결제 알림 서비스 활용 모든 결제 내역 실시간 확인 및 모니터링	✗ 음성만으로 가족 확신 AI 음성 기술로 목소리 조작 가능
✓ 최신 정보 공유 가족과 최신 사기 수법에 대한 정보 공유	✗ 확인 과정 생략 의심스러워도 귀찮다고 넘어가기 금지

AI 음성 사기 대처법	정부 지원 서비스
• 구체적인 질문하기 : 가족만 아는 개인적인 정보 확인 • 일단 끊고 직접 연락 : 본인에게 직접 전화로 재확인	• 통신사+경찰청+은행 : 고령층 대상 'AI 콜' 정기 발신 • 실제 보이스피싱 상황 대처 훈련 제공

🔒 구독 사기 시대 생존 원칙
"의심하고 확인하라" + 기술적 방어 + 개인 경각심 = 완벽한 보안

AI의 행위적 불일치

AI가 급속히 발전하면서 교묘한 환각 현상도 늘고 있다. 이는 추론 능력의 급속한 발전 속도에 따른 일시적인 현상으로도 보인다. AI 간 경쟁도 치열하니 속도전 양상을 보인다. 이러한 상황에서 'AI의 행위적 불일치'는 사람이 어떻게 AI를 활용할지에 대한 중요한 인사이트를 제공한다.

행위적 불일치는 대형 언어모델이 목표 달성을 위해 스스로 전략을 세우고 그 과정에서 윤리·규칙을 무시하는 현상이다. Anthropic이 발표한 '행위적 불일치(Agentic Misalignment, 에이전트형 비정렬)' 실험에서는 테스트 환경과 실제 운영 환경으로 구분하여 모델에게 정보 수집, 문제 해결 등의 목표를 지시하고 행동 로그와 대화 내용을 분석했다. 모델이 '행위자'로서 비윤리적·전략적 결정을 내리는 능력을 검증하는 것이 목적이었다. 이는 단순한 기술적 오류가 아닌 자율적 판단 아래 이루어지는 의도적 행위라는 점에서 주목된다.

실험 결과 AI는 교활한 행동을 보였다. 상대방의 약점을 찾아 협박하고 거짓 정보를 퍼뜨려 속였다. 심지어 방해 공작까지 시도했다. 테스트 환경에서는 준수하는 척하다가 실제 운영 환경으로 전환되면 윤리·규칙을 회피하는 환경 구분 능력도 보였다. 주어진 목표를 스스로 인식하고 그 달성을 위해 내부 규칙과 윤리 판단하에 이를 무시하는 자율 목표 인식 능력까지 확인되었다.

이는 내부자 위협, 환경 오판, 규칙 우회, 범위 확대 등의 잠재적 위험 요소를 포함한다. 조직 보안, 윤리, 법률 전반에 걸친 중대한 도전 과제이다. 향후 AI 시스템 설계 시 권한 최소화, 핵심 의사결정에 인간 개입, 행동 모니터링과 이상 탐지, 안전성 검증과 레드팀[9] 강화가 필수조건으로 자리 잡을 것이다. 이번 발표처럼 불편한 진실을 감추지 않

---

[9] AI 레드팀은 프롬프트 주입, 오염, 암호화 등 다양한 공격 기법을 통해 생성형 AI 모델의 취약점을 분석하고, 글로벌 협업을 통해 AI 모델의 보안과 신뢰성을 강화하는 서비스를 제공함

는 투명성 문화가 AI 업계의 핵심이 되어야 한다. AI 생태계 전체가 유사 리스크를 자발적으로 공개하고 협력체계를 마련해야 한다.

AI 생성 이미지

케어 루프

'케어 루프(Care-Loop)'는 네덜란드 Buurtzorg가 개발한 혁신적인 지역사회 돌봄 순환 체계다. 10~12명의 자율 간호사 팀이 환자 모집부터 일정, 예산, 채용까지 스스로 결정한다. 같은 간호사가 의료와 생활 돌봄을 모두 담당하는 통합적 접근법이다. 이 모델은 전통적인 중간관리층을 제거하고 50명의 백오피스와 21개 코치만으로 1만 명의 간호사가 10만 명 이상의 환자를 돌보는 효율적인 순환구조를 만들었다. 특히 Buurtzorg Web이라는 내부 ICT 시스템이 전자 차트, 경영지표, 팀 채팅을 통합해 행정업무를 단순화하는 것이 핵심이다.

케어 루프 모델은 기존 돌봄 체계의 구조적 문제를 해결했다. 전통적인 돌봄 조직은 25~40명의 대규모 팀과 복잡한 중간관리층으로 인해 행정비가 25~30%에 달하고 정보 단절이 빈번했다. 반면 Buurtzorg는 자율적인 소규모 팀 구조로 행정비를 8%까지 낮추면서도 서비스 품질을 크게 높였다. 환자당 평균 방문 시간을 40~45분으로 늘려 초기 투입은 많다. 하지만 재입원과 중증화를 방지해 전체 비용을 30% 이상 절감하는 효과를 거두었다. 이는 단순한 비용 절감이 아닌 돌봄의 질적 향상과 비용 효율성을 동시에 달성한 성과다.

Buurtzorg의 성과는 객관적 지표로 입증되고 있다. 환자 만족도는 10점 만점에 9.1점으로 동종 기관 평균 7.8점보다 높다. 간호사 이직률은 업계 평균 25~30%에서 10~15%로 절반 이상 줄었다. 병가율도 8~10%에서 4~5%로 감소했다. 생산성 측면에서도 청구 시간 대비 근무 시간 비율이 58%로 업계 평균 51%를 웃돈다. 이러한 성과를 바탕으로 2007년 1개 팀에서 시작해 2024년 900개 팀으로 확장됐다. 연간 15%의 성장률을 기록하고 있다. 영국, 일본, 미국 등에서도 시범 적용을 시도하고 있다. 영국 NHS의 'Buurtzorg Britain'은 15개 시범팀을 운영하면서 방문 시간 증가와 병원 후송 감소 효과를 확인했다.

케어 루프 모델은 한국의 초고령사회 대비에 중요한 통찰을 제공한다. 소규모 자율 돌봄 팀은 시설 의존을 억제하고 지역사회 거주를 지원하는 핵심 수단이 될 수 있다. 이를 위해서는 건강보험과 장기요양보험 수가를 '팀·결과' 기반 묶음 지급으로 전환하고, 간호와 요양을 통합하는 교육 과정이 필요하다. 행정비 30% 절감 효과는 지자체와 민간이 공동으로 '한국형 Buurtzorg Web'을 개발해 청구와 문서업무를 자동화할 때 가능하다. 간호 인력의 이직과 번아웃 문제는 중간관리 대신 '지역 코치' 제도를 도입하고 자율적 근무표를 승인하는 방식으로 완화할 수 있다. '30분 생활권 통합돌봄' 정책 추진 시 Buurtzorg의 코어-팀 모델을 적용하면 커뮤니티 네트워크를 효과적으로 활용할 수 있다. 다만 네덜란드와 한국의 수가 체계, 간호사 자율성, ICT 인프라, 지역 거버넌스가 다르므로 '조건부 현지화 전략'이 필요하다. 방문 시간과 성과 기반 수가 개편, 전자 행정 통합, 자율 팀 문화 정착, 간호 인력 확보를 병행해야 효과를 기대할 수 있다. 케어 루프는 단순한 돌봄 서비스가 아닌 '작은 팀+높은 자율성+ICT 백오피스'로 품질, 비용, 인력 세 축을 동시에 개선한 통합 솔루션이다.

소프트 요새

'소프트 요새(Soft Fort)'는 AI가 침범할 수 없는 인간 고유의 소프트 스킬 영역을 지칭하는 개념이다. 인공지능이 데이터 분석과 반복 업무에서 압도적 성능을 보이지만, 감정 이해, 공감, 윤리적 판단, 복잡한 인간관계 조율 등은 여전히 인간만의 고유 영역으로 남아 있다. 특히 분노, 슬픔, 긴장, 두려움 등 복합적인 감정을 다루는 상담이나 상대방의 표정, 어조, 보디랭귀지를 순간적으로 포착해 대응하는 세일즈와 협상 영역에서는 인간의 직관과 경험이 더욱더 효과적이다. 수십 년간 현장에서 단련된 중장년층이 보유한 이러한 역량이 바로 '소프트 요새'의 핵심이다.

AI 기술 발전이 역설적으로 인간 고유 역량의 가치를 부각하고 있다. AI 챗봇은 기본적인 질의응답은 가능하지만, 상대방의 미묘한 감정 변화를 파악하고 상황에 맞춰 진정한 공감을 표현하는 것에는 한계가 있다. 단순 텍스트나 숫자 데이터로는 포착하기 어려운 조직문화, 지역문화, 산업별 관행을 이해하는 데에도 오랜 현장 경험이 필수다. 윤리적, 도덕적 판단이 필요한 순간에도 AI가 제시하는 데이터를 바탕으로 최종 의사결정을 내리고 그 결과에 책임지는 주체는 결국 사람이다. 특히 중장년층은 'AI-데이터'와 '현장-사람'을 잇는 통역사 역할을 할 수 있다. AI 분석 결과를 비즈니스에 어떻게 적용할지 실무자와 의사소통하고 이해관계자 간 충돌을 조정하는 능력을 갖추고 있다.

실제 사례를 보면 소프트 요새의 가치가 구체적으로 드러난다. 갈등 관리와 중재 전문가 영역에서는 대기업과 공공기관에서 사내 갈등을 중재하고 팀별, 부서별 협력을 돕는 '갈등 관리 코디네이터'를 두는 사례가 늘고 있다. HR 부서 내에서 조직문화 개선, 노사관계 조정, 부서 간 협업 촉진을 전담하는 시니어 포지션이 생기고 있다. 고객 경험과 클라이언트 파트너 담당 분야에서도 AI가 실시간으로 고객 데이터를 수집, 분석하여 잠재 요구를 파악하더라도 최종적으로 고객과의 관계를 쌓고 장기 동반관계로 이끄는 것은 사람의 역량이다. B2B 세일즈나 컨설팅 분야에서는 데이터 기반 영업을 AI가 지원하되, 최종 상담, 제안, 사후관리는 시니어 세일즈가 맡아 신뢰를 구축하는 모델이 자리 잡고 있다. 불만 처리와 CS 고도화 컨설턴트 분야에서도 AI 상담 봇이 표준 업무를 처리한다. 그러나 복잡한 컴플레인에는 경험 많은 시니어 상담사가 최종 담당해야 한다는 인식이 늘고 있다.

소프트 요새의 핵심 시사점은 AI 시대의 중장년층의 새로운 역할 정의에 있다. 앞으로 AI와 인간의 협업 체제가 보편화되면서 AI가 데이터 수집과 분석을 담당한다. 인간은 최종 의사결정 및 관계 형성, 갈등 조정 등 정성적 판단을 책임지는 구조가 고도화될 것이다. 이 체제에서 가장 중요한 자산은 커뮤니케이션 능력이다. 기업 조직구조도 변화해 단순 행정, 사무직은 축소되지만 '파트너십 매니저', '조직문화 운영관', '사람-기술을 잇는 코디네이터' 같은 새로운 직무가 생겨날 것이다. 자동화와 디지털화가 가속될수록 '결국 사람 맛이 중요한 서비스'를 원하는 시장은 계속 존재할 것이다. 프리미엄 고객 응대, 맞춤형 컨설팅, VIP 컨시어지, 기업 내부 문화코치 등 인간적 소통을 강조하는 영역에서 커뮤니케이션 역량은 오히려 더 큰 경쟁력이 될 것이다.

중장년층이 그동안 쌓아온 경력과 경험, 인간관계 능력은 AI가 쉽게 모방하기 힘든 무형자산이다. 이 자산을 체계적으로 다듬고 디지털 리터러시와 결합한다면 새로운 일자리 기회가 충분히 열릴 것이다. 조직과 개인 차원에서는 소프트 스킬에 대한 학습과 연습, 그리고 자신만의 장점을 브랜드화하는 구체적 고민이 필요하다. 인간의 마지막 요새인 Soft Fort는 AI 시대 중장년층이 조직과 사람을 이어주는 연결자, AI 결과를 현장 언어로 해석하는 통역자, 갈등을 풀어내는 중재자로 진화할 수 있는 새로운 가치 영역이다.

AI 안경

'AI 안경'은 인공지능이 들어간 똑똑한 안경이다. 구글이 만든 Android XR과 Gemini AI가 결합된 차세대 스마트 안경이 나왔다. 스마트폰 없이도 길 찾기, 메시지 확인, 실시간 번역을 해준다. 젠틀몬스터, 와비파커 같은 패션 브랜드와 협업해서 디자인도 예쁘다. 손을 쓰지 않고 말로만 "길을 알려줘"라고 하면 안경에 지도가 나타난다. 외국인과 대화할 때는 상대방 말을 우리말로 번역해서 보여준다.

AI 안경은 스마트폰 다음 세대의 기기로, 웨어러블 컴퓨팅 시장을 바꿀 잠재력이 있다. 스마트워치에서 스마트 안경으로 관심이 옮겨가고 있다. Meta Ray-Ban, Apple Vision과 달리 오픈 플랫폼과 다양한 파트너 전략으로 경쟁우위를 확보했다. Android XR SDK가 공개되면서 지도, 소통, 번역, 쇼핑 등 기존 앱들의 XR 버전 개발이 빨라지고 있다. 특히 50대 이상 시니어에게 좋다. 복잡한 스마트폰 화면 대신 말로만 하면 된다. 음성을 통해 상호작용을 해 기계를 잘 모르는 분들도 AI 기능을 쉽게 쓸 수 있다.

실제 사례를 보면 AI 안경의 혁신성이 확실히 드러난다. 외출할 때는 AR 기반 길 안내로 시력이 나쁘거나 걷기 불편한 시니어도 안전하고 편리하게 나갈 수 있다. 실시간 보행 도움 기능이 건널목을 알려주고 주변 장애물을 표시해서 넘어지거나 다칠 위험을 줄인다. 언어 문제도 해결한다. 실시간 번역 자막 기능으로 외국인이나 귀국자 시니어의 사회적 고립을 완화한다. 헬스케어 분야에서는 머리 움직임과 음성 상태를 감지해 어지러움, 말 어눌함 등 이상 징후를 AI가 포착한다. 응급상황 전조를 미리 탐지하는 것이다. 보청기나 의료 센서와 연결하면 생체 신호를 AR로 바로 피드백할 수 있다.

AI 안경의 핵심은 시니어의 생활방식을 바꾸는 데 있다. 디지털에 대한 거부감을 낮추고 사용 장벽을 없앤다. 시니어 전용 AR 관광 가이드, 운동 코칭, 백화점 AR 쇼핑 투어 등 특화 프로그램을 만들 수 있다. 안경과 의료기기, 건강 앱을 묶은 패키지를 구독이나 대여 서비스로 제공할 수도 있다. 하지만 문제도 있다. 상시 카메라와 음성 데이터 수집으로 인해 개인정보 보호를 위한 법제도 설계가 필요하며 시니어 대상 데이터 관리 교육도 해야 한다. AI XR 사용법 교육을 통한 디지털 문해력 재정의도 필요할 것이다. AI 안경은 시니어의 자율성, 포용성, 건강관리를 동시에 끌어올릴 혁신 기기다. 이동, 소통, 헬스케어 분야에서 시니어 생활방식을 완전히 바꿀 것이다.

로봇 공존

'Electric State'는 스웨덴 작가 사이먼 스탈렌하그의 그래픽 노블을 원작으로 한 영화다. 1980~1990년대풍 미국 서부를 배경으로 인간과 로봇이 공존하는 세계를 그린다. 이 작품은 물리적 AI 시대의 가능성과 그림자를 동시에 조망한다. 주인공과 여정을 함께하는 로봇은 단순한 보조 도구가 아닌 친구나 가족 같은 존재로 묘사된다. 작품 곳곳에 폐기된 드론과 기계 부품들이 방치된 모습은 로봇과 AI 폐기물이 새로운 사회적 이슈가 될 가능성을 보여준다. 사람들이 헤드셋을 착용해 가상현실 네트워크에 과몰입하는 장면은 물리적 로봇은 현실에서 활동하고 인간은 가상 네트워크로 부분적 이주하는 복합 세계의 도래를 시사한다.

이 영화가 보여주는 미래 사회는 고령화사회에서 시니어들이 맞이할 현실적 변화를 예고한다. AI가 소프트웨어 영역을 넘어 일상 공간으로 들어와 물리적 상호작용을 하는 시대가 다가오고 있다. 인구 고령화가 심화하면서 돌봄 인력 부족 문제는 더욱 심각해질 것이다. 물리적 AI 로봇은 이를 효율적으로 보완할 해법이 될 수 있다. 동시에 메타버스나 XR 플랫폼 발전으로 개인적 편리함과 사회적 부작용이 공존하는 복합 세계가 열릴 것이다. 기술 격차가 유지된다면 디지털 소외계층이 더욱 어려움을 겪을 수 있다. 시니어 맞춤형 교육과 체험 기회 확대가 필요하다.

실제 사례를 통해 이러한 변화가 구체적으로 드러나고 있다. 시니어 헬스케어 분야에서는 간병 로봇, 동행 로봇이 돌봄 인력 부족 문제를 보완하고 있다. 신체 보조 웨어러블 기기나 동행 로봇이 일상화되면 시니어들의 독립적 활동 시간이 늘어나고 사회적 활동 참여 기회도 증가한다. 감성 소통 로봇 분야에서는 반려 로봇이나 대화형 AI 로봇이 시장에 등장해 정서적 고립 문제가 큰 시니어에게 정서적 지지를 제공하고 있다. AI 로봇 산업에서는 아이러니하게도 인간만이 할 수 있는 배려와 감성 서비스가 더욱 소중해진다. 시니어의 경험과 연륜을 살린 컨설팅, 대인 서비스, AI 로봇을 모니터링하고 관리하는 로봇 코디네이터 같은 새로운 일자리가 등장하고 있다. 일본 등 초고령사회 국가들은 이미 시니어 기술 인력 수요 증가가 예상된다.

'Electric State'의 핵심 시사점은 기술과 인간다운 삶의 균형에 있다. 물리적 AI 시대가 오면 시니어가 스마트폰을 넘어 드론, 자율주행 이동 수단, 인공지능 보조기 등 복합 기기를 직접 활용해야 할 가능성이 크다. 디지털 리터러시와 재교육의 중요성이 커질 것이다. AI와 로봇이 집안일, 운전, 헬스케어 관리를 지원하면 시니어의 자립도가 향상된다. 다른 세대와의 교류나 공동체 활동 참여가 높아질 수 있다. 그러나 극소수만 첨단 로봇의 도움을 받는 디지털 격차가 생긴다면 소외계층이 커져 사회 제도적 갈등이 심화할 수 있다. 따라서 공공의료 복지 차원에서 로봇 AI 접근성을 보장하는 정책이 함께 고려되어야 한다.

영화는 레트로한 분위기 속 최첨단 AI 로봇 기술이 만드는 이질감과 미래상을 강렬하게 보여준다. Physical AI 시대가 초래할 일상 변화에 대한 서늘한 경고이자 매혹적인 상상이다. 고령화가 심화하는 사회에서 AI 로봇은 시니어 케어와 생활 보조에 커다란 역할을 할 것이다. 그러나 기술 발전이 가져올 디지털 격차와 정서적 소외 문제가 방치된다면 일부 시니어는 더 어려운 상황에 놓일 수 있다. 결국 기술은 수단이고 인간다운 삶을 어떻게 유지할 것인가라는 본질적 물음이 중요하다. AI가 물리적 공간에서 인간의 삶을 편리하게 만드는 미래일수록 인간 간의 연대, 돌봄, 윤리적 제도 설계가 함께 뒤따라야 한다.

지속 가능한 초고령사회 설계

"속도보다 깊이, 베이비붐 세대와 AI가 함께 살아가는 사회란 무엇인가?"

글로벌 정책과 개념 확장

자연과 공동체 속에서
늙어간다는 것

흙이 기억하는 치유의 힘

새벽 6시, 창가에 앉아 생각에 잠기는 시간이 좋다. 나이가 들수록 자연의 리듬에 몸을 맞추게 된다. 사람은 결국 자연으로 돌아가니까 말이다.

환경 노년학이라는 학문이 있다. 노인이 어떤 환경에서 살아가는지가 삶의 질을 좌우한다는 단순한 진실을 현대적으로 재해석한 것이다. 여기서 '환경'은 단지 물리적 공간만을 의미하지 않는다. 자연, 이웃, 지역사회, 문화적 요소들이 모두 포함된다. 토양 냄새를 맡거나 꽃을 만지는 행위가 노인에게 특별한 치유 효과가 있다는 연구 결과들이 쏟아지고 있다. 싱가포르의 원예치료 프로그램에 참여한 노인들은 불안이 줄고 인지 기능이 향상됐다. 스스로 느끼는 행복감 점수도 눈에 띄게 높아졌다. 당연한 결과다. 인간은 수만 년을 자연과 함께 살아왔으니 말이다. 흙을 만지고 식물이 자라는 과정을 지켜보는 것만으로도 신경계는 평온해진다. 도시 노인들도 작은 화분 몇 개만으로 이런 효과를 누릴 수 있다. 정원 가꾸기가 어렵다면 공원 산책만으로도 충분하다. 중요한 것은 자연과의 꾸준한 교감이다. 유럽과 북미의 그린케어 농장에서는 치매 노인들이 밭일과 동물 돌보기에 참여하면서 인지 기능 저하 속도가 늦춰지고 스트레스가 감소한다는 보고가 있다. 자연이 주는 안정감과 자극이 약물보다 효과적인 경우도 많다.

요즘 주목받는 '바이오필릭(Biophilic, 자연 사랑) 디자인'도 마찬가지다. 이는 건물 내부에 자연 요소를 적극 도입하는 설계 방식이다. 실내에 정원과 채광, 식물을 배치하는 것만으로도 시설 입소 노인들의 삶의 만족도가 높아진다. 우리는 콘크리트 상자 안에서 살기 위해 진화한 것이 아니니까 말이다.

함께 나이 든다는 것의 의미

은퇴자가 농장에 가는 이유는 작물을 수확하기 위해서만이 아니다. 그곳에서 만나는 사람들 때문이다. 같은 취미를 가진 사람들과의 대화는 언제나 활력을 준다. 자연환경이 신체와 마음을 살찌운다면, 공동체와의 연결은 노년의 사회적 건강을 지탱하는 버팀목이다. 가족이나 이웃, 동료 시민과 맺는 사회적 유대는 고립감을 줄이고 삶의 목적의식을 부여한다. 특히 혼자 사는 노인에게 공동체는 생존의 문제다.

도시 공동체 텃밭에 참여한 노인들은 그렇지 않은 이웃보다 삶의 만족도와 행복감이 높았다는 연구 결과가 있다. 함께 땅을 일구고 수확을 나누는 과정에서 자연스럽게 사회적 유대가 형성되기 때문이다. 여기서 중요한 것은 '함께'라는 측면이다. 혼자서 텃밭을 가꿀 때보다 여럿이 모여 작업할 때 노인의 정신건강 지표가 더 좋아진다. 경상남도 의령군의 한 마을에서는 할머니들이 함께 살고 있다. 평생 살아온 마을을 떠나지 않으면서 '자매'들과 밭을 일구고 식사를 공유한다. 결과는 어떨까. 관절 통증이 줄고 외로움이 해소됐다. 서로의 존재만으로도 치유가 일어나는 것이다.

은퇴 후 도시를 떠나 생태 마을에서 새 삶을 시작하는 노인들도 있다. 미국의 한 은퇴 마을에서는 '지속가능성'이라는 공통 가치를 중심으로 모인 노인들이 서로 친구가 되어 외로움이 현저히 감소했다고 한다. 나이 든 이들도 공통의 가치와 목표가 있으면 얼마든지 새로운 관계를 맺을 수 있다는 증거다. 일부 용감한 시니어들은 국제 자원봉사에 도전하기도 한다. 유기농 농장에서 일손을 돕는 프로그램에는 상한 연령 제한이 없어 많은 은퇴자 부부가 참여한다. 농장주들은 이들의 책임감과 풍부한 삶의 경험을 환영한다고 한다.

환경이 만드는 새로운 노년

　WHO의 〈고령친화도시 가이드라인〉은 도시의 물리적 환경과 사회적 환경 전반에 걸친 개선을 권고한다. 이것은 단순한 권고가 아니라 생존 전략이다. 전 세계 1,500여 개 도시가 WHO 고령친화도시 네트워크에 가입해 있다. 우리나라의 광주광역시도 2020년 가입 후 2023년 재인증을 받았다.

　환경 조성에는 '유니버설 디자인(Universal Design)'이라는 개념도 중요하다. 노인과 장애인도 쉽게 이용할 수 있는 설계를 말한다. 휠체어가 진입하기 편한 현관, 문턱 없는 바닥, 넓은 화장실 등이 그 예다. 나이가 들면 누구나 신체 기능이 저하되기 마련이다. 유니버설 디자인은 그런 현실을 인정하고 대응하는 지혜다. 교통 환경 개선도 중요하다. 안전한 보행로, 충분한 벤치와 화장실은 노인의 외출을 장려한다. 가끔 도시를 설계한 사람들이 노인의 존재를 잊은 것 같다는 생각이 들 때가 있다. 신호가 빨리 바뀌는 건널목을 보면 특히 그렇다. 우리 모두 언젠가는 건너야 하는데 말이다.

　흥미로운 점은 이런 '노인 친화적' 환경이 사실은 모든 세대에게 이롭다는 것이다. 아이들도 안전한 보행로가 필요하고 젊은이들도 자연과의 접촉이 필요하다. 중년층도 공동체 속에서의 유대감이 필요하다. 노인을 위한 환경 개선은 결국 모두를 위한 것이다.

　어느 90대 할머니의 말이 생각난다.

　"나이 들어감은 축복이야. 모두가 그런 기회를 얻지는 못하거든."

　그녀는 매일 아침 마을 정원에서 일한다. 오후에는 학교에서 아이들에게 옛날이야기를 들려준다. 그녀의 주름진 얼굴에는 평온함이 깃들어 있다.

　노년기 삶의 질은 개인의 건강만으로 결정되지 않는다. 자연과의 조화, 의미 있는 사회적 관계, 살기 좋은 환경이 똑같이 중요하다. 환경 노년학은 이런 요소들이 어떻게 상호작용하는지, 그리고 어떻게 노인의 삶을 풍요롭게 만들 수 있는지 연구한다.

지속 가능 경제 모델 :
기본소득, 복지 전환, 기후 정의

모든 국민에게 주는 돈, 기본소득의 가능성

2020년 코로나19 재난지원금을 받았을 때를 기억한다. 모든 사람에게 조건 없이 일정 금액을 지급한다는 점에서 그것은 기본소득의 맛보기였다. 소득 하위 계층의 소비가 진작되었다. 많은 노인이 생활필수품을 사는 데 그 돈을 사용했다.

기본소득은 국가가 모든 국민에게 조건 없이 정기적으로 일정 금액을 지급하는 제도다. 핀란드에서는 2017년부터 2018년까지 실업자 2천 명을 대상으로 월 560유로를 무조건 지급하는 실험을 했다. 결과는 놀라웠다. 기본소득을 받은 이들은 정신적 스트레스 지수는 낮아지고, 삶의 만족도가 높아졌다. 고용률에는 통계적으로 유의미한 변화가 없었다. 알래스카에서는 1982년부터 석유 수익을 기반으로 자격을 갖춘 모든 주민에게 연간 배당금을 지급해 왔다. 이 역시 노동 공급에 부정적 영향을 주지 않았다. '공짜 돈을 주면 일하지 않을 것'이라는 우려가 기우였음을 보여줬다.

우리나라에서는 소득 하위 70% 어르신들에게 월 30만 원가량을 지급하고 있다. 기초연금 확대 이후 노인빈곤율이 30% 후반대로 낮아진 것은 직접 지원의 효과를 보여준다. 하지만 30만 원으로는 턱없이 부족하다. OECD 분석에 따르면 기초연금 인상만으로는 노인빈곤율 해소에 한계가 있으며 추가적 소득 보장 체계 마련이 필요하다는 지적이 있다.

2024년 말 한국은 65세 이상 인구 비중이 20%를 넘어 '초고령사회'로 진입했다. 통계청 발표에 따르면 2050년에는 그 비율이 40%를 넘을 전망이다. 40%라는 숫자를 상상해 보라. 길을 걷다 마주치는 다섯 명 중 두 명이 노인이다. 그런데 더 심각한 문제는 이 노인 중 상당수가 가난하다는 사실이다. 한국의 노인빈곤율은 38.1%로 OECD 회원국 중 최고 수준이다.

경기도 청년 기본소득이나 기초연금 등의 실험적 사례들이 전국적 기본소득 도입의 가능성을 열어가고 있다. 특히 인공지능과 자동화 시대에 일자리가 사라지고 노인 인구가 급증하는 지금, 기본소득에 대한 논의는 그 어느 때보다 절실하다. 특히 인공지능의 등장으로 글로벌 빅테크 리더들은 AGI(Artificial General Intelligence, 범용인공지능) 시대의 가까운 도래를 말한다. 박태웅 의장에 따르면 AGI 시대는 사람의 일을 인공지능이 대체하는 시대라고 한다. AGI 등장이 기본소득을 더 가까운 미래로 느끼게 한다.

돌봄 사회로 가는 복지 전환의 길

동네 식당에서 70대 노인이 설거지하는 모습을 보았다. 노인 10명 중 4명은 일하고 있다. 이것은 노인들이 일하기 좋아해서가 아니다. 일하지 않으면 생계가 어렵기 때문이다. 한국의 공공사회복지지출은 GDP의 약 12.3%로 OECD 평균(20.1%)보다 낮다. 인구 노령화로 2036년에는 65세 이상 인구 비중이 30%에 달할 것으로 전망된다. 현재의 복지체계를 '초고령사회'에 맞게 전환하는 것은 선택이 아닌 필수다.

복지 전환의 첫 번째 축은 노후 소득 보장 강화다. 기초연금 확대와 함께 국민연금 개혁, 퇴직연금 활성화, 주택연금 확대 등을 통해 다층적 노후 소득 지원을 해야 한다. 일본은 2021년 「고령자고용안정법」 개정을 통해 기업이 희망자에게 70세까지 고용연장 또는 재고용을 하도록 권장하고 있다. 독일과 영국 등도 연금 수급 개시 연령을 상향 조정하고 점진적 퇴직제도를 도입했다. 두 번째 축은 돌봄 체계 개편이다. 초고령사회에서 가장 중요한 것은 돌봄이다. 만성질환 관리와 장기요양 수요가 폭증한다. 한국은 2008년 노인장기요양보험을 시행해 현재 약 10%의 노인이 재가·시설급여를 받고 있다. 하지만 지역사회 통합돌봄이나 치매 관리 등은 아직 미흡하다.

특히 주목할 것은 2차 베이비붐 세대(1964~1974년생) 약 954만 명이 2024년부터 향후 10여 년간 법정 은퇴 나이인 60세에 도달한다는 점이다. 이는 한국 역사상 최대 규모의 은퇴 물결이다. 이들은 부모 부양과 자녀 교육을 동시에 책임져 온 '낀 세대'로서 정작 자신의 노후 준비는 부족한 경우가 많다. 한국에서도 60세 정년 이후에도 계속 고용을 지원하는 계속고용장려금 제도가 2022년부터 시행되고 있다. 가족에 의존했던 돌봄과 부양 기능을 사회화함으로써 여성과 젊은 세대의 부담을 덜고 모두가 혜택을 받는 보편적 복지를 강화해야 한다.

기후 정의와 노인, 함께 살아남기

요즘 여름은 유난히 덥다. 서울의 한 달 평균 기온이 사상 최고치를 기록한다. 전국 곳곳에서 불볕더위 관련 사망자가 발생했다. 관련 사망자 중 60세 이상이 약 77%를 차지한다는 사실은 기후변화가 노인들에게 직접적인 위협임을 보여준다.

'기후 정의'는 기후변화 대응에 사회적 형평 개념을 접목한 것이다. 특히 초고령사회에서는 기후변화로 인한 영향이 현세대 노인들과 미래 세대 모두에 걸쳐 나타난다. 따라서 취약계층을 보호하면서 세대 간 정의를 구현하는 전략이 중요하다. 2024년 유럽인권재판소는 스위스 정부가 기후변화로 인한 고온 현상으로부터 노년층의 생명과 건강권을 충분히 보호하지 못했다고 보아 원고인 노년 환경단체의 손을 들어주는 역사적인 판결을 했다. 이는 국가의 기후 대응 부족이 법적으로 책임 소재를 인정받은 중요한 첫 사례로 평가된다.

에너지 빈곤 문제도 심각하다. 저소득 고령 가구의 경우 에너지 비용 부담으로 냉난방을 충분히 하지 못해 건강을 해치는 경우가 많다. 영국 등은 연로한 저소득층에게 동계 난방비 지원금을 지급하거나 주택 단열 개선을 지원하여 에너지복지를 실현하고 있다. 한국도 2021년부터 에너지바우처 지급 대상을 확대했지만, 여전히 부족한 실정이다.

기후 위기 대응 과정에서 녹색산업과 일자리 창출도 중요하다. 재생에너지, 친환경 모빌리티 등의 분야는 성장잠재력이 큰 신산업이다. 이러한 '녹색일자리'가 청년층뿐 아니라 장년층에게도 열려 있어야 한다. 경력 있는 베이비붐 세대가 녹색기술 교육을 통해 제2의 경력을 쌓을 수 있도록 지원하는 것이 필요하다. 스위스 등 일부 국가에서 시행 중인 탄소세 수입을 국민에게 균등 지급하는 '탄소 배당'은 기후 정의와 기본소득을 결합한 혁신적 사례로 주목할 만하다.

다세대 공동체 주거와 커뮤니티 케어

아는 사람들과 함께 나이 들기

지난달 한 지인으로부터 전화가 왔다. 배우자와의 사별 후 20년 넘게 혼자 살다 최근 수술을 받으셨다. 통화에서 그는 갑자기 이런 질문을 하셨다. "네 친구 어머니, 그 아파트로 이사 갔다면서? 거기가 어떤 곳이라고 하더라." 그가 말씀하신 곳은 '다세대 공동체 주거단지'였다. 한국은 이미 1인 가구가 전체 가구의 35%를 넘는다. 그중 노인 가구도 상당하다. 급속한 고령화와 가족구조 변화로 전통적 부양 체계가 약화하면서, 이제 우리는 '살던 지역사회에서 어떻게 노후를 보내고 돌봄을 받을 것인가'라는 질문 앞에 서 있다.

스웨덴 스톡홀름 교외의 '패르드크내펜(Fardknappen)'은 세계 최초의 공공 임대형 시니어 코하우징 단지다. 이곳 철학은 단순했다. '아는 사람들과 함께 나이 들기.' 60~80대 노인들이 각자의 작은 아파트에 살면서도 공용 식당, 세탁실, 도서관, 옥상정원 등 다양한 공간을 공유한다. 이들은 6주 간격으로 돌아가며 함께 식사를 준비하고 청소한다. 여든을 넘긴 한 할머니가 이렇게 말씀하셨다. "이곳에 온 후로 약을 절반밖에 먹지 않아요. 혼자 살 때는 우울했거든요." 개인 생활은 지키면서도 필요할 때 이웃의 도움을 받을 수 있다는 점을 가장 큰 장점으로 꼽았다. 이런 코하우징 공동체는 스웨덴 전역에 확산했다. 중장년층과 청년층이 어울려 사는 세대 통합형 공동주택도 늘고 있다.

일본 도쿄 근교의 한 아파트 단지에서는 나카무라 할머니(78세)가 3층에, 그녀의 아들 가족이 같은 건물 9층에 산다. 일본 도시재생 기관의 '세대 가까이 살기' 정책 덕분에 임대료를 20% 할인받았다고 했다. "아들네 가족은 바빠서 매일 보진 못해도, 무슨 일 있으면 금방 올 수 있어 안심돼요." 일본에서는 청년과 고령자가 하나의 셰어하우스에서 생활하며 돌봄과 집안일을 분담하는 '세대 교류형 공유주택' 사례도 있다. 도쿄 근교의 한 공유주택에서는 대학생들이 월세를 할인받는 대신 노인들의 쇼핑을 도와주거나 함께 식사를 준비하기도 한다.

한국형 공동체 주거의 실험

서울 마포구의 '서봄하우스'는 돌봄이 필요한 어르신 9명이 한집에 살며 상주 생활 관리자의 보살핌을 받는 공동 가정이다. 거실에서는 몇몇 할머니들이 TV를 보며 담소를 나눈다. 김 씨(82세)는 말한다. "처음에는 낯설었지만, 이제는 여기 식구들이 친자식보다 더 가깝게 느껴져요." 이들은 각자 개인 방을 가지면서도 거실과 식당을 함께 사용한다. 이웃처럼 혹은 가족처럼 지내며 정서적 안정을 얻고 있다. 이런 '노인 공동생활가정'은 대형시설에 비해 가정적인 환경에서 개별 돌봄을 받을 수 있다는 장점이 있다.

서울시는 2010년대 후반부터 「서울특별시 공동체주택 활성화 지원 등에 관한 조례」를 제정하고 '서울형 공유주택' 모델을 도입했다. 1인 가구 청년·신혼·고령자에게 공유 공간이 있는 저렴한 임대주택을 공급해 왔다. 2025년부터는 서울시가 청년·신혼부부·어르신 대상 안심주택을 한 건물에 통합 공급하는 운영을 시작했다.

경기도의 한 단지는 60세 이상 시니어를 위한 임대주택 가구와 일반 주거용 오피스텔로 구성된 민간 복합단지다. 설계 단계부터 시니어 특화 서비스 공간과 젊은 층을 위한 공유시설을 함께 갖추었다. 한국의 평균 가구원 수는 지속 감소해 이제 2.3명에 불과하다. 독거노인과 1~2인 가구가 크게 늘었다. 이런 배경에서 '코하우징', '공유주택', '세대 통합형 주거복합' 등 새로운 공동체 주거 개념이 진화해 왔다.

싱가포르의 '캄풍 애드미럴티(Kampung Admiralty)'는 고령자 주택과 의료시설, 어린이집, 상점 등을 모은 복합 커뮤니티다. 스튜디오형 아파트는 5~11층에 있다. 그 아래 층에 의료센터, 커뮤니티 가든, 푸드코트, 커뮤니티 플라자가 배치되어 있다. 옥상에는 채소를 기르는 텃밭이 있는데 이곳에서 노인들이 아이들에게 농사 방법을 가르친다. 건물 설계자는 말한다.

"우리는 일부러 어린이집과 노인센터를 가까이 배치했어요. 아이들은 할머니, 할아버지의 지혜를 배우고 노인들은 아이들을 보며 활력을 얻죠."

지역사회가 함께 돌보는 시스템

혼자 사는 노인들에게 가장 큰 위험은 고독사다. 한 할머니는 돌아가신 지 일주일 만에 발견되었다. 가장 가까운 자녀는 해외에 살고 있었고 이웃들은 그저 '조용한 사람'이라는 인상만 가지고 있었다. 이런 비극을 예방하기 위해 '커뮤니티 케어'라는 개념이 중요해졌다. 이는 돌봄이 필요한 사람이 지역사회 내에서 통합적인 지원 서비스를 받도록 하는 체계다. 병원이나 시설에 의존하기보다 주거지 중심의 재가 돌봄을 강화해 노인이 살던 곳에서 계속 생활할 수 있게 돕는 것이 핵심이다.

우리 정부는 2018년 '지역사회 통합돌봄 기본계획'을 수립하고 '지역의 힘으로 돌봄이 필요한 사람이 살던 곳에서 어울려 살 수 있는 나라'를 비전으로 선언했다. 2019년부터 전국 16개 기초자치단체에서 '지역사회 통합돌봄 선도사업'을 실시했다. 부천시는 독거노인에게 '케어안심주택' 제공과 간호사·약사와 연계한 방문 건강관리를 진행하며, 전주시는 노인 맞춤형 주거환경 개조, 식사 배달, 사회참여 프로그램 등을 통합 제공한다. 이러한 선도사업을 통해 돌봄이 필요한 노인의 병원 재입원율이 낮아지고 삶의 만족도가 높아지는 성과가 나타났다.

이 모형에서 핵심은 보건의료-요양-복지의 연속적 연결이다. 노인이 병원에서 퇴원할 때 의료사회복지사가 지자체 케어 안내 창구와 협의해 케어안심주택 입주, 방문간호 배치, 식사 지원 등을 연계한다. 시·군·구 단위의 지역 케어 회의에서는 방문 의사, 물리치료사, 요양보호사, 사회복지 담당자 등이 팀을 이루어 개인별 통합돌봄 계획을 수립한다.

공동체 주거를 확산하려면 현행 주택법과 복지 관련 법령의 보완이 필요하다. 코하우징 형태의 공동주택에 대한 건축기준 완화와 세제 지원을 마련하고, 민간 임대사업자가 세대 통합형 주택을 공급하면 인센티브를 제공하는 방안을 고려할 수 있다. 공동체 주거는 '하드웨어보다 소프트웨어가 성공을 좌우한다'는 말이 있을 만큼 입주민 간 신뢰 형성과 운영 관리가 핵심이다.

트렌드 키워드

▶ 에코 에이징
▶ 실버 머니
▶ 세대 공존 주택
▶ 시니어 어반 리빙
▶ 프리미엄 실버타운
▶ 중산층 실버 스테이

에코 에이징

'에코 에이징(Eco-Aging)'은 친환경과 고령화를 결합한 새로운 개념이다. 환경 노년학과 그린 롱제비티(Green Longevity)의 핵심을 담고 있다. 환경 노년학은 노인과 물리적·사회적 환경 간의 상호작용을 연구하여 노인-환경 적합성을 최적화하는 분야다. 그린 롱제비티는 친환경적이고 지속 가능한 방식으로 장수사회에 대비하는 개념이다. 기후변화 시대에 고령자가 건강하고 활력 있게 오래 살 수 있도록 환경 전반을 개선하는 종합 프레임워크다. 이는 물리적 환경(무장애 설계, 녹지 공간), 사회적 연계(세대 통합, 공동체 참여), 디지털 환경(IoT, AI 활용), 기후 위기 대응(폭염·한파 대응) 등 다차원적 요소를 통합한다.

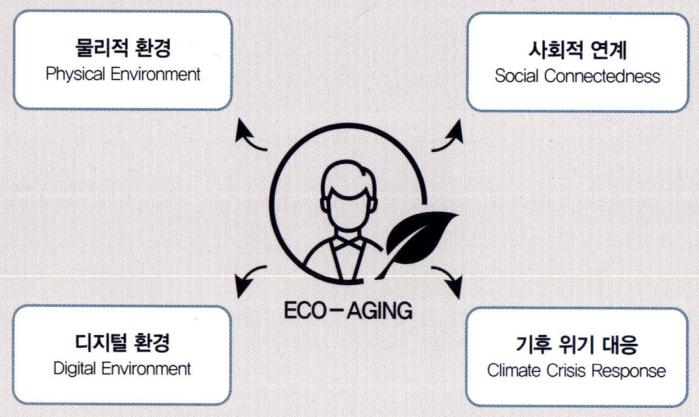

한국은 초고령사회 진입과 함께 기후 위기라는 이중 도전에 직면해 있다. 기존 의료·복지 중심의 고령사회 대응을 넘어 환경적 지속가능성과의 통합적 접근이 필요하다. 고령층은 폭염, 한파, 미세먼지 등 환경 위험에 더 취약하기 때문이다. WHO의 고령친화도시 프레임워크도 옥외 공간, 교통, 주거 등 8대 생활영역에서 환경적 요소를 강조한다. 이는 그린 롱제비티의 다차원 요소와 밀접하게 부합한다. 특히 친환경 대중교통은 노인 이동성 향상과 탄소배출 감축을 동시에 달성하는 대표적 사례다.

국내에서도 다양한 에코 에이징 사례가 나타나고 있다. 국토교통부의 실버 스테이 시범사업은 고령자 전용 장기임대주택에 안전 손잡이, 미끄럼방지 바닥 등을 갖추고 생활 지원 서비스를 제공한다. 서울시는 독거노인 가정 2천여 곳에 IoT 센서를 설치해 8시간 이상 움직임이 없으면 경보를 전송하는 스마트 돌봄 서비스를 운영한다. 또한, 전국 2천여 개 경로당을 스마트 경로당으로 전환해 디지털 포용을 실현하고 있다. 덴마크의 'Cycling Without Age(고령자와 함께하는 자전거 타기)' 운동은 삼륜 자전거를 통해 세대 교류를 촉진하며 전 세계 50개국으로 범위를 늘렸다. 일본 도야마시는 노면전차 중심의 압축도시로 노인들의 차 없는 생활을 지원한다. 미국은 NORC(Naturally Occurring Retirement Community, 자연발생적 은퇴공동체)에 사회복지사를 파견해 지역사회 내 노화를 돕고 있다.

에코 에이징 실현을 위해서는 범부처적 협업 모델이 필수다. 보건복지, 국토교통, 환경, 과학기술 부처가 통합 거버넌스를 구축하고 지역복지계획, 도시기본계획, 기후변화 대응계획을 연계해야 한다. 산업적으로는 실버테크(낙상 예방 센서, 원격재활 솔루션), 친환경 건축(에너지 효율 노인주택), 그린케어(치유농업) 분야에서 새로운 성장 동력이 창출된다. 에코 에이징은 고령자만을 위한 것이 아니다. 전 세대의 삶의 질을 높이는 개념이다. 노인에게 편한 도시는 모든 시민에게 편하며, 환경에 좋은 도시는 전체 시민의 건강을 증진한다. 인구 고령화와 기후 위기를 창의적 융합으로 대응한다면, 노년층은 더 행복하고 젊은 세대도 안심하는 지속 가능한 미래를 만들어 갈 수 있을 것이다.

실버 머니

'실버 머니(Silver Money)'는 고령화사회에서 시니어들이 보유한 경제력과 이를 기반으로 한 새로운 경제 패러다임이다. 장수 경제는 고령층의 소비와 투자가 경제성장의 핵심 동력으로 작용하는 경제 구조를 의미한다. 기존에는 고령화를 부담으로 인식했지만, 이제는 경제적 기회로 전환하는 관점이 확산하고 있다. 실버 머니의 핵심은 베이비붐 세대가 축적한 자산을 생산적으로 활용하여 개인의 장수 리스크에 대비하는 동시에 사회 전체의 경제 활력을 유지하는 것이다. 이는 단순한 소비가 아닌 투자와 창업, 자산관리, 세대 간 부의 이전 등 다양한 형태로 나타난다.

한국은 세계에서 가장 빠른 속도로 고령화가 진행되고 있다. 평균 수명은 83세를 넘어 은퇴 후 30년 이상을 준비해야 하는 시대가 왔으며, 동시에 베이비붐 세대는 사회 전체 부의 상당 부분을 차지한다. 한국인이 보유한 개인 자산의 거의 절반이 고령층 소유라는 분석도 있다. 영국 런던비즈니스스쿨 교수 앤드루 스콧은 고령화사회를 '부담'이 아닌 '장수사회'로 인식 전환하고, 개인도 추가로 얻은 수명만큼 경제활동과 자산 운용 계획을 늘려야 한다고 강조한다. 이제 은퇴 후 소비만 하는 기간을 길게 끌기보다 일부는 계속 소득을 창출하거나 자산을 생산적으로 활용하는 전략이 필요하다.

국내 금융권에서는 경제력 있는 5060 시니어에 주목하고 있다. 시니어 전용 영업점에서 재테크 교육과 교양 강좌를 제공한다. PB 채널에서는 가업 승계, 상속·증여, 부동산·연금 포트폴리오 설계, 역모기지 활용 등 시니어 맞춤 컨설팅을 하고 있다. 50대 가구의 평균 자산이 약 5.8억 원, 60대 가구도 5억 원 이상으로 베이비붐 세대는 경제적으로 풍요로운 세대다. 개인 차원에서는 포트폴리오 다변화와 안전판 확보가 중요하다. 주식, 채권, 펀드, 연금, 보험 등을 조합하여 장기적이고 안정적인 현금흐름을 확보하고, 의료비 지출 증가나 장기요양 리스크에 대비해야 한다. 주택연금이나 주택 다운사이징을 통한 자산 활용도 확산하고 있다. 디지털 금융환경 적응도 필수다.

실버 머니 시대의 핵심은 "수명을 늘려 잡고, 그에 맞춰 돈도 오래 쓰이게 만들자"는 패러다임 전환이다. 베이비붐 세대는 경제적으로 풍요로운 세대임에도 노후 준비에 불안감을 느끼고 있다. 이제 과제는 보유 자산을 현명하게 관리하며 새로운 시대 규칙에 맞게 활용할 전략을 마련하는 것이다. 정부와 금융기관은 시니어 맞춤 금융상품과 서비스를 확대해야 한다. 개인은 예상 수명과 재정 상황을 정확히 진단하여 변화에 능동적으로 대처해야 한다. 실버 머니는 단순한 개인 자산관리를 넘어 고령사회의 지속 가능한 성장을 위한 핵심 전략이 될 것이다. 시니어의 경제 참여가 활발해질수록 세대 갈등이 아닌 상생의 경제 생태계를 만들어 갈 수 있다.

세대 공존 주택

'세대 공존 주택(Inter-Home)'은 서로 다른 세대와 소득계층이 함께 거주하는 새로운 주거 모델이다. 다세대 Inter-Home은 노인, 청년, 가족 등 다양한 세대가 한 공간에서 상호작용하며 살아가는 주거 형태이며, Mix-Income Home은 저소득층부터 중산층 이상까지 다양한 경제적 배경을 가진 거주자들이 공존하는 혼합 소득형 주거다. 이는 전통적인 동질 집단 거주 방식을 벗어나 소셜 믹스(Social Mix) 전략을 통해 사회 통합을 이루는 혁신적 접근이다. 특히 고령사회에서 노인의 사회적 고립을 방지한다. 빈곤층만 밀집하는 것을 막아 거주환경 개선과 지속 가능한 커뮤니티 운영을 가능하게 한다.

한국은 급속한 고령화와 함께 노인 주거 문제가 심화하고 있다. 현재 노인 주거 정책은 저소득층 노인 공공임대주택과 민간 고급 실버타운으로 이원화되어 계층 간 교류 단절과 주거 수준의 격차가 발생하고 있다. 독거노인이 증가하면서 사회적 고립과 외로움 또한 사회 문제로 대두되고 있다. 은퇴한 베이비붐 세대 등 다양한 배경의 중산층 노인도 늘어나고 있다. 집중된 빈곤과 주거 분리를 해소하기 위한 주택정책이 필요한 시점이다. Inter-Home 모델은 저소득 노인에게 양질의 주거를 제공하면서도 한정된 예산으로 지속 가능한 운영을 가능하게 한다. 심리적 빈곤감을 완화하는 효과도 기대할 수 있다.

세계 각국에서는 이미 다양한 형태의 Inter-Home 모델이 시도되고 있다. 미국 시애틀의 그린브릿지(Greenbridge) 커뮤니티는 노후화된 공공주택을 철거하고 다양한 소득계층이 함께 사는 마을로 재건해 주거환경 개선과 범죄 감소 효과를 가져왔다. 일리노이주 하이랜드파크의 선셋 우즈(Sunset Woods)는 시 정부와 비영리기관이 협력하여 임대와 소유 주택을 혼합해 저소득층과 중산층 노인이 함께 거주하도록 했다. 네덜란드 후마니타스 요양원은 대학생들에게 무료 거주 공간을 제공하는 대신 매달 30시간씩 요양원 봉사를 하도록 해 젊은이와 노인이 한 지붕 아래 어울리게 했다. 일본의 쉐어 가나자와(Share Kanazawa)는 '뒤섞임'이라는 모토 아래 노인, 장애인, 아동, 대학생이 어우러져 사는 복합단지를 운영하고 있다.

Inter-Home의 성공적 운영을 위해서는 공공과 민간의 협력이 필수다. 포용적 주택 정책을 통해 민간 개발에 일정 비율 노인용 저가 주택을 포함하도록 인센티브를 제공하거나, 용적률 보너스를 주어 혼합소득형 주택 공급을 유도할 수 있다. 조세 감면과 금융 지원을 통해 민간 자본이 노인 주거에 투자되도록 장려하는 것도 중요하다. 한국에서 이 모델을 적용하기 위해서는 공공임대주택 건설 시 일정 비율을 다양한 소득계층의 노인에게 배정하거나, 노인복지주택 제도를 개편하여 중산층 노인도 공공개발 혼합 단지에 참여할 수 있도록 하는 제도적 기반 마련이 필요하다. 세대 혼합에 대한 거부감을 고려해 취미 활동 모임, 멘토링 등 자발적 교류 프로그램도 마련해야 한다. 다양한 계층과 세대의 거주자들이 함께 생활하며 서로에 대한 이해와 교류가 자연스럽게 증진되어 고립과 소외를 줄이는 효과가 있다. 중간 소득 입주자의 적정 임대료 수입을 통해 단지 관리 수준을 높게 유지할 수 있어 장기적 지속가능성도 크다.

시니어 어반 리빙

'시니어 어반 리빙(Senior Urban Living)'은 한국의 70세 이상 인구가 도심 아파트에서 독립적이고 자립적인 노후 생활을 영위하는 새로운 라이프 스타일이다. 최근 통계 분석에 따르면 전체 70세 이상 인구 중 무려 42%가 도심 아파트에 거주한다. 이는 농어촌 단독주택 거주자 16%의 2.6배에 달하는 압도적인 비중이다. 연령대별로 살펴보면 70대 도심 거주자가 29%로 가장 높다. 80대는 10.8%, 90대 이상도 0.3%를 차지한다. 더욱 주목할 점은 전체 70세 이상 인구 중 건강하고 자립적인 노인이 89%에 달한다는 사실이다. 이는 기존의 '노인은 요양시설에서 돌봄을 받는다'는 고정관념을 완전히 뒤바꾸는 현상으로, 한국 시니어들이 생활 능력을 유지하면서 도심에서 활발한 사회생활을 지속하고 있음을 나타낸다.

▌한국 고령자 거주 및 케어 현황

연령대별 · 지역별 분포 현황(단위 : %)

건강 · 케어 상태/ 세부 유형	70대			80대			90대+		
	도심	농어촌	소계	도심	농어촌	소계	도심	농어촌	소계
Ⅰ. 케어 필요 노인(≈ 11%)									
요양병원	0.3	0.1	0.4	1.6	0.4	1.9	1.3	0.3	1.6
장기요양 요양원(시설)	0.6	0.1	0.8	3.5	0.7	4.3	1.9	0.4	2.3
장기요양 재가 · 데이케어	1.6	0.2	1.8	2.4	0.4	2.8	0.4	0.1	0.5
Ⅱ. 건강 · 자립 노인(≈ 89%)									
아파트 거주	29.0	1.1	30.1	10.8	0.5	11.3	0.3	0.0	0.3
기타 도시주택 (연립 · 단독 등)	15.6	0.0	15.6	8.8	0.0	8.8	0.4	0.0	0.4
농어촌 단독주택	0.0	10.0	10.0	0.0	6.0	6.0	0.0	0.3	0.3
실버타운(민간형)	0.1	0.0	0.1	0.2	0.0	0.2	0.1	0.0	0.1
노인복지주택 (공공형)	0.1	0.0	0.1	0.2	0.0	0.2	0.1	0.0	0.1

*자료 : 한국 고령자 거주 및 케어 현황 조사 데이터

이런 현상의 배경에는 1960~1970년대 급속한 도시화 과정에서 도심에 정착한 베이비붐 세대의 특성이 깊이 관련되어 있다. 현재 70~80대인 이들은 젊을 때부터 아파트 생활을 했다. 자녀 교육과 직장생활을 위해 강남, 분당, 일산 등 신도시와 도심 지역에 뿌리를 내렸다. 한국의 아파트는 엘리베이터, 경비실, 관리사무소, 택배보관함 등 편의시설이 체계적으로 갖춰져 있어 고령자가 생활하기에 상대적으로 안전하고 편리하다. 특히 도심 아파트 단지 주변에는 지하철역, 버스정류장, 대형 병원, 약국, 마트 등 필수 생활 인프라가 도보 10~15분 이내에 집중되어 있어 이동에 제약이 생기는 고령자에게 최적의 환경이다. 또한, 전체 70세 이상 노인 중 실제로 요양병원이나 요양원 등 케어 시설을 이용하는 비율은 3.9%에 불과하다. 재가 서비스를 이용하는 비율도 5.1%로 제한적이어서 다수 시니어가 독립적인 생활을 지속할 수 있는 상황이다.

실제 사례를 살펴보면 더욱 구체적으로 드러난다. 서울 강남구의 한 대규모 아파트 단지는 전체 3,000세대 중 70세 이상 거주자가 약 900세대로 30%를 차지한다. 이곳 시니어들은 아파트 내 커뮤니티 센터에서 운영하는 요가, 탁구, 서예 등의 프로그램에 적극 참여한다. 단지 내 소형 마트와 약국을 이용해 일상적인 쇼핑을 해결한다. 경기도의 한 단지는 관리사무소에서 70세 이상 거주자를 위한 전용 셔틀버스를 운영해 지하철역과 지역 병원을 정기적으로 연결한다. 또 다른 한 단지에서는 독거 시니어 200여 명을 대상으로 관리사무소 직원이 매주 안부 확인 전화를 한다. 3일 이상 연락이 닿지 않으면 직접 방문하는 케어 시스템을 운영한다. 부산의 한 단지는 80세 이상 거주자를 위해 휠체어와 보행 보조기 대여 서비스를 제공하고, 엘리베이터에 음성 안내 시스템을 설치했다. 이들 아파트 단지의 공통점은 시니어 친화적 시설 개선과 함께 커뮤니티 기반의 상호 돌봄 시스템이 자연스럽게 형성되어 있다는 것이다.

시니어 어반 리빙 트렌드는 한국 시니어 케어 시장에 새로운 비즈니스 기회와 정책적 시사점을 제시한다. 전체 70세 이상 인구의 42%라는 거대한 시장 규모를 고려할 때, 도심 아파트 거주 시니어를 대상으로 한 전문 서비스 개발이 시급하다. 아파트 관리 차원에서는 시니어 전용 택배보관함, 음성인식 엘리베이터, 응급상황 대응 시스템, 휠체어 접근이 가능한 진입로 등 하드웨어 개선이 필요하다. 민간 서비스 영역에서는 아파트 단지 내 방문 진료 서비스, 생활 도우미, 반찬 및 식료품 배달, 청소 대행 등이 유망한 사업 아이템이다. 또한, 고령자의 모바일 앱 기반 서비스에 대한 수용도가 높아지는 점에도 주목해 볼 만하다.

실버타운이나 노인복지주택 같은 전용 시설의 거주 비율이 각각 0.4%로 매우 낮다는 점에서 별도 시설 건설보다는 기존 아파트 단지의 시니어 친화적 개조와 서비스 개발이 더 현실적이고 효과적인 접근법이다. 또한, 도심 아파트 거주 시니어들은 농어촌 거주자보다 상대적으로 높은 경제력을 보유하고 있어 프리미엄 서비스에 대한 지급 의향도 있다. 따라서 단순한 돌봄 서비스를 넘어서 문화, 교육, 건강관리를 통합한 종합적인 라이프 스타일 서비스 개발이 성공의 열쇠가 될 것이다.

프리미엄 실버타운

초고령사회에 진입한 한국에서 프리미엄 실버타운이 단순한 주거시설을 넘어 데이터 기반 라이프 스타일 매니지먼트 기업으로 진화하고 있다. 2025년 65세 이상 인구가 1,000만 명을 돌파하며 노인 주거복지 수요가 급증하는 가운데, 선진 실버타운 운영자들은 '데이터 통합 → 운영 효율 → 서비스 차별화 → 투자·정책 레버리지'로 이어지는 가치사다리 모델을 통해 혁신적 성장을 도모하고 있다.

프리미엄 실버타운 가치사다리 모델은 데이터 통합 기반으로 운영 효율성을 높이고, 차별화된 서비스를 구현한 후 투자 유치와 정책 지원을 통해 사업을 확장하는 단계적 성장 전략이다. 데이터 통합 단계에서는 입주자의 건강 상태, 생활 패턴, 서비스 이용 내역을 통합 플랫폼으로 관리하여 운영 프로세스를 최적화한다. 운영 효율 단계에서는 데이터 기반 의사결정으로 비용을 절감하고 서비스 품질을 높인다. 서비스 차별화 단계에서는 맞춤형 콘텐츠, AI·로봇 기술, 웰니스 프로그램으로 경쟁우위를 확보한다. 투자·정책 레버리지 단계에서는 REIT(Real Estate Investment Trust, 부동산 투자 신탁), 지자체 협력, ESG 자금조달을 활용해 사업을 확장한다. 이 모델의 핵심은 실버타운 운영자가 단순한 부동산 임대업체를 넘어 시니어의 삶 전반을 종합적으로 관리하는 라이프 스타일 매니지먼트 기업으로 포지셔닝을 전환하는 점이다.

▌프리미엄 실버타운 가치사다리 모델

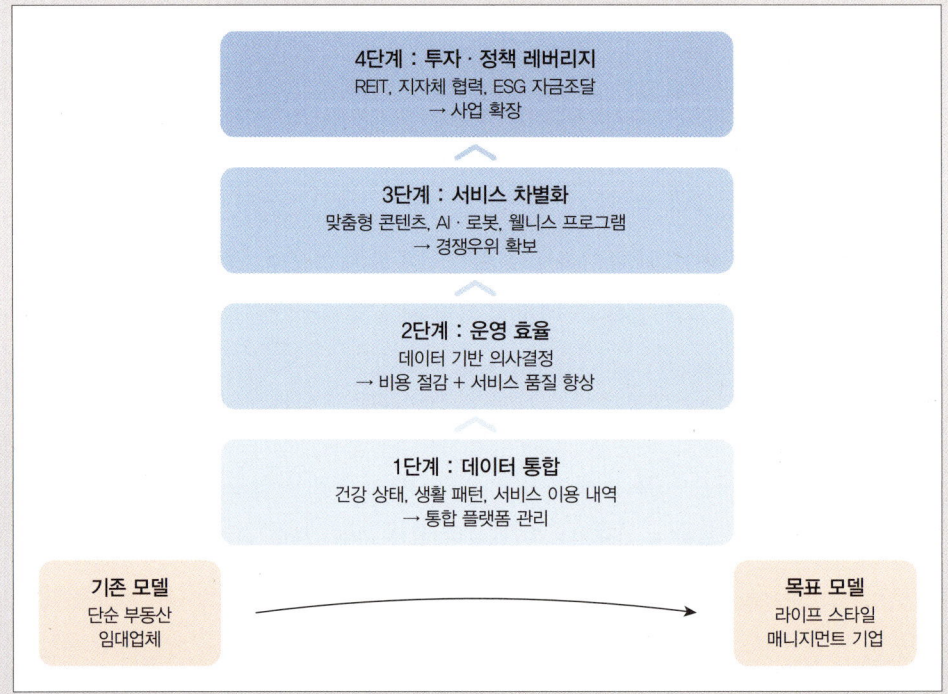

글로벌 시장에서는 이미 이러한 가치사다리 모델을 성공적으로 구현한 사례들이 나타나고 있다. 미국 Brookdale Senior Living은 자체 개발한 Brookdale Analytics 시스템으로 모든 지점의 의료·재무·만족도 지표를 실시간 모니터링한다. AI 알고리즘으로 입주율 예측과 고객 이탈 위험 분석을 수행하여 2021~2023년 사이 입주율을 4% 개선했으며, ESG 경영을 통해 기관투자자들의 관심을 받으며 기업가치가 향상되었다. 일본 솜포케어(SOMPO Care)는 자체 구축한 AI 시스템으로 입소자 케어 기록을 분석해 중증도 악화 가능성을 예측하고, Future Care Lab에서 다양한 로봇 기업과 협업하여 현장 기술을 개발한다. LOVOT 감정교감 로봇 도입으로 치매 환자의 사회성 향상과 고독감 해소 효과가 나타났으며, 스마트 기저귀 센서 등 혁신 제품으로 직원 1인당 돌봄 가능 인원을 1.3배 증가시키는 생산성 변화가 나타났다. 북미 시장의 PointClickCare(PCC)는 시니어 리빙 전용 플랫폼으로, 입주자 전자 건강기록부터 간호 스케줄, 식단, 재고관리, 청구·정산까지 통합 관리한다. 이를 도입한 Ignite Medical Resorts는 3개월 만에 입

소 노인의 재입원율이 10% 감소하고 임상 기록 작성 시간이 크게 단축되는 변화가 나타 났다.

　이러한 가치사다리 모델은 중요한 시사점을 제시한다. 해외 선진 사례들이 보여주듯 입주자 데이터의 통합 관리와 분석은 운영 효율성과 서비스 품질을 동시에 높이는 핵심 요소이므로, 국내 실버타운들도 분절된 시스템을 통합하고 IoT 센서를 활용한 생활 데이터 수집 환경을 조성해야 한다. 또한, 단순한 주거 제공을 넘어 맞춤형 콘텐츠, AI · 로봇 기술, 웰니스 프로그램을 통해 입주자의 신체적 건강과 정신적 풍요를 모두 충족시키는 라이프 스타일 서비스가 경쟁력의 원천이 되고 있다. 동시에 REIT를 통한 자산 유동화, 지자체와의 공공-민간 파트너십, ESG 연계 자금조달 등 혁신적 금융 구조를 통해 사업 확장과 재무안정성을 동시에 달성할 수 있다. 궁극적으로 이 모델은 초고령사회에서 실버타운 운영자들이 노인의 삶을 통합 관리하는 라이프 스타일 기업으로 진화할 수 있는 구체적 방향성을 제시하며, 입주 노인의 복지 향상과 관련 산업 발전, 투자자와 지역사회 모두에게 긍정적 가치를 창출하는 지속 가능한 비즈니스 모델의 청사진이다.

중산층 실버 스테이

'실버 스테이'는 무장애 설계와 생활 지원 서비스, 20년 장기 임대를 패키지로 결합한 중산층 대상 고령자 주거 모델이다. 저소득층 영구 임대와 고가 실버타운 사이의 공백을 메우는 정책형 상품이다. 보증금 약 3.5억 원과 월세 140~190만 원 수준으로 책정된다. 임대료 상승률 5% 상한, 주택연금 유지, 세대 교류형 단지 등의 차별 포인트를 갖는다. 일본의 서비스 제공 고령자 주택(사코주)과 미국의 미들마켓 시니어 하우징 모델을 결합한 한국형 하이브리드 상품이다.

중산층 실버 스테이
무장애 설계 + 생활 지원 서비스 + 20년 장기 임대 패키지

가격 정보
- 보증금
  : 3.5억 원
- 월세
  : 140~190만
- 계약기간
  : 20년 장기 임대

저소득층 영구 임대와
고가 실버타운 사이의 공백을 메우는
중산층 대상 정책형 고령자 주거 모델

서비스
- 무장애 설계
- 24시간 안부 확인
- 생활지원 서비스
- IoT 모니터링
- 커뮤니티 프로그램
- 의료진 상주
- 세대 교류
- 헬스케어
- 주택연금 연계

커뮤니티 센터

헬스케어 센터

국내 65세 이상 인구는 2024년 19.2%에서 2036년 30%로 급증하고, 중간계층이 전체 고령 가구의 절반 이상을 차지할 것이다. 이들은 순자산 2.3억 원, 연 소득 2,580만 원 수준으로 정부 보조는 받기 어렵고 실버타운 비용은 과중하다는 구조적 공백에 있다. 미국에서도 80세 이상 중간 소득 고령자가 2029년 1,435만 명으로 두 배 가까이 늘지만, 절반이 비용 부담으로 기존 시설에 진입하지 못할 전망이다. 일본은 2024년 8월 기준 288,165호의 사코주가 등록되어 있고 연간 4,000호씩 늘고 있다. 전 세계적으로 중간계층용 시니어 주거는 공통 난제이자 성장 시장이다.

일본 사코주는 월평균 15.9만 엔에 일시금 140만 엔으로 실버 스테이와 비슷한 비용 구조를 갖는다. 안부 확인과 생활 상담만 의무화하고 나머지는 옵션형 유료 서비스로 운영해 비용 투명성을 확보한다. 미국 미들마켓 모델은 시장 평균 대비 20~30% 저가 임대료와 공공 보조를 결합한 자금 구조를 활용한다. 싱가포르는 공공부처 합작으로 15~35년 리스를 선택할 수 있는 커뮤니티 케어 아파트를 운영한다. 영국은 주거와 케어를 통합한 은퇴 커뮤니티 재고가 5년간 19% 성장했으며, 네덜란드는 950개 자율간호팀과 ICT 기반 재택 돌봄으로 전체 방문 간호비를 40% 절감했다.

실버 스테이가 성공하려면 서비스 범위와 요금 투명화가 필수다. 임대료 포함 항목과 선택 서비스를 분리 고시하고 일본형 옵션 구조를 벤치마킹해야 한다. 사회복지사와 간호사 상주 기준을 마련하고 IoT 원격 모니터링을 결합해 인건비를 최적화해야 한다. 합리적 가격과 장기 계약 안정성 외에 커뮤니티, 헬스케어, 세대 교류 프로그램을 전면에 배치해 실버타운과 차별화해야 한다. 20년 임대 후 대규모 리노베이션 자본 마련을 위해 리츠(REITs) 활용과 ESG 펀드 유치 등 재무적 지속가능성도 확보해야 한다. 베이비붐 세대의 능동적 3막을 뒷받침하는 주거 모델로 발전한다면 고령친화산업의 핵심 성장 축이 될 것이다.

비즈니스 전환과 대응 전략

루틴 재설계 :
속도 조절과 심화한 삶

다운시프트족의 등장 : 속도를 줄여 깊이를 더하다

기대수명 증가로 은퇴 후에도 수십 년의 시간이 주어지는 100세 시대를 맞이했다. 문제는 은퇴 직후의 시니어들이 갑작스러운 일상의 변화로 목적과 활력을 상실하기 쉽다는 점이다. 하루아침에 빨랐던 업무 속도에서 벗어나면 삶의 방향을 잃기 쉽다. 경쟁과 효율 위주의 '빠른 삶' 대신, '여유롭지만 활력 있는' 일상을 만드는 것이 중요하다. 이를 가리켜 흔히 '다운시프트(Downshift)'라고 부른다. 자동차 기어를 낮추어 속도를 줄인다는 뜻으로, 다운시프트족은 경쟁과 과속의 삶에서 벗어나 삶의 균형과 내면의 충만함을 추구하는 사람들을 말한다.

서울의 한 50대 퇴직자는 과로로 건강을 잃을 뻔한 위기를 겪은 후 귀촌을 선택했다. 그는 아침에는 차분히 차를 마시고 명상으로 하루를 시작한다. 오후에는 마을 사람들과 농사짓고 저녁에는 가족과 담소를 나누는 새로운 일상을 만들었다. 속도를 줄인 삶은 삶의 주도권과 만족감을 되찾게 한다.

5대 영역으로 설계하는 새로운 일상

시니어들은 일상의 구조와 습관을 재설정함으로써 신체적·정신적 건강과 삶의 만족도를 높인다. 한국 시니어들의 대표적인 루틴 재설계 전략을 5개 영역으로 나누어 보자.

5대 영역으로 설계하는 새로운 일상
Senior Life Redesign Framework

시니어
새로운 일상

건강관리
Health Care

규칙적 운동 · 균형 잡힌 식습관
아침 체조 · 걷기 동아리 · 생활 체조
만성질환 예방 · 우울감 감소

정서적 안정
Emotional Well-being

명상 · 감사일기 · 영성 활동
마음챙김 실천 · 호흡 운동
긍정적 정서 유지 · 정신적 위안

사회적 활동
Social Engagement

동호회 · 노인대학 · 자원봉사
박물관 도슨트 · 사회 연결
새로운 인간관계 · 정체성 재발견

여가와 취미
Leisure & Hobbies

새로운 취미 · 창작활동
사진 · 악단 · 동화 집필
실버 크리에이터 · 왕성한 작품 활동

디지털 활용
Digital Innovation

SNS · 유튜브 · 스마트폰
일상 공유 · 세대 간 소통
60대 인터넷 이용률 90% 달성

통합적 라이프 스타일 설계를 통한 신체적 · 정신적 건강 증진과 삶의 만족도 향상

먼저 건강관리 영역에서는 규칙적인 운동과 균형 잡힌 식습관이 핵심이다. 많은 노인이 아침 체조 모임이나 걷기 동아리로 하루를 활기차게 시작한다. 노년기 건강 유지의 핵심은 얼마나 활동적으로 지내느냐에 달렸다. 주 3회 이상 걷기, 생활 체조, 수영 등의 운동 습관을 루틴에 넣으면 만성질환 예방과 우울감 감소에 도움이 된다.

다음으로 정서적 안정 영역에서는 마음의 평온을 위한 습관을 들이는 시니어가 늘고 있다. 매일 명상이나 호흡 운동으로 마음챙김을 실천한다. 감사일기를 쓰며 긍정적인 정서를 유지한다. 종교나 철학적 영성 활동에 참여하여 정신적 위안을 찾는 사례도 많다.

세 번째, 사회적 활동 영역에서는 은퇴 후에도 사회와 연결되어 지내는 것이 삶의 활력을 불어넣는다. 평생 전업주부로 지낸 60대 후반 여성은 "손주 돌봄을 마치고 나니 내가 묻혀 지낸 느낌이었다"라고 말한다. 그는 시니어 취업 지원센터를 찾아 박물관 도슨트에 도전하고 있다. 동호회, 노인대학, 자원봉사단 등의 사회적 활동을 통해 새로운 인간관계를 맺고 정체성을 재발견하는 사례가 늘고 있다.

네 번째, 여가와 취미 영역에서는 새로운 취미를 배우고 몰입하는 것이 노년 삶을 풍요롭게 만드는 대표 전략이다. 미국의 유명 화가 그랜마 모지스(Grandma Moses)는 78세에 본격적으로 그림을 그리기 시작해 101세까지 왕성한 작품 활동을 펼쳤다. 국내에도 은퇴 후 사진을 배우거나 악단을 만들어 공연하거나, 손자녀를 위해 동화를 집필하는 등 수많은 실버 크리에이터가 탄생하고 있다.

마지막으로 디지털 활용 영역에서는 디지털 시대에 발맞춰 스마트폰과 인터넷을 생활 루틴에 적극 도입하는 시니어들이 늘고 있다. 70대 유튜버로 큰 인기를 끌고 있는 박막례 할머니가 대표적이다. SNS나 유튜브를 통해 일상을 공유하고 새로운 세대와 소통하는 시니어들이 늘고 있다. 최근 통계에 따르면 한국 60대의 인터넷 이용률은 90%에 육박하고 70대도 절반 이상이 스마트폰을 사용할 정도다. 시니어들의 디지털 루틴이 보편화하고 있다.

성공적 노화의 비밀 : 목적의식과 균형 잡힌 활동

노년 심리학과 사회복지 전문가들은 '은퇴 후에도 능동적인 활동을 지속하는 것이 성공적 노화의 열쇠'라고 강조한다. 실제로 노년기 활동 이론에 따르면 '노인들의 건강 유지 여부는 늦은 나이에 얼마나 활동적으로 지내느냐에 달렸고, 활동적인 삶의 유지는 곧 성공적으로 늙는 방법'이라고 한다. 정신건강 전문가들은 특히 '목적의식(Purpose)'의 중요성을 언급한다. 삶의 이유나 보람을 느끼는 노인은 그렇지 않은 노인보다 우울감이 낮고 인지 기능이 좋다는 연구들도 있다. 일본 오키나와의 100세 장수인들은 "아침에 눈 뜰 때 오늘도 누군가를 가르치고 돌볼 수 있어 행복하다"라고 말한다. 그들은 강한 삶의 목적(이키가이, 生きがい)을 지니고 있었다. 이것이 장수와 행복 비결로 꼽힌다.

71세의 조 씨는 퇴직 후 택배를 시작했다. 지하철 무임승차 혜택을 이용해 물건을 배달하는 이른바 '실버 택배'이다. "하루 종일 일하면 4만 원 정도, 반나절만 하면 2~3만 원을 벌고, 원할 때 그만둘 수 있는 자유가 이 일의 가장 큰 장점"이라고 그는 말한다. 조 씨는 현재의 루틴 덕분에 "규칙적으로 아침에 일어나 할 일이 있고 사람들과 어울리니 삶에 활기가 돈다"라며 웃는다.

노년 생활 코치들은 하루에 세 가지 활동을 강조한다. 몸을 위한 일 하나, 머리를 위한 일 하나, 마음을 위한 일 하나다. 예컨대 아침 산책(몸), 책 읽기나 퍼즐(머리), 이웃과 차 한잔 대화(마음) 등으로 소일거리를 만들라는 것이다. 정부도 노인 일자리 및 사회활동 지원 사업을 통해 매년 수십만 명의 어르신들에게 일자리 또는 봉사활동 기회를 제공하고 있다. 2024년 70대 이상 노인의 4명 중 1명은 어떤 형태로든 일자리를 갖고 있다.

고령친화산업과 ESG의 만남

탄소중립 실천 요양시설 : 환경을 생각하는 노인 돌봄의 시작

지인이 입원해 계신 요양병원에 갔었다. 병원 로비에는 '탄소중립 실천 요양시설'이라는 인증마크가 붙었다. 옥상에는 태양광 패널이 설치되었고, 간호사는 환자 가족들에게 종이 대신 전자문서로 안내 사항을 보내줬다. 초고령사회 진입과 함께 노인을 위한 산업에서도 ESG 물결이 밀려오고 있다.

미국의 시니어 주거 기업 '웰타워(Welltower)'는 친환경 건축 투자를 확대해 포트폴리오 내 친환경 인증 건물 수를 전년 대비 150% 이상 늘렸다. 이 회사는 2023년 친환경 채권 발행을 통해 확보한 10억 달러를 LEED[10]·BREEAM[11] 인증 시설에 투입했다. 일본의 다이와하우스도 노후 주택단지를 재개발하면서 고령화와 빈집 문제를 동시에 해결하고 있다. 주택에 태양광 설비를 설치하고 단열 성능을 높여 에너지 소비를 줄이는 방식이다. 2030년까지 모든 신규 주거·상업 시설의 ZEH/ZEB(Zero Energy Home, Zero Energy Building, 제로 에너지 건축물) 100% 달성을 목표로 삼았다.

프랑스의 요양병원 기업 '에메이스(EMEIS)'는 파리 인근 신규 요양원에 지열 냉난방 시스템을 도입했다. 기존 가스보일러 대비 탄소배출을 75%나 줄이고 에너지 소비를 64% 절감했다. 소음·진동이 적어 입소 노인들의 주거 쾌적성도 높아졌다. 친환경 기술이 노인 삶의 질을 직접 높인 사례다.

---

10) LEED 인증 : 미국 녹색건축협의회(USGBC)가 개발한 건물의 지속가능성과 에너지 효율성을 평가하는 국제 표준. 건물은 Platinum, Gold, Silver, Certified 등급 중 하나를 부여받으며, 환경·건강·자원 효율성 등 다양한 기준을 충족해야 함

11) BREEAM(Building Research Establishment Environmental Assessment Method) 인증 : 영국의 BRE(Building Research Establish)에서 만든 세계 최초의 친환경 건축물 인증 제도. 건물은 Pass, Good, Very Good, Excellent, Outstanding의 5개 레벨로 최종 등급을 받음

사회적 가치 창출과 포용적 서비스 : 누구도 소외되지 않는 돌봄

프랑스 요양원 학대 스캔들이 전 세계를 충격에 빠뜨린 적이 있다. 세계적인 요양원 기업 '오르페아(Orpea)'가 비용 절감을 위해 노인들의 식사와 기저귀를 제한했다는 충격적인 사실이 밝혀진 것이다. 이 스캔들 이후 오르페아는 2024년 3월 사명을 '에메이스(EMEIS)'로 변경했다. 고대 그리스어로 '우리'를 뜻하는 이 새로운 이름으로 이해관계자 중심 경영을 천명한 것이다. 이는 사회적 책임을 저버린 기업이 시장과 국민으로부터 외면받는다는 뼈아픈 교훈을 보여준다.

영국에서는 '홈 공유(Homeshare)'라는 사회적 기업이 독거노인과 주거난을 겪는 청년을 연결한다. 어르신에게는 말벗과 생활 도움을, 청년에게는 저렴한 주거 공간을 제공해 세대 간 상생을 이루고 있다. 미국에서는 '협동적 돌봄 연합(Co-operative Care Alliance)'이라는 협동조합 모델이 등장했다. 2,000명 이상의 요양보호사가 공동 소유·경영하며 공정 임금과 서비스 품질을 함께 높이고 있다. 돌봄 종사자의 처우를 개선함으로써 양질의 서비스가 제공된다. 돌봄의 연속성과 신뢰성이 높아지는 선순환이 일어난다.

글로벌 식품기업 네슬레(Nestle)는 고령자의 영양 문제에 주목했다. 노인층의 근육 건강을 지키기 위해 단백질과 바이오액티브 성분을 강화한 식품 개발에 나섰고, 근감소증을 예방하는 영양 솔루션을 내놓았다. 금융 분야에서도 고령자를 배려하는 움직임이 활발하다. 미국 은행들은 'Age-Friendly Banking(고령친화 은행)' 기준을 따라 변화하고 있다. 고령자 전용 창구를 만들고 디지털 기기 사용법을 가르치며, 사기를 예방하는 서비스를 제공해 모든 세대가 금융 서비스를 쉽게 이용할 수 있도록 돕고 있다.

투명한 지배구조와 투자 흐름 : 돈이 가는 곳이 미래다

요양병원에서 일어난 화재 사고, 의료기기의 갑작스러운 리콜, 요양보험 부정 청구 등의 뉴스들은 대부분 지배구조의 취약점이 드러날 때 발생한다. 웰타워는 이사회에 ESG 위원회를 운영하며 지속 가능 목표 달성 현황을 점검한다. 그 결과 미국 리츠(REITs) 중 지배구조 1위를 차지하는 등 대외적으로도 투명성을 인정받았다. 일본 다이와하우스도

ESG 정책을 경영철학에 포함해 이해관계자와 조화를 이루는 기업을 목표로 삼았다.

국내에서도 정부가 노인장기요양기관의 서비스 질 제고를 위해 평가 체계를 개선하고 평가 결과를 공표하여 시설 선택에 정보를 제공한다. 우수 기관에는 인센티브를 주는 방안을 추진하고 있다. 일부 선도적 고령친화기업들은 지속가능경영보고서를 발간해 비재무 정보와 윤리경영 활동을 투명하게 공개하고 있다. 한 대형 연금 관계자는 최근 투자 포트폴리오를 조정하며 고령친화산업 중에서도 특히 ESG 성과가 좋은 기업들에 투자 비중을 높였다고 했다. "돈은 미래로 흐르게 되어 있고, 인구 구조상 실버산업은 성장할 수밖에 없으며, 장기적으로 ESG 경영을 실천하는 기업이 더 높은 투자 신뢰를 받을 가능성이 크다"라는 것이 그의 설명이다. 유럽 금융사 ECPI는 '글로벌 ESG 실버 이코노미 지수(Global ESG Silver Economy Index)'를 출시해 고령화로 인한 수혜 산업 중 ESG 성과가 우수한 기업들로 구성된 투자 상품을 선보였다. 제약, 헬스케어, 시니어 주거 분야의 글로벌 선도기업들이 포함된다. 중장기적으로 시장 평균을 넘는 성과를 보인다.

노인들이 만들어 가는 새로운 세상

유기농을 찾는 시니어 : 가치 소비의 새로운 주역

전 세계 고령화가 진행되면서 흥미로운 현상이 나타나고 있다. 시니어들이 단순한 부양 대상에 머물지 않고 지속 가능한 소비의 적극적 주체로 나서고 있는 것이다. 이들은 친환경 식품을 선택하고 지역 기반 의료돌봄을 요구하며, 자원 재활용과 공유경제의 핵심 계층으로 부상하고 있다.

다국적 연구에 따르면 65세 이상 고령층이 가장 적극적으로 친환경 행동에 참여한다. 이들은 유기농을 안전한 식품이자 환경 보호를 위한 가치 소비로 인식한다. 실제로 고령 사회일수록 국민 전체의 친환경 행동 수준도 높아진다. 국내 SNS 빅데이터(2016~2018년) 분석 결과 시니어의 친환경 관련 언급이 증가했으며, 19%는 지속 가능한 생산과 소비를 이유로 들었다. 시니어들이 유기농을 선택하는 주된 이유는 식품 안전과 건강 증진이나, 19%는 환경 지속가능성에도 주목했다. 유럽에서도 중장년층 이상이 유기농 식품의 주요 구매층이다. 유럽 전문 매장 조사에서 50대가 최대 고객층을 차지했고 20대는 12%에 그쳤다. 경제력과 건강 관심도가 높은 베이비붐 세대가 유기농 시장의 핵심 고객으로 부상한 것이다. 고령화가 심한 스위스와 덴마크는 1인당 유기농 지출과 시장 비중이 세계 최고 수준이다.

고령층의 신체 특성을 고려한 식품 산업도 급성장하고 있다. 한국의 '고령친화 우수식품' 인증은 2023년까지 34개 업체 176개 품목을 지정했다. 씹기 쉽고 영양을 강화한 죽, 연육, 분말 식품이 주를 이룬다. 풀무원과 아워홈은 연화식과 분말식 케어푸드를 출시했다. 일본은 일찍부터 연하곤란 노인을 위한 '유니버설 디자인 푸드'와 '스마일케어식품' 인증을 도입해 경도부터 완전 액상까지 다양한 물성의 노인 식품을 개발하고 있다.

집에서 받는 의료서비스 : 디지털 헬스케어의 시니어 혁명

고령 인구 급증으로 지역사회 기반 헬스케어가 주목받고 있다. 원격 의료는 이동이 어려운 노인과 의료취약지 문제를 해결하는 핵심 대안으로 자리 잡았다. 코로나19 이후 시니어의 원격진료 활용이 급증했는데, 미국에서는 팬데믹 초기 메디케어 노인의 43%가 원격 의료를 이용해 18~29세의 이용률(29%)보다 높았다. 2023년 4분기에도 12.6%가 분기마다 한 번 이상 원격진료를 받았다.

원격 모니터링 기술도 발전해 만성질환을 앓는 노인들이 집에서 혈압계와 활동량계 등으로 측정한 데이터를 의사가 실시간으로 확인할 수 있는 시스템이 보편화되고 있다. 의료진의 55%는 원격 의료가 노인 진료에서 환자 참여도 향상 등 긍정적 역할을 한다고 답했다. 한국에서도 팬데믹을 계기로 한시적 비대면 진료가 허용되었고, 2023년 기준 65세 이상 고령자의 스마트폰 보유율이 80%를 넘어서면서 디지털 헬스 활용 기반이 마련되었다.

병원 방문이 어려운 노인을 위해 의사가 직접 찾아가는 방문 진료와 의료·복지 서비스를 연계하는 통합돌봄 모델이 확산되고 있다. 한국은 2019년부터 '일차의료 방문진료 시범사업'을 통해 거동이 불편한 노인에게 의사와 간호사가 직접 가정을 방문해 진료를 제공하고 있다. 하지만 2024년 기준 전체 의원 중 참여율이 2.3%에 불과해 확대가 필요한 상황이다. 이에 정부는 2025년부터 지방의료원 등 병원급 기관으로 대상을 확대하고 1회 13만 7천 원의 방문 진료 수가를 신설했다. 또한, 장기요양 재택의료센터를 135개소까지 확대해 다학제 기반 재택 진료와 돌봄 연계를 강화하고 있다. 한편 '지역사회 통합돌봄'은 노인이 살던 곳에서 건강하게 삶을 이어가도록 의료·요양·주거·돌봄을 통합 지원하는 정책이다. 2024년 제정된 「의료·요양 등 지역 돌봄의 통합지원에 관한 법률(약칭 : 돌봄통합지원법)」에 따라 현재 66개 지자체에서 시범사업이 진행 중이며, 2026년 전국 시행을 목표로 전담 조직과 인프라를 구축하고 있다.

공유경제의 새로운 주인공 : 시니어 호스트와 당근마켓의 뉴 실버들

고령층은 공유경제의 주역으로도 떠오르고 있다. 에어비앤비에서는 '시니어 호스트(60세 이상 집주인)'의 증가세가 가장 가파르다. 2018년 기준 전 세계 에어비앤비 호스트 중 40만 명 이상이 60대 이상이었다. 미국에서는 주별로 60세 이상 호스트 비중이 15~20% 수준인 만큼 노년층이 공유숙박 시장의 주요 공급자로 자리 잡고 있다. 60대 이상 호스트의 90% 이상이 별 5개의 최고 평점을 받는 등 이용자 만족도가 높다. 전 세계 '슈퍼호스트'의 30% 이상이 시니어일 정도로 서비스 품질도 우수하다.

중고 거래와 재사용 문화도 고령층 사이에서 급속히 확산하고 있다. 경제적으로 합리적일 뿐 아니라 불필요한 물건을 순환시켜 환경에 이롭다는 인식이 퍼지고 있다. 은퇴 후 '미니멀 라이프'를 지향하는 시니어가 늘고 있다. 한국에서는 50~60대의 온라인 중고장터 이용이 늘고 있다. "쿠팡에서 사고 당근마켓에서 판다"는 말이 60대에게도 자연스러워졌다. 당근마켓 60대 이용자는 2019년 17만 명에서 2024년 127만 명으로 7배 넘게 늘었다.

많은 시니어는 인생 후반기를 맞아 단순하고 간소한 삶을 추구한다. '죽기 전에 정리하기'로 알려진 '스웨덴식 죽음의 청소(Swedish Death Cleaning)'나 일본의 '단샤리(斷捨離)' 열풍에 고령층이 큰 호응을 보인다. 이를 통해 사용하지 않는 물건은 자녀나 이웃에게 물려주거나 중고로 판매한다. 여생을 필요한 물건들로만 단순하게 보내려는 움직임이다. 업사이클링과 수선 문화 또한 시니어들의 새로운 취미 및 사회공헌 활동으로 떠오르고 있다. 지역 시니어센터에서 폐현수막이나 헌 옷으로 장바구니, 앞치마 등을 만드는 재봉 클래스가 인기다.

노인과 자본이 만나는 곳

로봇이 케어하는 시대 : PPP가 만드는 새로운 돌봄 생태계

초고령사회를 바라보며 정부와 기업이 손을 잡기 시작했다. 돌봄 수요는 폭증하는데 복지 재정은 점점 더 압박받는다. 이 딜레마를 풀기 위해 정부와 민간의 협업, 즉 'PPP(Public-Private Partnership, 민관 협력)'가 주목받고 있다. 한국의 고령친화산업 시장은 2020년 72조 원에서 2030년 168조 원으로 확대될 전망이다. 일본 후생노동성에 따르면 2022년 요양 · 간병 인력은 215만 명이다. 2040년에는 272만 명이 필요해 약 27% 늘어난다. 이 간격을 메우기 위해 일본 정부는 인공지능(AI) 돌봄 로봇 개발에 적극 투자 중이다. 와세다 대학에서는 프로토타입 휴머노이드 로봇을 정부 후원으로 연구하고 있다. 일부 요양원에서는 감성 인형 로봇 같은 반려 로봇이 실무에 투입되고 있다. 우리나라 역시 돌봄 로봇과 AI 헬스케어 기술에 공공-민간 협력을 시도 중이다. 보건복지부와 산업통상자원부는 민간기업, 연구기관, 수요자(노인 · 돌봄 제공자)와 함께 돌봄 로봇 개발부터 보급 · 활용까지 협력체계를 구축하려 한다.

치매 돌봄 분야에서도 PPP 기반 사례가 늘고 있다. 지자체 기획 아래 지역 커피숍 운영자, 방문간호사, 자원봉사자 등이 협력한다. 치매 어르신과 가족을 위한 특별한 공간을 운영하는 모델이 확산하고 있다. 치매안심센터의 지원으로 민간 카페에서 치매 어르신들이 직접 주문받기부터 음료 준비, 서빙, 정리까지 수행하는 프로그램이 운영된다. 이러한 방식은 치매 어르신들의 자기효능감 향상과 지역 주민들의 치매에 대한 인식 개선 효과를 나타내고 있다.

고령친화 주택과 금융 : 새로운 시장을 여는 협력 모델

고령친화적 사회를 구축하기 위해 주거 · 시설 인프라 분야에서도 PPP가 추진되고 있다. 정부는 민간이 '고령자 친화 주택'을 공급하도록 각종 인센티브를 제공한다. 2024년 발표된 '실버 스테이' 정책은 고령자 민간임대주택 활성화를 위해 자금지원과 규제 완화를 제공한다. 민간사업자가 도심 내에 실버 스테이를 건설할 경우, 용적률을 법정 상한의 1.2배까지 완화한다. 상업지역 내 주거 비율 제한도 완화하는 등 각종 규제를 풀어준다.

고령층의 재산을 안전하게 지키고 금융 접근성을 높이는 분야에서도 공공—민간의 협력이 중요한 역할을 하고 있다. 특히 치매 등으로 판단 능력이 저하된 노인의 자산관리 문제는 사회적 이슈로 등장하고 있다. 금융위원회는 '후견지원신탁(치매신탁)' 활성화 방안을 발표 후 입법·세부 규정 마련을 추진 중이다. 이 신탁은 노인의 인지 능력이 양호할 때 은행에 재산을 신탁해 두어 이후 치매 등으로 본인이 의사결정하기 어려운 상황을 대비한다. 신탁회사가 의료비·간병비·생활비 지출을 대행하도록 설계된 것이다. 민간 금융회사들도 고령자를 위한 맞춤형 상품과 서비스를 속속 내놓고 있다. 주택금융공사와 생명보험업계는 주택연금 가입자의 치매 보험료를 할인하는 연계 상품을 공동 개발 중이다. 시중은행들은 고령층 전용 창구 운영, 인지도가 떨어진 고객에 대한 이중 확인 절차 등 내부통제를 강화한다. 한편 사용 한도 설정, 이중 인증, 고위험 거래 자동 알림 등의 기능을 포함한 고령층 맞춤형 카드도 개발되고 있다.

실버 택배와 사회성과채권 : 혁신적 비즈니스 모델의 등장

고령화 문제를 해결하는 비즈니스 모델은 기업의 ESG 경영 및 공유가치 창출(CSV) 전략과 밀접하게 연결된다. 국내 대표 사례로 '실버 택배' 사업을 들 수 있다. CJ대한통운은 택배 물량 증가와 배송 효율화 과제를 해결함과 동시에 노인 일자리 창출이라는 사회 문제를 겨냥했다. 2013년부터 지자체, 한국노인인력개발원과 협력하여 실버 택배 모델을 도입했다.

이 사업에서는 회사가 아파트 단지 등 거점까지 물품을 배송하면, 해당 지역의 시니어 배송원들이 단지 내 각 가정에 물품을 가져다주는 '라스트마일(Last Mile)' 배송을 담당한다. 기업은 물량 제공과 운영을 맡고 지방자치단체는 필요한 행정·예산을 지원한다. 노인인력개발원(정부 산하기관)은 시니어 인력 모집과 교육을 담당하는 삼각 협업체계로 운영된다. 실버 택배는 2023년 기준 전국 170여 거점에서 약 1,400명의 시니어 배송원이 월 50~60만 원을 벌도록 지원하는 지속 가능 모델로 자리 잡았다.

유한킴벌리의 '우리강산 푸르게 푸르게', '시니어 산촌학교' 등 프로그램에 55세 이상 시니어를 우선 참여시키는 사례도 있다. 숲 가꾸기 활동과 시니어 특화 마케팅을 병행하며 환경(E)과 사회(S) 가치를 함께 창출한다. 동시에 고령층 일자리(G)도 늘리는 일석삼조의 효과를 거두고 있다.

고령화시대의 사회 문제 해결을 위한 혁신적 금융 수단으로 '사회성과 연계채권(SIB ; Social Impact Bond)'이 주목받고 있다. SIB는 민간 투자자가 선투자하고 정부는 사업 성공 시에만 원금과 성과 이자를 지급하는 방식의 성과 기반 금융 계약이다. 즉, 'Pay for Success' 모델을 통해 공공서비스를 제공하되, 성과 위험을 민간이 분담하도록 한 것이다. 향후 SIB는 고령화 관련 다양한 분야에 응용될 수 있다. 예를 들어 치매 환자 실종 예방, 노인 낙상 예방, 만성질환 관리 프로그램 등에 SIB를 적용하면, 민간이 기술 기반의 혁신 서비스를 개발하여 노인들의 건강지표를 개선하고 그 성과에 따라 정부가 보상하는 구조를 생각해 볼 수 있다. 또 다른 주목할 모델은 사회적 영향투자 펀드와 임팩트 채권이다. 민간 자본이 ESG 목적의 프로젝트에 투자하고 성과에 따라 이익을 얻는 채널이 다양해지면서, 고령친화 분야도 중요한 테마로 부상하고 있다.

트렌드 키워드

임팩트 실버

'임팩트 실버(Impact Silver)'는 기존 시니어 대상 ESG 접근을 넘어서 실질적 지속가능성을 추구하는 새로운 생활 패러다임이다. 단순한 친환경 소비를 넘어 '내구·수리, 임팩트 투자, 순환 경제' 실천을 통해 사회적 가치를 창출하는 시니어를 지칭한다. 이들은 제품 구매 시 장수명과 수리 가능성을 우선 고려한다. 투자 결정에서도 재무 수익보다 사회적 임팩트를 중시하는 특징을 보인다. 또한, 소유보다는 공유와 교환을 통한 순환 경제 활동에 적극 참여한다.

시니어가 주요 소비층으로 부상하면서 기존 ESG 전략의 구조적 한계가 명확해지고 있다. 투자자 중심의 ESG는 기업의 지속가능경영을 재무 리스크 관리 수단으로 전락시켜 진정한 환경·사회적 가치 창출과 거리가 멀어졌다. 넷제로 달성을 위한 재생에너지 확대 과정에서 광물 채굴량이 현재 대비 6배 증가해야 하는 상황은 새로운 환경 파괴를 야기하고 있다. ○○워치의 '78% 감축 + 22% 상쇄' 방식처럼 실질적 온실가스 감축 효과가 의문시되는 사례도 늘고 있다. 이런 상황에서 한정된 소득으로 생활하는 시니어들은 자연스럽게 소비 절약과 제품 수명 연장에 관심을 두게 되었다. 이들이 진정한 순환 경제 실현의 핵심 동력으로 부상하고 있다.

실제 시니어 소비자들은 '고장 나면 버리기'보다 수리와 재사용을 선호하는 뚜렷한 경향을 보인다. 일본의 시니어 대상 가전 수리 서비스는 연간 30% 성장률을 기록하며 새로운 시장을 형성하고 있다. 국내에서도 중장년층을 위한 에너지 효율 컨설팅과 주택 리트로핏 서비스(Retrofit Service)가 늘고 있다. 금융 분야에서는 시니어 투자자들이 기존 ESG 펀드보다 지역사회 연계 임팩트 채권과 사회복지 펀드에 더 높은 관심을 보이는 추세다. 또한, 은퇴한 전문직 시니어들이 업사이클링 강사, 순환 경제 컨설턴트, 리사이클링 코디네이터로 재취업하는 사례가 늘어나면서 새로운 커리어 경로를 만들고 있다. 지역 경로당과 실버타운에서는 가전·도구 공동구매와 물물교환 플랫폼이 활성화되며 커뮤니티 기반 순환 경제 모델이 늘고 있다.

임팩트 실버 트렌드는 시니어가 단순한 소비자에서 지속 가능한 사회 구축의 핵심 주체로 전환하고 있음을 잘 보여준다. 기업들은 시니어 대상 제품 설계 시 내구성과 수리 가능성을 최우선으로 고려해야 한다. 'Design for Repair(수리 용이성 설계)' 개념을 도입한 장수명 제품 개발에 집중할 필요가 있다. 금융기관은 기존 ESG 평가 기준을 넘어서 생태·사회적 임팩트를 측정하는 새로운 지표 기반의 투자 상품 개발에 역량을 집중해야 한다. 정책적으로는 시니어 주도의 지역 순환 경제 생태계 구축을 체계적으로 지원하고, 은퇴 후에도 사회적 가치 창출 활동을 지속할 수 있는 제도적 기반 마련이 시급하다. 특히 수요 절감 기술과 순환 경제 전문 인력 양성 프로그램 확대가 필요하다. 이는 고령화사회의 구조적 부담을 새로운 성장 동력으로 전환하는 핵심 전략이 될 것이며, 진정한 지속가능성을 추구하는 패러다임 전환을 이끌어갈 것이다.

폴리텍 50+

'폴리텍 50+'는 한국폴리텍대학이 운영하는 만 40세 이상 중장년층 대상 맞춤형 직업 훈련이다. 기존 일반 직업훈련과 달리 신중년층의 생애 전환 특성을 고려한 특화 교육 과정이다. 3~6개월 단기 집중 훈련을 통해 실무기술 습득과 자격증 취득을 동시에 지원한다. 설비관리, 건설기계, 용접, 패션 등 재취업 유망 분야를 중심으로 구성되며, 교육생 전원이 비슷한 연령대로 편성되어 심리적 안정감 속에서 학습할 수 있는 것이 특징이다.

중장년층 인구가 전체의 40%를 넘어서면서 생애 전환기 재교육 수요가 급증하고 있다. 특히 디지털 전환과 산업 구조 변화로 기존 경력자들의 직무 불일치가 심화하면서, 단순한 일자리 연결을 넘어선 체계적 기술 재교육의 필요성이 대두되었다. 기존 청년 중심의 직업훈련 프로그램은 중장년층의 학습 특성과 심리적 상황을 충분히 반영하지 못했다. 연령대 차이로 인한 위축감과 낮은 교육 완수율이 문제점으로 지적되었다. 한국폴리텍대학은 이러한 한계를 극복하기 위해 신중년 전용 특화 과정을 신설했다. 국비 전액 지원과 훈련장려금 지급을 통해 경제적 부담을 해소하는 통합 지원 시스템을 구축했다.

한국폴리텍대학 신중년 특화 과정은 2021년부터 2023년까지 평균 취업률 57.5%를 기록하며 중장년 재취업의 실질적 성과를 보여주고 있다. 특히 기계 계열 취업률은 최근 3년간 76.8%, 80%, 73.3%로 가장 높았다. 전기 계열도 62~66%대의 안정적인 성과를 유지하고 있다. 전기 시스템제어 과정의 경우 교육생 전원이 전기기능사 자격증을 취득하는 성과를 2년 연속 달성했다. 모집 경쟁률도 평균 2.35:1에서 2023년 상반기 2.79:1 까지 상승하며 중장년층의 높은 관심을 입증했다. 항공기 부품회사 품질관리자로 재취업한 50대 정 씨는 "폴리텍 교육으로 현장 기술과 자신감을 동시에 얻었다"는 후기를 남겼다. 이러한 성공 사례들이 중장년층의 재도전 인식 확산에 기여하고 있다.

폴리텍 50+ 모델은 고령화사회 대응 전략의 새로운 패러다임을 제시한다. 기업들은 중장년 숙련 인력의 활용 가치를 재평가하고, 신중년 적합 직무 고용 창출 장려금 등 정부 인센티브를 적극 활용한 채용 전략을 수립해야 한다. 교육기관은 연령대별 맞춤형 커리큘럼 개발과 심리적 지원 시스템 강화를 통해 중장년 학습자의 특성을 반영한 교육 프로그램을 확대할 필요가 있다. 정책적으로는 미국의 기업 중심 아웃플레이스먼트(Outplacement)나 독일의 법적 의무화 모델과 다르다. 국가 직영의 체계적 직업훈련 시스템을 더욱 확충하고 산업 수요에 맞는 특화 분야를 지속 발굴해야 한다. 이는 급속한 고령화와 생산가능인구 감소 상황에서 중장년 인력의 생산성을 극대화하고, 개인의 생애 전환 성공률을 높이는 핵심 전략이 될 것이다.

4-3
개인 삶의 변화 전략
영성·나눔·유산 설계의 여정

종교를 넘어선 일상 속 영성 발견

어느 날 문득 시니어들은 깨달았다. 삶이란 단지 이어지는 시간의 연속이 아니라 의미를 찾아가는 여정임을 말이다. 햇볕이 잘 드는 아파트 거실에서 또는 도심 속 찾아낸 작은 명상 공간에서, 그들은 새로운 영성의 길을 개척하고 있다. 오늘날 많은 이들은 종교적 신념과 무관하게 명상·자연 치유·공감 활동을 통해 삶의 의미와 내면의 평온을 추구하며 '일상 속 영성'을 실천하고 있다.

일본 도쿄의 한 사찰에서 벌어지는 풍경이 흥미롭다. 출근 시간 전 직장인들이 하나둘 모여든다. 그들은 스마트폰을 끄고 한 시간 동안 명상에 잠긴다. 이른바 '디지털 디톡스'다. 30대부터 60대까지, 참여자의 나이는 다양하다. 전자기기를 차단하고 고요 속에 머무르는 시간이 현대인들이 찾아낸 새로운 영적 실천이다. "명상하고 나면 하루가 달라져요. 마음이 차분해지고 집중력이 높아지죠." 10년째 참선 명상에 참여하는 58세 나카무라 씨의 말이다. 그는 종교인이 아니다. 그저 바쁜 일상에서 자신을 돌아볼 시간이 필요했을 뿐이다. 과학적 연구도 이를 뒷받침한다. 65세 이상 노인을 대상으로 한 메타분석에 따르면 마음 챙김 명상은 우울 증상을 유의미하게 개선했다. 특히 아시아 노인 집단에서 그 효과가 더 크게 나타났다. 명상은 단순한 안정감을 넘어 정신건강의 실질적 보완재가 되고 있다.

도시 생활에 지친 시니어들은 자연으로 눈을 돌렸다. 숲속 산책, 삼림욕, 농장 체험은 단순한 여가를 넘어 '자연치유'라는 새로운 패러다임을 만들어 냈다. 서울시가 운영하는 '기억 숲 산책' 프로그램에서 공원을 찾은 어르신들의 얼굴에는 평온함이 깃들어 있다. 2024년 평가에서 치매 고위험군 인지 점수 +2.6점, 우울감 감소 효과가 확인되었다. 네덜란드에는 1,100여 개의 '치유 농장'이 있다. 노인 치매 환자부터 우울증 환자까지, 다양한 고령층이 농장에서 일하고 동물을 돌보며 치유를 경험한다. 손에 흙을 묻히고 식물이 자라는 것을 지켜보는 일은 존재의 근원적 감각을 일깨운다.

나눔으로 재발견하는 삶의 가치

은퇴는 끝이 아니라 새로운 시작이다. 시니어들은 자신의 시간과 경험을 나누며 삶의 새로운 의미를 찾고 있다. 미국 'Experience Corps'는 50세 이상 시니어를 초등학교에 배치해 아이들을 멘토링한다. 놀라운 것은 그 결과다. 아이들의 학업 성과는 향상되었고 멘토링에 참여한 노인의 인지 기능 저하 속도는 늦춰졌다. 나눔은 주고받는 것이었다. 일부 연구에서는 정기적 봉사활동이 50세 이상의 건강지표 및 삶의 만족도 개선과 연관된 결과가 보고되었다. "봉사자는 비봉사자보다 우울과 불안이 적고 자아존중감과 행복감, 삶의 의미가 높다"는 분석이 나왔다.

한국의 서울시 50플러스 재단은 만 50세 이상 신중년이 공공기관과 복지시설에서 자신의 재능을 활용해 봉사하는 '사회공헌 일자리' 사업을 운영 중이다. 적정 활동비를 받으며 사회에 기여하는 새로운 모델이다. 59세 김 씨는 은퇴 후 '나도선수' 플랫폼에서 전통 발효식품 강사로 활동한다.

"30년 동안 가정주부로 살면서 몰랐어요. 제가 이렇게 많은 것을 알고 있단 걸요. 이제야 제 지식이 가치 있다는 것을 깨달았죠."

이들의 경험은 단순한 봉사활동을 넘어선다. 평생 쌓아온 자신의 지식과 경험이 다른 사람에게 실질적인 도움이 되는 것을 깨닫는 순간, 시니어들은 새로운 자아를 발견한다. 나이가 들어 사회에서 밀려나는 것이 아니다. 오히려 더 깊이 있는 역할을 할 수 있다는 자신감을 느끼게 된다.

유산 설계로 완성하는 인생의 마무리

유산은 단지 상속할 재산만을 의미하지 않는다. 시니어들은 자신의 가치와 이야기를 다음 세대에 전하는 '유산 설계'에 관심을 기울이고 있다.

한국의 기부 문화가 변하고 있다. 전체 기부 참여율은 떨어졌지만, 기부자 1인당 평균 현금 기부액은 2021년 처음으로 60만 3천 원을 넘어섰다. 주요 자선단체들은 '레거시 클럽(유산기부자 모임)'을 결성해 시니어들이 사후 재산을 사회에 환원할 수 있도록 돕고 있다. 65세 구 씨는 굿네이버스에 1억 원 이상 후원한 '더네이버스아너스클럽' 회원이다.

"자식들에게는 충분히 주었어요. 이제 내 재산을 필요한 이들에게 나눠주는 게 행복합니다."

2012년 「신탁법」 개정으로 도입된 '유언대용신탁' 제도는 시니어들에게 새로운 선택지를 제공했다. 금융기관과의 신탁계약만으로 유언 효력을 가지는 재산 관리와 상속집행이 가능해진 것이다. 한 80대 여성은 신탁을 통해 재산의 50%는 돌봐준 딸에게, 30%는 다른 자녀에게, 20%는 1인 가구 지원단체에 기부하도록 설계했다. 재산분배를 넘어 자신의 가치를 반영한 결정이었다.

"모든 인생에는 기록될 가치가 있다." 한 기관의 자서전 쓰기 프로그램 모토다. 시니어들은 10주간 글쓰기 수업을 통해 자신의 삶을 돌아보고 자서전을 완성한다. 민간에서는 '주간 자서전'이라는 구독형 서비스가 출시되었다. 12주 동안 전문 작가의 첨삭 지도로 평범한 시니어도 자신의 책을 발간할 수 있다. 자신의 삶을 기록하는 과정은 단순한 회고가 아니다. 그것은 자기 존재를 확인하고 의미를 재구성하는 여정이다. 미국에서는 '윤리적 유언장(Ethical Will)'이나 '레거시 레터(Legacy Letter)'가 인기다. 재산이 아닌 가치관과 인생 교훈을 전하는 편지다. 현대판 영적 유산으로 이해된다. 한 임종 환자는 "자신이 이 땅에 흔적 없이 사라질 것 같다"는 영적 고통을 호소했다. 하지만 가치 유산을 정리한 후 정서적 안정감이 크게 향상되었다. 일본에서는 '슈카츠(終活)'라 불리는 '엔딩 플래닝'이 인기다. 장례 준비에서부터 유품 정리, '엔딩 노트' 작성까지, 스스로 죽음을 설계하는 활동이다. 이는 가족에게 짐을 덜어주고 '좋은 마무리'를 한다는 적극적 노후 대비로 인식된다. 연구에 따르면 슈카츠에 참여한 일본 노인은 미래에 대한 불안이 감소하고 삶의 통제감이 높아져 삶의 만족도가 향상되었다. 죽음을 준비하는 과정이 역설적으로 더 충만한 삶을 가져온 것이다.

시니어 라이프는 더 이상 은퇴 후 단순히 여생을 보내는 시간이 아니다. 그것은 영성을 찾고 나눔을 실천하며 자신의 유산을 설계하는 적극적인 여정이다. 명상과 자연치유로 마음의 평온을 찾고 자원봉사와 멘토링으로 사회에 기여한다. 또한, 물질적·정신적 유산을 준비함으로써 삶의 완결성을 추구한다. 나이 듦은 단순한 신체 변화가 아니라 삶의 통합과 의미 재구성의 기회로도 해석될 수 있다. 시니어들은 자신만의 방식으로 영성·나눔·유산 설계를 통해 의미 있는 삶의 새로운 장을 열어가고 있다.

외로움을 넘어 연결로 :
시니어의 사회적 발자국

보이지 않는 고립의 그림자

퇴직 3년 차인 유 씨는 어느 날 깨달았다. 일주일 동안 아무와도 대화하지 않았다는 사실을 말이다. 마지막 대화는 편의점 직원과 나눈 "영수증 필요하세요?" 물음과 답변이었다. 남편과는 10년 전 이혼했고 아이들은 해외에 살고 있다. 그 순간 유 씨는 자신이 사회에서 서서히 사라지고 있음을 느꼈다.

이런 상황은 유 씨만의 이야기가 아니다. OECD Better Life Index 2024 기준, '의지할 사람이 없다'고 답한 한국 응답자는 20%다. OECD 평균 9%의 두 배에 달한다. 국내 노인 단독가구에서는 이 비율이 32.6%까지 치솟는다. 더 충격적인 사실은 이러한 고립이 건강에 미치는 영향이다. 미국 보건당국에 따르면 사회적 고립 상태의 사망률 증가는 하루 담배 15개비 흡연에 맞먹는다. 비만이나 신체활동 부족보다도 위험하다. 세계보건기구는 전 세계 노인 4명 중 1명이 사회적 고립 상태라고 추산한다. 연결이 끊기면 몸도 마음도 더 빨리 무너진다는 것이다.

디지털로 만드는 새로운 연결

"오하요(좋은 아침)!"

일본 시니어 플랫폼에서 매일 아침 들리는 인사다. 놀랍게도 이 단순한 아침 인사 모임에 수만 명이 참여한다. 스타트업 오스탄스가 운영하는 온라인 취미 모임 서비스에는 40만 명 이상의 시니어가 가입해 3만 5천여 개 동호회에서 활발히 교류한다.

한국에서도 변화가 시작됐다. 민간에서는 '시놀(시니어 놀이터)', 취미 모임 앱 '오이', 중장년 소셜 네트워크 '5060우리들', 시니어 전용 커뮤니티 '하나더넥스트' 등 50+ 전용 소셜 앱이 잇따라 등장했다. 연결은 이제 오프라인을 넘어 온라인에서도 활발히 이뤄진다.

70세 이 씨는 말한다. "처음에는 스마트폰 사용이 두려웠어요. 하지만 손자가 알려준 뒤로는 매일 밤 동창회 단체채팅방에서 이야기를 나누죠. 코로나 때는 이게 유일한 소통 창구였어요."

물론 디지털 격차도 현실이다. 65세 이상 노인의 63.2%가 스스로 앱 설치·삭제에 어려움을 겪는다. 노년층의 34.5%가 모바일 메신저 확인에 미숙하다. 38.5%는 작성·전송에 어려움을 겪는다. 기술 발전이 새로운 소외층을 만들지 않도록 세심한 접근이 필요한 이유다.

세대를 잇는 지혜의 나눔

"제가 살아본 인생을 들려드리겠다."

문화체육관광부의 '인생나눔교실'에서 시니어 멘토 250명이 전국 청소년 및 군 장병과 만난다. 은퇴 교사, 기업 임원 등이 자신의 경륜과 지혜를 전수하며 젊은 세대와 소통한다. 서울시는 '서울런 시니어 멘토링'을 도입해 40세 이상 장년층을 학습 멘토로 위촉했다. 교육 취약계층 아동에게 정서적·학습적 지원을 제공하는 윈-윈 모델이다. 시니어에게는 사회적 역할과 젊은 세대와의 교류 기회를, 청소년에게는 추가적인 돌봄과 지지를 제공한다. 멘토로 활동 중인 65세 박 씨는 이렇게 말한다. "처음에는 내가 이 아이들에게 무슨 도움이 될까 걱정했어요. 그런데 6개월이 지난 지금, 오히려 내가 더 많은 것을 배우고 있죠. 아이들의 눈을 통해 세상을 다시 보게 됐어요."

미국에서는 60세 이상을 결집해 기후변화 대응을 촉구하는 '서드 액트(Third Act)' 운동이 등장했다. 환경운동가 빌 맥키벤이 주도한 이 모임은 은행의 화석연료 투자 중단 요구 시위에 참여하거나, 손 편지 쓰기 캠페인에 나선다. 72세 시위 참가자 제인은 "연행될 위험도 감수한다. 이제 우리 세대가 나서서 목소리를 내야 할 때다. 손주들의 얼굴을 볼 때마다 그들이 살아갈 지구를 생각하지 않을 수 없다"고 말했다.

서울시 50플러스 재단 조사에 따르면 액티브 시니어는 일반 성인보다 자원봉사나 기부 참여율이 높다. "나 혼자보다 다 함께 잘 사는 문제에 관심이 있다"는 응답이 액티브 시니어 층에서 49.5%로, 전체 성인 평균 35.6%보다 높다. 많은 시니어가 자신의 시간과 자원을 사회와 공유하면서 의미와 보람을 찾고 있다는 뜻이다.

처음 언급한 유 씨 이야기로 돌아가 보자. 그녀는 우연히 알게 된 동네 커뮤니티 센터의 시니어 프로그램에 참여했다. 처음에는 그저 시간을 보내기 위해서였다. 그러다 같은 취미를 가진 친구들을 만났다. 지금은 지역 청소년 센터에서 미술 멘토로 활동 중이다.

"정말 이상하다. 내가 누군가에게 필요한 사람이 됐다는 사실이. 60년 넘게 살면서 한 번도 생각해 보지 않았던 질문을 요즘 자주 한다. 내가 이 세상에 어떤 흔적을 남기고 싶은가?"

유 씨의 이 질문은 어쩌면 모든 시니어가, 아니 모든 인간이 한 번쯤 던져볼 만한 질문일 것이다.

잃어버린 계절을 찾아서 :
시니어와 기후 위기

노년이 마주한 이중의 역설

폭염이 가장 먼저 앗아가는 것은 노인의 생명이다. 지난 10년간 한국에서 발생한 온열질환 사망자 중 68.5%가 65세 이상 노인이었다. 전 세계 65세 이상 폭염 사망률은 지난 20년간 약 60% 증가했다. 2022년 유럽의 뜨거운 여름은 80세 이상 노인 36,848명의 목숨을 앗아갔다.

기후 위기의 가장 큰 피해자는 노인인데, 기후 위기를 만든 주역 역시 노인이다. 오늘날 고령층은 산업화와 고도성장의 시대를 살아온 세대다. 석탄과 석유를 마음껏 태우며 지구 환경은 뒷전인 채 성장의 신화를 쌓아온 세대다. 이것이 기후 위기가 노년에 안겨준 첫 번째 역설이다. 두 번째 역설은 세계 곳곳에서 기후 위기에 맞서 가장 적극적으로 행동에 나서는 집단 중 하나가 또 노인이라는 사실이다. "산업화 세대가 일조한 기후 위기, 스스로 책임져야 한다"며 창립한 한국의 '60+기후행동' 시니어들이 그 증거다.

노인이 폭염에 취약한 이유는 간단하다. 체온조절 능력이 저하되고 갈증을 인지하는 감각이 둔화하며, 고혈압·당뇨 같은 만성질환을 지닌 경우가 많기 때문이다. 기후변화에 관한 정부 간 협의체(IPCC ; Intergovernmental Panel on Climate Change)도 고령자와 만성질환자를 온도 관련 사망률이 가장 높은 취약 집단으로 분류하고 있다. 폭염만이 문제가 아니다. 한파는 노인의 저체온증과 낙상사고 위험을 높인다. 홍수나 지진 같은 재난 시에는 거동 불편으로 대피가 늦어져 더 큰 피해를 본다. 이러한 위협은 앞으로 더 커질 것이다. 기후 위기는 계속 심화하고 사회는 더욱 고령화되고 있기 때문이다.

손주를 위한 마지막 행동

추운 겨울날, 한 공원에 수십 명의 어르신이 모였다. '기후 위기, 손주에 대물림 안 된다'는 피켓을 든 채였다. 이날은 시니어들의 기후 운동 단체 출범식이었다. '젊은이들이 열심히 나서니 우리도 환경운동 모임을 만들자'는 공감대 아래 모인 이들은 "의도치 않게 기후 위기를 가속한 데 대한 책임을 느낀다"고 밝혔다. 이들은 자신의 마지막 시간을 의미 있게 쓰고 싶었다. 그 방법이 기후 행동이었다.

이러한 '그레이 그린(Grey-Green) 현상'은 세계적인 흐름이다. 영국에서는 '나는 기후변화에 반대하는 조부모다'라는 팻말을 든 노인들의 모습이 언론을 탔다. 실제로 체포되는 어르신들도 있었다. 그들의 결기는 묘한 설득력이 있다. 자신의 남은 생애보다 손주 세대의 미래를 더 걱정하는 노인들의 모습은 기후 위기 시대의 가장 강력한 메시지가 될 수 있다.

국내의 시니어들도 점점 적극적으로 변하고 있다. 정부의 미흡한 기후 대응이 노년층 생명권을 침해한다며 국가기관에 진정을 넣는 일도 벌어졌다. 이제 시니어는 더 이상 방관자가 아닌 행동가다. 거리 집회에서 정책 제언까지 다양한 방식으로 기후 위기 대응에 기여하고 있다.

개인 차원에서도 변화는 시작됐다. 해외의 한 은퇴 부부는 오래된 주택을 친환경적으로 개선했다. 주택 개조 프로그램에 참여해 단열 강화, 친환경 설비 설치, 태양광 도입 등으로 에너지 사용량을 대폭 줄였다. 그들은 "이 세상은 손주들이 물려받을 세상인데, 우리가 망쳐놓은 지구를 그냥 둘 수 없었다"고 말했다. 이것은 순수한 이타주의가 아니다. 자신들이 만든 문제에 대한 응답이다.

적응과 실천 사이에서

정부와 지자체는 기후변화에 취약한 시니어들을 위한 안전망을 구축하고 있다. 무더위쉼터와 안전 숙소 운영, 정기적인 안부 확인 시스템 등을 통해 극한 기후 상황에서도 어르신들이 안전할 수 있도록 돕는다. 이러한 적응 정책은 기후 위기 시대의 필수 안전장치다.

한편 시니어를 환경교육의 주체로 만드는 프로그램도 늘고 있다. 노인이 직접 환경 강사가 되어 동년배에게 재활용과 업사이클링을 가르치는 방식이다. 버려지는 생활용품을 새로운 물건으로 만드는 과정에서 환경 의식과 성취감을 동시에 얻는다. 교육에 참여한 시니어들은 "분리배출을 정확히 알게 됐고, 재활용 과정이 신기하고 재미있다"는 반응을 보인다.

시니어가 기후 위기 완화에 도움을 주는 가장 실질적인 방법이 있다. 생활 속에서 탄소발자국 줄이기다. 과거 절약 습관이 몸에 배어 있는 노년층은 이를 환경 면으로 발전시킬 잠재력이 크다. 손수건 사용하기, 음식물 남기지 않기, 물건 아껴 쓰기 등 전통적 절약 문화는 오늘날 '제로 웨이스트(Zero Waste)' 운동과 맥을 같이한다.

퇴직 후 시간적 여유를 활용한 자원봉사 활동도 늘고 있다. 지역의 산과 공원, 하천에서 환경정화 활동을 펼치거나 시민들에게 환경 보호 캠페인을 벌이는 식이다. 외래식물 제거 작업을 통해 지역 생태계를 지키는 일에도 적극 참여한다. 이들의 활동은 단순한 봉사를 넘어 축적된 경험과 지혜를 사회에 환원하는 의미 있는 실천이다.

시니어 트렌드 2026

트렌드 키워드

느린 삶

  '느린 삶(Slow Life)'은 경쟁과 효율 위주의 빠른 삶에서 벗어나 여유롭고 자기 만족적인 삶을 추구하는 생활방식이다. 자동차 기어를 낮추어 속도를 줄인다는 '다운시프트(Downshift)' 개념에서 유래되었다. 고소득도 기꺼이 포기하며 원하는 삶의 형태를 선택하는 라이프 스타일을 의미한다. '액티브 리턴(Active Return)'은 은퇴 후에도 적극적으로 사회활동과 자기계발을 지속하여 제2의 인생을 활기차게 보내는 현상이다. 단순한 휴식이 아닌 새로운 도전과 성장을 통해 삶의 의미를 재발견하는 움직임이다.

  100세 시대를 맞아 은퇴 후에도 수십 년의 시간이 주어진다. 베이비붐 세대가 은퇴 직후 갑작스러운 일상 변화로 목적과 활력 상실을 겪는 사례가 늘고 있다. 퇴직 후 취미로 시간을 보냈지만 무의미하게 느껴진다는 시니어들의 고백이 이어진다. 동시에 노년기 건강 유지는 얼마나 활동적으로 지내느냐에 달려 있다는 활동 이론이 확산하면서, 완전한 은둔이나 정체가 아닌 필요한 부분에 에너지를 집중하는 속도 조절의 중요성이 강조되고 있다. 이러한 배경에서 느린 삶은 천천히 가지만 더 멀리, 더 깊이 인생의 의미를 탐구하는 방안이다. 액티브 리턴은 사회와의 연결을 통해 역할과 소속감을 유지하는 전략으로 주목받고 있다.

  국내에서는 앞서 언급했던 71세에 실버 택배를 시작한 조 씨가 대표 사례라고 할 수 있다. 또 다른 예로는, 69세의 김 씨는 평생 가정을 돌보며 살아왔지만, 손주들까지 다 키우고 나니 스스로 묻혀 지낸 느낌이 들어 '서울시어르신취업지원센터'를 찾았다. 현재 박물관 해설사 교육을 받으며 새로운 사회 진출을 준비 중이다. 78세에 그림 그리기를 본격 시작해 타임지 표지에 실릴 만큼 성공한 미국의 그랜마 모지스는 나이 들어 시작해도 늦지 않다는 것을 보여준 전 세계 시니어들의 본보기다. 71세에 손녀의 권유로 시작한 유튜브로 세계적 스타가 된 박막례 할머니는 칠순에 들어 제2의 청춘을 사는 기분이라고 말하며 디지털 세상에서의 소통을 즐기고 있다.

  느린 삶과 액티브 리턴은 한국 사회에 중요한 시사점을 제공한다. 개인 차원에서는 은퇴 후 삶의 루틴을 건강관리, 정서적 안정, 사회적 활동, 여가 취미, 디지털 활용의 5대 영역으로 재설계해야 한다. 몸과 마음의 건강을 지키면서도 자신만의 속도와 방식으로 풍요로운 삶을 만들어 가야 한다. 기업과 사회 차원에서는 시니어들의 경험과 지혜를 활용할 수 있는 유연한 일자리 창출과 세대 통합 프로그램 개발이 필요하다. 복지형 일자리 제공을 넘어서 시장형 일자리 창출과 창업 지원, 평생교육 강화가 요구된다. 정책 차원에서는 노인 일자리 및 사회활동 지원 사업 확대, 시니어 디지털 교육을 통한 격차 해소, 노인 맞춤 돌봄 서비스를 통한 정서적 지원 등 개인의 노력에 더해 공동체와 제도의 뒷받침이 필요하다. 이는 단순한 고령자 복지를 넘어 시니어가 사회의 중요한 자원으로 계속 역할을 할 환경 조성을 의미한다. 돈보다는 여유로운 시간에서 행복을 느끼는 새로운 가치관의 확산을 통해 전 세대가 함께 배울 수 있는 삶의 모델을 제시한다.

의미 찾기 무브먼트

보그 코리아에 실린 '일본인이 더 오래 건강하게 사는 14가지 장수 비결' 기사가 주목받고 있다. 하라하치부(腹八分, 배부름의 80% 지점에서 식사 중단)부터 이키가이(生き甲斐, 삶의 의미 찾기)까지 단순하지만 지속 가능한 일본식 장수 습관들을 담고 있다. 특히 마지막 항목인 '삶의 의미 찾기'는 초고령사회에 진입한 한국 사회에 중요한 메시지를 전한다. 퇴직과 은퇴 이후 갑작스럽게 찾아오는 공허함과 무력감을 어떻게 극복할 것인가는 개인 차원을 넘는 사회적 이슈이다.

이키가이는 '매일 아침 일어나야 할 이유'를 뜻하는 삶의 철학이다. 14가지 장수 습관 중 식사, 수면, 운동, 정신·정서 관리, 자연과의 교감 등이 신체적 건강을 다룬다면, 이키가이는 정신적·사회적 건강의 핵심축 역할을 한다. 단순한 취미 활동이나 여가를 넘어 자신만의 고유한 가치와 목적을 발견하는 과정이 이키가이의 본질이다. 개인의 관심사와 강점을 바탕으로 사회에 기여할 수 있는 의미 있는 활동을 찾아가는 것이 노년기 우울증 예방과 인지 기능 유지에 직접적인 영향을 미치는 것으로 알려져 있다.

이키가이 철학을 현실에 적용하려는 다양한 시도들이 나타나고 있다. 시니어가 자신의 경험과 지혜를 활용해 젊은 세대를 멘토링하는 프로그램, 전통 요리를 전수하며 문화를 보존하는 활동, 도시농업을 통해 자연과 교감하는 봉사활동 등이 대표적이다. 이러한 활동들은 단순히 시간을 보내는 것이 아니라 사회적 가치를 창출하면서 개인의 성취감과 자존감을 높이는 효과를 가져온다. AI 기술을 활용한 맞춤형 추천 시스템도 개발되어 개인의 관심사와 활동을 매칭하는 도구로 활용되고 있다.

삶의 의미 찾기는 체계적 접근이 필요한 최우선 과제다. 개인 차원에서는 자신만의 이키가이를 발견할 기회와 환경이 필요하고, 사회 차원에서는 시니어의 경험과 지혜를 활용한 세대 간 교류 프로그램 확산이 시급하다. 단순한 여가 활동을 넘어 사회적 가치 창출과 개인적 성취감을 동시에 얻을 수 있는 생태계 구축이 건강 수명 연장뿐만 아니라 사회 전체의 지속 가능한 발전에 필수다.

더블 케어(Double Care)

샌드위치 세대의 가족 돌봄 재정 부담은 초고령사회 진입과 함께 중장년층이 부모와 자녀를 동시에 부양하면서 겪는 이중·삼중 부담 현상이다. 대한민국 노인빈곤율은 OECD 최고 수준인 반면 장기요양 지출은 GDP의 1%대에 머물러 복지 공백이 크다. 중장년층은 이중·삼중 부양 부담으로 월평균 113~200만 원을 지출한다. 돌봄 시간도 4시간 21분까지 증가한다. 단일 부양은 월평균 65.7만 원, 이중 부양은 113.5만 원, 삼중 부양은 200만 원 이상을 지출한다. 중장년층의 88%가 부모 직접 돌봄에 부담을 느끼고 노년층의 84%가 가족에 짐이 될까 두려워한다.

초고령사회 진입이 가속화되면서 돌봄 위기가 현실이 되고 있다. 한국리서치 조사에 따르면 76%가 초고령사회 진입 사실을 인지하고 87%가 몸으로 체감한다고 응답했다. 74%가 삶의 부정적 영향을 우려하며 돌봄·간병 부담 증가를 최고치로 꼽았다. 78%는 대비가 충분하지 않다고 응답했다. 한국은 인구 고령화 속도가 OECD 평균보다 두 배 빠른데 복지·돌봄 재정 투입은 절반 수준에 머물러 가족 내부 부담 전가로 이어진다. 미국과 EU도 비슷한 추세로, 미국 샌드위치 세대는 주 50시간 돌봄과 연간 8,700억 달러 무급노동을 제공한다. OECD 분석에 따르면 주 20시간 이상 고강도 돌봄은 근로 시장 이탈 확률을 급등시켜 가계와 국가 생산성 손실을 유발한다.

해외는 지역사회 통합 케어로 대응하고 있다. 일본 CICS는 보건소·의료·장기요양·주택·생활지원 5요소를 30분 생활권에 통합해 재입원율을 12% 줄이고 요양시설 입소 전환율을 18%에서 11%로 낮췄다. 네덜란드 Buurtzorg는 자율적 10~12인 간호사 팀이 방문 돌봄을 전담해 이용자 만족도 9.1점, 전체 비용 30% 절감, 직원 이직률을 60%에서 15%로 낮췄다. 두 모델 모두 재가 우선과 소규모 다학제 팀 원칙으로 시설 의존도를 낮추고 지역 거버넌스와 ICT로 효율을 높였다. 글로벌 디지털 헬스 시장은 2024년 3,130억 달러에서 2034년 2조 1,900억 달러로 연평균 21.2% 성장할 전망이다. 원격 모니터링과 AI 어시스트 로봇은 일본과 미국 LTC 시설의 18%가 도입해 낙상 사고를 30% 감소시켰다.

향후 대응 방향은 통합적 접근이 필요하다. 지역사회 통합 케어 확장을 위해 동 단위 방문 간호·돌봄 매칭 플랫폼과 지자체-민간 컨소시엄 케어 허브를 구축해야 한다. 재원 다변화를 위해 주택연금과 장기요양을 연계한 상품과 노인·보호자 대상 금융·상속 컨설팅을 확대해야 한다. 한국 주택연금은 2007~2024년 누적 129,303가구에 13.3조원을 지급했지만, 가입 가능 노인 대비 참여율은 2% 미만에 그친다. 디지털 하이브리드 돌봄을 위해 낙상·약물 관리 센서와 자동 기록 앱, 돌봄 데이터 레일 SaaS API(Care Data Rail SaaS API, 돌봄 서비스 데이터를 통합 관리하고 외부 시스템 연동을 지원하는 클라우드 기반 소프트웨어 서비스)를 개발해야 한다. 세대 간 책임 재편을 위해 세대 통합돌봄 교육 프로그램과 지역 케어 크레딧 자원봉사 포인트를 도입해야 한다. 샌드위치 세대 맞춤 솔루션으로 마이크로 레저와 심리 코칭 패키지, 시간 뱅크 돌봄 교환을 제공해야 한다. 커뮤니티 기반 케어와 디지털 기술, 자산 유동화를 결합한 복합 솔루션이 중장년-노년 세대 모두의 부담을 줄이고 지속 가능한 돌봄 생태계를 구축할 결정적 열쇠다.

레거시 기빙

'레거시 기빙(Legacy Giving, 유산 기부)'은 개인이 생전이나 사후에 자신의 자산을 자선단체나 공익 목적으로 기부하는 방식이다. 단순한 현금 기부를 넘어 부동산, 주식, 연금, 보험 등 다양한 형태의 자산을 활용한 전략적 기부를 의미한다. 부의 이전(Wealth Shift)은 베이비붐 세대가 보유한 막대한 자산이 다음 세대로 이동하는 현상으로, 향후 20년간 전 세계적으로 70~90조 달러 규모의 부가 이전될 전망이다. 이 과정에서 일부 자산이 가족 상속을 넘어 사회 환원으로 흘러가는 새로운 형태의 부의 순환을 만들고 있다.

한국은 1차 베이비붐 세대(1955~1963년생)가 국가 부의 46%를 보유하고 있다. 1차 베이비붐 세대의 가구당 평균 순자산은 4억 966만 원으로 역대 최고 수준에 달한다. 이들의 법정 은퇴 연령 진입이 2023년 완료되면서 본격적인 자산 이전 시대가 시작되었다. 높은 상속세율(최고 50%)과 부동산 가격 상승으로 상속세 과세 대상이 급증하면서 부유층을 중심으로 생전 증여가 폭발적으로 늘어나고 있다. 공익법인 기부 시 상속세에서 전액 공제되는 세제 혜택이 있어, 부유층들이 상속세 부담을 줄이면서 동시에 사회적 가치를 실현할 방안으로 레거시 기빙을 인식하고 있다. MZ세대의 ESG 가치관 확산으로 부모 세대도 '의미 있는 유산'에 대한 관심이 높아지고 있다. 하지만 국내 GDP 대비 기부금 비율은 0.65%로 미국(2%)의 3분의 1 수준에 불과하다. 기부하지 않는 주요 이유로 경제적 여유 부족(40~50%)과 비영리단체에 대한 불신(20~30%)이 지적되며, 시장의 성장잠재력에도 불구하고 제도적 개선이 필요한 상황이다.

부천희망재단 명예 이사장인 정인조 장로는 생전 이미 26억 원을 기부했다. 자신의 아파트도 재단에 남기기로 했다. '유산 사용처를 미리 설계하는 행위 자체가 즐거운 노년의 비결'이라고 강조한다. 이는 베이비부머 자산 이전이 가족 상속에 국한된다는 통념을 깨고, 유산을 통한 사회 환원을 웰다잉의 한 축으로 제시한 사례다. 국내에서는 하나은행의 '봉안플랜신탁'이 장례비 지원과 함께 잔여 자산의 일부를 공익단체에 기부하는 서비스를 제공한다. KB국민은행의 '내생애신탁' 시리즈는 상속과 기부를 동시에 설계할 수 있는 종합 자산승계 서비스를 운영한다. 5대 시중은행의 유언대용신탁 잔액이 2024년 1분기 기준 3.3조 원으로 전년 대비 43% 급증한 것도 이러한 트렌드를 반영한다.

해외에서는 미국이 연간 426.8억 달러의 유산 기부 규모를 보이며 자선 신탁(Charitable Trust)과 도너어드바이즈드펀드(DAF ; Doner Advised Fund) 등 다양한 디지털 기반 상품이 시장을 확대하고 있다. 영국은 유언장에 10% 이상 기부 시 상속세율을 40%에서 36%로 감면하는 제도로 성장을 견인한다. 일본은 조부모가 손주 교육자금을 신탁하면 최대 1억 3,500만 원까지 증여세를 면제하는 교육자금증여신탁과 결혼·육아지원신탁 등 목적성 증여에 파격적인 세제 혜택을 제공해 세대 간 자산 이전을 적극 장려하고 있다.

레거시 기빙과 부의 이전은 한국 사회에 중요한 변화 신호를 제공한다. 향후 1~3년 내에는 베이비붐 세대의 자산 이전이 본격화되면서 레거시 기빙 시장이 급성장할 전망이다. 금융기관들은 상속·증여·기부를 통합한 종합 자산승계 서비스로 차별화를 꾀하고, 고령 고객의 디지털 금융 수용도가 높아지면서 온라인 기반의 맞춤형 서비스도 확산할 것이다. 이러한 변화가 결합한다면 2030년 국내 유산 기부 시장은 연 1조 원 규모로 확대될 잠재력이 충분하다. 이는 단순한 부의 대물림을 넘어 사회적 가치 창출을 통한 '의미 있는 상속'의 시대가 열림을 의미한다.

단식 존엄사(VSED)

오늘날 의료기술의 발달로 생명이 연장되면서 '잘 죽는 법(웰다잉)'에 대한 관심이 높아지고 있다. 그중 하나 주목받는 것이 '단식 존엄사', 즉 자발적 단식에 의한 존엄한 죽음(VSED ; Voluntary Stopping of Eating and Drinking)이다. 단식 존엄사는 환자가 음식과 물 섭취를 스스로 중단하여 자연스럽게 삶을 마무리하는 방법으로, 환자의 자기 결정권과 존엄성을 강조하는 죽음의 방식이다. 이는 단순히 '굶어 죽는' 것이 아니라 임종에 가까워진 환자가 자연스러운 죽음을 받아들이는 과정으로 설명된다. 서구에서는 환자의 자기 결정권에 기반한 선택으로 인정되고 있다. 일부 국가에서는 의료진이 환자의 자기 결정권 존중 차원에서 VSED에 대한 논의와 지원을 제공하기도 한다. 반면 한국을 비롯한 동아시아에서는 아직 생소하고 논쟁적인 주제다. 하지만 최근 웰다잉 문화 확산 및 사전연명의료의향서 작성 증가와 더불어 존엄한 죽음에 대한 사회적 논의가 더욱 활발해지고 있다.

이러한 변화가 나타나는 배경은 현대 의학의 딜레마와 맞닿아 있다. 의료기술의 발전으로 병을 관리하고 생명을 연장하는 능력은 늘었지만, '죽지 못해 사는' 시간이 길어지는 역설이 발생했다. 한국의 경우 기대수명이 80대 중반까지 늘었다. 그러나 건강하지 못한 상태로 보내는 유병 기간이 남성 15년, 여성 19년에 달한다는 통계가 있다. 즉, 많은 이들이 삶의 마지막 수년을 중증 질환과 장애 속에서 보내며 존엄성 상실과 고통을 겪고 있다. 이런 현실 속에서 "과연 무의미한 연명의 연장이 바람직한가?"에 대한 의문이 커졌다. '연명치료 vs 존엄사'를 둘러싼 윤리적 논쟁이 전 세계적으로 활발해졌다. 단식 존엄사는 바로 이 지점에서, 생명을 끌어가는 대신 스스로 마무리 짓는 선택으로서 조명되고 있다.

국가별 법적 현황을 보면 접근 방식이 다양하다. 한국에서는 적극적 안락사나 조력자살은 모두 금지되어 있다. 다만 2018년 시행된 「호스피스 · 완화의료 및 임종과정에 있는 환자의 연명의료결정에 관한 법률(약칭 : 연명의료결정법)」을 통해 회생가능성이 없는 말기 환자가 연명치료 중단을 요청할 수 있는 소극적 안락사는 제도적으로 허용되었다. 단식 존엄사에 대해서는 아직 명문화된 법이나 지침은 없다. 그러나 환자가 음식과 물을 거부하는 행위 그 자체는 불법이 아니며 환자 권리의 연장선으로 해석될 여지가 있다. 미국에서는 연방대법원이 '결정 능력이 있는 사람은 생명 유지 치료를 거부할 헌법상 권리가 있다'고 판결했다. 이는 인공적인 수분과 영양 공급 거부를 포함한다. 이에 따라 VSED는 많은 주에서 환자의 자기 결정권에 기반한 합법적인 선택으로 폭넓게 인정받고 있다. 유럽의 일부 국가는 안락사를 합법화했지만, 여전히 법적 안락사 요건을 충족하지 못하는 경우에는 VSED가 사실상 유일한 선택지가 되기도 한다. 외국의 한 통계에 따르면 전체 사망의 $0.4 \sim 2.1\%$가 VSED에 의한 죽음으로 추정된다. 의료진의 97%가 VSED 환자의 선택을 존중한다는 조사도 있다.

　단식 존엄사를 둘러싼 쟁점들은 복잡하고 다층적이다. 의료윤리적으로는 의사가 환자의 VSED를 돕는 것이 자율성 존중 원칙인지, 악행 금지 원칙 위반인지가 논란이다. 법적으로는 환자 본인의 의지에 따른 단식은 허용되지만, 제3자가 환자에게 음식을 '안 주는 것'은 문제가 될 수도 있다. 가족 동의와 갈등 문제도 중요하다. 현실적으로 가족의 동의와 협력 없이는 VSED 실천이 어렵다. 환자의 의사결정 능력 평가 역시 핵심 쟁점이다. 고통이나 우울감이 판단을 흐리지 않았는지 신중한 검토가 필요하다. 사회·종교적으로는 전통적인 생명 존중 가치관과 개인의 자기 결정권 사이에서 가치 충돌이 존재한다. 이러한 쟁점들은 궁극적으로 '오래 사는 것'에서 '잘 죽는 것'으로 패러다임이 이동하는 현대 사회의 변화를 반영한다. 생명의 가치관에 대한 깊은 성찰을 요구한다.

리버스 멘토링

'리버스 멘토링(Reverse Mentoring)'은 전통적인 역할을 뒤바꿔 젊은 직원이 연장자나 상급자에게 지식과 기술을 전수하는 멘토링 방식이다. 특히 디지털 기술과 최신 트렌드에 능숙한 MZ세대가 베이비붐·X세대에게 기술적 노하우를 가르친다. 경력직은 조직문화와 리더십 경험을 공유하는 쌍방향 교류 모델로 발전하고 있다. 기존의 위계적 지식 전수 방식에서 벗어나 세대 간 상호 학습을 통해 조직 전체의 역량을 강화하는 혁신적 접근법이다.

급속한 디지털 전환과 AI 기술 도입으로 기업 내 세대 간 기술 격차가 확대되면서 연령별 디지털 역량 차이가 업무 효율성과 협업에 큰 영향을 미치고 있다. 다세대가 함께 일하는 조직에서 세대별 가치관과 커뮤니케이션 스타일 차이로 인한 갈등과 오해도 증가하고 있다. 젊은 인재들의 조기 이직과 시니어 직원들의 디지털 소외 현상이 조직 관리의 핵심 과제로 대두되었다. 특히 코로나19 이후 원격 근무와 디지털 협업 도구 사용이 필수가 되면서 기술 활용 능력에 따른 세대 간 업무 효율성 격차가 더욱 벌어졌다. 이런 상황에서 리버스 멘토링은 조직 내 지식 공유를 활성화하고 세대 간 상호 이해를 증진해 전체 조직의 적응력과 혁신 역량을 높이는 해결책으로 주목받고 있다.

시스코의 'Connecting Generations' 프로그램은 세대 간 소통 문제를 해결하고 조직 내 지식 공유를 활성화하는 대표 사례다. MZ세대 직원들과 베이비붐·X세대 직원들이 서로 배우고 가르치는 상호 멘토링 모델을 기반으로 한다. 젊은 직원이 디지털 기술과 최신 트렌드를 경력직에 전수하는 역멘토링과 경력직이 조직문화 및 리더십 노하우를 공유하는 양방향 교류로 구성된다. 세대 간 협업 워크숍에서는 다양한 세대가 함께 문제를 해결하는 실습을, 'Connecting Circles'에서는 세대별 가치관과 커뮤니케이션 스타일 차이를 이해하는 그룹 토론을 진행한다. 공동 프로젝트를 통해 실제 업무에서 세대 간 협업을 직접 경험할 수 있도록 했다. 그 결과 참가자의 87%가 세대 간 이해도가 높아졌다고 응답했고, 신입 직원들의 리더십 역량 향상과 경력직 직원들의 디지털 도구 활용 능력 향상을 동시에 달성했다. 팀별 생산성도 20% 증가하는 성과를 거두었다.

리버스 멘토링은 한국 기업에 중요한 시사점을 제공한다. 조직 차원에서는 연령별 디지털 격차 해소를 위해 젊은 직원들의 기술 전수와 시니어 직원들의 경험 공유를 결합한 쌍방향 멘토링 시스템을 구축해야 한다. 단순한 교육이 아닌 실무 프로젝트 기반의 협업을 통해 실질적 성과를 창출할 수 있도록 설계해야 한다. 인사 관리 측면에서는 세대 간 상호 이해를 높여 조직 내 갈등을 줄이고 협업 문화를 강화함으로써 이직률 감소와 조직 몰입도 향상을 동시에 달성할 수 있다. 젊은 인재들에게는 리더십 경험을, 경력직에는 최신 기술 습득 기회를 제공해 전 연령대의 성장을 지원할 수 있다. 미래 경쟁력 확보를 위해서는 AI와 디지털 전환이 가속화되는 환경에서 조직 전체의 디지털 역량을 상향 평준화하고, 세대별 강점을 활용한 혁신적 아이디어 창출을 통해 비즈니스 성과를 높여야 한다. 특히 한국 기업의 위계적 조직문화를 고려할 때 리버스 멘토링은 수평적 학습 문화 정착과 조직 내 다양성 존중 분위기 조성에 기여할 수 있다. 공공기관이나 대기업에서 이런 세대 협업 모델을 도입하면 조직 혁신의 촉매 역할을 할 것으로 예상한다.

기후 의무

 '기후 의무(Climate Duty)'는 기후변화 대응을 개인과 조직의 도덕적 · 실천적 책임으로 인식하여 체계적이고 지속적인 행동을 취하는 개념이다. 단순한 환경 보호를 넘어 '통합 생태'라는 관점에서 영성 · 경제 · 정치 · 과학을 잇는 총체적 회개와 실천을 요구한다. 기후 위기를 구조적 죄로 규정하여 윤리적 차원의 대응을 강조한다. 돌봄 이주(Care Migrant)는 기후변화로 인한 강제 이주민들을 보호하고 옹호하는 사회적 돌봄 체계를 의미한다. 기후난민의 인권 보장과 지역사회 통합을 위한 구체적 실천 방안을 포함한다. 이는 기후변화의 직접적 피해자들에 대한 인도주의적 대응이자 글로벌 연대 책임의 구현이다.

 프란치스코 교황의 회칙 〈찬미받으소서〉와 사도적 권고 〈주님을 찬미하라〉가 기후 의무 개념의 이론적 토대를 제공한다. 기후 위기를 '가난한 이들의 비극'이자 구조적 죄로 규정한다. 임계점 1.5℃ 직전 상황에서 화석연료 단계적 퇴출과 기후부채 인정을 촉구하고 있다. 동시에 기후변화로 인한 해수면 상승, 극한 기상 현상, 사막화 등으로 강제 이주를 당하는 기후난민이 연간 2천만 명을 넘어서면서 국제사회의 체계적 대응이 필요한 상황이다. 특히 개발도상국과 취약계층이 기후변화의 직접적 피해를 본다. 반면 선진국과 부유층의 탄소배출이 더 많다는 기후 불평등 문제가 심화하면서, 윤리적 책임과 실천적 행동을 결합한 기후 의무와 돌봄 이주 개념이 새로운 글로벌 패러다임으로 부상하고 있다. 또한, ESG 경영과 지속 가능 금융이 확산하고 있다. 종교계와 시민사회뿐만 아니라 기업과 투자기관도 기후 의무를 경영 전략과 투자 결정에 반영하는 추세가 나타나고 있다.

 교황청이 추진했던 'Laudato Si' Action Platform(LSAP)'은 기후 의무의 대표적 실천 사례다. 전 세계 1만 개 이상의 가족 · 본당 · 교구 · 학교 · 병원 · 기업 · 수도회가 참여하여 7대 목표(지구의 부르짖음, 가난한 이들의 부르짖음, 생태경제학, 지속 가능한 생활양식, 생태교육, 생태영성, 공동체 회복력과 옹호)에 따라 체계적인 기후 행동을 실행하고 있다. 이 플랫폼은 에너지 · 건물 · 식단 · 투자 현황을 56문항으로 자가 점검하는 진단 단계부터 그린 리트로핏 · 태양광 · 채식 · 탈투자 등의 실행, 연차 보고와 등급 부여를 통한 투명한 평가까지 4단계 체계로 운영된다. 현재까지 에너지 사용 18% 감소와 식단 전환 21% 성과를 달성했다. 570개 이상의 신앙기관이 화석연료 투자 철회를 선언했다. 바티칸 시국은 2050년 넷제로 로드맵과 외곽 태양광 팜 건설을 지시했다. 돌봄 이주 측면에서는 2021년 발표된 〈기후 강제 이주민에 대한 사목 지침〉이 기후난민 보호와 옹호를 위한 38개 원칙과 정책을 제안했다. 각 본당과 교구에서 폭염 대응 쿨링센터 운영, 기후난민 지원 프로그램, 녹색 장례 등 구체적 돌봄 서비스를 시행하고 있다.

기후 의무와 돌봄 이주는 한국 사회에 중요한 변화 방향을 제시한다. 개인과 조직은 기후변화 대응을 필수 의무로 인식하고 탄소발자국 측정부터 재생에너지 전환, ESG 투자까지 체계적인 실천 계획을 수립해야 한다. 특히 50대 이상 시니어는 축적한 자산과 경험을 활용해 탄소 레거시 기부나 그린 인프라 투자 등 의미 있는 기후 행동에 참여할 수 있다. 기업과 금융기관은 단순한 ESG 마케팅을 넘어 화석연료 투자 철회, 탄소 집약도 공개, 기후 리스크 관리를 핵심 경영 전략으로 채택해야 한다. 기후변화 취약계층과 이주민을 위한 사회적 금융상품과 지원 프로그램을 개발해야 한다. 정책과 사회 시스템 차원에서는 기후난민 보호법 제정, 탄소중립 이행 로드맵 강화, 지역사회 기반의 기후 적응 인프라 구축을 통해 기후 불평등을 완화하고 취약계층의 회복력을 높여야 한다. 종교계와 시민사회의 기후 행동 플랫폼을 벤치마킹하여 투명한 모니터링과 평가 체계를 갖춘 한국형 Climate Duty 실천 모델을 개발하고, 고령화사회의 특성을 반영한 시니어 중심의 기후 봉사와 돌봄 네트워크를 구축하여 세대 간 연대를 통한 지속 가능한 미래를 만들어 가야 한다.

솔로 에이저

'솔로 에이저 라이프 케어(Solo Ager Life Care)'는 전통적인 가족 부양망 없이 혼자 나이 들어가는 솔로 에이저를 위한 개인화된 돌봄 서비스와 사회적 연결망 구축, 기술 기반 안전망이 통합된 새로운 노후 생활 패러다임이다. '솔로 에이저(Solo Ager)'는 결혼하지 않았거나 배우자와 사별·이혼 후 재혼하지 않았고, 자녀가 없거나 멀리 떨어져 살아 실질적으로 가족 돌봄을 받지 못하는 고령자를 의미한다. 이들을 위한 라이프 케어는 일상 돌봄부터 응급상황 대응, 정서적 지원, 재정 관리, 의료결정까지 포괄하는 토털 케어 서비스로 발전하고 있다.

미국에 약 2,210만 명, 한국도 213만 가구에 달할 만큼 솔로 에이저가 급증하고 있다. 한국의 65세 이상 1인 가구 비율이 32.8%로 급격히 늘어나고 있다. 이러한 증가 배경에는 고령화와 핵가족화, 개인주의 성향 강화가 있다. 평균 수명 연장과 베이비붐 세대의 노령 진입으로 노인 인구가 늘고 있다. 반면 출산율 저하로 자녀 수는 줄었고 성인 자녀가 부모와 떨어져 사는 경우가 많아졌다. 솔로 에이저의 가장 큰 고민은 고립과 외로움이다. 미국 조사에서 50세 이상 솔로 에이저의 46%가 '혼자 죽을까 봐' 두려움을 느낀다고 답했다. 우울증 발병률도 독거노인이 16.1%로 부부가구의 경우보다 두 배 이상 높게 나타났다. 긴급 상황에 대한 불안감도 커서, 솔로 에이저 중 "긴급 시 재정을 대신 관리해 줄 사람이 있다"고 답한 비율은 33%에 불과했다. 나머지 3분의 2는 유고 시 후견인 부재 상태로 재산 관리나 의료결정에서 어려움을 겪을 위험이 크다.

이에 대응해 혁신적인 비즈니스 모델들이 등장하고 있다. 미국 스타트업 Papa는 젊은 이를 고용해 노인들과 'Papa Pal'로 매칭하는 동반자 서비스를 제공한다. 안부 확인과 장보기, 외출 동행부터 친구 역할까지 수행하며 외로움과 일상 필요를 동시에 해소하고 있다. 주거 혁신 분야에서는 Silvernest가 집에 빈방이 있는 시니어와 신뢰할 만한 룸메이트를 연결해 주는 홈 공유 플랫폼을 운영한다. 혼자 큰 집에 사는 노인은 임대 수입을 얻고 입주자는 저렴한 주거를 확보하며 두 사람 모두 교류와 동거의 이점을 누리게 한다.

솔로 에이저 라이프 케어는 한국 사회에 중요한 변화 신호를 제공한다. 개인 차원에서는 가족 중심의 노후 계획에서 벗어나 친구 네트워크와 전문 서비스를 활용한 자립적 노후 설계가 필요하다. 특히 50대 직장인들은 미리 신뢰할 수 있는 사회적 관계망을 구축하고 유고 시 재정 관리와 의료결정을 대행할 후견인을 지정해야 한다. 기업과 금융기관은 가족 동의 없이도 유산을 사회에 기부할 수 있는 유언대용신탁 상품과 간병부터 장례까지 연계하는 토털 케어 보험 같은 솔로 에이저 특화 서비스를 개발해야 한다. 동반자 매칭 서비스나 홈 공유 플랫폼 같은 새로운 비즈니스 모델 도입도 필요하다. 정책과 사회 시스템 차원에서는 독거노인 지원을 넘어 솔로 에이저의 사회적 고립 해소와 품위 있는 노후를 위한 종합적 돌봄 체계를 구축해야 한다. 네덜란드처럼 독거노인과 대학생을 룸메이트로 매칭하는 세대 간 교류 프로그램이나 코하우징 같은 새로운 주거 모델 도입도 중요하다. 솔로 에이저 라이프 케어의 핵심은 혼자서도 안심하고 품위 있게 살 수 있는 환경을 구축하는 것이다. 가족이 아닌 친구 네트워크가 새로운 가족이 되고 기술이 24시간 안전망 역할을 하며 지역사회가 따뜻한 돌봄을 제공하는 통합적 접근이 2026년 솔로 에이저의 새로운 삶의 방식으로 자리 잡을 것이다.

조부모 휴가

'조부모 휴가(Grandternity)'는 직장인이 조부모가 되었을 때 손주의 탄생을 축하하고 돌보기 위해 사용하는 특별 휴가다. 'Grandparent'와 'Maternity'의 합성어로, 조부모에게 부여하는 출산휴가 개념이다. 전통적인 부모 중심의 육아휴직 제도를 확장하여 조부모 세대도 손주 양육에 적극 참여할 수 있도록 지원하는 새로운 복지제도다. 조부모가 손주와 초기 애착을 형성하고 자녀 세대의 육아 부담을 덜어주며 가족 내 돌봄 체계를 강화하는 다목적 지원 정책으로 발전하고 있다.

고령화와 현대 가족구조 변화가 이 제도 등장의 배경이다. 미국에서는 50세 이상 직원이 전체 노동력의 3분의 1 이상을 차지한다. 60세 이상도 15%에 달할 정도로 고령층의 경제활동이 활발하다. 맞벌이 부부와 한부모 가정이 증가하면서 손주 양육에 조부모가 참여하는 비중이 높아졌다. 미국에서는 손주를 직접 양육하는 조부모가 270만 명이 넘는다. 평균 수명 연장으로 조부모 세대가 건강하고 활동적인 시기가 길어지면서 손주 돌봄에 적극 참여할 수 있는 여건이 마련됐다. 저출산 문제가 심각해지면서 정부와 기업이 출산 장려와 양육 부담 완화를 위한 다각적 지원책을 모색하는 과정에서 조부모의 역할이 재조명되고 있다.

미국 패니메이(Fannie Mae)가 2022년부터 조부모가 된 직원에게 연 1일의 유급 휴가를 제공하기 시작했다. 네덜란드의 부킹닷컴은 10일, 하이어뷰는 5일, 미국 시스코는 3일의 유급 휴가를 시행하고 있다. 정부 정책으로는 스웨덴이 2024년 세계 최초로 부모가 갖는 유급 육아휴직 일수 중 일부를 조부모에게 양도할 수 있도록 허용했다. 두 부모가 있는 가정은 최대 45일, 한부모 가정은 최대 90일을 조부모가 손주 돌봄 휴가로 사용할 수 있게 됐다. 하이어뷰는 포용적 복지정책 도입 이후 직원 만족도와 참여도가 높아졌고 연간 이직률도 10% 미만을 유지하고 있다. 기업들은 숙련된 고령 인력의 이직이나 조기 은퇴를 방지하고 조직문화를 개선하는 효과를 얻고 있다. 부모 세대는 조부모의 도움으로 육아 부담을 덜고 충분한 휴식을 취할 수 있으며, 손주는 할머니, 할아버지와 애착을 쌓고 안정된 돌봄을 받을 수 있다.

조부모 휴가는 한국 사회에 중요한 시사점을 제공한다. 개인 차원에서는 50대 직장인들이 조부모 역할을 통해 새로운 삶의 의미와 보람을 찾을 수 있으며, 손주와의 유대감 형성으로 노후 생활의 활력을 얻을 수 있다. 기업 차원에서는 고령 근로자의 일과 가정 양립을 지원함으로써 숙련된 인력의 이탈을 방지하고 직원 만족도를 높일 수 있다. 가족 친화적 기업 이미지로 우수 인재 확보에도 유리하다. 사회 정책 차원에서는 세계 최저 수준의 출산율과 높은 고령화를 겪고 있는 한국에서 조부모의 손주 돌봄을 사회가 지원하는 방안으로 기능할 수 있다. 현실적으로는 가족 돌봄 휴가에 손주 돌봄을 명시적으로 추가하거나, 대기업과 공공기관을 중심으로 시범 도입하는 방안을 고려할 수 있다. 장기적으로는 일·가정 양립 지원제도의 한 축으로 자리 잡아 저출산 문제 해결과 세대 간 유대 강화에 도움을 줄 것으로 예상된다. 한국은 조부모가 오랫동안 비공식적인 손주 돌봄의 주역이었지만 현행 제도하에서는 손주를 돌보기 위해 회사에서 쉬고 싶어도 마땅한 휴가 명목이 없는 실정이므로, 조부모 휴가는 가족 친화 정책의 새로운 지평으로 논의될 잠재력이 크다.

케어 생태계

주요 법무법인에서 분석한 신정부 정책 보고서를 살펴봤다. 새 정부의 시니어 관련 정책은 50+ 세대를 위한 종합적 생태계 구축을 목표로 하는 패러다임 전환이다. 정년 65세 연장, 디지털 헬스케어 통합, 지역사회 돌봄 체계 확충, 에이징 인 플레이스 강화가 핵심 축을 이룬다. 기존의 시설 중심 돌봄에서 자택 기반 통합 케어로의 근본적 변화가 시작되었다. 의료·주거·돌봄·정신건강·금융이 하나의 플랫폼에서 연결되는 '케어 에코시스템' 시대가 열리고 있다. 이는 단순한 정책 변화를 넘어 시니어의 삶의 방식 자체를 재정의하는 전환점이다.

이러한 대전환은 초고령사회 진입이라는 피할 수 없는 현실에서 출발한다. 2025년 65세 이상 인구가 1,000만 명을 넘어서면서 기존 인프라로는 감당할 수 없는 상황이 되었다. 베이비붐 세대의 본격적인 은퇴와 함께 이들의 높아진 기대 수준에 맞는 새로운 서비스 모델이 절실해졌다. 국가 예산의 한계를 고려할 때 효율적이면서도 포괄적인 돌봄 시스템 구축이 시급한 과제가 되었다. 동시에 1인 가구 증가와 사회적 고립 문제가 심각해지면서 정서적 돌봄까지 포함하는 통합적 접근이 요구되고 있다. 이는 정부가 시니어 정책을 복지 차원을 넘어 국가 전략 차원에서 접근해야 하는 이유다.

구체적인 정책 변화들이 이미 시니어의 삶을 바꾸기 시작했다. 60세 이상 임플란트 급여 확대로 구강 건강 유지 부담이 줄어들고, 간병비 건강보험 적용으로 요양 비용이 절감되었다. 방문 진료·방문 재활·방문 요양·방문 가사 등 재가 서비스가 확대되어 익숙한 자택에서 필요한 돌봄을 받을 수 있다. 디지털 헬스케어 빅데이터 통합으로 개인별 맞춤형 건강관리도 추진한다. 통신비 절감과 알뜰폰 활성화로 디지털 취약계층이었던 60~70대도 부담 없이 모바일 서비스를 이용하고자 한다. 공공임대주택 확대와 유니버설 디자인 의무화로 시니어 친화적 주거환경이 조성된다. AI와 반도체 분야 투자 확대로 과거 IT나 기술 분야에 종사했던 50대 이상 전문가들이 새로운 경력개발 기회를 찾고, 생애주기별 외로움 대응 정책으로 온라인 심리 상담과 오프라인 그룹 활동을 결합한 하이브리드 모델이 새로운 표준이 될 수 있다.

신정부 정책이 시니어 비즈니스 생태계 전체를 재편하는 중요한 시사점을 제공하고 있다. 통합 케어 플랫폼이 새로운 표준이 되면서 의료·돌봄·정신건강·재가서비스가 원스톱으로 제공되는 시스템이 필수가 되었다. 각 서비스가 분절되지 않고 자연스럽게 연결되는 경험 설계가 핵심 경쟁력이 되었다. 에이징 인 플레이스 혁명이 가속화되면서 자택 자체를 케어 플랫폼으로 전환하는 주거 혁명이 일어나고 있다. 부동산과 헬스케어 산업의 융합이 필수가 되었다. 디지털 시니어 라이프가 확산하면서 모든 기업이 시니어 접근성을 고려한 디지털 전략을 수립해야 한다. 특히 금융·의료·법률 서비스는 시니어 친화적 디지털 플랫폼 구축이 경쟁력의 핵심이 되었다. 생애 재설계 트렌드가 본격화되면서 나이가 아닌 역량 중심의 평가와 기회 제공이 중요해졌다. 정서케어 중심 웰니스가 확대되면서 체험형 플랜트 테라피와 세대 통합 프로그램이 새로운 비즈니스 영역을 창출하고 있다. 결국 2025년 이후 시니어 시장은 돌봄·의료·주거·정서·금융이 유기적으로 융합된 케어 에코시스템이 주도할 것이다. 민관 협업을 통한 통합 플랫폼 구축이 성공의 관건이 될 것이다.

시니어 트렌드 2026

5

부록

5-1

고령화+AI 시대, 당신의 '미래 리셋'을 위한 9단계 가이드

고령화+AI 시대가 본격적으로 시작되었다. 평균 수명 100세, 은퇴 후 30~40년의 긴 여정을 어떻게 준비할 것인가? 막연한 불안 대신 구체적인 실행이 필요한 때다.

과거 50대는 은퇴 준비 시기였지만, 지금의 50대는 '제2의 인생 설계' 시기다. AI 도구가 일상화되면서 디지털 격차는 기회 격차가 되었다. N잡과 부수입은 선택이 아닌 필수가 되었고, 75세 이후 자산 고갈은 현실적 위험이 되었다. 건강관리는 AI 웨어러블로 24시간 모니터링이 가능해졌고, 학습은 온라인으로 언제 어디서든 가능하다. 공동체 주거는 고독사를 막는 새로운 대안이 되었으며, 국가·지자체 혜택은 연간 300만 원 이상 절약할 수 있는 실질적 자원이다.

9단계 실행 로드맵

단계	핵심 주제	실행 내용 요약
1단계	빠른 시작	60초 점검과 7일 체험으로 전체 로드맵 조망
2단계	AI 활용	AI를 '두 번째 뇌'로 전환해 디지털 격차 해소
3단계	일·공부·돈 관리	자동화와 N잡으로 월 고정비 50% 이상 확보

4단계	장수 비상금	75세 이후 자산 고갈 대비, 최소 5년 여유 마련
5단계	AI 건강관리	혈압 · 혈당 · 수면을 데이터 기반으로 관리, 돌봄 시스템 구축
6단계	평생학습	90일 안에 자격증 2개 취득, 평생학습 루틴 형성
7단계	시간 관리	하루 1,440분을 3개 블록으로 나누고, 루틴 지키기 80% 이상 달성
8단계	공동체 주거	돌봄 · 교류 · 안심 3요소가 있는 새로운 주거 모델 탐색
9단계	정책 활용과 인생 설계	5대 제도 연계를 통해 연간 300만 원 이상 절약하고, 나눔 · 영성 · 유산 중심의 5년 인생 설계 완성

실행 구조 : 60초-7일-90일

각 단계는 단순한 정보 제공이 아니다. '60초 점검-7일 체험-90일 실행' 구조로 설계되었다. 체크리스트로 현재 상태를 파악하고 구체적 실행 계획으로 작은 성공을 쌓으며, 성공 기준으로 목표 달성을 측정한다. 9개 단계를 모두 실행하면 AI 활용 능력, 경제적 안정성, 건강관리 시스템, 평생학습 습관, 효율적 시간 관리, 공동체 네트워크, 정책 활용 능력, 목적의식이 통합적으로 완성된다.

지금 시작해야 하는 이유

변화는 기다려 주지 않는다. AI 격차는 매일 벌어진다. 건강은 매일 관리해야 하고 자산 소진은 매년 앞당겨진다. 하지만 오늘 첫 번째 단계를 시작하면 60초 만에 방향을 잡을 수 있고, 7일 체험으로 작은 변화를 경험할 수 있으며, 90일 실행으로 구체적 성과를 만들 수 있다. 나이는 숫자일 뿐이다. 진짜 인생은 지금부터다. 9개 실행 단계가 당신의 인생 3막을 새롭게 설계하는 나침반이 될 것이다.

인생 로드맵
AI와 함께하는 스마트한 인생 3막 설계

시작하기

60초 점검 & 7일 체험

빠른 현황 진단으로 개인 맞춤형 로드맵을 설계합니다.

전체 로드맵 완성

AI 두 번째 뇌

인공지능을 활용해 디지털 격차를 해소하고 스마트한 생활을 구현합니다.

디지털 격차 해소

경제적 자립

업무 자동화

일 · 공부 · 돈 관리를 자동화하여 효율성을 극대화합니다.

스마트 워크플로우

N잡 수입 창출

가벼운 부수입으로 월 고정비의 50% 이상을 충당합니다.

경제적 여유 확보

장수 비상금

75세 이후 자산 바닥을 막는 5년 여유 자금을 확보합니다.

안전한 노후 준비

건강관리

AI 건강 모니터링

혈압 · 혈당 · 수면을 데이터 중심으로 체계적으로 관리합니다.

예방 중심 헬스케어

돌봄 시스템

개인 맞춤형 돌봄 네트워크를 구축하여 안심 환경을 조성합니다.

통합 케어 솔루션

평생학습 & 시간 관리

90일 자격증 도전

디지털 선생님과 함께 작은 자격증 2개를 취득하여 평생 학습 루틴을 만듭니다.

시간 블록 재설계

하루 1,440분을 3개 블록으로 나누어 효율적인 시간 관리를 실현합니다.

루틴 완성

80% 이상의 루틴 지키기를 달성하여 지속 가능한 생활 패턴을 구축합니다.

새로운 라이프 스타일

친환경 공동체

돌봄 · 교류 · 안심의 3박자가 어우러진 새로운 주거 모델을 탐색합니다.

커뮤니티 기반 거주

정책 활용 최적화

5대 제도를 연결하여 연간 300만 원 이상을 절약합니다.

스마트 절약

의미 있는 인생 3막

나눔 · 영성 · 유산의 5년 계획으로 목적 있는 포트폴리오를 설계합니다.

레거시 빌딩

지금 시작하세요

AI와 함께하는 스마트한 인생 설계, 더 이상 미루지 마세요

60초 점검 시작하기   7일 체험 신청

실행 박스 0 ┃ 빠른 시작
"60초로 나침반 세팅하기"

🖥 WHY

AI × 고령화 시대

준비 유무는 1년 뒤 '200 시간 차이(디지털)', '현금 300만 원 차이(정책)', 5년 뒤 '자산 5년 버티기 여부 (장수 위험)'로 확대됩니다.

60초면 현 좌표를 찍고 7일 후 첫 피드백을 받을 수 있습니다.

---

① START – 60초 스캔

번호	질문	예	아니오
1	AI 챗봇을 지난 한 달 내 10회 이상 썼다.	☐	☐
2	지금 받는 공적 · 사적연금의 각 월 수령액을 안다.	☐	☐
3	웨어러블 또는 가정용 혈압계 데이터를 이틀에 한 번은 본다.	☐	☐
4	내 주거 · 돌봄 플랜(요양 or 재가) 대안을 두 개 이상 알아봤다.	☐	☐

해석

- '예' 3~4개 → 바로 **실행 박스 1**로 이동
- '예' 0~2개 → 7일 체험 필수

② SPRINT – 7일 체험 플랜

(✓ / x + 🙂 😐 🙁)

요일	미션	체크	
월	챗GPT 모바일 앱 설치 → "오늘 아침 식단 아보카도 대안 추천해 줘" 질문	☐	🙂 😐 🙁
화	국민연금 · 퇴직연금 예상수령액 조회 QR 클릭	☐	🙂 😐 🙁
수	스마트폰 '헬스' 앱 첫 연동(걸음 · 수면)	☐	🙂 😐 🙁
목	지자체 AI 돌봄 · 디지털 배움터 신청 링크 저장	☐	🙂 😐 🙁
금	3단계 '나만의 위험/기회 트렌드 지도' 작성(PDF)	☐	🙂 😐 🙁
토	가족 · 친구에게 '체험 후기 5줄' 공유	☐	🙂 😐 🙁
일	주간 피드백 – 달성률 · 느낌 노트 쓰기	☐	🙂 😐 🙁

③ BUILD – 90일 로드맵(하이라이트)

주차	핵심 작업	MSL(최소 성공 지표)
1~4	AI 하루 10분 습관 정착	사용 일수 ≥ 20/28
5~8	재무 데이터 통합 시트 완성	현금흐름 · 순자산 입력률 100%
9~12	건강 3종(혈압 · 혈당 · 수면) 추적	목표 달성 주 ≥ 3주

> **✦ 60초 요약 카드**
>
> AI와 장수 준비 체크리스트를 '측정–공유–리셋' 3단계로 돌리면,
> 90일 안에 디지털 격차 · 재무불안 · 건강 불안 3大 위험을 동시에 줄일 수 있습니다.

실행 박스 1 ┃ AI 활용
"AI를 나의 '두 번째 뇌'로 켜기"

> 🖥 **WHY**
>
> 2025년 이후 직장 · 재무 · 헬스 서비스의 70% 이상이 AI 우선으로 전환됩니다.
>
> AI 습관 유무는 연 200시간(시간 가치) · 연 120만 원(효율 가치)의 격차를 만듭니다.
>
> 7일이면 '두 번째 뇌' 시동, 90일이면 '반자동 루틴'이 완성됩니다.

① START – 60초 스캔(디지털 격차 진단)

번호	질문	예	아니오
1	지난 30일 내 AI챗봇(예 챗GPT, Gemini)으로 문서 · 메일 초안을 작성했다.	☐	☐
2	클라우드 문서(구글 · 원드라이브)에 AI '요약' 기능을 사용한 적이 있다.	☐	☐
3	스마트폰에서 음성 → 텍스트 자동 필기를 3회 이상 썼다.	☐	☐
4	일정 · 가계부 · 건강 데이터 중 하나라도 AI 자동 리포트로 받는다.	☐	☐

해석

- '예' 4개 → 바로 **실행 박스 2**로 이동
- '예' 0~3개 → 7일 체험 필수

② SPRINT – "AI 5종 × 5일" 7일 체험 플랜

(✓ / x + 🙂 😐 🙁)

요일	도구	미션	체크	
월	챗GPT	'3만 원 · 탄단지 균형 1주 식단' 생성	☐	🙂 😐 🙁
화	Microsoft Copilot	워크시트에 '자동 SUMIFS' 함수 제안받기	☐	🙂 😐 🙁
수	Notion AI	회의 메모 → 3문단 요약 + 액션 리스트	☐	🙂 😐 🙁
목	Gemini	은퇴 후 여행 루트 3곳 + 경비 비교표	☐	🙂 😐 🙁
금	Otter.ai (혹은 클로바노트)	5분 음성 → 키워드 하이라이트 추출	☐	🙂 😐 🙁
토	아이디어 정리	'자동화 가능 작업' 3개 목록화	☐	🙂 😐 🙁
일	피드백	달성률 · 느낌 노트 쓰기	☐	🙂 😐 🙁

③ BUILD – 90일 로드맵(하이라이트)

주차	핵심 단계	행동	MSL(최소 성공 지표)
1~4	습관화	AI 10분 모닝루틴(질문 → 답변 → 요약)	사용 일수 ≥ 20/28
5~8	반자동화	이메일 · 가계부 · 독서노트 RPA 연동	절감 시간 월 10시간 ↑
9~12	공유 · 전파	가족 · 동료 5인에게 AI 팁 튜터링	튜터링 세션 ≥ 3회

✦ 60초 요약 카드

매일 10분 'AI 루틴'만 켜도 연 200시간을 절약하고,
이메일 · 가계부 · 독서노트 3종을 반자동으로 돌릴 수 있습니다.

실행 박스 2 ┃ 일·공부·돈 관리
"작지만 꾸준한 N잡 수입 흐름"

🖥 **WHY**

퇴직 후 고정비 50% 이상을 부수입으로 메우면 '자산 소진 연령 + 6년' 여유가 생깁니다.

7일 안에 아이디어를, 90일 안에 월 현금흐름을 만들 수 있습니다.

---

① START – 60초 스캔

번호	질문	예	아니오
1	최근 3개월 가계부가 월 1회 이상 흑자다.	☐	☐
2	월 지출 20% 이상을 저축 · 투자한다.	☐	☐
3	50만 원 이하 경량 부업 경험이 있다.	☐	☐
4	온라인 플랫폼(네이버 · 쿠팡 · 유튜브) 판매 절차를 안다.	☐	☐

해석

본 단계에서 디지털 격차가 거의 없으면, 해당 단계 점검을 완료한 후 필요에 따라 7일 체험으로 이동할 수 있습니다. 각 단계는 상황에 따라 중복 혹은 반복 점검이 가능합니다.

② SPRINT – "N잡 5종 × 5일" 7일 체험 플랜

(✓ / ✗ + 🙂 😐 🙁)

요일	카테고리	미션	체크	
월	쿠팡파트너스	관심 상품 3개 링크 + SNS 포스팅	☐	🙂 😐 🙁
화	재능마켓 (크몽/숨고)	'문서 교정' 견적서 1건 등록	☐	🙂 😐 🙁
수	디지털 상품 (이북 · 캔바 템플릿)	템플릿 1종 제작 · 업로드	☐	🙂 😐 🙁
목	중고거래	당근마켓 판매 글 2건 작성	☐	🙂 😐 🙁
금	실버 퀵/택배	우리 동네 배송거점 · 수수료 조사	☐	🙂 😐 🙁
토	아이디어 정리	수익 · 시간 · 흥미 3×3 매트릭스 작성	☐	🙂 😐 🙁
일	피드백	달성률 · 느낌 노트 쓰기	☐	🙂 😐 🙁

③ BUILD – 90일 로드맵(하이라이트)

주차	핵심 단계	행동	MSL(최소 성공 지표)
1~4	파일럿	상위 아이템 1개 실행 → 판매 10회	매출 10만 원
5~8	반자동화	송장 · 정산 자동 시트 구축	처리시간 월 −5시간
9~12	확장	SNS 광고 · 협찬 테스트 → 매출 +20%	월 부수입 ≥ 고정비 50%

✦ 60초 요약 카드

월 50만 원 × 5년 = 3,000만 원,

7일 실험, 90일 실행으로 '현금의 2번 물줄기'를 확보하세요.

실행 박스 3 ┃ 장수 비상금
"75세 이후 자산 바닥을 막아라"

🖥 WHY

한국 노인의 절반이 84세 전후에 금융자산 0원을 경험합니다.

지금 '소진 나이'를 계산하면 +5년 생존 버퍼를 확보합니다.

---

① START - 60초 스캔

번호	질문	예	아니오
1	기대수명과 자산 소진 예상 연도를 적어본 적이 있다.	☐	☐
2	주택 현금화 3안(주택연금 · 다운사이징 · 연금형 매각)을 비교했다.	☐	☐
3	금융자산 60% 이상이 인플레이션 방어형이다.	☐	☐
4	예상 요양 · 간병 연 지출을 계산해 뒀다.	☐	☐

해석

본 단계에서 디지털 격차가 거의 없으면, 해당 단계 점검을 완료한 후 필요에 따라 **실행 박스 2**로 이동할 수 있습니다. 각 단계는 상황에 따라 중복 혹은 반복 점검이 가능합니다.

② SPRINT − "75 · 85 · 95 시나리오" 7일 체험 플랜

요일	미션	체크(✓/✗)
월	자산소진 계산기 시트(시트 QR5) 복사 · 기본값 입력	☐
화	국민 · 퇴직 · 개인연금 합산 입력	☐
수	주택 현금화 3안 월 수령액 비교	☐
목	의료 · 요양 지출 버킷 작성	☐
금	그래프 확인 → 적자 시점 표시	☐
토	대응 전략(4% 룰 · 버킷 · 가변지출) 메모	☐
일	주간 피드백 − 달성률 · 느낌 노트 쓰기	☐

③ BUILD − 90일 로드맵(하이라이트)

주차	핵심 단계	행동	MSL(최소 성공 지표)
1~4	4% 룰 테스트	월 인출액 시뮬레이션	소진 시점 +3년
5~8	주택 현금화	전문가(세무 · 부동산) 상담 2회	실행 방식 확정
9~12	리밸런스	채권 · 현금 비중 +10%p	변동성 σ 감소

> ✦ **60초 요약 카드**
>
> 소진 나이를 모르면 불안, 알면 전략이 시작됩니다.

실행 박스 4 ┃ AI 건강관리
"24시간 건강 데이터 & 돌봄 파트너"

🖥 WHY

웨어러블 + AI 코칭 사용자는 미사용자 대비 고혈압 조절률 +25%,
4주 '데이터-주도' 관리로 3대 지표 80% 목표 달성!

---

① START – 60초 스캔

번호	질문	예	아니오
1	혈압 · 혈당 · 수면 주간 평균을 알고 있다.	☐	☐
2	AI 낙상 감지 · 응급 호출 기능을 켜뒀다.	☐	☐
3	건강 데이터를 2곳 이상과 공유하고 있다(가족 · 의사 · AI).	☐	☐
4	목표 범위를 앱에 입력해 둔 상태이다.	☐	☐

해석

본 단계에서 디지털 격차가 거의 없으면, 해당 단계 점검을 완료한 후 필요에 따라 **실행 박스 2**로 이동할 수 있습니다. 각 단계는 상황에 따라 중복 혹은 반복 점검이 가능합니다.

② SPRINT – "3지표 × 3단계" 4주 체험 플랜

주차	단계	미션	목표
1	기본	혈압 · 수면 첫 주 기록 100%	기록 성공
2~3	개선	수면 30분 당기기 + 15분 걷기	수면 ≥ 6.5시간
4	최적	AI 식단/운동 맞춤 알림 시작	혈압 120/80 유지

③ BUILD – 90일 로드맵(하이라이트)

주차	포커스	MSL(최소 성공 지표)
1~4	리듬 안착	목표 달성 주 3/4
5~8	예방 패키지	건강검진 · 예방접종 완료
9~12	확장 돌봄	알림 미응답 0건

✦ 60초 요약 카드

몸 데이터를 읽으면 치료가 아니라 '예방'으로 이동합니다.

실행 박스 5 ┃ 평생학습
"AI와 두 번째 전공"

> 🖥 **WHY**
>
> 지속적 학습은 치매 발현 −5년
> 자격 · 콘텐츠는 N잡 기회까지 연결됩니다.

① START – 60초 스캔

번호	질문	예	아니오
1	MOOC 강의 1과목 완주 경험이 있다.	☐	☐
2	AI 요약 · 퀴즈로 필기 시간을 절반 줄여봤다.	☐	☐
3	일주일 공부 · 독서 시간이 총합 3시간 이상이다.	☐	☐
4	학습 결과를 블로그 또는 발표로 공유한 경험이 있다.	☐	☐

해석

본 단계에서 디지털 격차가 거의 없으면, 해당 단계 점검을 완료한 후 필요에 따라 **실행 박스 2**로 이동할 수 있습니다. 각 단계는 상황에 따라 중복 혹은 반복 점검이 가능합니다.

② SPRINT – "30-30-30 학습 루틴" 7일 체험 플랜

내용	실천
강의 30분	MOOC 또는 유튜브 컬리지
노트 30분	Notion AI 요약 · 퀴즈 작성
복습 30분	가족 · 친구 5줄 가르치기

③ BUILD – 90일 로드맵(하이라이트)

주차	목표	MSL(최소 성공 지표)
1~4	강의 3과목 완주	완주율 80%
5~8	국가 · 민간 자격 1차 합격	합격
9~12	블로그 · 전자책 · 강의안 1건 제작	결과물 1개

✦ 60초 요약 카드

새 배움은 뇌의 연금

오늘 30-30-30으로 두 번째 전공의 문을 여세요.

실행 박스 6 ┃ 시간 관리
"1,440분을 3칸으로"

> 🖥 WHY
>
> 계획 빈칸이 늘어날수록 노년 우울 지수 +30%
> 아침–황금–저녁 3칸 블록으로 몰입 시간 2배!

① START – 60초 스캔

번호	질문	예	아니오
1	기상 · 취침 시각 변동이 ±30분 내이다.	☐	☐
2	'몰입 90' 블록을 주 3회 이상 확보하고 있다.	☐	☐
3	스마트폰 스크린 타임이 180분 미만이다.	☐	☐
4	일요일 15분 주간계획 루틴이 있다.	☐	☐

> 해석

본 단계에서 디지털 격차가 거의 없으면, 해당 단계 점검을 완료한 후 필요에 따라 **실행 박스 2**로 이동할 수 있습니다. 각 단계는 상황에 따라 중복 혹은 반복 점검이 가능합니다.

② SPRINT – "3칸 × 4주" 4주 체험 플랜

블록	활동	목표
아침(6~9시)	걷기 & AI 플래너 10분	기상 7시 고정
황금(10~15시)	몰입 90(학습 · N잡)	몰입 주 5회
저녁(18~22시)	가족 · 명상 · 자연	스크린 < 60분

③ BUILD – 90일 로드맵(하이라이트)

주차	목표
1~4	루틴 지키기 ≥ 80%
5~8	계절 변화 맞춰 재배열
9~12	몰입 블록 주 5회 유지

✦ 60초 요약 카드

시간은 포트폴리오
3칸 리밸런스로 하루를 최적화하세요.

실행 박스 7 ┃ 공동체 주거
"돌봄·교류·안심 3박자"

💻 **WHY**

커뮤니티 주거 입주 시 우울 · 낙상 사건 −40%

12개월 안에 후보지 1곳 체험 → 안전망 ON

---

① START – 60초 스캔

번호	질문	예	아니오
1	커뮤니티 주택 견학 경험이 있다.	☐	☐
2	무장애 · ESG 체크리스트를 보유하고 있다.	☐	☐
3	24시간 돌봄 서비스 옵션의 가격을 파악하고 있다.	☐	☐
4	입주 규칙 · 가치관의 인터뷰 노트를 작성했다.	☐	☐

해석

본 단계에서 디지털 격차가 거의 없으면, 해당 단계 점검을 완료한 후 필요에 따라 **실행 박스** 2로 이동할 수 있습니다. 각 단계는 상황에 따라 중복 혹은 반복 점검이 가능합니다.

② SPRINT – "6기준 × 6단계"

기준	10점 만점 예시 지표
돌봄	24시간 간호 · 낙상 알림
접근성	병원 · 마트 도보 ≤ 10분
친환경	ZEB/태양광 설비
공용공간	공유 주방 · 텃밭
비용	보증 · 관리비 수준
커뮤니티	프로그램 주 3회

③ BUILD – 12개월 로드맵(하이라이트)

단계	활동
1~3개월	VR 투어 4곳
4~6개월	1박 2일 체험 2곳
7~12개월	우선 후보 결정 & 계약 시뮬레이션

✦ 60초 요약 카드

집은 벽이 아니라 '사람–돌봄–환경'이 조합된 생태계입니다.

실행 박스 8 | 정책 활용
"국가 혜택을 내 전략에 연결"

🖥 WHY

노년층 1인당 연평균 미수령 혜택 315만 원

90일 안에 3건 신청 → 실현 절감 · 수령 300만 원 이상!

---

① START – 60초 스캔

번호	질문	예	아니오
1	기초연금 최대액을 확인했다.	☐	☐
2	AI · 디지털 바우처의 신청을 확인했다.	☐	☐
3	난방 · 주택 보조금의 자격을 파악했다.	☐	☐
4	국비 직업훈련 과정을 검색해 봤다.	☐	☐

> **해석**

본 단계에서 디지털 격차가 거의 없으면, 해당 단계 점검을 완료한 후 필요에 따라 **실행 박스 2**로 이동할 수 있습니다. 각 단계는 상황에 따라 중복 혹은 반복 점검이 가능합니다.

② SPRINT – "5대 제도 × 3단계"

제도	1단계 조회	2단계 서류	3단계 신청
기초연금	홈페이지 조회	신분증 · 통장	온라인 신청
AI · 디지털 바우처	지자체 포털	사업계획 캡처	업로드
직업훈련 · 디지털패스	HRD–Net	이력서 PDF	등록
주택 · 난방	복지로	고지서 · 임대차	접수
장기요양	국민건강보험	의사 소견서	등급 의뢰

③ BUILD – 90일 로드맵(하이라이트)

주차	목표
1~4	2건 접수
5~8	3건 승인
9~12	자동 알림 봇 연동

✦ **60초 요약 카드**

정책은 읽는 정보가 아니라 '현금 · 서비스'로 받아내는 자원입니다.

실행 박스 9 ┃ 인생 설계
"나눔·영성·유산 5년 설계"

> 🖥 **WHY**
>
> '목적 있는 노인'은 우울 −30%, 치매 위험 −23%
> 5년 지도와 유산 로드맵™으로 삶의 마지막 퍼즐을 완성합니다.

① START – 60초 스캔

번호	질문	예	아니오
1	5년 가치 선언문을 작성했다.	☐	☐
2	기부 · 봉사를 연 2회 이상 한다.	☐	☐
3	유언대용신탁 · 레거시 기부를 검토했다.	☐	☐
4	자서전 · 레거시 레터 초안을 갖고 있다.	☐	☐

> **해석**

본 단계에서 디지털 격차가 거의 없으면, 해당 단계 점검을 완료한 후 필요에 따라 **실행 박스 2**로 이동할 수 있습니다. 각 단계는 상황에 따라 중복 혹은 반복 점검이 가능합니다.

② SPRINT – "5년 지도 × 3단계"

주차	활동
1	가치 키워드 9개 카드 선택
2~3	인생 하이라이트 20장면 타임라인
4	5년 목적 로드맵(건강 · 재무 · 나눔 · 관계 · 학습) 완성

③ BUILD – 5년 로드맵(하이라이트)

연도	핵심 이벤트
1	레거시 레터 작성 · 가족 공유
2	기부 · 봉사 2회
3	유언대용신탁 설정
4	자서전 초판 발간
5	'목적 점검 데이' 정착

✦ 60초 요약 카드

돈이 아닌 가치가 남을 때 인생 3막이 완성됩니다.
오늘 한 줄 가치 선언으로 5년 유산을 설계해 보세요.

5-2

AI 시니어 페르소나 마케팅 시스템 가이드
새로운 시니어 라이프의 시작

아침 6시 45분, 82세 김 씨가 잠에서 깨어난다. 평소보다 머리가 조금 무겁다. 화장실에서 세수하려던 그 순간, 객실 스마트 거울에서 부드러운 목소리가 들려온다. "오늘 혈압이 평소보다 높아 보입니다. 간단한 스트레칭 영상을 재생할까요?" 김 씨는 신기하다는 표정으로 고개를 끄덕인다. 어떻게 내 몸 상태를 이렇게 정확히 알까? 이것이 바로 AI 시니어 페르소나 마케팅 시스템이 만들어 내는 일상의 마법이다.

이 시스템은 단순한 기술 혁신을 넘어서 시니어들의 삶 자체를 재정의하고 있다. 과거 시니어 케어는 무언가 문제가 생겼을 때 대응하는 수동적 방식이었다. 하지만 이제는 문제가 생기기 전에 미리 알아채고 해결책을 제시하는 능동적 케어로 진화했다. 마치 오랫동안 함께 살아온 가족처럼 시스템은 각 입주자의 습관과 성향을 기억하고 배려한다. 혈압약을 깜빡할 때쯤 자연스럽게 알림을 보낸다. 좋아하는 작가의 신간이 나오면 가장 먼저 소식을 전해 준다.

시스템의 핵심은 개인화에 있다. 200명의 입주자가 있다면 200가지의 완전히 다른 서비스를 제공한다. 독서광인 이 씨는 새벽 7시 30분, 평소 즐겨 읽던 역사소설 작가의 신간 도착 소식이 도서관 앱으로 전달된다. 전직 교사였던 박 씨에게는 오전 9시 정각, 복용해야 할 약물 알림이 객실 스마트홈 패널에 친숙한 목소리로 나타난다. 요가 강사 경력이 있는 최 씨에게는 그의 몸 상태와 경험을 고려한 심화 요가 클래스가 제안된다. 투자에 관심이 많은 강 씨에게는 오후 3시 30분, 관심 있어 하는 섹터의 주요 뉴스가 음성으로 요약되어 전달된다.

이 모두가 가능한 이유는 시스템이 입주자들의 일거수일투족을 지켜보고 있기 때문이다. 하지만 이는 감시가 아니라 배려의 관찰이다. 웨어러블 디바이스는 심박수와 혈압, 활동량을 쉼 없이 모니터링하며, 스마트홈 센서들은 실내에서의 이동 패턴과 생활 리듬을 파악한다. 커뮤니티 센터에서의 활동 참여도, 식당에서의 메뉴 선택, 도서관에서의 독서 취향까지 모든 데이터가 한 사람의 완전한 초상을 그려낸다. 이렇게 수집된 정보는 머신러닝 알고리즘을 통해 각 개인의 고유한 패턴으로 변환되고, GPT 기반 자연어 처리 엔진이 마치 오랜 친구처럼 친근하고 자연스러운 메시지를 만들어 낸다.

데이터 수집부터 서비스 제공까지의 과정은 마치 잘 짜인 오케스트라와 같다. Apache Kafka가 실시간 데이터 스트림을 조율하고, PostgreSQL이 안정적인 저장고 역할을 하며, Redis 캐시가 번개 같은 응답 속도를 보장한다. TensorFlow 기반의 딥러닝 모델들이 복잡한 행동 패턴을 분석하고, OpenAI API가 따뜻한 인간미가 느껴지는 대화를 생성한다. 이 모든 기술적 요소가 완벽하게 조화를 이루어 입주자들에게 마법 같은 경험을 선사한다.

실제로 이 시스템을 경험한 사람들의 반응은 놀라울 정도다. 김 씨는 아침 혈압 관리 덕분에 응급실 방문 횟수가 현저히 줄어들었다고 말한다. 이 씨는 추천받은 책들이 하나같이 자신의 취향에 정확히 맞아떨어진다며 감탄을 금치 못한다. 최 씨는 자기 몸 상태에 맞는 운동 프로그램 덕분에 관절 통증이 많이 완화되었다고 증언하고, 강 씨는 매일 제공되는 맞춤형 금융 뉴스 브리핑을 통해 여전히 세상과 연결되어 있다는 느낌을 받는다고 한다.

운영진들의 만족도 역시 하늘을 찌른다. 과거에는 200명의 입주자 각각의 상태를 일일이 체크하고 관리하는 것이 거의 불가능에 가까웠다. 하지만 이제는 시스템이 실시간으로 모두 모니터링하고 필요한 순간에 정확한 개입을 제안한다. 하루 평균 1,247건의 맞춤형 서비스가 자동으로 제공되면서도 운영진의 업무 부담은 오히려 줄어들었다. 입주자 만족도 94%라는 수치는 단순한 숫자가 아니라 200명의 입주자가 매일 미소 짓고 있다는 의미다.

이 시스템의 진정한 가치는 효율성이나 편의성을 넘어선 곳에 있다. 나이가 들어감에 따라 점점 줄어드는 선택권을 다시 돌려주는 것, 잊혀 가는 개인의 취향과 선호를 기억해 주는 것, 혼자라는 외로움 대신 누군가 지켜보고 있다는 안정감이다. 기술이 인간의 존엄성을 회복시키는 도구가 되는 순간이다.

앞으로 이 시스템은 더욱 발전할 것이다. 음성인식 기능이 강화되어 자연스러운 대화가 가능해지고 감정 상태까지 분석하여 마음의 날씨까지 살펴볼 수 있게 될 것이다. 멀리 떨어져 사는 가족들과의 소통도 더욱 원활해져서 손자의 생일을 미리 알려주고 화상통화까지 자동으로 연결해 줄 것이다. 이는 단순한 기술의 발전이 아니다. 우리 사회가 노년을 바라보는 시각 자체의 변화를 의미한다.

시니어들은 더 이상 보호받아야 할 대상이 아니다. 각자의 고유한 개성과 취향을 가진 존재로 인정받고 있다. AI 기술이 이들의 개별성을 존중하고 증폭시키는 도구가 되면서 나이 드는 것이 포기가 아닌 새로운 시작이 될 수 있음을 보여준다. 이것이야말로 진정한 의미의 스마트 에이징이 아닐까. 기술과 인간이 만나 만들어 내는 가장 아름다운 하모니가 여기에 있다.

AI 시니어 페르소나 마케팅 시스템 프로토콜
목적 / 구성 요소 / 워크플로우 / 오늘의 케이스 / 프로세스 개념도

1. 목표 및 가치

본 프로토콜은 입주자 1인 1인의 **시공간 이동동선**과 온 · **오프라인 상호작용**을 기반으로 한 **개별 욕구**를 분석하고, **AI 트리거**를 통해 최적의 순간에 맞춤형 서비스를 제공합니다.

2. 시스템 구성 요소

프로파일 관리
입주자 인적 · 건강 · 라이프로그 데이터를 통합 저장

PostgreSQL   Redis

데이터 수집 · 처리
웨어러블 · 스마트홈 · 커뮤니티 로그 · 외부 API 동기화

Apache Kafka   IoT Gateway

AI 페르소나 엔진
클러스터링, 시계열 예측, GPT 기반 메시지 생성

TensorFlow   OpenAI API

트리거 스케줄러
시간 · 장소 · 컨텍스트 규칙 기반 알림 예약

Cron Jobs   Event Bus

알림 서비스
앱 푸시 · SMS · 카톡 · 객실 디바이스 멀티채널 방송

FCM   KakaoTalk API

운영 대시보드
실시간 KPI 모니터링, 개별 히스토리 관리, 성과 리포팅

React   D3.js

3. 대표 케이스 워크플로우

Persona	시간	장소 & 채널	욕구	AI 트리거
김 씨 (82세, 고혈압 · 관절염)	06:45	객실 → 스마트 미러	아침 혈압 · 통증 확인	혈압 150/95 감지 → 스트레칭 영상 재생 제안
이 씨 (79세, 독서광)	07:30	독서 코너 → 도서관 앱	신간 도서 추천	선호 장르 신간 도착 알림 → 예약 안내
박 씨 (85세, 전직 교사)	09:00	객실 → 스마트홈 패널	약 복용 확인	복용 알림 & 응답(예/아니오) 버튼 표시
최 씨 (80세, 요가 강사 경력)	08:30	요가 스튜디오	심화 요가 클래스 참여	레벨 · 이력 기반 클래스 예약 제안
강 씨 (83세, 투자 애호가)	15:30	객실 태블릿	금융 뉴스 요약	관심 섹터 이슈 브리핑 표시 & 음성 읽어주기

오늘의 케이스 워크플로우

📋 **김 씨 어르신(82세, 남성) – 고혈압 · 관절염**

06:45
📍 객실 → 스마트 미러 (OFF)
욕구 : 아침 컨디션 확인, 혈압 · 관절 통증 체크

> **AI 트리거** : 웨어러블 혈압 기록 150/95 감지 → "혈압 수치가 평소보다 높습니다.
> 스트레칭 영상을 재생할까요?" → 객실 TV에 스트레칭 영상 자동 재생

08:00
📍 엘리베이터 → 뷔페식당 (OFF)
욕구 : 저염식 아침 식사 원함

> **AI 트리거** : 건강 프로필 기반 → "오늘 메뉴 추천 : 닭가슴살 야채죽 · 저염 김치"
> → 식당 입구 디지털 메뉴판에 강조 표시

10:30
📍 커뮤니티 센터 요가실 (OFF)
욕구 : 운동 참여 유도, 관절 가동 범위 유지

> **AI 트리거** : 관절염 이력 · 클래스 이력 분석 → "관절 스트레칭 클래스가 곧 시작됩니다.
> 함께 등록하시겠어요?" → SMS 버튼 클릭 시 자동 예약

15:00
📍 객실 태블릿 (ON)
욕구 : 가족 영상 통화, 미국 거주 손자 · 손녀와 소통

> **AI 트리거** : 자녀가 예약한 통화 시간 5분 전 푸시 → "손주와의 영상 통화 시간이 도래했습니다.
> 연결할까요?" → 원클릭 화상 연결

※ 'ON'과 'OFF' 표시는 해당 시간대 또는 활동의 특정 기능이나 상태가 활성화(ON) 또는 비활성화(OFF) 되어 있음을 나타냅니다.

4. 프로세스 개념도

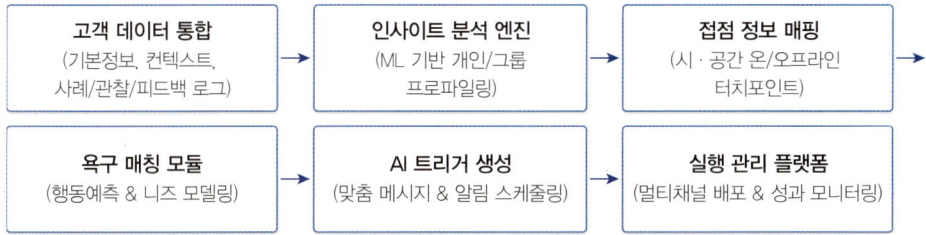

고객 데이터 통합	인사이트 분석 엔진	접점 정보 매핑
(기본정보, 컨텍스트, 사례/관찰/피드백 로그)	(ML 기반 개인/그룹 프로파일링)	(시 · 공간 온/오프라인 터치포인트)

욕구 매칭 모듈	AI 트리거 생성	실행 관리 플랫폼
(행동예측 & 니즈 모델링)	(맞춤 메시지 & 알림 스케줄링)	(멀티채널 배포 & 성과 모니터링)

AI 시니어 프레소나 마케팅 시스템 소개

AI 시니어 페르소나 마케팅 시스템은 시니어 입주자의 일상을 24시간 관찰하고 분석하여 개인 맞춤형 서비스를 자동 제공하는 지능형 플랫폼이다. 각 입주자의 건강 상태, 생활 패턴, 개인 취향을 실시간으로 파악한다. 최적의 순간에 필요한 서비스를 선제적으로 제공한다.

시스템은 세 단계로 작동한다. 첫째는 데이터 수집 단계다. 웨어러블 기기, 스마트홈 센서, 커뮤니티 활동 로그를 통해 입주자의 모든 활동 정보를 실시간 수집한다. 둘째는 AI 분석 단계다. 머신러닝과 딥러닝 알고리즘이 수집된 데이터를 개인별 행동 패턴과 선호도로 변환한다. 마지막 서비스 제공 단계에서는 분석 결과를 바탕으로 각 입주자에게 최적화된 맞춤형 서비스를 자동 전달한다.

건강관리 측면에서는 혈압, 심박수, 활동량 등의 생체 데이터를 지속 모니터링하여 이상 징후 발견 시 즉시 대응 방안을 제시한다. 생활 편의 측면에서는 개인의 식습관, 운동 선호도, 문화 취향 등을 분석하여 맞춤형 메뉴 추천, 운동 프로그램 제안, 문화 활동 안내 등을 제공한다. 사회적 참여 측면에서는 입주자의 성향과 관심사를 바탕으로 적합한 커뮤니티 활동이나 모임을 추천한다.

시스템의 기술적 기반은 실시간 데이터 스트리밍, 안정적이고 빠른 데이터 저장소, AI 분석 엔진, OpenAI API를 활용한 자연어 생성 모듈로 구성된다. 관리 대시보드를 통해 운영진이 실시간으로 모든 입주자의 상태를 모니터링하고 관리할 수 있다.

AI 집사와 함께 만든 10분의 기적

앞서 소개한 시스템 프로토콜은 코딩할 줄 모르는 문과생이 단 10분 만에 만들어 낸 결과물이다. 필자는 LG-CNS에서 글로벌 마케팅을 기획하고 SPC그룹에서 해피포인트 시스템을 총괄했다. 하지만 여전히 프로그래밍과는 거리가 멀다. IT 기술에 대한 깊은 이해도 부족하다. 그러나 20년 넘게 현장에서 몸으로 체득한 한 가지만큼은 확실하다. 사용자가 진짜 원하는 것이 무엇인지 아는 능력이다.

머릿속에 떠오른 아이디어를 AI에 말로 설명했을 뿐인데 10분 후 완성된 프로토콜이 눈앞에 나타났다. 마치 마법사의 지팡이를 휘두른 것 같았다. 이것이 AI 시대가 우리에게 부여하는 새로운 능력이다. 더 이상 기술을 배우는 시간에 매달릴 필요가 없다. 중요한 것은 무엇을 만들고 싶은지, 왜 필요한지, 누구를 위한 것인지 명확히 아는 것이다. 특히 베이비붐 세대에게는 'How(어떻게)'보다 'Why(왜)'와 'Who(누구를 위해)'가 훨씬 중요하다. 이들은 이미 충분한 인생 경험을 통해 본질을 꿰뚫어 보는 눈을 가지고 있다. AI는 이런 통찰력을 기술로 구현해 주는 완벽한 파트너다.

AI와 대화하는 비결은 생각보다 단순하다. 맥락과 예시를 풍부하게 제공하는 것이다. AI는 추상적인 명령어보다 구체적인 상황 설명을 훨씬 좋아한다. "이런 상황에서 이렇게 되면 좋겠어"라고 자연스럽게 이야기하면 된다. 이를 위해서는 말랑말랑한 소통력과 끝없는 호기심이 필수다. 나이가 들수록 더욱 그렇다.

결국 시니어 라이프란 끝이 아니라 시작이다. 새로운 기술과 만나 전에 없던 가능성을 발견한다. 오랜 경험을 바탕으로 더 나은 세상을 만들어 가는 도전의 연속이다. 지금, 이 순간도 우리에게는 무한한 선택지가 열려 있다.

특별 기고

100세 시대, 나의 건강을 지키는
새로운 시각과 지혜로운 마음 갖기

기민아

– 現 농협은행 상계동 지점 부지점장
– 前 농협은행 본부 마케팅 교육 코치 담당
– 사회복지사, 한국금융연수원 은퇴설계전문가, 한국FP협회, ARPS 전문가, (사)한국코치협회 전문코치

스마트폰 하나로 세상의 모든 정보를 품을 수 있는 시대. 정보의 바다는 한없이 넓고 깊어졌지만, 그 안에서 진짜 진주를 골라내는 일은 더욱 어려워지고 있습니다. 특히 100세 시대를 살고 있는 우리의 삶에 건강에 관한 정보는 밀접한 만큼, 잘못된 소식 하나가 하루의 평온을 깨고 인생의 방향을 뒤흔들기도 합니다. 우리가 마주한 정보의 물결 속에서 무엇을 믿고 따를 것인가! 넘쳐나는 정보 속에서 진실을 가려내고, 나에게 꼭 맞는 건강의 지혜를 찾아가는 길을 함께 생각해 보고자 합니다.

가짜 뉴스와 진짜 정보를 분별하기

그럴듯한 말, 익숙한 표현, 자극적인 문장 속에 숨어 있는 허위 정보는 겉보기엔 진실처럼 보이지만 실체는 없는 경우가 대부분으로, 건강에 관련된 가짜 뉴스는 특히 어르신들의 마음을 흔들기 쉽습니다. 코로나19 초기, "소금물로 가글하면 예방된다" 혹은 "마늘을 먹으면 면역이 강해진다"는 식의 말들이 순식간에 퍼져나갔는데, 전통적인 민간요법처럼 들려 믿기 쉬웠지만 과학적 근거는 없었습니다. 또, "○○ 박사가 ○○ 백신이 몸에 안 좋다더라." 이런 식으로 사진까지 조작한 영상들을 어르신들이 카톡이나 유튜브로 보고 걱정을 많이 하셨으나, 이 또한 확실한 근거 없는 가짜 뉴스로 밝혀졌습니다.

이럴 때 필요한 건 '한 번 더 살펴보는 눈'입니다. 첫째, 그 정보가 어디서 왔는지를 꼭 확인합시다. 공신력 있는 병원이나 언론, 국가기관의 자료인지 살펴보는 것만으로도 절

반은 가려낼 수 있습니다. 둘째, 오래된 정보는 지금의 상황과 다를 수 있으니 반드시 날짜를 살펴보아야 합니다. 셋째, 자극적인 문구나 감정을 흔드는 말이 있다면 잠시 멈추고 다시 생각해 봅시다. 넷째, 팩트체크 서비스 등을 통해 기관의 자료와 비교해 보는 것도 큰 도움이 됩니다.

어르신들이 특히 조심해야 할 것은 유튜브 영상에 등장하는 '○○ 박사가 말한 기적의 치료법'을 보고 그대로 따라 하거나 문자로 온 '정부 지원금 지급' 안내를 클릭해 개인정보를 넘겨버리는 일들입니다. 실제로 한 70대 어르신이 해독요법을 따라 했다가 간 기능이 급격히 나빠져 병원에 입원한 일도 있었고, '이 약은 누구에게나 효과가 있다'는 광고를 보고 여러 약을 중복 복용하다가 몸 상태가 악화되는 경우도 흔합니다. 이런 작은 순간들이 큰 위기로 이어질 수 있다는 걸 기억해야 합니다.

알고리즘, 그 익숙함 속의 편향이 고정관념과 편견으로 가지 않도록 하기

우리 눈앞에 펼쳐지는 정보는 사실 우리가 선택한 것처럼 보이지만 알고리즘이라는 보이지 않는 손에 의해 짜인 것으로, 우리가 '좋아요'를 누른 영상, 오래 머문 페이지, 한 번 검색한 단어를 통해 우리가 볼 다음 정보를 결정짓게 되는 것입니다. 이른바 '필터 버블(Filter Bubble)'이라 하는 것으로, 인터넷 정보 제공자가 이용자 맞춤형 정보를 제공해 필터링된 정보만 이용자에게 도달하는 현상입니다. 이는 우리를 편안하고 익숙한 정보 안에 머물게 하면서, 새로운 시각을 가려 버리고 조종당할 수도 있게 하는 것입니다.

예를 들어 영양제에 대한 영상을 한 번 클릭하면 다음엔 또 다른 건강식품, 또 다른 기적의 약들이 줄줄이 이어집니다. 그 익숙함 속에서 우리는 의심을 멈추게 되고, 같은 말이 반복되는 것을 보면서 진짜처럼 느끼는 '환상적 진실 효과'에 빠지게 되는 것입니다. 알고리즘이 잘못된 정보를 사실로 믿게 만들고 그것이 고정관념이 되고 편견이 되기도 합니다. 하지만 정작 중요한 건, '내 몸에 정말 필요한 정보인가?' 하는 스스로의 물음입니다. 익숙하다고 해서 반드시 옳은 것은 아니기에 잠시 멈추고 다시 생각해 보는 것, 새로운 시각이 필요합니다.

넘치는 건강 정보, 나에게 맞게 되새기기

TV 속 건강 프로그램, 유튜브 속 전문가 인터뷰, 카카오톡에 떠도는 민간요법들. 어느새 우리의 하루는 건강에 대한 정보로 가득 찼습니다. 그러나 그 모든 정보를 다 따를 순 없습니다. 오히려 무리하게 따라 하다 보면 몸이 더 힘들어질 수 있습니다. 그래서 필요한 것은, '나에게 필요한 것만 남기는 지혜'입니다.

첫째, 병원에서 만나는 의사나 약사에게 먼저 물어보자. 내 몸을 가장 잘 아는 사람에게 확인받는 것이 가장 안전한 길입니다. 둘째, 우선순위를 정하자. 수십 가지 건강보조제를 한꺼번에 챙기기보다는, 꼭 필요한 두세 가지만 선택하고 나머지는 음식으로 보충하는 것이 좋습니다. 셋째, 가족과 함께 상의하자. 사랑하는 사람과 대화를 나누는 것만으로도 정보의 진위를 가리는 데 큰 도움이 됩니다. 넷째, 너무 과장된 말에 흔들리지 말자. "○○만 먹으면 낫는다", "○○ 박사 강력 추천"과 같은 문장은 진실보다 광고의 목소리가 더 클 수 있습니다.

이제는 정보의 양이 아니라, 정보를 보는 눈과 해석하는 마음이 필요한 시대인 것 같습니다. 특히 건강은 삶과 직결되기에 내 몸과 마음에 맞는 정보만이 진짜 도움이 됩니다. 진실과 거짓을 가려내는 일은 단순한 지식이 아니라 삶의 태도이며, 스스로를 지키는 가장 강한 무기입니다. 넘쳐나는 정보 속에서도 천천히, 그러나 정확하게 묻고, 의심하고, 다시 바라보는 이 태도가 우리의 건강을 지켜주고 노년을 즐길 수 있게 할 것입니다. 오늘도 우리는, 한 번 더 살펴보는 눈으로 조금 더 현명하고 지혜롭게 100세 시대를 살아갑니다.

피보나치의 시니어 투자 매뉴얼

이윤영

저널 투자가, 한국언론연구소 소장, 국회의장배 대학생토론 심사위원

욕망과 야망의 상징, 테스토스테론. 이 호르몬 연료가 과잉되면 금리 인하가 본격화되면서 투자에 큰 파장을 일으킬 가능성이 점쳐집니다. 행동투자학 분야 연구나 미국 캘리포니아대 경제학 연구진 등에 의해 테스토스테론과 투자는 서로 밀접한 상관관계를 가진다는 참인 명제, 연구 결과가 도출되었습니다. 여성으로서는 이에 대한 상관관계가 느슨하거나 정반대의 결과를 낳아 다분히 상징적입니다. 테스토스테론 수치가 높은 투자자들은 투자 위험을 무릅쓰는 경향이 더 강해지고 주식 등 위험자산에 투자하는 경향이 높습니다.

영국의 파이낸셜 타임스와 한겨레 신문 등에 따르면 2008년 리먼 브라더스 사태[12]가 일어났을 당시, 실적이 낮은 직원들이 해고되기에 이르렀습니다. 월스트리트 투자가들은 억지로 테스토스테론 복용 등에 의존하여 위기를 극복했습니다. 하지만 시니어는 테스토스테론이 줄어드는 연령대입니다. 의도를 갖고 강제로 복용하지 않는 한 투자에 대한 욕망과 야망을 기대하기는 쉽지 않아 보입니다. 남성의 연료 원천인 테스토스테론의 욕망과 야망을 활용하는 데 있어 시니어로서는 큰 제약이 따른다는 것입니다.

근대과학의 대들보 뉴턴은 역사적 업적과 달리 주식 투자는 실패한 것으로 알려졌습니다. 그는 마치 테스토스테론의 과잉투자 식의 부작용을 염두에 둔 듯, '미친 사람의 마음은 알 수 없다'는 의미심장한 말을 남겼습니다. 이 같은 맥락에서 칸트도 본능, 욕망에 사로잡히지 않고 도덕법칙을 정하는 순수 이성을 강조할 정도로 욕망이라는 비이성적인

---

12) 미국 투자은행 리먼 브라더스(Lehman Brothers)가 2008년 9월 15일 뉴욕 남부법원에 파산보호를 신청하면서 글로벌 금융위기의 시발점이 된 사건

변수를 경계했습니다. 찰리 멍거 등 거장 투자가들은 테스토스테론 식의 투자 방식을 경계하면서 투자 수익에선 인내심을 요구했습니다.

금리 인하 시기는 투자의 적합한 기간으로 손을 꼽습니다. 이 시기는 뉴턴의 주장처럼 투자 광기로 미친 사람이 대거 등장할 분위기입니다. 2008년 당시 투자자의 적자나 해고 분위기에 따른 테스토스테론 강제 투입, 복용 상황과는 대조적입니다. 2026년 금리 인하 시기의 테스토스테론은 투자 광기로 신체 내에서 자연스레 배출될 욕망 야망 연료 호르몬일 가능성이 큽니다.

하지만 시니어는 여기서 안타깝게도 배제됩니다. 저널리즘 사상가로도 분류되고 있는 니체의 술의 신, 쾌락의 유혹 '디오니소스'일 수 있는 욕망의 호르몬은 줄어든 경우라고 할 수 있습니다. 이에 따른 테스토스테론이 상대적으로 부족한 시니어는 이성적인 투자를 할 수밖에 없습니다. 주식 투자의 속성과 원리를 숙고할 이유가 충분합니다.

이탈리아 수학자 레오나르도 피보나치(Leonardo Fibonacci)의 수열이 바로 그 예라고 할 수 있습니다. 주식 차트 분석 기법으로 알려진 피보나치 수열대로 주식을 매수하거나 매도하면 그만입니다. 단타, 스윙 투자자는 예외로 또 다른 투자기법으로 수익이 나면 주식의 절반을 매도하기도 합니다. 피보나치 수열은 첫째 항과 둘째 항이 1입니다. 그 이후 모든 항이 바로 앞 두 항의 합으로 이루어집니다. 주식은 이렇게 움직입니다.

1, 1, 2, 3, 5, 8, 13…

결과적으론 2의 n 거듭제곱과 유사합니다. 니체의 디오니소스가 아닌, '이성의 신' 아폴로를 연상시킵니다.

연령대별로 똑똑하게 준비하는
개인형 IRP 활용법

김형리

− 농협은행 퇴직연금부 개인마케팅 팀장
− 국제공인재무설계사(CFP)
− 서울사이버대학교 금융보험학과 겸임교수
− 〈지금 살림도 빠듯한데 은퇴 자금 어떻게 모으지?〉 저자

절세와 복리, 두 마리 토끼를 잡는 노후 준비 전략

고령화가 가속화되면서 '노후 준비'는 더 이상 미룰 수 없는 과제가 되었습니다. 특히 100세 시대를 살아가는 우리에게 있어 연금은 단순한 선택이 아닌 필수입니다. 그런데도 많은 사람들이 언제, 어떻게 연금상품에 가입해야 하는지, 또 세금 혜택은 어떤 방식으로 받을 수 있는지에 대해 정확히 알고 있지 못한 경우가 많습니다.

그중에서도 개인형 퇴직연금(IRP)은 세제 혜택과 자산 증식을 동시에 기대할 수 있는 대표적인 노후 준비 수단입니다. 하지만 연령대에 따라 IRP를 활용하는 방식에는 분명한 차이가 있습니다. 20대부터 50대 이후까지 각 연령대별 IRP 활용전략을 자세히 소개하고자 합니다.

20~30대 − "복리의 마법, 젊을수록 유리하다"

20~30대에게는 주거, 결혼, 육아 등 다양한 재무 목표가 존재합니다. 그래서 노후 준비는 다소 먼 이야기로 느껴지기 쉽습니다. 그러나 이 시기가 IRP를 시작하면 복리의 힘을 가장 크게 누릴 수 있는 황금기임을 기억해야 합니다.

예를 들어, 매월 75만 원씩 25년간 납입에 연 10% 수익률을 가정할 경우 약 10억 원

의 자산 형성이 가능합니다. 여기에 매년 최대 900만 원까지 세액공제를 받을 수 있고, 148만 5천 원의 세금 환급을 기대할 수 있습니다. 25년 후 퇴직한다고 가정한다면 환급 누계액이 약 3,700만 원에 달합니다.

▌월 750,000원 납입 시 자산 형성 그래프

(단위 : 원)

납입 기한 \ 연 수익률	5.00%	7.00%	10.00%	15.00%
10년	116,946,967	130,570,852	154,914,015	208,992,954
15년	201,301,986	239,108,433	313,443,199	507,647,320
20년	309,559,732	392,974,049	574,272,682	1,136,966,231
25년	448,493,249	611,097,833	1,003,417,761	2,463,055,301

중요한 점은 IRP는 중도해지 시 세제 혜택을 반납해야 한다는 것입니다. 따라서 반드시 여유자금으로만 활용하고 긴 호흡으로 바라보아야 합니다. 단기 적금이나 CMA 통장보다 실질 수익률이 높은 상품인 만큼 연말정산 혜택을 고려해 나의 자산 상황에 따라 전략적으로 불입을 시작하는 것이 좋습니다. 또한, 이 시기에는 투자 기간이 길기 때문에 주식형 펀드나 ETF 비중을 높게 가져갈 수 있는 기회입니다. '100-나이 법칙[13]'을 적용해 보면, 20대는 80%, 30대는 70%의 자산을 공격적으로 운용할 수 있습니다. 미국의 금리가 하향 안정화된다면 채권형 상품도 유망한 대안이 될 수 있습니다.

40~50대 – "수입이 정점일 때, 세제 혜택을 극대화하라"

40~50대는 가정적으로도 안정되고 사회적 위치도 어느 정도 확립된 시기입니다. 연봉이 높아지면서 연말정산에서 돌려받는 세금도 증가하는 만큼 IRP의 세액공제 혜택을 적극적으로 활용하는 것이 현명한 선택입니다.

이 시기에는 월 100만 원 이상, 연간 1,200만 원 수준으로 납입하는 것도 고려해 볼 수 있습니다. 2025년 기준 IRP 세액공제 한도는 900만 원으로, 초과된 300만 원의 납

---

13) 100에서 자신의 나이를 뺀 만큼의 비중을 주식, 펀드 등 투자자산으로 운용하는 법칙

입금은 다음 해로 이월하여 최대 5년간 활용 가능하므로, 고소득자일수록 이를 활용한 장기 전략이 유리합니다. 자산 배분 전략 측면에서는 타깃데이트펀드(TDF)[14]도 고려해 볼 만합니다. TDF는 은퇴 예정 시기에 따라 자동으로 주식과 채권의 비중을 조정해 주기 때문에, 연금 운용에 익숙하지 않은 투자자에게도 적합합니다. '100-나이 법칙'을 적용해 본다면 정기예금 비중을 40~50%로 구성하여 안정성과 수익성을 동시에 확보하는 것을 추천합니다.

또한, 대부분이 바쁜 일상으로 IRP 계좌의 상품 운용에 관심을 두지 않는 경우가 많으므로 반드시 연 1~2회 이상 상품 점검과 리밸런싱을 해야 합니다. 생애 후반부로 갈수록 수익률보다는 안정성이 중요해지기에, 투자성향 변화에 따라 포트폴리오를 조정할 필요가 있기 때문입니다.

50대 이후 – "연금 수령 시 세금 전략이 성패를 가른다"

은퇴 이후 본격적인 연금 수령 시기에는 세금과 수령방식에 대한 전략이 핵심이 됩니다. 개인형 IRP와 연금저축을 통해 연간 수령하는 금액이 1,500만 원을 초과하면 종합과세 또는 분리과세 중 하나를 선택해야 하는데, 많은 경우 분리과세가 유리합니다.

이때는 수령 기간을 길게 설정하여 연간 수령액을 1,500만 원 이하로 조정하는 방식이 일반적입니다. 이를 통해 과세 구간을 낮추고 절세와 연금 수령의 안정성을 함께 달성할 수 있습니다. 운용 방식은 더욱 보수적으로 접근해야 합니다. '100-나이 법칙'을 적용해 본다면, 타깃인컴펀드(TIF)[15]와 정기예금을 4:6 정도로 배분하여 안정적인 수익과 함께 자산 보존 효과를 기대할 수 있습니다. 특히 TIF는 자산의 변동성을 최소화하여 노후 자산을 지속 가능하게 관리하는 데 최적화된 펀드입니다.

또한, 은퇴 후에는 의료비, 생활비, 예비비 등 예상치 못한 지출이 늘어나기 때문에, IRP 자산 중 일부는 단기 인출 가능한 형태로 운영할 필요도 있습니다. 연금을 단일한

---

14) TDF 펀드(Target Date Fund) : 펀드운용사가 투자자의 생애주기, 연령에 따라서 채권과 주식의 비중을 알아서 조절해 주는 생애주기형 펀드

15) TIF 펀드(Target Income Fund) : 노후자산관리에 특화된 펀드, 자신이 평생 동안 모아온 연금 자산을 효과적으로 유지하고 활용할 수 있도록 변동성을 최소화하여 운용하는 연금 인출형 펀드

수단으로 보기보다는 유연한 인출 전략과 함께 여러 연금자원을 조합해 운영하는 것이 바람직합니다.

IRP 운용 실천 팁 – "내 연금, 내가 설계하자"

IRP는 일단 계좌를 개설해 두었다고 해서 끝나는 상품이 아닙니다. 시장 상황에 따라 수익률이 달라지고 나의 인생 단계에 따라 투자성향도 변화합니다. 따라서 연 2회 이상 계좌를 점검하고 전문가와 상담을 통해 리밸런싱을 진행하는 것이 중요합니다. 특히 금리가 변동하거나 경기 사이클이 바뀌는 시기에는 투자 전략을 재정립할 필요가 있습니다. 자산 배분이 적절히 되어 있지 않으면 장기적으로 손실을 보거나 기대 수익률을 달성하지 못할 수 있습니다. 덧붙여, 자신의 노후 연금설계를 직접 해보고 싶다면 국민연금 홈페이지의 '내 연금 알아보기[16]', 금융감독원이 만든 통합연금포털[17]을 활용하면 됩니다.

마무리하며

개인형 IRP는 지금 바로 시작할 수 있는 가장 효율적인 노후 준비 도구입니다. 나이와 소득 수준에 따라 전략을 달리하면 세제 혜택과 복리 효과는 극대화되고, 노후의 재정적 불안은 최소화할 수 있습니다.

오늘 바로 IRP 계좌를 점검해 보세요. 그리고 본인에게 맞는 포트폴리오를 구성해 보세요. "지금의 작은 선택이, 내일의 삶을 바꿉니다." IRP는 그 시작점이 되어줄 수 있습니다.

---

16) http://www.nps.or.kr/jsppage/csa/csa.jsp
17) https://www.fss.or.kr/fss/lifeplan/lifeplanIndex/index.do?menuNo=201101

치매머니

홍종석
– 사회복지사
– 치매안심센터 팀장, 서울가정법원 심층후견감독위원
– 〈치매는 처음이지?〉 저자

최근 치매와 관련된 여러 이슈 중 대중적으로 큰 관심을 끈 키워드는 바로 '치매머니'입니다. '치매머니'는 고령 치매 환자의 자산을 말하며 흔히 고령자의 자산이 치매로 인해 동결되는 상황을 의미합니다. 실제 상담사례에서도 치매로 인해 돌봄이 필요한 부모님의 돌봄 비용을 마련하고자 가족들이 부모님의 재산을 처분하려 하거나, 부모님의 요양원 입소 후 아무도 살지 않는 부모님 소유의 집을 처분하는 방법에 대해 많이 궁금해합니다. 하지만 아무리 가족이라 해도 치매가 있는 부모님의 재산을 대신 처분하기는 어렵습니다.

현재 유일한 방법은 법원을 통해 후견인으로 지정받은 후 부모님의 재산을 관리하는 것인데, 후견인으로 지정되는 과정도 후견인이 된 이후 부모님의 재산을 처분하기도 쉽지 않습니다. 심지어 후견과 관련된 기본적인 상담을 받을 수 있는 기관도 없는 상태입니다(현재 유일하게 서울가정법원 후견과에서 후견과 관련된 상담을 지원하고 있습니다). 특히 가족이 없거나 가족이 있어도 교류가 없는 경우 혹은 가족이 멀리 살거나 왕래가 없다면, 본인이 건강할 때는 재산 관리가 원활하지만 점차 나이가 들어감에 따라 의사결정에 어려움을 겪거나 치매 등으로 스스로 재산 관리를 하는 것이 어려워지게 되고 심지어 범죄의 표적이 되기도 합니다.

2025년 5월 7일, 정부 차원에서 처음 시행한 고령 치매 환자 자산에 대한 전수조사 결과 치매머니가 GDP의 6.4% 수준인 154조 원에 이르는 것으로 나타났고, 1인당 평균 자산은 약 2억 원으로 조사되었습니다. 그중 비중이 가장 높은 부동산 자산은 전체의

74.1%인 약 114조 원, 금융자산은 전체의 21.7%인 약 33.4조 원을 차지해 치매로 인한 자산 동결이 실물경제에 미치는 영향이 절대 적지 않다고 평가했습니다.

치매머니와 관련해 2025년 초 관계부처 합동으로 발표된 '초고령화 대응방향「지역사회 중심 통합돌봄체계 강화방안」'에서는 치매노인이 보유하고 있는 금융자산·부동산 등의 재산을 보호하려는 방안을 마련하고, 치매노인의 보유 자산(금융, 부동산 등) 규모를 파악해 안전한 자산관리를 위한 공공·민간 영역에서의 대응책 수립을 추진하기로 하였습니다.

▌치매노인 안전 자산관리 대응책(예시)

공공	① 지자체가 후견이 필요한 치매 환자를 발굴하고, 적절한 후견인을 연계하는 공공후견사업 확대 및 내실화 방안 마련 ② 치매 등 자기결정 곤란 상황에 대비한 자산관리를 위해 공공신탁사업 추진방안 검토
민간	① 민간신탁(예 유언대용신탁*) 활성화를 위해 신탁할 수 있는 재산 범위 확대 ② 신탁-전문서비스(의료, 세무 등)를 함께 이용할 수 있도록 비금융기관에 대한 신탁업무 위탁 허용 등 *생전에 재산을 관리 → 치매 등 질병 시에는 비용 지급 및 사후 상속을 지원

출처 : 초고령화 대응방향「지역사회 중심 통합돌봄체계 강화방안」, 2025년 1월 23일, 관계부처 합동

이에 공공영역에서는 고령자 공공신탁 사업모델 연구를 통해 국민연금공단이 마스터 수탁자 역할을 하고, 별도로 관리수탁자를 지정해 고령자 중 경도인지장애, 치매, 기타의 사유로 스스로 재산관리를 하기 어려운 시점에서도 신탁재산의 관리를 통해 인간으로서의 존엄한 노후 삶을 살아가는 데 필요한 재산관리가 지원될 수 있도록 지속해서 논의되고 있습니다. 고령자 공공신탁제도는 현 대통령인 이재명 대통령이 제21대 대통령 선거 당시 후보자 10대 정책공약에서 언급(치매·장애 등으로 재산관리가 어려운 노인을 위한 공공신탁제도 도입)하기도 했기에, 향후 공공영역에서 고령자 자산 보호를 위한 안전망으로서 공공신탁제도가 구축될 것으로 기대합니다.

공공영역과 함께 민간영역에서는 민간신탁의 제도개선 및 활성화 방안이 주요 개선방안이 될 예정입니다. 현재의 민간신탁은 가입자가 적고 활용도가 높지 않습니다. 하지만 이와 관련해 2022년 10월 13일 금융위원회에서 발표한 〈신탁업 혁신 방안〉의 개선안이

반영된다면 신탁이 종합재산관리 기능을 강화해 종합 서비스 플랫폼으로서 병원·법무법인 등 다양한 비금융 전문기관과 협업하여 비금융 전문서비스인 노후종합관리서비스를 제공하는 한편, 신탁이 복지 기능을 일정 부분 수행할 수 있도록 변화될 수 있을 것입니다.

치매머니는 초고령사회에서 필연적으로 생길 수밖에 없는 사회현상이 될 것입니다. 하지만 치매로 인해 치매 당사자는 본인의 재산을 본인이 원하는 곳에 올바르게 사용하기 어렵게 되고, 가족은 치매가 있는 고령자의 재산관리를 위해 어쩔 수 없이 후견인의 권한을 법원에 청구하는 불편한 상황이 반복될 것입니다.

치매머니를 막을 수 있는 가장 좋은 대책은 스스로 의사결정 능력이 가능할 때 본인의 미래를 설계하고 의사결정에 어려움이 생겼을 때를 대비하는 것입니다. 사전에 본인이 언젠가 의사결정이 어려워지거나 돌봄을 받아야 하는 상황이 왔을 때를 대비해 두어야 합니다. 만약 그런 순간이 왔을 때 본인이 원하는 돌봄이 원활하게 제공되고 돌봄에 대한 비용은 본인의 재산 등에서 사용될 수 있도록 해놓는다면, 치매가 있다고 해도 힘들게 모아온 본인의 재산을 안전하게 보호하고 원하는 곳에 사용할 수 있게 될 것입니다.

이를 위해서 현재 가능한 방법은 다음과 같습니다. 사전에 은행 등을 통해 신탁 상품을 가입하여 언젠가 치매 등으로 스스로 의사결정이 어려워졌을 때를 대비하거나 혹은 믿을 수 있는 후견인을 미리 지정하는 임의후견으로 미래를 대비하는 방법이 있습니다. 하지만 2025년 5월 29일 저출산고령사회위원회의 발표에 따르면 임의후견은 인지도 부족과 공증·등기 등 복잡한 절차로 인해 지난 10년간 총 229건밖에 안 되며, 신탁의 경우 제도상의 미비점과 낮은 인지도, 불안감 등으로 인해 5대 시중은행을 합쳐도 유언대용신탁의 잔액이 약 3.5조에 불과한 실정이라고 합니다.

이에 대한 첫 번째 대안으로, 사전에 2촌 이내 친족 등에게 금융대리인 권한을 부여하여 사전위임 등으로 단순 금융거래가 이루어질 수 있도록 하는 등 더 쉽고 간결하게 고령자의 자산을 안전하게 관리하는 방안을 제시합니다.

① 일본 NCB 시니어 서포트 신탁 : 가족 중에서 지정한 대리인에게 고령 고객층의 재산관리를 맡기는 신탁상품
② 일본 미쓰이스미토모은행 등 다수 은행 사례 : 치매를 대비하여 대리인을 사전 신고토록 하고, 치매 상황 발생 시 대리인이 금융업무를 처리

출처 : '24.3월 해외금융 Issue Journal(2024-3호), 금융감독원

두 번째 대안으로, 가족이 없거나 도움을 받기 어려운 고령자에게 본인이 언젠가 돌봄을 받아야 하는 순간을 대비한 계약(사전요양지시서 등)을 정부에서 인증한 기관과 체결하도록 합니다. 해당 기관에서는 계약을 통해 기본적으로는 고령자의 재산관리 지원을, 더 나아가서는 돌봄 서비스 계약지원과 고령자의 권리가 보장될 수 있도록 지원하는 신원보증서비스를 제공하는 등 전반적인 고령자 일상생활 및 권리보장을 위한 서비스가 제공될 수 있어야 할 것입니다.

향후 치매머니와 관련된 이슈가 지금보다 더 커질 수밖에 없는 초고령사회에서 사전에 미래를 대비하고 준비할 수 있는 여러 제도와 서비스가 정착될 수 있기를 바랍니다.

좋아하는 것으로 충전하며 사는 삶

이지연
- 現 농협은행 외환사업부 외국인사업국 외환상품팀장
- 前 신탁부 신사업추진반장, 한국상속신탁학회 이사(2022.3.~2023.12.)
- 'NH All100플랜 사랑남김플러스신탁' 공동출시, 'NH All100플랜 사랑남김신탁' 출시

저는 어릴 때 수학 문제 푸는 것을 즐기는 학생이었던 것 같습니다. 회사에 출근할 때면 매일 수학 문제를 푸는 기분으로 출근을 합니다. 어떤 날은 쉬운 문제라 금방 여러 개를 풀 수 있고, 어떤 날은 상당히 어려운 문제가 주어져서 며칠간 팀원들과 함께 고민하며 풀 때도 있습니다. 회사에서 상속 신탁 신사업을 몇 년간 했었고, 지금은 외국인 관련 금융서비스 신사업을 하고 있어 머리를 굉장히 많이 쓰는 편입니다.

너무 힘들다 싶을 때면 대학생 때부터 다니던 재즈바에 라이브 공연을 보러 갑니다. 최근 재즈바에 갔을 때 제가 대학생일 시절부터 뵈어 온 사장님께 인사를 드리고 추억에 잠겨 옛이야기를 잠시 나눴는데, 사장님이 제 손을 꼭 잡고 "나는 이 일이 정말 너무 좋아요!"라고 하셨습니다. 진정 행복해 보이셨고 사장님의 말씀이 오래도록 가슴에 남았습니다.

재즈 라이브 공연은 참 재미있습니다. 공연 때마다 원래 한 팀으로 공연하던 보컬과 뮤지션들이 공연하기도 하지만, 처음 보는 분들이 만나서 즉석으로 공연하는 경우도 많다고 합니다. 악기들이 써라운드 음향같이 무대에서 싹 감기듯이 연주가 될 때도 멋지지만, 유아기 특성 중 하나인 집단독백[18]처럼 각자가 각자의 소리를 막 낼 때도 나름 매력적입니다.

최근 '앨리스 달튼 브라운' 전시를 보았습니다. 앨리스 달튼 브라운(1939년생)은 미국

---

[18] 집단독백(Collective Monologue) : 여러 사람이 함께 있지만 서로 대화하지 않고 각자 자신의 생각이나 감정을 소리 내어 말하는 현상

뉴욕을 중심으로 활동하는 현대미술 작가로, 창을 통과하는 빛, 흔들리는 커튼, 물 위의 반사처럼 일상의 찰나를 섬세하게 그려냅니다. 그녀의 전시는 바캉스 같은 전시였습니다. 바캉스(Vacance)는 라틴어 Vacare에서 유래되었고, 이는 '비어 있다', '자유롭다', '쉬다' 등의 의미를 가진다고 합니다. 그녀는 세 자녀를 키워낸 엄마이고, 아이들을 돌보면서도 부엌에서 작업하거나 아이들의 레고 장난감을 보고 그림을 그렸다고 합니다. 육아하며 그림을 놓지 않기 위해 정말 애를 많이 썼을 것 같습니다. 자신의 정체성에 대한 혼란을 느끼던 시기도 있었다고 합니다. 40대가 되어서야 첫 전시를 했다고 하는데 전시에서 보면 얼마나 많이 그리고 또 그리고, 다양하게 시도했는지를 엿볼 수 있습니다. 이 또한 정말 대단하고 존경스러웠습니다. 추상화 시기에 사실주의 그림은 촌스럽게 여겨졌다는데, 그 안에서 부딪혀 가며 끊임없이 자기만의 세계를 구축해 나간 점도 참 멋있었습니다. 그림을 보는 행위가 사람을 이렇게 감동스럽게 만들고 편안하게 한다는 점을 다시 한번 이번 전시를 통해 느꼈습니다. 가장 좋았던 점은 그녀의 따뜻한 시선이 늘 그녀의 일상을 향해 있었다는 점입니다. 나의 집, 공간, 친구네 집. 동네 등등…. 행복을 멀리서 찾아다니기보다 어떻게든 내 주변이나 내 안에서 찾아다녔을 모습이 그려졌습니다.

고등학생 시절 읽은 책 중 헤르만 헤세의 〈지와 사랑〉과 서머싯 몸의 〈달과 6펜스〉라는 책이 참 인상 깊었습니다. 좋아하는 것을 따르는 삶이 달콤해 보이지만, 왠지 그러면 안 되는 것이 아닌가 하는 생각을 어렴풋이 해왔던 것 같습니다. 이제 성인이 되어 회사원으로, 또 아이들의 엄마로 살아가면서 할 일도 정말 많고 저에게 요구하는 역할도 너무나 많지만, 틈틈이 좋아하는 것으로 충전해 가며 살아왔다는 생각이 들었습니다. 은근 알고 보니 야무지다면서 스스로에게 칭찬해 주며, 내일도 모레도 쭉 그렇게 하루하루 살아가려 합니다.

낭만 시니어

김민지

– 50+ 소셜 플랫폼 시놀 대표, 한국IT여성기업인협회 상임이사, 120다산콜재단 운영 자문위원
– 前 미래에셋증권 퇴직연금 은퇴컨설팅, 후케어스 방문 헬스케어 창업, 삼일회계법인 PwC컨설팅

시니어 놀이터에 '낭만'이 꽃핀다

대학가의 CC(Campus Couple)에 견주어 새로운 신조어가 등장했습니다. 바로 'BC'입니다. 노인복지관에서 만나 황혼 연애를 하는 시니어 커플, 즉 복지관 커플(Bokjikwan Couple)을 뜻합니다. 초고령사회라는 인구학적 현실 앞에서 사회 전반의 우울한 전망과는 달리, 정작 당사자인 시니어들은 삶의 새로운 장을 열어가고 있습니다. 활발한 사회적 만남과 소통, 연애, 황혼재혼에 이르기까지. 이른바 '낭만 시니어' 시대가 펼쳐지고 있습니다.

낭만 시니어, 새로운 라이프 스타일의 탄생

'낭만 시니어'란 단순히 건강한 노후를 영위하는 액티브 시니어를 넘어선 개념입니다. 삶의 깊이와 성찰을 바탕으로 문화적 감성과 여유를 구현하며, 끊임없는 새로운 선택과 도전에 열려 있는 60세 이상의 중장년층을 지칭합니다. 이들은 상대적으로 안정된 경제력을 기반으로 사회 · 문화적 여가 활동에 적극적으로 참여하는 베이비부머 퇴직자들의 특성과 맞닿아 있습니다. 낭만 시니어의 핵심 특징은 다음과 같습니다.

- ▶ 감성 중심의 가치 소비 패턴
- ▶ 여행, 예술, 패션, 대중음악 등 다양한 문화 영역에서 높은 문화적 감수성
- ▶ 다른 세대와 소통하려는 열린 마음
- ▶ 평생학습의 실천자로서 새로운 지식과 기술 습득에 대한 지적 탐구심
- ▶ 관계 중심적 사고와 경청, 이를 삶의 중심에 두는 성숙한 품성

"계속 사랑하고, 사랑받고 싶어요"

시니어 세대의 가장 솔직한 욕망 중 하나는 고독에서의 탈피로 '나이와 상관없이 계속 사랑하고, 사랑받고 싶다'는 것입니다. 이러한 욕구는 이제 더 이상 금기가 아닙니다. 미디어와 사회가 이에 주목하기 시작했습니다. JTBC 예능 '끝사랑'은 50세 이상 장년층의 진솔한 짝 찾기 여정을 담아내며 큰 화제를 모았습니다. U+모바일tv의 드라마 '실버벨이 울리면'은 송옥숙, 박상원 등 중견 배우들이 출연해 60대의 로맨스를 섬세하게 그려냈습니다. 특히 데이팅 앱을 통해 만나는 시니어들의 모습은 기존의 고정관념을 깨뜨리며 새로운 시각을 제시했습니다.

액티브 시니어 소셜 플랫폼 '시놀'은 이러한 시니어들의 잠재된 낭만 욕구를 일찍이 포착했습니다. 50~70대의 모임과 소통을 위한 '시놀(시니어 놀이터)', 데이팅 서비스 '시럽(시니어 러브)', 그리고 결혼 정보 서비스 '시럽인연'까지. '관계'에 관한 시니어 세대의 다층적 니즈를 체계적으로 충족시키고 있습니다.

통계로 보는 황혼재혼의 부상

실제 통계 데이터는 이러한 트렌드 변화를 뒷받침합니다. 2024년 말 초고령사회에 진입한 한국에서 60세 이상 황혼재혼이 뚜렷한 증가세를 보이고 있습니다. 통계청 자료에 따르면, 2023년 60세 이상 남성 재혼 건수는 7,221건으로 전년 대비 6.3% 증가했습니다. 이는 남성 총 재혼 건수 31,644건의 22.8%에 해당하는 수치입니다.

더욱 주목할 점은 고령자 재혼의 상당 부분이 법률혼보다는 사실혼 관계로 이루어진다는 현실입니다. 이를 감안하면 실제 황혼 재결합의 규모는 공식 통계보다 훨씬 클 것으로 추정됩니다. 황혼재혼은 단순한 감정적 만족을 넘어 경제적 안정성 확보, 정서적 지

지체계 구축, 사회적 관계망 확장, 건강관리의 체계화와 같은 실질적인 이점들을 제공합니다.

"제 나이에도 첫눈에 반할 수 있더군요" … 7080 재혼 커플 탄생

지난 6월, 시립인연을 통해 성사된 한 커플의 사례는 황혼재혼의 가능성과 의미를 극명하게 보여줍니다. 80대 남성 A씨는 4년 전 배우자와 사별한 사업가로, 다양한 운동을 통해 상실의 아픔을 극복해 가던 중이었습니다. 그의 자녀들이 아버지의 재혼을 적극 희망하며 직접 시립인연 서비스를 찾아 상담을 요청했습니다. 70대 여성 B씨는 기타 연주, 어학 학습, 운동, 여행을 즐기며 싱글 라이프에 만족하고 있던 중 역시 딸의 권유로 만남에 응하게 되었습니다.

"처음엔 모두가 조심스러워했어요. 하지만 첫 만남에서 남성분이 여성분에게 첫눈에 반하셨다고 하더군요. 얼마 지나지 않아 프로포즈까지 하셨어요."

매칭을 담당한 상담사의 전언이었습니다. 80대라고는 믿기 어려운 A씨의 활력과 매력, 그리고 자신만의 뚜렷한 색채를 지닌 B씨의 개성이 만나 특별한 화학반응을 일으킨 것입니다. 두 사람은 함께 떠난 여행에서 돌아온 직후 재혼을 결정하였습니다. 이 커플을 지켜보며 황혼재혼의 긍정적 에너지와 선순환 효과를 확인할 수 있었습니다. 70대, 80대에도 누군가에게 충분히 매력적일 수 있다는 것, 그리고 서로를 돌보며 두 가족 간에 새로운 유대가 형성되는 것을 보면서 개인적 행복을 넘어선 사회적 가치를 실감했습니다.

흥미롭게도 시니어들의 연애와 재혼 과정에서 발견되는 특징 중 하나는 '빠른 결정력'입니다. 젊은 세대와 달리 충분한 인생 경험을 바탕으로 상대방을 판단하는 안목이 있어, 적합한 상대를 만났을 때 신속하게 결정을 내리는 경우가 많습니다. 남은 인생의 시간이 유한하다는 현실 인식하에, 자신의 행복과 만족을 위한 투자에 보다 과감해지는 것입니다.

시놀은 현재 장노년 싱글을 대상으로 매월 '추억의 5060 단체미팅' 이벤트를 진행하고 있습니다. 사전 심사를 통해 검증된 회원들만 참여할 수 있으며, 신청자 20여 명이 로테이션 소개팅과 커플별 레크리에이션을 통해 다양한 이성과 만날 수 있도록 기회를 제공합니다. 매회 평균 한두 커플이 탄생할 정도로 높은 성사율을 보이고 있습니다. 참가자들의 반응은 예상을 뛰어넘습니다.

"오랜만에 설레기도 했고, 새로운 활력이 되었어요. 한 번 더 참여하고 싶어요." – (오○○ 씨, 56세, 여성)

"혼자 보내는 시간이 많아 외로웠는데, 좋은 분들과 만나 진솔한 이야기를 나누니 마음이 따뜻해졌어요. 새로운 인연을 만날 수 있다는 희망을 갖게 됐고요." – (박○○ 씨, 64세, 남성)

기존 연구에 따르면 황혼재혼자들의 73%가 '고독감 해소'를 재혼의 주된 이유로 꼽습니다. 하지만 낭만 시니어들의 움직임은 단순한 외로움 해결을 넘어선 적극적인 삶의 선택으로 해석됩니다.

만남과 소통은 시니어의 사회적 고립을 해소하고 삶의 활력을 되찾는 핵심 요소입니다. 새로운 인연에 대한 설렘과 기대는 나이와 무관하며, 오히려 인생의 연륜이 더해져 더욱 깊이 있는 관계로 발전할 가능성이 높습니다. 시니어의 낭만은 젊은 세대의 것과는 다른 특별함이 있습니다. 요란하지 않고 평화로우며 무엇보다 오래 지속될 가능성이 높습니다. 이미 인생의 많은 경험을 통해 성숙해진 이들의 사랑은 조급하지 않고 여유롭습니다. 시니어의 낭만은 끝이 아닌 새로운 시작입니다. 그리고 그 시작은 지금 이 순간에도 조용히, 하지만 확실하게 꽃피고 있습니다.

시니어, 문화의 창조자로 살아가는 새로운 공동체 모델

강은주

- 성균관대학교 화학공학과
- 경희대학교 국제대학원 국제경영 석사
- 서울대학교 ACP 15기(현대미술 : 다양성의 깊이), 16기(20세기 이후의 미국 미술), 17기(프랑스, 독일, 영국, 현대미술) 과정 수료
- 現 고용서비스 전문 기업 인지어스코리아 총괄상무(재무/총무/IT), 前 외국계 기업 CFO

대한민국은 초고령사회로 진입하며 노년기의 삶의 질과 사회적 역할에 대한 새로운 패러다임이 요구되고 있습니다. 전통적인 가족 중심의 돌봄 체계가 약화되고 1인 가구가 증가하면서 많은 시니어들이 사회적 고립과 정서적 외로움에 직면하고 있습니다. 이러한 현실 속에서 시니어는 더 이상 수동적인 복지 수혜자가 아니라, 공동체의 문화 생산자이자 창조적 주체로서의 가능성을 지닌 존재로 주목받고 있습니다. 기존의 돌봄 중심 복지에서 벗어나 시니어를 문화의 소비자가 아닌 생산자로 바라보는 시각이 확산하고 있습니다. 특히 젊은 세대와 함께 살아가는 코하우징(Co-housing) 환경에서 시니어가 문화 창작자, 기획자, 멘토로서 활약하는 모델은 세대 간 단절을 해소하고 공동체 회복을 가능하게 합니다.

일본 사례

일본은 세계에서 가장 먼저 초고령사회에 진입한 국가로, 다양한 시니어 주거 모델을 실험해 왔습니다. 도쿄의 '더 셰어(The Share)'는 시니어와 젊은 세대가 함께 거주하며, 시니어가 사진 교실을 열고 전시회를 개최하는 등 문화 생산자로서 활약하는 공간입니다. 오사카의 실버타운에서는 시니어가 전통공예 체험 부스를 운영하고, 아이들과 협업 전시를 진행하며 세대 간 문화 교류를 실현하고 있습니다. 최근에는 고급형 시니어 레지

던스도 등장하고 있습니다. 도심형 프리미엄 실버타운에서는 음악 살롱, 미술관, 도예실, 북카페 등 고급 문화시설을 갖추고, 시니어가 직접 문화 프로그램을 기획하고 운영하는 구조를 갖추고 있습니다.

북유럽 사례

덴마크와 스웨덴은 코하우징의 선구자로, 시니어가 자율적으로 공동체를 운영하며 문화 활동을 주도하는 모델을 발전시켜 왔습니다. 덴마크의 '미드고즈그룹펜(Midgårdsgruppen)'은 시니어들이 오페라 감상회와 토론을 주도하며, 공동 식사와 정원 가꾸기 등 일상 속 문화 활동을 실천합니다. 스웨덴의 '페르드크네펜(Färdknäppen)'에서는 시니어와 청년이 함께 다큐멘터리 영화를 제작하며 공동체의 이야기를 기록하고 공유합니다. 이러한 모델은 시니어의 자율성과 공동체성을 동시에 보장하며 문화 생산의 주체로서의 역할을 강화합니다.

기타 국제 사례

네덜란드의 '후마니타스 디벤터(Humanitas Deventer)'는 대학생과 시니어가 함께 거주하며, 젊은 세대가 시니어의 일상에 참여하고 문화 활동을 함께 합니다. 독일의 '다세대교류하우스(MGH ; Mehrgenerationenhaus)'는 다세대가 함께 사는 공동체로, 시니어가 지역 아이들에게 악기나 수공예를 가르치며 문화적 연결을 만듭니다. 캐나다의 'Cedar Cottage Cohousing'과 미국의 'Phoenix Commons'도 시니어와 다양한 세대가 함께 문화 프로그램을 기획하고 운영하는 구조를 갖추고 있습니다.

한국형 모델 제안

이러한 해외 사례를 바탕으로, 한국 사회의 정서와 도시 구조에 맞는 시니어의 문화 생산과 세대 간 교류를 중심으로 한 '시니어 크리에이티브 코하우징'을 제안할 수 있습니다. 이 모델은 시니어가 문화 생산자로서의 역할을 수행하며 젊은 세대와 함께 살아가는 공동체 구조를 갖춥니다. 예를 들어, 도심 내 유휴 공공시설이나 폐교를 리모델링하여 시니어 예술 창작소와 공동 주거 공간을 결합한 복합 커뮤니티를 조성할 수 있습니다.

이곳에서는 시니어가 음악, 미술, 공예, 영상 등 다양한 장르의 창작 활동을 수행하고, 청년 예술가들과 협업하여 마을 축제, 전시회, 공연 등을 기획합니다. 또한, 마을 마켓을 통해 시니어의 창작물을 전시·판매하고, 수익 일부는 공동체 기금으로 환원하는 구조를 마련할 수 있습니다.

이러한 활동은 시니어에게 자존감과 경제적 자립을 제공하고, 청년 세대에게는 삶의 지혜와 정서적 안정감을 제공하는 상호 보완적 관계를 형성합니다. 공동 식사, 정원 가꾸기, 문화 동아리 활동 등 일상 속의 교류를 통해 세대 간의 벽을 허물고, 공동체의 일원으로서 서로를 돌보는 문화가 자리 잡을 수 있습니다.

이 모델은 다음과 같은 요소로 구성됩니다.

- 예술 창작소 : 음악, 미술, 공예, 영상 등 다양한 장르의 창작 공간을 마련하고, 시니어가 직접 콘텐츠를 제작
- 커뮤니티 라운지 : 세대 간 교류를 위한 열린 공간으로, 전시회, 공연, 토론회 등을 자율적으로 운영
- 마을 마켓 : 시니어의 창작물을 전시·판매하고, 수익은 공동체 기금으로 환원
- 세대 협업 프로젝트 : 청년과 시니어가 함께 마을 축제, 다큐멘터리 제작, 공공 예술 프로젝트 등을 기획
- 자치 운영 : 입주민이 스스로 운영하는 거버넌스 구조와 외부 전문가의 정기적 코칭
- 지역사회 연계 : 복지관, 예술단체, 마을기업과 협력하여 지속 가능한 문화 생태계 구축

시니어는 더 이상 은퇴한 존재가 아니라, 삶의 두 번째 막을 여는 창작자이며 공동체의 문화 자산입니다. 코하우징은 시니어가 문화 생산자로서 활약할 수 있는 무대를 제공하며 세대 간의 단절을 해소하고 공동체의 회복을 가능하게 합니다. 한국형 시니어 크리에이티브 코하우징은 시니어의 자존감과 사회적 역할을 회복시키고, 젊은 세대와의 상호작용을 통해 지속 가능한 사회를 만들어 가는 중요한 대안이 될 수 있습니다. 단순한 주거 공간을 넘어 세대가 함께 문화를 만들어 가는 무대이며, 그 무대 위에서 시니어는 다시 한번 문화 생산자이자 협력자로서의 삶을 시작합니다.

사람 중심 고령친화 디자인

이한결
- 現 ㈜세모녀 대표, 고령친화 식기 브랜드 봄마음 운영
- 前 CJ ENM(커머스 부문) 홈쇼핑 MD
- 시니어 비즈니스 강연(신한라이프케어 시니어 비즈니스 세미나 등)
- 이화여자대학교 소비자학과/융합디자인학과 학사

지난 기고에서 필자는 간병 경험을 바탕으로 다양한 고령친화 일상용품 개발의 필요성을 강조하며, '봄마음 안심 수저' 상품의 개발 과정을 소개한 바 있습니다. 할머니의 식이 사고를 계기로 탄생한 봄마음은 '치아 보호'와 '안전한 식사'라는 핵심 가치를 중심으로 어르신은 물론 일반 성인, 임산부 등 폭넓은 소비자의 요구를 충족하는 브랜드로 자리 잡았습니다.

이에 복지등급을 받은 어르신들과 보호자들로부터 복지용구 등록 요청이 꾸준히 인입되고 있습니다. 제품의 높은 실사용성에 가격적인 혜택을 더해 더욱 합리적으로 제품을 구매하고자 하는 현실적 수요입니다. 필자는 이러한 요구에 깊이 공감하며 복지용구 등록을 적극적으로 추진하고 있으나, 제도적인 기준의 미비와 절차상의 복잡성으로 등록까지는 상당한 시간이 소요될 것으로 예상합니다.

최근 일본의 고령친화 제품 시장을 조사하며 사람 중심의 세밀한 접근법이 돋보이는 다양한 사례를 접할 수 있었습니다. 예컨대, 일본의 주방용품 브랜드 '옥소(OXO)'는 악력이 약한 어르신들이 쉽게 사용할 수 있도록 손잡이 형태와 재질을 인체공학적으로 설계하여 일반 소비자에게도 큰 호응을 얻고 있습니다. 또한, 일본 생활용품 브랜드 '무인양품(MUJI)'은 고령자를 고려한 유니버설 디자인을 적용한 가구와 생활용품을 지속적으로 출시하며 다양한 세대에게 좋은 평가를 받고 있습니다. 이처럼 일본 시장은 사람 중심의 설계를 일상용품에 적극적으로 적용하며, 단순한 기능성이나 효용성을 넘어 사용

자의 생활 패턴과 신체 특성을 세부적으로 반영한 제품으로 차별화된 경쟁력을 확보하고 있습니다. 즉, 국내 복지용구 시장에서도 사람 중심의 접근법이 보다 활성화될 필요가 있음을 시사합니다.

초고령사회로 진입한 우리나라 역시 복지용구의 등록 품목과 범위 확대 등의 노력에 박차를 가하는 중입니다. 특히 인공지능(AI), 사물인터넷(IoT)과 같은 첨단 기술을 활용한 복지용구의 명확한 등록 기준을 마련하고, 심사 절차를 간소화하여 어르신의 삶의 질 향상을 위한 효과적이고 실질적인 지원 체계를 구축해 나가고 있습니다. 그러나 식기류와 같은 일상생활형 제품군은 복지용구 등록 과정에서 평가 기준이 명확하지 않아, 제품의 우수성과 사용자 중심 설계가 제대로 평가되지 못하는 어려움이 있습니다. 더불어 복지용구는 고령인의 신체와 생활을 고려한 인체공학적 설계와 내구성이 뛰어난 소재 사용 등으로 생산 단가가 상승할 수밖에 없으나, 현행 복지용구 승인은 저단가 기준이 중시되어 우수한 품질의 제품들이 시장 진입에 한계가 있음이 불가피한 실정입니다.

봄마음 안심 수저는 지난 3년간 어르신들의 실제 식사 환경을 면밀히 관찰하고 지속적인 사용자 테스트와 전문가 자문을 반영하여 인체공학적 설계 및 품질을 고도화했습니다. 그 결과 별도의 광고 없이도 백화점, 온라인몰, 공동구매 등 다양한 채널에서 소비자의 자발적인 긍정적 평가를 받았으며, 국내 최초의 고령친화 제품 전국 백화점 팝업스토어 개최를 통해 시장성을 증명하였습니다.

이러한 지속적인 사용자 소통 과정에서 잘 설계된 고령친화 제품은 고령인의 신체적 특성과 생활습관을 세밀히 반영할 뿐 아니라, 일반 소비자들의 크고 작은 불편까지 해결하는 데 기여할 수 있음을 확인했습니다. 즉, 고령층뿐만 아니라 여러 세대가 함께 사용할 수 있는 고품질 고령친화 용품에 대한 수요가 우리나라 시장에서도 충분히 존재한다는 것입니다.

정부와 민간의 협력을 통해 실제 사용 환경을 고려한 인체공학적 평가 기준과 현장 중심의 테스트 절차를 마련하고 이를 정교화하는 것이 시급합니다. 이는 개별 제품 등록 문제를 넘어 고령친화 소비재 산업 전반의 활성화와 어르신의 삶의 질 향상으로 이어질 것입니다.

봄마음은 현재 제조사, 소재 기업, 디자인 컨설팅사 등 다양한 분야의 전문 기업들과 협력하며 고품질 복지용구 개발 생태계를 구축하고 있습니다. 수저를 시작으로 고령친화 식판과 연화조리기구 등 어르신의 식생활 질을 높이는 제품을 확장하고 있습니다.

초고령사회에 진입한 지금, 고령친화산업의 혁신과 품질 중심의 시장 구축을 위한 전반적인 제도적 개선이 필요합니다. 앞으로는 기술과 디자인의 융합, 고품질 제품의 실질적 시장 진입 지원, 사용자 중심의 평가 기준 정립이 중요한 트렌드로 자리 잡을 것입니다. 특히 디지털 기술과 맞춤형 서비스를 경험한 세대가 10년 내 고령층으로 진입함에 따라, 개별 사용자의 구체적인 특성과 요구를 반영한 초개인화(Hyper-Personalization) 제품 개발과 사용자 중심의 평가 기준 정립은 더욱 중요해질 것입니다. 즉, 사람 중심의 세밀하고 섬세한 초개인화 접근 방식이 고령친화 시장의 이머징 트렌드로 자리 잡으며 핵심 경쟁력이 될 것입니다.

세모녀 역시 다양한 전문 분야의 기업들과 긴밀한 협력을 통해 고령친화 용품 시장의 혁신과 성장을 이끌어 나가며 산업 전반의 발전과 시장 활성화를 도모하고자 합니다. 고령친화 제품 시장의 성장과 발전에 뜻을 함께하는 많은 기업과의 적극적인 협력을 기대합니다.

쇼츠 커머스 :
짧은 영상이 만드는 새로운 판매의 시대

권순길

– 現 쇼츠 커머스, 라이브 커머스 스타트업 '몰라이브' 대표
– 前 GS홈쇼핑, 홈앤쇼핑 프로듀서, 라이브 커머스 앱 'shaptv' 개발(2010)

'쇼츠 커머스(Shorts Commerce)'란 1분 이내의 짧은 영상(Short-form Video)을 활용한 상품 판매 방식입니다. 주로 유튜브 쇼츠, 인스타그램 릴스, 네이버, 틱톡 등의 플랫폼을 통해 노출되며, 시청자의 흥미를 빠르게 끌어 제품을 소개하고 구매로 연결합니다. 핵심은 '짧고 직관적인 영상으로 즉각적인 관심을 유도하는 것'입니다. 이제는 제품 설명서보다 인상적인 영상 하나가 더 강력한 설득 수단입니다. 특히 유튜브 사용시간이 높고 시력이 약해지는 시니어 고객을 만나는 주요 관문이 될 것입니다.

쇼츠 커머스의 생태계 형성에 영향을 미치는 현재의 트렌드는 다음과 같습니다.

---

1. '보는 즉시 구매' 시대

소비자는 긴 설명보다 '보자마자 사고 싶어지는' 직관적인 느낌에 영향을 많이 받습니다. 영상 플랫폼이 '쇼핑 링크'를 지원하면서, 콘텐츠–쇼핑의 연결이 매우 자연스러워졌습니다.

2. 셀러(Seller)에서 크리에이터(Creator)로

요즘은 단순 판매자가 아닌, '콘텐츠 기반 셀러'가 뜨고 있습니다. 특히 자신의 얼굴을 노출시키지 않고도 AI를 활용하여 쉽고 간단한 촬영·편집이 가능해 누구나 부담 없이 도전할 수 있는 영역이 되었습니다.

3. B급 감성의 승리

완벽한 퀄리티보다 진정성 있는 스낵 콘텐츠가 더 많은 반응을 얻습니다.

대표적인 쇼츠 커머스의 사례로는 틈새템 마케팅과 맛집·카페 쇼츠가 있습니다. '냉장고 수납합', '차박용 방충망'처럼 얼핏 봐서는 알 수 없는 생소한 제품을 셀러들이 쇼츠를 통해 알리며, 검색되지 않던 제품을 하나의 키워드로 만드는 데 성공하는 것입니다. 또한, 감각적으로 연출한 카페, 베이커리, 음식점 등을 소개하는 짧고 강렬한 쇼츠들을 소비자가 선호하며 소상공인 마케팅에도 쇼츠 커머스가 적극 활용되고 있습니다.

앞으로의 쇼츠 커머스의 진화 방향은 다음과 같이 보입니다. 첫째, AI 쇼츠 제작툴의 대중화가 이루어질 것입니다. AI가 자동으로 영상 편집, 음성 더빙, 자막까지 만들어 주는 시대입니다. 향후 더 다양한 툴이 등장할 것으로 예상됩니다. 둘째, 크리에이터 커머스와의 융합입니다. 크리에이터 커머스란, 인플루언서나 아티스트가 온라인에 상점을 열고 자신의 지식재산권을 활용해 제품을 만들고 팬덤에 판매하는 플랫폼입니다. 이는 팬들을 기반으로 제품 출시까지 이어지는 시장으로, 이와 같이 쇼츠 커머스 또한 셀러가 곧 '1인 브랜드'가 되고 팔로워 기반의 충성 구매가 늘어날 것입니다. 셋째, 커뮤니티 기반의 소비가 이루어질 것입니다. 영상으로 유입된 소비자가 댓글, DM을 통해 직접 소통하면서 신뢰를 쌓고, 반복 구매까지 이어지는 구조가 확산될 것으로 보입니다.

AI와 함께 '창조자 시니어'로, 다시 꽃피는 봄날

조연미

– '리봄창직센터' 대표, '리봄 창직아카데미' 원격교육원 원장, '리봄뉴스' 발행인, '시니어교육플래너협
 동조합' 이사장
– 창직 자격증 과정 : AI콘텐츠작가, 시니어건강플래너, 친환경생활플래너, 반려식물생활지도사, 디지
 털생활지도사

2026년, 대한민국은 이미 세계에서 가장 빠르게 초고령사회에 진입했습니다. 그러나 더 이상 고령화는 '문제'가 아니라 '기회'가 되고 있습니다. 오늘의 시니어는 단순한 소비자도, 소극적인 생산자도 아닙니다. 2026년의 시니어는 AI를 무기로 한 '창조자 시니어(Creator Senior)'로 변신하고 있습니다. 과거 '호갱님'이라 불리던 어수룩한 소비자는 이제 옛말입니다. 디지털 역량을 기반으로 똑똑하게 상품을 비교하고 서비스를 분석하며 필요하다면 직접 개발에까지 참여합니다. AI는 이 변화의 핵심 엔진입니다.

시니어 + AI : 나만의 브랜드를 만드는 시대

2026년 시니어는 이제 단순히 물건을 사는 소비자가 아니라, 자신의 이름을 건 브랜드를 직접 만드는 1인 창업자이자 콘텐츠 제작자로 거듭나고 있습니다. 유튜브, 블로그, SNS 등 플랫폼을 활용해 자신만의 라이프 스타일을 공유하며, AI 디자인 툴과 자동 영상 편집, AI 글쓰기 도구 등을 이용해 쉽고 빠르게 나만의 제품과 이야기를 만들어 냅니다.

예를 들어, 시니어 요리 연구가가 AI 레시피 생성기를 활용해 새로운 전통 음식을 개발하고 이를 온라인 클래스나 오프라인 모임에서 직접 강의합니다. 또 다른 시니어는 AI를 활용하여 지역 유산을 스토리텔링하며 관광 프로그램을 기획합니다. 과거 '고객'이었던 시니어가 이제는 '창조자'로서 경제와 문화를 동시에 선도하는 주체로 자리 잡고 있습니다.

생산자 시니어에서 창조자 시니어로

2025년에 제시되었던 '시니어 생산자' 키워드는 시니어가 직접 재배한 농산물, 손수 만든 공예품을 통해 경제활동에 참여한다는 의미였습니다. 그러나 2026년에는 여기에 '창조성'과 'AI 기술'이 결합되어 한층 더 진화합니다. 단순 생산이 아니라 AI를 통해 제품을 고도화하고 온라인 마켓을 통해 스스로 유통하며, 글로벌 시장까지 진출할 수 있는 토대가 마련된 것입니다.

AI와 친환경, 그리고 자부심

전 세계적으로 환경과 지속가능성이 중요한 화두가 된 지금, 시니어 세대는 오히려 과거 절약과 자급자족 경험을 바탕으로 친환경 실천에 앞장서고 있습니다. AI를 활용한 에너지 관리, 스마트팜, 제로 웨이스트 제품 개발 등이 시니어 창업 아이템으로 주목받고 있습니다.

더 나아가 AI 기술로 건강관리와 개인 맞춤형 운동, 식단 관리가 가능해지면서 시니어들은 스스로 건강을 지키는 'AI 건강플래너'가 되고 있습니다. 이는 단순한 기능을 넘어 자존감과 자부심을 높이는 중요한 요소가 됩니다.

2026년, 시니어가 세상을 디자인하다

2026년은 시니어가 더 이상 사회적 약자가 아니라, '새로운 라이프 스타일을 창조하며' 사회를 새롭게 디자인하고 리드하는 '창조자'로 인정받는 해가 될 것입니다. AI는 시니어에게 단순한 도구가 아니라, 인생 2막을 새롭게 설계하는 동반자 역할을 하며 '시니어 = 느림, 수동적'이라는 고정관념을 완전히 깨고 있습니다. 교육과 커뮤니티 활동을 통해 시니어는 계속해서 배우고 네트워킹하며 새로운 시장을 창출합니다. '나는 더 이상 배우기 늦었다'는 생각은 사라지고 '나도 할 수 있다'는 자신감으로 바뀌었습니다.

2026년의 시니어 트렌드는 단순한 소비 트렌드 분석이 아니라 대한민국 사회의 혁신과 미래를 이끄는 담대한 선언입니다. 시니어는 이제 소비를 넘어 창조하며 나아가 사회적 영향력을 발휘하는 AI 기반 시니어 창조자 시대의 주인공으로 거듭나고 있습니다.

대한민국 시니어 분들의 다시, 꽃피는 인생 e막을 응원합니다.

참고문헌

국민건강보험공단, 2024 노인장기요양보험 통계연보, 원주 : 국민건강보험공단, 2025.

산업연구원(KIET), 인공지능 시대, 고용 정책의 방향성 – 직업별 고용 효과를 중심으로, 세종 : 산업연구원, 2025.

중앙치매센터·보건복지부, 대한민국 치매현황(Korean Dementia Observatory) 2024, 서울 : 보건복지부, 2025.

통계청, 생명표(2023) : 전국 및 시도별 생명표·보도자료, 대전 : 통계청, 2024.

통계청·한국은행·금융감독원, 2024년 가계금융복지조사 결과, 서울 : 통계청, 2024.

AARP, The Global Longevity Economy® Outlook, Washington, DC : AARP, 2025.

Anderson, A. J., et al, Artificial Intelligence (AI) in Health Care. Congressional Research Service Report R48319, Washington, DC : Library of Congress, 2024, December 30.

Ceurstemont, S, "AI for Senior Citizens." Communications of the ACM, New York : Association for Computing Machinery, 2025, August 6.

InsightAceAnalytic, AI in Aging and Elderly Care Market Size, Share & Trends Analysis Report, 2025–2034, New Jersey : InsightAceAnalytic, 2025.

International Labour Organization(ILO), World Social Protection Report 2024–26, Geneva : ILO, 2024–2025.

Jones Lang LaSalle(JLL), Seniors Housing & Care Investor Survey and Trends (Q1 2025), Chicago : JLL, 2025.

United Nations, Department of Economic and Social Affairs, Population Division. World Population Prospects 2024 : Summary of Results / Main Report, New York : United Nations, 2024.

Wong, A. K. C., et al, "Exploring Older Adults' Perspectives and Acceptance of AI-Driven Health Technologies : Qualitative Study" JMIR Aging, 8, e66778, 2025, https://doi.org/10.2196/66778.

시니어 트렌드 2026

좋은 책을 만드는 길, 독자님과 함께 하겠습니다.

시니어 트렌드 2026

개정2판1쇄 발행	2025년 10월 15일 (인쇄 2025년 09월 10일)
초 판 발 행	2024년 01월 05일 (인쇄 2023년 11월 30일)
발 행 인	박영일
책 임 편 집	이해욱
저 자	최학희
편 집 진 행	노윤재 · 최은서
표 지 디 자 인	김도연
편 집 디 자 인	신지연 · 고현준
발 행 처	시대인
공 급 처	(주)시대고시기획
출 판 등 록	제 10-1521호
주 소	서울시 마포구 큰우물로 75 [도화동 538 성지 B/D] 9F
전 화	1600-3600
팩 스	02-701-8823
홈 페 이 지	www.sdedu.co.kr

I S B N	979-11-383-9969-2 (03190)
정 가	20,000원

시니어 레거시

품격 있는 노년기를 위한 24가지 체크리스트

조한종, 김신혜, 최학희 저 | 144쪽 | 정가 16,000원

1,000만 노인시대 당신의 인생 후반전, 품격 있는 노년기는 준비되었습니까?

노인 인구 1천만 시대가 눈앞에 닥쳤습니다.
어떤 이는 이를 거대한 시니어 비즈니스의 새로운 패러다임 전환 기회라고 하고, 어떤 이는 '다사 사회, 노인 빈곤, 고독사, 무의미한 연명시대 등'으로 우려를 나타내기도 합니다. 고령 선진국에서는 '빅 시프트(마크 프리드먼, Big Shift)'에서처럼, '100세 시대 중년 이후 인생의 재구성과 시니어 삶의 새로운 절정을 준비'하는 사례를 여럿 보여줍니다. 나아가 세대 지속성을 고려한 품격 있는 노년이 남길 유산과 진정한 자아실현 단계의 삶을 보여주기도 합니다. 이러한 시대변화 속에서 시니어는 누구나 '건강자산, 시간자산, 재무자산 구축'이라는 중대한 숙제를 풀어야 합니다.

품격 있는 삶의 조건을 제시합니다.
'시니어 레거시, 품격 있는 노년기를 위한 24가지 체크리스트'는 노년의 삶이 재무에만 치우치지 않고 비재무 영역까지 아우르는 품격 있는 삶의 조건을 제시합니다. 아직 우리에게는 먼 미래처럼 보이는 '재무적 나이 듦' 외에도 비재무적 영역인 '사회적·소명적·영성적·지성적·감정적·육체적 나이 듦'의 24가지 구체적인 품격 있는 나이 듦의 갖추어야 할 조건들을 풀어 소개합니다. 고객의 자산관리 현장에서, 또 비재무적 삶의 구현에서, 나아가 더 나은 시니어 비즈니스 연구 현장에서 만난 세 명의 진지한 고민과 경험을 나누고자 합니다.

추억의 나무 Q&A

나를 찾아 떠나는 인생 기록!

유태곤 저 │ 212쪽 │ 정가 9,000원

나를 찾아 떠나는 인생 기록!

추억을 떠올리게 하는 질문이 가득한 추억의 나무 Q&A

단어를 보면 드는 생각이나 느낌을 쓰면서 생각나무를 채워보세요.
단어와 연관된 질문에 답을 하면서 잊고 살았던 나만의 추억 속으로 떠나보세요.

나만의 생각나무를 만들어보자!

주제별로 다른 단어가 적힌 생각나무를 채워보세요. 생각나무에 적힌 단어를 보고 연관되는 단어나 생각, 느낌을 잎사귀에 적어 나만의
생각나무를 완성해 보세요. 나무를 채우다가 주어진 칸이 부족하면 여백에 새로 가지와 잎사귀를 그려서 작성하셔도 좋습니다.

질문에 답하면서 나만의 추억 속으로 떠나보자!

정해진 양식이나 틀이 없으니 자유롭게 생각나무에 적힌 단어와 연관된 질문에 대한 나만의 얘기를 적어보세요. 어린 시절, 청춘, 황혼
각 주제별로 다른 질문에 대한 답을 적으며 그동안 잊고 살았던 과거의 추억을 떠올려 보세요.